HOUDART 1970

En publiant, il y a trois ans, dans le *Propagateur*
les premières pages de cette étude, je me proposais
de rechercher et d'exposer les causes de la séparation sociale qui distingue, aux Antilles françaises, les divers éléments de leur population.

Les événements marchant plus vite que mon récit,
les troubles de l'année 1881 sont venus aggraver la
situation déjà si tendue de notre société. Pour
raconter et expliquer ce douloureux incident, j'ai dû
rappeler les faits antérieurs par lesquels il a été
préparé et les conséquences dont il a été suivi.
Mais le cadre en s'élargissant m'a amené, sans
intention de ma part, à faire un livre là où j'es-
pérais suffire à ma tâche dans un opuscule. Le
lecteur me pardonnera l'inévitable développement
de mon travail.

Il a été écrit, je l'affirme, avec une entière indépendance, sans préoccupation de personnes et
surtout sans intention de polémique. Ce que j'ai
dit des derniers événements, les nécessités du
sujet m'obligeaient à le dire. Là comme ailleurs
j'ai recherché avant tout l'exactitude, n'entendant
servir qu'une seule cause, trop dédaignée aux
époques de troubles : celle de la justice et de la vérité.

L'histoire de la société coloniale, de ses origines,
de son développement à travers deux siècles, de ses
dissensions, manque encore à notre pays. Répugnant
par nature aux explications toutes faites, j'ai voulu
me rendre compte d'un antagonisme où les sou-

venirs de l'esclavage et de lois d'exception se confondent avec les ressentiments laissés par les luttes civiles. C'est le résultat de cette étude que je livre aujourd'hui au jugement de mes concitoyens, en leur demandant d'avoir pour mes intentions une justice égale à mon affection pour tous.

Au milieu des passions actuelles j'ai essayé de m'isoler comme un spectateur étranger, et j'ai écrit avec impartialité l'histoire épisodique de nos discordes civiles depuis trente cinq ans. Cette tâche délicate, les circonstances ne semblaient pas la favoriser. J'ai persisté néanmoins. Dans le champ bien large ouvert devant moi, je n'ai tracé qu'un sillon ; d'autres viendront à leur tour et remueront plus profondément le sol. Puissent-ils y voir germer et fleurir la semence de concorde et de paix déposée au milieu de nous par l'Evangile ; et dont les générations à venir, plus heureuses peut-être, recueilleront la tardive moisson !

Saint-Pierre (Martinique) 10 mai 1883.

G. SOUQUET-BASIÈGE.

*Don de l'Auteur*

# LE PRÉJUGÉ DE RACE

## AUX

## ANTILLES FRANÇAISES

## ÉTUDE HISTORIQUE

PAR

### G. SOUQUET-BASIÈGE

SAINT-PIERRE (MARTINIQUE)

Imp. du PROPAGATEUR, place de l'Église du Fort,

1883

Tous droits réservés.

# LE
# PRÉJUGÉ DE RACE

AUX

## ANTILLES FRANÇAISES

**ÉTUDES HISTORIQUES**

## I

Trois races se pressent sur le sol étroit des Antilles françaises : la race européenne, les blancs incessamment recrutés dans la Métropole ou descendant des familles successivement établies sur le sol colonial ; les noirs, importés pendant longtemps de l'Afrique, mais presque tous aujourd'hui nés aux Antilles ; et, issue de ces deux races, une race intermédiaire, la race appelée génériquement mulâtre, les métis, les quarterons. Durant deux siècles, les blancs seuls ont eu ici les prérogatives du français ; les noirs et avec eux la plupart des enfants issus de leur race et de la race blanche, ont été tenus en esclavage. Les libres, noirs affranchis ou mulâtres, généralement désignés sous le nom d'hommes de couleur, n'ont pas participé aux avantages de la qualité de français. Une législation restrictive leur fermait tout accès à la vie publique et limitait leurs droits civils.

Depuis cinquante ans l'égalité civile et politique est la loi commune de toutes les populations coloniales et l'esclavage, déjà considérablement diminué par des affranchissements volontaires ou forcés, a disparu il y a trente-deux ans. Si l'on excepte dans toutes ces races, quelques vieillards que le temps fait de plus en plus rares ; si l'on tient compte de cette observation que la moyenne de la vie ne dépasse guère trente trois années ; si enfin on énumère les enfants, les jeunes gens nés depuis 1848 et ce qui survit dans le nombre des libres et des affranchis nés avant cette époque, il est facile de se convaincre qu'à l'heure actuelle, il existe un très petit nombre de témoins du régime exceptionnel qui a longtemps été la loi dans les Antilles françaises. Blancs, noirs ou hommes de sang mêlé, à l'heure actuelle, nous sommes les descendants de ceux qui s'agitèrent dans cette longue lutte, mais nous n'en avons été à aucun degré les acteurs. Et cependant les rancunes, les haines semblent aussi vivaces que si, dans les blancs de notre époque, les deux autres races pouvaient reconnaître et montrer des persécuteurs. Le temps, les nouvelles institutions, la diffusion des lumières, le mélange des intérêts, ne paraissent pas avoir éteint ni même affaibli des récriminations dont chaque jour relève l'ardeur et l'apreté. Cette lutte intempestive va faire l'objet de ce travail.

Nous ne l'ignorons pas : nous touchons à une question très délicate, la plus difficile, peut-être, à exposer dans notre pays. Difficile par sa nature, par les circonstances au milieu desquelles s'agitent les trois races coloniales; difficile par les passions qu'elle soulève, les souvenirs qu'elle éveille et les rancunes qu'elle ravive ; difficile surtout pour l'écrivain obligé de heurter des personnalités diverses, également susceptibles, et de dire avec sincérité à tous ce qu'il croit être la vérité.

Cette tâche, nous essayons de l'entreprendre aujourd'hui : nous nous proposons d'étudier l'origine et les causes d'une division sociale qui semble avoir juxtaposé aux Antilles françaises deux populations rivales, on pourrait presque dire ennemies, et créé entre elles un antagonisme dont la cessation doit être le desideratum de tous les gens de bien.

A le prendre tel qu'il est généralement formulé, ce qu'on appelle ici le préjugé de race ou de couleur est une erreur grossière et une calomnie accréditée par l'ignorance et l'esprit de parti. Les abolitionistes autrefois, de nos jours la plupart des hommes de couleur et avec eux tous ceux qui s'occupent des populations coloniales, sans étudier leur origine, reprochent à la race européenne et en particulier à cette portion de la race qui est née et qui vit aux Antilles sous le nom de créoles, de se refuser à toutes les relations sociales avec les deux autres races, de les traiter comme des races inférieures et de faire de la couleur de l'épiderme, sinon un titre de mépris, tant au moins un motif de répulsion.

À notre avis il n'y a pas d'erreur qui ait plus contrarié le rapprochement des diverses races aux Antilles françaises. Non seulement une foule de faits particuliers protestent contre cette manière d'envisager les rapports qui existent entre les diverses parties des populations coloniales, mais la raison elle-même ne la laisse pas subsister un instant. Et d'abord c'est de la race blanche qu'est issue pour partie la race intermédiaire ou de sang mêlé, et malgré les rigueurs d'une législation faite pour comprimer l'essor de cette population mixte, la nature a fait peu à peu violence à la loi et à l'orgueil, et il serait impossible de comprendre le développement qu'avait pris, il y a déjà longtemps, la race de sang mêlé, bien avant toute modification au régime exceptionnel auquel elle était assujettie, si l'on ne reconnaissait que, dès les premiers temps de son apparition sur le sol colonial, le père, éludant des prohibitions sévères, a aidé, celui-ci à favoriser la culture morale par l'éducation, celui-là à assurer la fortune ou l'aisance par des largesses secrètes, versées de la main à la main ou confiées à des fidéi-commis.

La raison ne proteste pas moins contre l'appréciation faite de nos relations sociales.

Si les Antilles n'avaient jamais eu besoin des noirs, qu'elles n'eussent pas connu et pratiqué l'esclavage, et que des noirs et avec eux des hommes de teint plus clair eussent abordé nos rivages, on peut l'affirmer ; quelqu'eût pu être l'effet produit sur les Européens par la dissemblance physique, l'européen n'eut jamais vu dans les noirs et les hommes de couleur une infériorité native et n'eut fait de cette dissemblance un motif de mépris ou de répulsion, pas plus que de nos jours, toute question d'éducation ou de moralisation écartée, nous n'accusons les Brésiliens, les Mexicains et les Indiens d'être des races inférieures, susceptibles de mépris.

On peut donc le dire : le préjugé de race n'est pas chez l'européen l'effet d'une répulsion naturelle et instinctive. Que l'européen, le blanc, avec sa fierté nationale traditionnelle, l'habitude de la domination, le prestige de la fortune souvent, du pouvoir quelquefois, de l'éducation tout au moins, ait pu se croire et se croie encore peut-être supérieur à grand nombre d'hommes de race noire ou de sang mêlé, considérés en bloc et en raison de leur infériorité relative, cela se conprend ; mais cette fierté de soi-même ne vient pas d'une idée présomptueuse tirée de la race ou de la différence des épidermes. Elle est commune à toutes les classes sociales élevées et n'offre aucune différence sensible avec l'idée de supériorité que les grands, les nobles, les riches, les savants ont d'eux-mêmes en France, en Europe, partout ailleurs, par rapport au grand nombre qui compose les classes ouvrières et agricoles.

Nous serions heureux de faire partager

cette opinion sans froisser personne. Nous ne porterons à cette étude qu'un sentiment : le désir immense, ancien déjà, de voir enfin disparaître un antagonisme regrettable, que les lois d'un autre temps pouvaient expliquer, mais que rien ne justifie aujourd'hui. Sans parti pris pour ou contre aucune des races qui habitent les Antilles françaises, nous le voulons du moins, nous essaierons de démontrer où cet antagonisme a pris naissance, à quelles causes il doit d'avoir survécu au régime qui en a été l'occasion et de s'être élargi par nos discordes civiles. Nous croirons avoir fait une œuvre utile si nous réussissons à prouver aux hommes de bonne foi, qu'à part des exceptions de plus en plus rares, les distinctions qui séparaient autrefois, aux Antilles frnçaises, les diverses races dont elles sont peuplées, se sont effacées dans une mesure aussi large que pouvaient le permettre l'état des mœurs, les circonstances et les fautes graves commises par ceux-là mêmes qui se plaignent d'une exclusion dont ils éloignent chaque jour le terme. Nous essaierons d'établir que les divisions actuelles sont plutôt le résultat, le contre-coup des troubles dont la société française est périodiquement agitée depuis 1789 ; que ces divisions ne sont pas plus tranchées aux Antilles qu'elles ne le sont en France où les révolutions ont laissé des partis irréconciliables, et qu'il y a un terrain commun où le rapprochement peut être opéré par la bonne volonté de tous, en attendant que le temps, le seul agent qui puisse réaliser le vœu de l'harmonie complète, ait fourni son ciment à l'œuvre de réparation sociale à laquelle tous ceux qui aiment leur pays devraient apporter leur pierre.

## II

Écrire l'histoire des préjugés, ce serait écrire l'histoire de l'orgueil humain en général et de l'orgueil de chaque homme en particulier. A toutes les époques et chez tous les peuples on distingue généralement une tendance individuelle vers l'élévation et la suprématie : c'est le désir de briller, de sortir de la foule, de se signaler par quelque avantage et de conquérir ainsi la renommée ou le pouvoir. Les chefs d'empires, les grands capitaines, les législateurs, les orateurs, les savants, les artistes obéissent à cette tendance vieille comme la race humaine elle-même. Pour beaucoup, certainement, l'amour de la patrie, l'ambition, la passion de la gloire et de l'étude sont de puissants stimulants ; mais dans ces cas mêmes, l'homme grandi au-dessus de ses semblables ne tarde pas à ressentir la fierté de son rang. Ajoutez l'orgueil aux légitimes penchants de la nature, et il est facile de comprendre que toutes les sociétés ont été faites de classes ou de rangs correspondant à l'échelle des conditions humaines. Cette hiérarchie sociale est inévitable. On peut la critiquer d'une façon abstraite, mais nul ne s'y soustrait ou n'en refuse les avantages lorsqu'il trouve à en profiter. La vérité est que la société, celle d'aujourdhui comme celle d'il y a quatre siècles, tient plus ou moins en honneur ceux que distinguent la naissance, les traditions, la gloire, les services, la fortune, en un mot toutes les causes vraies ou apparentes de grandeur ou de supériorité.

Il y a donc des classes dans la société, et la noblesse, la bourgeoisie, le peuple n'eussent-ils pas représenté autrefois des corps politiques, des ordres dans l'État, qu'ils auraient représenté des distinctions sociales. De nos jours où le régime politique a fait disparaître la vieille constitution de la France, ces mots ne répondent plus au même ordre d'idées dans l'État, mais leur acception n'a pas sensiblement changé dans la société qui y voit une classification naturelle. Quoi qu'on dise ou qu'on veuille dire de nos penchants démocratiques, la France présente une société où la hiérarchie est restée bien tranchée. Il y a plus : en France comme ailleurs, les distinctions ne se sont pas arrêtées à ces grandes démarcations. Les inégalités de fortune, la diversité des professions ou leur importance, d'autres causes ont donné lieu à des subdivisions dans les distinctions sociales. Dans la haute finance on recherche l'alliance de la noblesse, mais on ne marie pas sa fille à un simple armateur; le négociant en gros forme une classe bien élevée au-dessus des petits marchands; les corps et métiers sont rangés au-dessous des professions libérales. Ainsi dans beaucoup de conditions. Partout enfin, aujourd'hui comme dans le passé, il y a, pour parler nettement, des gens qui se disent ou se croient au-dessus de leurs semblables par des titres autres que le mérite ou la vertu.

Déclame qui voudra contre cet état social ; il existe là où il n'y a qu'une seule race, la race européenne, là où toute la population a la même origine et la même histoire. Il existe en Chine au Japon, en Russie, en Angleterre, au milieu de la démocratie des Etats-Unis. Il a existé à Rome et dans les républiques de la Grèce. Ce serait assez déjà pour ne pas s'étonner qu'il ait existé et qu'il continue d'exister sur quelques points isolés du globe, où les différences de conditions se sont augmentées d'une différence de race et de la servitude, par la présence des noirs longtemps esclaves et des hommes de couleur issus des esclaves à l'origine. Mais il faut fouiller plus profondément cette question.

### III

Les premiers européens qui abordèrent aux Antilles venaient y chercher fortune. Gentilshommes, Cadets de famille, commerçants, artisans, ils quittaient la France dans l'espoir de rencontrer aux Iles un établissement lucratif, et ils y reproduisaient toutes les distinctions, toutes les démarcations de la vieille société métropolitaine. Les premiers colons n'étaient pas en grand nombre, et la constitution physique de l'européen ne résistait pas, dans les travaux agricoles, au climat meurtrier des Antilles. Il a fallu des travailleurs pour ce sol vierge et fertile, l'Afrique était là avec sa nombreuse population : l'Afrique que les colons n'auraient pas songé à visiter, si depuis quatre mille ans elle n'avat fourni d'esclaves les souverains de l'Asie et la Rome païenne. Les colons demandèrent des noirs à l'Afrique, et c'est ainsi que de nombreux captifs, échappés à la mort, échangeaient contre l'esclavage le sort réservé par les rois de ce pays à leurs prisonniers de guerre.

Quelques personnes croient encore, peut-être, que les premiers colons créèrent à *priori* l'esclavage. Le Français a toujours fait de la qualité d'homme libre la première marque et la principale condition de la dignité. Franc signifie homme libre. Le Français n'aurait pas imaginé une servitude si contraire à ses mœurs, à sa fierté nationale, à son esprit de race. Les noirs étaient esclaves en Afrique, esclaves du vainqueur ou du prince, esclaves par le droit atroce de la guerre ou par une vassalité exagérée. L'esclavage a été une sorte de statut personnel pour les noirs qui l'ont transplanté de l'Afrique aux Colonies, mais aux Colonies seulement : la vieille terre de France conservait le privilège de faire libres ceux qui la touchaient : noble privilège qui n'excuse pas l'exception faite aux Antilles ! (1)

---

(1) Plus tard, malheureusement, il n'en a pas été ainsi. On a pu conduire des esclaves en France et les ramener aux colonies sans que leur condition eût changé. On a même prohibé un moment le voyage des esclaves en France.

Que les premiers esclaves comme la plupart de ceux qui les suivirent, fussent des prisonniers capturés dans les guerres dont la côte d'Afrique était le théâtre, c'est ce qui ressort avec évidence de l'attitude gardée par l'Angleterre à l'égard de tout ce qui, de près ou de loin, peut favoriser le trafic des esclaves chez les princes d'Afrique. L'Angleterre n'ignore pas que l'immigration des noirs à la Martinique et dans les autres colonies, leur assure un bien être et leur procure une élévation morale que ne leur offre pas leur pays natal ; mais elle sait aussi que l'immigration noire a pour effet d'alimenter la guerre entre les petits princes africains, avides de capturer des prisonniers qu'ils échangent avec les recruteurs d'immigrants. L'Angleterre a toujours attaché une grande importance à la destruction de la traite. Tel est le secret de la résistance qu'elle oppose, dans un but d'humanité, aux entreprises qui ont la population africaine pour objectif. Mais cela prouve que les colons, en important l'esclavage aux Antilles, contrairement au droit public des francais, ont accepté plutôt que créé cet état social. Pour parler plus nettement, là où les premiers colons auraient dû faire des hommes libres, ils ont eu le tort de continuer l'esclavage, mais ils ne l'ont pas inventé. D'ailleurs est-il possible d'admettre que les noirs auraient pu être enlevés à leur patrie par un navire de commerce et soumis à la servitude ? Pour une fois, pour deux, ils s'y seraient peut-être laissé prendre ; mais après ces premières tentatives, les populations africaines effrayées ou indignées, n'auraient pas manqué de résister, et quelle aurait pu être la situation d'un équipage de quelques hommes en face d'un peuple soulevé!

Il faut donc le reconnaître, et cela est assez malheureux déjà : l'esclavage a été pour ainsi dire imposé aux premiers colons. Ce que ce régime a été selon tels ou tels maîtres et les lois successives édictées depuis les premiers temps où les Antilles ont été colonisées jusqu'à l'heure de l'émancipation, c'est une question qui ne rentre pas absolument dans les nécessités de notre sujet. Après avoir été la faute exclusive des blancs, l'esclavage a été celle de tout le monde. Les hommes de couleur, les noirs mêmes ont eu à leur tour des esclaves, et les maîtres, quelle qu'ait été leur race, ont été bons ou mauvais, selon leur caractère, leur nature et les qualités morales ou de cœur dont ils étaient favorisés. Constatons seulement dès à présent, qu'au moment où les premiers noirs arrivèrent aux Antilles, ils se trouvèrent en présence d'une société où existaient déjà des démarcations sociales bien accentuées, selon la condition de chacun, et s'ils apportèrent avec eux, peut-être, une infériorité relative de race due à l'absence de toute civilisation, ils arrivèrent entachés d'une déchéance sociale due à la qualité d'esclave, ce qui était pire pour le français de l'époque.

Quoi qu'il en soit, à partir du jour où l'africain a mis le pied sur le sol colonial, on assiste à un spectacle intéressant. A côté de l'européen, du blanc, libre comme français, il y aura une population plus nombreuse, privée de tous droits civils, privée de sa liberté. Le rapprochement des deux races donnera naissance à une population intermédiaire, née de l'une et de l'autre et tenant de ses pères la fierté, l'orgueil, la soif de domination, le désir de la liberté, l'ambition de l'élévation, et de ses mères l'abaissement auquel semblent les vouer la double condition de fils d'esclaves et d'illégitimes. C'est à ce moment qu'il faut marquer les premières manifestations de la longue lutte dont nous subissons encore en ce moment le contre-coup. Celui qui n'étudie pas la question du préjugé de race à ce point de vue, risque de n'en jamais bien connaître la cause, et il doit inévitablement arriver à l'erreur signalée au début de ce travail, erreur qui fait de ce préjugé, au mépris de la vérité historique et de la raison, l'effet prolongé d'une répugnance instinctive de la race blanche pour les hommes d'une peau plus nuancée.

## IV

Il était impossible de mettre en présence sur le sol colonial les individus des deux races sans s'attendre à voir surgir, avant longtemps, une race intermédiaire, moitié libre par le père, moitié esclave par la mère. Les ordonnances royales essayèrent inutilement de lutter contre l'irruption de la race de couleur ou d'en atténuer les effets. Dès les commencements de la colonisation, on comprit le danger qu'offrirait plus tard, selon les idées du temps et les lois, l'existence d'une population à laquelle il serait difficile de refuser les droits à la liberté et à la vie civile et qui naîtrait entâchée du stigmate de l'esclavage. Les sages ordonnances de Louis XIV manquèrent leur but, et l'on n'aperçoit après qu'un régime de plus en plus oppressif, également repoussé par la saine politique et l'humanité. Toutefois, pour apprécier les idées à l'influence desquelles, peut-être, on dut en partie ces mesures, il ne faut pas s'isoler de l'époque où elles furent édictées ni du résultat qu'elles avaient en vue. Dans ces temps où toutes les classes avaient leurs privilèges, la noblesse comme la bourgeoisie, les corps et métiers comme les communes, le système colonial qui a duré plus de deux siècles, a eu pour but, au point de vue commercial, de réserver à la Marine marchande des éléments de fret, d'assurer aux ports de mer le monopole de la vente des produits coloniaux et à l'industrie française celui de leurs marchés.

Tout s'enchaînait dans ce système. On peut consulter les belles instructions que louis XVI adressait au gouverneur et à l'intendant de la Martinique, en 1777, à M. de Bouillé et à M. de Tascher. On verra qu'à cette époque si rapprochée de la révolution, la Métropole rappelait et maintenait en matière commerciale et politique le régime exclusif qui a été la loi des colonies à l'origine : le système prohibitif dont les derniers débris sont tombés il y a quelques années se complétait par un autre côté : la métropole voulait réserver à ses régnicoles le monopole de toutes les charges, de tous les emplois, de toutes les fonctions publiques. Rei ter sur les Colonies le trop plein des populations françaises et assurer aux expatriés la jouissance du sol et des emplois, telle était la pensée qui semble avoir présidé aux lois édictées contre les esclaves en général et contre les affranchis et leurs descendants, c'est-à-dire les hommes de couleur.

Quoiqu'il en soit, l'élément intermédiaire ne tarda pas à se montrer et à compter pour quelque chose dans le chiffre de la population. On comprend quelle dut être sa condition sociale à ce premier âge de la vie coloniale. Un grand nombre parmi les nouveaux venus était le fruit de l'adultère ou du relâchement des mœurs. Il n'est pas besoin de chercher ici une question de race ou d'épiderme; ils se trouvèrent placés dans la situation faite aujourd'hui en France, en Europe, partout où le mariage est en honneur, aux enfants de naissance illégitime, situation aggravée alors par la descendance servile. La race de couleur ou mulâtre porta donc, à l'origine, comme dans toutes les races on porte encore de nos jours, la déconsidération attachée à l'illégitimité, et cette déconsidération s'aggrava du mélange avec une race asservie. Jusques là, si l'on doit avec raison reprocher à la France et aux premiers colons l'acceptation de l'esclavage et le dérèglement des mœurs, ce reproche, si sévère qu'il puisse être, doit se limiter à ces deux ordres de fait; mais quelqu'ait pu être le sort fait à ce moment aux noirs et à la race de sang mêlé, si les uns et les autres ont été, dès l'origine l'objet d'une exclusion qui s'est longtemps continuée, c'est trahir volontairement la vérité et servir ses passions que d'attribuer la séparation qui en est résultée à une répugnance physique prenant sa cause dans la couleur de la peau. Cette absurdité historique est, au contraire, formellement démentie par les faits, car le penchant d'une race pour l'autre n'a que trop laissé de traces ; et même avec la différence des conditions sociales, si, dès cette époque et depuis, avant qu'une longue habitude eût donné son empreinte aux relations des deux races, le mariage avait été possible, il est probable que nos mœurs publiques n'auraient pas connu ce dérèglement dont, pendant longtemps et par suite du régime civil qui lui était imposé, une partie de la population de couleur a donné malheureusement l'exemple.

Ainsi deux faits indéniables sont constatés à l'heure où les premiers individus de la race de sang mêlé apparaissent aux colonies : ils sont tout au moins illégitimes et esclaves ou fils d'esclaves. La condition qui leur est faite résulte des lois sociales générales, admises depuis l'antiquité chez tous les peuples, dans toutes les sociétés. Mais la politique coloniale a aggravé leur sort par des mesures inefficaces, destinées à arrêter la démoralisation et, par suite, dans un but de privilège, à paralyser le développement de la population intermédiaire. Ces mesures n'ont pas arrêté sa progression, mais elles ont commencé à marquer l'antagonisme social créé par des inégalités où l'action oppressive de la loi s'est ajoutée à la force de l'usage universel.

## V

En étudiant les origines et les suites du préjugé de race aux Antilles, il faut donc faire la part des lois et celle des usages sociaux. La déconsidération qui s'est longtemps attachée à la race de sang mêlé, n'aurait probablement jamais donné lieu aux revendications dont cette population a si longtemps attendu le succès. Les usages sociaux ont leur influence que chacun accepte ou subit : ils sont en certains points comme la protestation de la conscience chrétienne contre des prévarications condamnables. Tôt ou tard, d'ailleurs, comme partout, la fortune, l'intelligence, l'éducation, les services auraient fini par constituer à la race de sang mêlé un état civil dont le mérite eût compensé ce qui pouvait lui manquer dans l'extraction, et comme il est arrivé en France à la bourgeoisie à l'égard de la noblesse, elle aurait pu montrer un jour des titres équivalents aux titres plus anciens des colons. Mais, à côté des usages sociaux universels, le régime politique, la loi, ont fait ici pendant long-temps à la race intermédiaire, aux libres autres que les européens, une situation que n'avaient pas prévue les fondateurs de la Colonie. Ce régime a jeté entre les deux races le trouble profond dont elles ne se sont pas remises jusqu'ici, et que les ambitieux exploitent avec une habileté trop bien servie par des rancunes si faciles à éveiller.

Les revendications des hommes de couleur ou des libres n'ont jamais eu en vue, au moins jusqu'à 1830, que le rappel des lois d'exception édictées contre eux, contrairement au droit primitif, c'est-à-dire que les hommes libres de race de noire ou de sang mêlé n'ont jamais réclamé et ne pouvaient d'ailleurs réclamer que la plénitude des droits civils et politiques, la participation complète aux droits de citoyen français. La question sociale, la question de race, si aigüe depuis cinquante ans, n'avait pas été formulée jusques là, tout au moins ne la présentait-on pas comme le thème ordinaire des récriminations des deux races noire et de sang mêlé. Dans les documents, assez rares d'ailleurs avant 1830, où les hommes de couleur se plaignent de leur condition, si le mot de préjugé se rencontre, s'il est fait état d'une répulsion de la race blanche pour les deux autres races, ce reproche n'a guère qu'une portée philosophique et sentimentale, puisée aux livres déclamatoires de l'Abbé Raynal et des premiers abolitionistes. Les réclamations des hommes de couleur, plus sérieuses et mieux justifiées, se fondaient plutôt sur la charte de 1814 et la loi primitive donnée aux Colonies, et tendaient uniquement à la restitution de leurs droits civils et politiques, garantis par cette législation et peu-à-peu effacés par des règlements locaux manifestement contraires à la charte coloniale originelle.

Pour donner à la question des races le caractère de dissension sociale qu'elle a revêtue depuis 1830, il a fallu des éléments que les hommes de couleur ne s'étaient pas encore assimilés avant cette époque. La révolution de 1789, celle de 1830, la chûte de 1848, le désastre de 1870 sont autant de jalons qui marquent dans nos discordes civiles actuelles, la voie suivie par les diverses races coloniales, parallèlement aux divisions si accentuées de la Métropole. La lutte actuelle, on voudrait en vain le dissimuler, est éminemment révolutionnaire et procède des mêmes causes qui poussent en France, les unes contre les autres, ce qu'on appelle les diverses couches sociales, dans la conquête et le maintien du pouvoir et de la suprématie. Dans les jours de tempête, on voit venir de l'horizon une succession de vagues impétueuses qui s'élèvent du fond de la mer et courent s'abattre l'une après l'autre sur la rive, où elles semblent vouloir se devancer. Dans ce travail de la mer en fureur, une vague n'a pas encore achevé de dérouler sa nappe blanchie, qu'une autre vague se précipite après elle, mêle ses ondes à celles de sa devancière, lutte avec elle au ressac où toutes les deux confondent leur écume bruyante. Dans l'ordre social, en France depuis 1789, nous assistons à un phénomène que cette image peint assez exactement. Les générations se succèdent, des hommes nouveaux, avides de popularité et de pouvoir, sortent du fond des couches sociales ignorées, et de-là, à des intervalles que nos révolutions peuvent marquer, comme des vagues populaires, se poursuivent les uns les autres, se heurtent, combattent et se mêlent dans le flux et le reflux qui depuis un siècle portent alternativement au pouvoir. toutes les classes et tous les rangs, les descendants des vieilles races, les hommes d'État, les tribuns, jusqu'aux nouvelles couches sociales dont l'avénement semble être promis à notre époque.

La lutte coloniale actuelle est née, elle a grandi dans une mesure égale aux agitations constantes de la Mère-patrie, où se trouvent aux prises, depuis la fin du dernier siècle, ceux qui croient que pour assurer l'avenir, il faut asseoir les conquêtes du présent sur les traditions du passé, dans ses créations impérissables et ses lois si achevées, et le flot de rêveurs, de sophistes, de mécontents, d'envieux, d'aventuriers et d'ambitieux dont se compose, dans la Métropole, le fond de ce qu'on appelle la démocratie.

Et cela est facile à comprendre : il a fallu du temps à la race de sang mêlé et aux libres pour constituer en face de la vieille société coloniale, une société intermédiaire. Si l'on en croit un document que la race de sang mêlé ne désavouera pas, le « *Mémoire pour les gens de couleur,* » rédigé en 1824 par M. Isambert, la Martinique, en 1713, n'avait pas plus de « 6,597 blancs, 507 indiens, mulâtres et nègres libres, et 14,666 esclaves. En 1778, elle comptait, selon le même ouvrage, 12,000 blancs, 3,000 noirs ou hommes de couleur libres, et plus de 80,000 esclaves. « C'est de cette époque, ou à peu près, ajoute le mémoire, que datent les règlements tyranniques qui ont successivement enlevé aux hommes de couleur non-seulement les priviléges et immunités, ou plutôt les droits naturels que les ordonnances de Louis XIII et de Louis XIV leur avaient garantis, mais encore les droits civils et de famille. »

Ces chiffres parlent assez. En 1713, il n'y avait pas à parler exactement, une population intermédiaire libre à la Martinique.

Cinq cents indiens, mulâtres et nègres libres représentent quelques individus, et en 1778, à une époque si rapprochée des grands événements qui ont fermé le 18me siècle, les 3,000 noirs ou hommes de couleur libres composent encore une bien faible population. Sortie en grande partie de l'esclavage, elle a dû suivre longtemps la condition des noirs ; un grand nombre a dû s'exercer aux professions subalternes, aux occupations manuelles. Les plus favorisés, ceux que la faiblesse du père, la voix du sang ont protégés, ont dû vivre quelque fois au foyer même où leur naissance a dû le plus blesser, dans une domesticité familière qui voilait à peine la parenté. L'infériorité sociale de la race de sang mêlé s'explique ainsi par le temps qu'elle a mis à se développer et à constituer une population, autant que par la gestation inévitable qu'elle a subie avant d'arriver à un état social élevé. C'est à la longue, la fortune aidant et les circonstances forçant chaque jour la rigueur de la loi, que la race de sang mêlé, de même que les affranchis de race africaine, a pu compter des familles établies, des hommes doués d'une instruction assez étendue pour leur permettre d'aspirer à une plus large existence sociale et aux fonctions publiques.

Les premières ordonnances royales n'avaient pas réservé à la race noire et à la race de sang mêlé le sort qu'elles ont partagé si longtemps, ni préparé pour nos générations actuelles les discordes civiles dont nos révolutions ont donné le signal. Quand la Martinique passa des mains des Seigneurs en celles du roi Louis XIV, ce prince si réell ment français et si digne du nom de Grand que la postérité lui a donné, ne pouvait laisser sans règlement la situation des esclaves et de leurs descendants affranchis. Louis XIV dont la sollicitude s'étendait à toutes les parties du royaume a eu le rare honneur de léguer à son pays toutes les belles lois qu'une histoire falsifiée attribue à la Révolution. Aidé de Colbert, il dicta la charte qui eût épargné à notre pays, si elle avait été observée, des abus ou des excès dont l'esprit de parti abuse si étrangement encore de nos jours.

L'ordonnance de 1685, que le temps aurait certainement modifiée dans plus d'une partie, devait être la véritable charte des Antilles françaises. Après avoir réglé la discipline de l'Eglise et prescrit le baptême des noirs arrachés aux sauvages pratiques de l'Afrique, Louis XIV, dans quelques dispositions spéciales, règle le sort des esclaves et de leurs descendants. Celles-là surtout importent à la question que nous traitons. Deux ordres seulement devaient exister aux Antilles: les libres, les esclaves. Ceux-ci, malgré leur condition, pouvaient cependant être institués légataires universels, exécuteurs testamentaires ou tuteurs des enfants de leurs maîtres, et dans ces cas, ils étaient tenus pour affranchis. Ces actes de dernière disposition, si contraires aux incapacités dont l'ordonnance frappait les esclaves, indique bien que dans la pensée du Roi, l'esclavage était un fait temporaire, exceptionnel, destiné à disparaître, que la volonté du maître pouvait faire cesser et dont la cessation rendait à l'esclave la qualité et les prérogatives du Français. Par leur affranchissement, ils devenaient français, et « les esclaves affranchis, dit l'ordonnance, n'avaient pas besoin de lettre de naturalité pour jouir de l'avantage des sujets naturels du royaume, terres et pays de l'obéissance du roi. » Enfin l'ordonnance se terminait par cette belle disposition :

« Octroyons aux affranchis les *mêmes droits, privilèges* et *immunités* dont jouissent les personnes nées libres ; voulons que le *mérite d'une liberté acquise*, produise en eux, tant pour leur personne que pour leurs biens, les *mêmes effets que le bonheur de la liberté naturelle* cause à nos autres sujets. »

C'était donc pour tous les libres, quelle que fut leur origine, l'égalité dans tous les droits et prérogatives attachés à la qualité de Français. Bien plus : le Roi proscrivait le commerce hors mariage entre les libres et les esclaves, c'est-à-dire entre la race blanche et les noirs ; mais les pénalités sévères édictés contre les contrevenants disparaissaient quand le mariage pouvait avoir lieu, et dans ce cas, l'esclave et les enfants recouvraient leur liberté.

Telle était, en ce qui nous occupe, l'économie du code noir, si sévère sous d'autres rapports, envers les esclaves. Aussi l'auteur du *Mémoire* pour les hommes de couleur, après avoir rappelé cette ordonnance, s'écrie-t-il :

« Des dispositions aussi précises, des lois aussi solennelles suffirent pour la garantie des hommes de couleur libres, pendant toute la durée du long règne de Louis XIV. Ce prince qui dans le préambule de l'édit de

1685, annonçait à toutes les classes d'habitants de ces colonies :

« Qu'encore qu'ils habitent des climats infiniment éloignés de son séjour ordinaire, il leur serait toujours présent non-seulement par l'étendue de sa puissance, mais encore par la promptitude de son application à les secourir dans leurs besoins » les protégea en effet constamment (1). »

On est heureux de lire après deux siècles, ces belles paroles du grand Roi. Malheureusement et on ne sait pourquoi, cette sage ordonnance mourût, il semble, avec le prince qui l'avait édictée. Déjà, vers 1704, si l'on en croit le mémoire pour les hommes de couleur, une ordonnance locale, dans le but de proscrire les mariages entre les Européens nobles et les femmes de couleur, déclara déchus de la noblesse ceux qui s'allieraient à leur race. Après Louis XIV, une série de mesures successives, manifestement contraires à l'ordonnance de 1685, viennent peu à peu détruire l'œuvre du grand Roi et commencer à faire de la différence de race une différence sociale et politique dont les générations à venir porteront le poids. Aussi est-ce avec raison que l'auteur du mémoire, rappelant l'ordonnance de 1726, s'exprime-t-il en ces termes sur l'œuvre de Louis XIV :

« Une ordonnance du 5 février 1726, déro-
« geant à l'édit de Louis XIV, à ce code noir,
« *monument de la sagesse et de l'humanité*

---

(1) Mémoire pour les hommes de couleur, page 21.

« *du grand Roi*, déclara les esclaves affran-
« chis ou nègres, les enfants et descendants,
« incapables de recevoir des blancs par do-
« nation entre-vifs ou à cause de mort. »

Depuis, l'ordonnance de 1685 disparût peu à peu par lambeaux, devant des règlements locaux aussi malhabiles qu'impolitiques.

Le mémoire pour les hommes de couleur donne à ces mesures restrictives des explications où la passion n'a pu être assez contenue. Si rien ne justifie ou n'excuse les violations manifestes commises contre l'ordonnance de 1685, par rapport aux esclaves et aux hommes de couleur, il est peut-être juste de chercher, au moins pour partie, la cause de ces mesures impolitiques, dans le désir d'arrêter le désordre où, dès cette époque, se laissaient aller trop de libres et de réprimer une immoralité qui entachait peut-être déjà un grand nombre de familles européennes. Il faut y voir aussi, croyons-nous, cette pensée qui n'est pas venue à Colbert, mais qu'après lui d'autres ont pu avoir, de constituer aux Antilles, même dans la plupart des professions manuelles, une sorte de monopole aux ouvriers métropolitains. Mais le véritable motif de ces lois d'exception doit être dans l'esclavage. De bonne heure la race européenne a dû comprendre la difficulté de contenir sous ce régime excessif une population dont le chiffre grandissait chaque jour et dépassait déjà cinq ou six fois, en 1778, le nombre réuni des blancs et des hommes de couleur. La politique coloniale de ce temps a peut-être vu un péril ou un danger dans le développement et l'élévation d'une race intermédiaire tenant de si près à la race noire.

Le règne de Louis XV devait être également fatal à la France continentale et à ses colonies. Dans la période écoulée de 1715 à 1778, on retrouve certainement encore en France quelques grands jours, de nobles actions, mais l'histoire ne s'est pas trompée : ce règne malheureux a accumulé sur la France et sur les colonies les terribles orages qui ont éclaté en 1789.

## VI

Les événements de 1789 qui auraient dû avoir une si grande influence sur la situation des esclaves et des hommes de couleur, n'ont pas amélioré d'une façon durable le régime colonial, grâce aux troubles dont la Métropole et les Antilles ont été le théâtre, et surtout à la guerre qui a fait passer les Antilles sous la domination étrangère. En 1790 en 1791 et en 1792, l'assemblée constituante et la législative s'occupèrent longuement de rendre aux races noire et de sang mêlé, aux uns leur liberté, aux autres leurs droits civils et politiques. En 1792 notamment, une délibération de l'Assemblée législative confia aux assemblées coloniales le soin de faire les lois concernant l'état politique des hommes de couleur et nègres libres. Il importe de rappeler les termes dans lesquels l'assemblée coloniale de la Martinique statuait le 3 juin 1792 sur ce grave sujet.

« Considérant, dit la délibération, que si la constitution lui reconnaît le droit et lui impose le devoir de faire les lois concernant l'état politique des hommes de couleur et nègres libres, l'*exercice* de ce droit lui est encore *infiniment précieux*, à raison de l'*affection* qu'elle *porte à cette classe*, qui a bien mérité de la colonie ; »

« Considérant qu'il importe essentiellement à la tranquillité des gens de couleur et nègres libres, et à la stabilité de leur état politique que cet état soit établi sur des bases constitutionnelles ;

« Considérant enfin que le Roi a déjà manifesté sa volonté concurrente avec les intentions favorables de la colonie de la Martinique pour les gens de couleur et nègres libres, par la sanction qu'il a donnée au décret de l'Assemblée nationale du 28 mars dernier ; »

« Déclare que les hommes de couleur et
« nègres libres de la Martinique jouiront des
« *mêmes droits* que les colons blancs de cette île, etc......

Cette délibération n'est pas l'acte d'une assemblée révolutionnaire, mais de la réunion des grands propriétaires, des *planteurs*, comme on les appelait alors, de l'aristocratie coloniale, en un mot. Il n'existe pas de preuve plus forte qu'à cette époque les colons, les blancs et les hommes de couleur libres, vivaient dans de mutuels sentiments de bienveillance, et qu'un seul obstacle les séparait : la privation pour ces derniers des droits civils et politiques que l'assemblée coloniale leur a rendus. Et pour montrer combien peu cette question de race ou de préjugé, mise en avant longtemps après, avait envahi les âmes, il suffit de citer les paroles par lesquelles l'Assemblée refusait l'appui des forces militaires qui lui avaient été offertes : « Des avantages concédés et reçus avec des sentiments mutuels d'affection et de reconnaissance, sont un gage de paix et de tranquillité, *auprès duquel le bruit des armes ne doit point se faire entendre* » (1).

Les deux races blanches et de sang mêlé étaient donc appelées à vivre désormais sur le pied d'une complète égalité ; les témoignages de ce temps attestent qu'en dehors de cette équivalence des droits civils et politiques, la race de sang mêlé satisfaite n'avait plus rien à réclamer.

Mais la Martinique ne devait pas goûter long-temps le bienfait de ces sages résolutions. Conquise peu à peu par les Anglais, elle resta sous leur domination jusqu'en 1802, époque à laquelle l'Ile fut rendue à la France. L'Angleterre, hostile à la Révolution et à tous ses actes, et dont les Colonies présentaient pour les esclaves et les hommes de couleur une législation à peu près semblable à celle de 1726, maintînt durant l'occupation la législation locale abolie par les colons eux-mêmes, et quand la Martinique, à la paix, fit retour à la Métropole, rien ne fut changé alors à l'ordre de choses existant.

La révolution avait trouvé le régime de 1726 encore en vigueur à la Martinique. Il importe de bien préciser à ce moment la situation de

---

(1) Plaidoyer pour les hommes de couleur, par Haribert, p. 275-276. — Daney de Marcillac — Histoire de la Martinique, t. 5, p. 283-284.

la race européenne et des hommes libres de sang mêlé ou de race noire. Le blanc jouissait ici de tous les droits, non des privilèges attachés à la qualité de français ; les hommes libres, noirs ou de sang mêlé, étaient régis par une série de réglements locaux, substitués aux dispositions généreuses de l'ordonnance de Louis XIV. Cette législation, en privant les hommes de couleur et les libres de la plupart des prérogatives inhérentes au titre de français, a fait dire que la race blanche était une caste priviligiée, parce que le droit commun ayant été retiré à un certain nombre, la situation de l'européen a paru être une exception. Il n'en était rien cependant, et bien que l'injustice fut grande, la race européenne n'avait pas de privilèges, à proprement parler, elle avait la plénitude de ses droits; les libres d'origine africaine n'avaient pas tous les leurs.

Pour démontrer que vers 1789 ou 1791, les revendications de la race de couleur ne tendaient qu'à leur faire restituer le droit commun public des français, et que la question d'un prétendu préjugé de race n'avait pas fait jusqu'à ce moment l'objet de leurs doléances, il faut rappeler un événement généralement mal connu et encore plus mal apprécié, qui souilla en 1791 la ville de Saint-Pierre, et faire ressortir la conduite des gens de couleur dans cette circonstance.

Les événements de 1789 avaient eu leur contre-coup à la Martinique, mais au sein de la population européenne seulement. A cette époque, la population blanche composée de grands propriétaires, nobles pour la plupart, des magistrats, des fonctionnaires, d'anciens militaires, vivait à l'égard du petit commerce, des artisans, des corps et métiers de race européenne, dans une situation comparable à celle de la haute noblesse métropolitaine à l'égard de la petite bourgeoisie. La démarcation était très marquée, et dans le pays où l'expression est restée, les premiers s'appelaient les planteurs, les autres les *petits blancs*. Ces derniers, ainsi que beaucoup de blancs notables de la ville, adoptèrent les nouvelles idées, et Saint-Pierre offrait le spectacle d'une population blanche républicaine, avant la proclamation de la République, tandis que les colons de race se distinguaient par l'ardeur de leur royalisme.

Une scission à laquelle les rivalités de race sont demeurées étrangères, sépara violemment Saint-Pierre de la campagne. La lutte était vive, et Saint-Pierre avec ses clubs, ses orateurs, offraient en petit l'image des grandes villes de France. Les hommes de couleur et les esclaves restèrent indifférents à ce mouvement ou ne tentèrent pas de s'y associer. Bien plus : la race de couleur qui comptait déjà des hommes aisés, et dont le nombre s'était étendu, n'a jamais cessé à ce moment de faire montre d'opinion royaliste. Nous ne rappelons pas cette attitude pour rendre seulement hommage à une fidélité qui les honore d'autant plus, qu'ils auraient pu espérer du renversement du régime monarchique un changement radical dans leur condition. La race de couleur resta fidèle. Les idées révolutionnaires, l'incroyable falsification de l'histoire et les troubles auxquels la France a été livrée depuis lors, n'avaient pas encore altéré chez eux, pas plus que chez la plupart des Français, le sens politique et national. Etre français, avoir tous les droits du français, servir la Patrie et le Roi, telle était la noble ambition, la limite des revendications de la race de couleur.

Les petits blancs ne leur pardonnèrent pas cette attitude. En 1791, Saint-Pierre était aux mains d'une faction révolutionnaire. Le 3 juin de cette année vit un forfait sans précédents dans les annales de la Martinique. Sous les soupçons les moins justifiés, à l'aide de prétextes que la révolution sait toujours trouver, la faction révolutionnaire, après avoir massacré trois officiers de milice, de race blanche, fit arrêter un grand nombre d'hommes de couleur marquants. Un tribunal fut composé par ces libéraux du temps, et une sentence de mort fut rendue et exécutée contre la plupart de ces malheureuses victimes. Saint-Pierre était dans la terreur. Le Gouverneur, M. le comte de Damas, partit de Fort-de-France avec des troupes, un bataillon de milice et quatorze cents hommes de couleur, pour reprendre la ville, et c'est à ces derniers, en partie, que l'on dût le rétablissement de l'ordre. Des poursuites ayant été ordonnées contre les auteurs de ce crime, des arrestations furent opérées et les coupables conduits au chef lieu, pour être jugés. Puis, la tranquillité paraissant rétablie, le Gouverneur retourna à Fort-Royal avec les troupes. Au mois de septembre suivant, les patriotes de St-Pierre recommencèrent. Après avoir réussi à rallier à leur sédition la garnison de la ville, ils appelèrent de la Guadeloupe le général Dugommier et lui donnèrent le commandement des forces réunies. (1) Le Gouverneur s'était retiré au Gros-Morne avec l'Assemblée coloniale, un grand nombre de propriétaires et d'hommes de couleur et les troupes fidèles, Fort-Royal comme Saint-Pierre ayant fini par tomber aux mains des insurgés. Les patriotes, craignant quelque retour offensif des planteurs et des hommes de couleur qu'ils avaient vainement essayé d'attirer dans leurs rangs, (2) résolurent d'attaquer le camp du Gros-Morne. Partis de Fort-Royal avec des forces imposantes, ils suivaient la route du Lamentin, par le travers de l'habitation l'*Acajou*, quand les planteurs et les hommes de couleur, commandés par Dugué, de Percin, Courville, Tiberge frères les assaillirent sur trois points : la moitié de la colonne fut exterminée, l'autre ne se sauva que par la fuite. L'historien de la Martinique, notre compatriote Daney de Marcillac, raconte avec des détails intéressants cette journée douloureuse de guerre civile où « les hommes de couleur, dit-il, déployèrent un courage égal à celui de leurs chefs. » (3)

Telle était donc la véritable situation des esprits à la Martinique, au commencement

---

(1) Daney de Marcillac, hist. de la Mart., p. 114 — Mémoire pour les hommes de couleur, p. 45-46.

(2) Le mémoire pour les hommes de couleur, p. 44, dit même que les insurgés demandèrent des secours au Gouverneur d'une île anglaise voisine de la Martinique.

(3) Pages 140-141.

de la révolution. Une scission profonde entre la ville principale et la campagne, scission qui n'avait pas pour cause les rivalités de caste. Deux partis, les petits blancs avec grand nombre de blancs importants du commerce d'une part, et de l'autre les planteurs, la vieille aristocratie coloniale, aidés des hommes de couleur. Les premiers favorables à la révolution et enthousiastes de ses idées, les seconds fidèles au Roi et à l'autorité — Les premiers souillèrent leurs mains du meurtre de plusieurs hommes de couleur inoffensifs; les seconds, où presque tous les vieux noms créoles se retrouvent, scellèrent à l'avance, mais malheureusement sur les champs de bataille d'une guerre civile, la réconciliation des deux races, que l'Assemblée coloniale, sous l'influence sans doute de la belle conduite des hommes de couleur, confirma pleinement dans la délibération de 1792.

Par une altération historique dont les partis se rendent trop souvent coupables, on est arrivé à rejeter sur la race blanche dominante, c'est-à-dire sur les colons, sur le parti aristocratique, le crime de 1791 et à l'attribuer à la question du préjugé de race. Ce fut le parti avancé de l'époque, ce furent les républicains de 1791, les radicaux du temps, les petits blancs, qui, dans les victimes, frappèrent des royalistes, des adversaires contre lesquels ils crurent peut-être pouvoir tout oser, par suite du régime auquel ils étaient encore assujettis. Ne pouvant pas s'attaquer aux colons, ils s'adressèrent à leurs partisans.

Quoiqu'il en soit, la race de sang mêlé ne demandait jusque-là que le droit commun, le droit de tous les Français. La question de race n'avait pas encore pris naissance, et les deux populations européenne et de couleur, quoique fort séparées par le régime civil et politique, ne connaissaient pas ces haines vivaces, ces rancunes amères qui semblent n'avoir apparu que depuis le jour où l'égalité des droits ayant rendu aux hommes de couleur le titre et la qualité de Français, la lutte devait cesser avec les causes qui l'avaient provoquée.

## VII

A la Restauration les colonies étaient encore sous le régime de 1726. Mais le temps et la force des choses avaient fait de nombreuses fissures dans cette législation vermoulue. L'éducation sociale avait pénétré dans les rangs d'un plus grand nombre d'hommes de couleur ; beaucoup de familles avaient déjà constitué, au-dessus de l'ensemble de la race, une sorte d'aristocratie ; la fortune s'était répandue au sein de ce groupe, en même temps que les affranchissements, des naissances survenues chez les affranchis avaient créé dans la race noire une population importante d'hommes libres. L'heure était arrivée où une transformation allait changer les rapports des races qui se partageaient le sol colonial.

La révolution de 1830 proclama l'égalité

civile et politique des hommes de couleur qui rentrèrent définitivement à ce moment dans la grande famille française. La querelle pouvait paraître terminée. Aucune distinction légale n'existait plus entre les Français libres, quelle que fût leur origine. Assurément, une domination de près de deux siècles, l'infériorité relative de la population de couleur longtemps asservie, l'habitude, avaient dû laisser, dans les deux races, des ferments d'irritation, des souvenirs amers ; mais, en réalité, la race de couleur n'avait plus rien à demander. Appelée à la vie civile et politique, elle voyait s'ouvrir devant elle le champ de l'avenir, et rien ne faisait plus obstacle à ce qu'elle pût conquérir sur le sol colonial, longtemps fermé à ses aptitudes et à son ambition, la place qu'y avaient seuls occupée jusqu'alors les descendants des premiers colons et les Français de la métropole. Il restait à la vérité aux Antilles une grande iniquité, la plus grande de toutes celles que notre histoire ait pu enregistrer : l'esclavage ; mais l'esclavage devait avoir son terme un jour, et d'ailleurs les hommes de couleur n'en pouvaient faire reproche aux blancs, car ils prenaient leur part de cette iniquité, sans montrer envers leurs esclaves plus de rigueur ou d'humanité que les premiers.

Arrivé à ce point de notre travail, nous sommes obligé de le reconnaître : l'égalité complète, la plénitude des droits civils et politiques n'ont pas satisfait les libres de sang mêlé ou de race noire. La lutte séculaire où le droit naturel était pour eux a perdu son caractère de revendication légitime pour revêtir les formes d'une animosité persistante, d'une rivalité haineuse où, pour la première fois, n'ayant plus rien à réclamer, mais ambitionnant quelque chose au-delà des droits du Français, les libres ont pu s'égarer dans les voies où nous allons les suivre, en se faisant une arme de ce qu'on a appelé le préjugé de race ou de couleur.

## VIII

En rendant à la race de sang mêlé la plénitude de ses droits civils et politiques, le gouvernement de juillet répondait au sentiment général impatient de cette réforme trop longtemps retardée. Ce n'était, en réalité ni une réforme ni une innovation, mais la restitution d'un droit naturel proclamé dès les premiers jours de la colonisation par Louis XIV, et solennellement reconnu en 1792 par l'Assemblée coloniale. La Restauration avait pris la France au lendemain de longs désastres. La tâche immense que lui avaient léguée les crimes de la révolution et les excès de l'Empire ne lui avait pas permis de pourvoir, partout et en même temps, à l'œuvre de réparation imposée par vingt cinq ans de folies politiques et militaires. Et cependant en 1830, au moment où la monarchie de juillet remplaçait la monarchie légitime, le travail d'une nouvelle constitution coloniale était déjà à peu près achevé et appliqué. Malgré les suites d'une invasion dont notre époque a pu malheureusement revoir et déplorer les rigueurs, au milieu de difficultés où tout était à vaincre avant d'asseoir en France le régime parlementaire, en pleine lutte des partis, la Restauration, dans les courtes années que l'inconstance du pays lui accorda, put rendre aux colonies une administration définitive, assimilée d'aussi près que possible à celle de la Métropole. Le Gouvernement y pourvut sans cesser de s'occuper un seul instant des intérêts de premier ordre d'un grand pays continental comme est la France. Les finances restaurées, l'armée reconstituée et avec elle la prépondérance de la France partout acceptée depuis la campagne de 1823; l'influence de notre diplomatie rétablie, la chrétienté purgée de la piraterie barbaresque, la Grèce affranchie du joug odieux de l'islamisme ; une France nouvelle s'élevant de l'autre côté de la Méditerranée en face de la vieille France phocéenne, en un mot la France maîtresse en Europe : telle est l'œuvre à laquelle quinze ans suffirent à un gouvernement national, appuyé sur le droit antique et sur les sympathies de l'Europe.

Dans le temps même où la famille de Bourbon refaisait à la France la prospérité et la grandeur qui accompagnent partout dans notre histoire la trace de cette illustre maison, la Restauration trouvait le moyen de régler l'organisation de la justice aux colonies. Elle promulguait en les appropriant au temps, divers codes oubliés ; elle appliquait comme accessoires du droit civil l'enregistrement et la conservation des hypothèques. Elle créait la véritable constitution coloniale, l'ordonnance de 1825 pour l'île Bourbon, celle de 1827 pour la Guadeloupe et la Martinique. Elle fixait d'une manière précise et durable les attributions du conseil privé, donnait une organisation à la gendarmerie et fondait pour ainsi dire tout d'une pièce le système administratif auquel des mains inexpérimentées ont touché depuis lors, mais sans ébranler l'édifice de ces belles ordonnances auxquelles on n'a pu rien ajouter, si le temps a rendu nécessaire quelques retranchements. Le propre des lois faites aux époques de paix sociale et par des gouvernements réguliers, à l'aide des lumières fournies par le mérite et le savoir, est de s'imposer ainsi au respect du temps et des hommes, et de défier l'audace des utopies.

La révolution de juillet ne laissa pas à la Restauration le temps de reprendre et de continuer aux colonies l'œuvre de Louis XIV et de Colbert. Dans le fait nouveau qui venait de changer l'ordre de succession au trône, ce n'était point seulement une dynastie nouvelle substituée à une autre. C'était une classe de citoyens, moins que cela, un parti qui remplaçait au pouvoir la vieille France hiérarchisée. La révolution de juillet a été l'avénement définitif et exclusif du Tiers-Etat, de ce qu'on appelait le Troisième Ordre avant 1789, pour tout dire, l'avénement de la bourgeoisie, mais de la bourgeoisie envieuse et sceptique du *Journal des Débats*, du *Siècle* et de quelques autres journaux libéraux. En 1830, Monsieur Laffitte montait autant sur le trône que le roi Louis Philippe. On n'en était plus au programme de Sièyès : « *Qu'est-ce que le Tiers Etat ? Tout. Qu'est-il maintenant ? Rien. Que demande-t-il ? Devenir quelque chose.* » La bourgeoisie ne voulait pas de partage. L'histoire ne lui rappelait ni Colbert, ni Louvois, ni plus anciennement l'Abbé Suger, ni cette succession d'hommes d'Etat, de magistrats, d'administrateurs, de ministres, d'ambassadeurs choisis dans les rangs d'une bourgeoisie créée par nos Rois et continuellement honorée des plus hautes charges de l'Etat. Il lui fallait la place entière, à elle seule, cette place un moment occupée en 1791, envahie depuis par la démagogie, et sur laquelle l'empire avait essayé de rebâtir, avec des matériaux nouveaux, l'édifice du passé dans une noblesse militaire honorifique, pourvue de majorats et de titres.

Après son retour à la vie politique, la race de sang-mêlé devait prendre aussi dans l'histoire coloniale une attitude à peu près semblable à celle de la bourgeoisie dans la Métropole. Ce n'étaient pas seulement les carrières publiques qui s'ouvraient à son ambition, c'étaient les fonctions politiques, ces charges électives auxquelles on ne parvient que par le choix de ses concitoyens, et à l'aide desquelles on exerce une partie de la puissance politique pour ne pas dire toute la puissance politique. Les hommes de sang-mêlé ne se considérèrent pas comme des français longtemps mineurs, parvenus enfin à une majorité qui leur donnait l'aptitude politique en partage avec la race européenne. Dès 1830, si la race de sang mêlé ne formula pas ou si elle n'exécuta pas le programme de son ambition, c'est qu'il lui manquait encore l'élément à l'aide duquel elle allait pouvoir un jour faire de la domination d'une race après la domination de l'autre la véritable lutte coloniale des temps actuels. Le partage avec les blancs, l'admission à tous les emplois, l'accessibilité à toutes les charges, ces choses naturelles pouvaient avoir été le thème d'une revendication fondée sur des droits légitimes. La suprématie était la seule forme qui pût convenir à un parti triomphant.

Par une inconséquence qui a été une faute grave, la race européenne, avertie cependant par les événements de 1789, où son rôle a été si intelligemment patriotique, ne paraît pas s'être souvenue des idées généreuses qui dictèrent sa conduite à cette époque. Rebroussant chemin quarante ans plus tard, quand les circonstances devaient cependant lui forcer les mains davantage, elle n'a pas compris le mouvement qui, de 1830 à 1848 et jusqu'à nos jours, poussait en avant, sous le souffle de nos révolutions, des races long-temps déshéritées et avides de pouvoir. Si en 1790, nos pères, avec une habileté qui fait honneur à leur intelligence autant qu'à leur cœur, prirent en mains la cause de la race de sang-mêlé, et épargnèrent ainsi au pays des querelles douloureuses de race, plus près de nous, depuis 1830, nos hommes publics manquèrent complètement de prévoyance. Au lieu de prendre la direction du mouvement et de lui enlever son caractère révolutionnaire, cette fois on fit tête à l'état de choses nouveau créé par la réforme de 1830. A agir ainsi quel pouvait être le but des colons? Reculer ? Mais à reculer on arrivait à 1792 où l'on rencontrait l'assemblée coloniale proclamant avec bonheur l'égalité civile et politique des libres qui avaient bien mérité de la colonie. A reculer plus loin, on se heurtait encore à la législation de 1726, cause et sujet des plaintes légitimes de la race de sang-mêlé, et que, précisément, le gouvernement de juillet venait abolir quarante ans après les colons eux mêmes. Personne d'ailleurs, il faut le reconnaître, n'avait défendu et ne défendait plus ce régime suranné dont, heureusement, les dispositions ne furent jamais sérieusement appliquées ou que le temps avait usées (1). D'ailleurs à reculer ainsi, on n'aurait pu reculer au delà de la colonisation. Il fallait s'arrêter à 1685 et à l'ordonnance de Louis XIV dont la sage prévoyance accordait dès cette époque aux libres d'origine africaine les mêmes droits qu'aux libres de naissance européenne.

L'imprévoyance ou l'inhabileté de la race européenne à cette époque a donc aidé puissamment à développer à la Martinique ce qu'on peut appeler le parti des hommes de couleur. Il

---

(1) La fameuse brochure. « *De la situation des gens de couleur libres aux Antilles françaises* » qui a donné lieu au célèbre procès de M. Bissette en 1823, s'exprime ainsi : « Nous l'avouons, la plupart des ordonnances dont se plaignent les gens de couleur libres ne sont pas toujours exécutées, quoi qu'elles existent de droit.

n'y avait qu'une voie possible : c'était l'acceptation franche et sincère de la réforme et de ses applications. La vérité oblige à reconnaître que les colons n'eurent pas la claire vue de cette nécessité. Depuis 1830, une autre question avait fait du chemin, la question de l'émancipation des esclaves. Non seulement en France, à la Chambre, dans la presse, dans tous les organes de la publicité, l'institution était attaquée et jugée, mais un grand pays dont les colonies avoisinent les colonies françaises, l'Angleterre, dès 1836, avait proclamé la liberté des esclaves. La proximité de ces îles, naguère soumises à un régime identique à celui des colonies françaises, pouvait devenir pour celles-ci un danger, une cause permanente d'agitation par la contagion des nouvelles institutions. Il n'y avait pas à douter non plus que le gouvernement français, attaché à l'Angleterre par la seule alliance qu'il ait pu rencontrer, ne tarderait pas à subir l'influence d'une politique qui s'imposait déjà par d'autres considérations et à laquelle le grand acte d'émancipation consenti par le gouvernement anglais donnait le caractère d'un mouvement humanitaire.

Les colons français ne virent rien ou ne voulurent pas voir, malgré les sollicitations pressantes d'hommes distingués du pays que l'état de l'opinion en France avait éclairés. Presque à la veille des événements de 1848, on discutait ici avec une indignation bien juste, mais stérile, les accusations plus passionnées que sérieuses, qu'un député de l'opposition,

M. Ledru Rollin, avait jetées du haut de la tribune comme une flétrissure aux propriétaires d'esclaves.

Il faut le dire aussi: le gouvernement de juillet a peut-être manqué de décision et de franchise. Au lieu de proclamer la liberté et de demander à la France une réparation pécuniaire que la grandeur de l'acte aurait justifiée, il n'a pas osé ou il n'a pas voulu imposer sa volonté. Pour répondre aux criailleries de l'opposition, il s'est jeté dans des mesures mesquines, il a eu l'air de couvrir les esclaves d'une protection tardive, et tout ce qu'il a fait, ç'a été d'édicter la fameuse loi de 1844, dite *loi Mackau*, mesure insuffisante pour les uns, persécutrice pour les autres. Cette loi, qu'on a dit avoir été faite pour forcer les colons à demander eux-mêmes l'abolition de l'esclavage, avait le tort de blesser les maîtres sans rassurer les esclaves, de mettre en suspicion la partie la plus élevée de la population coloniale, et de donner aux magistrats une mission où leur conscience devait bien souvent se trouver placée entre les faiblesses de leurs relations personnelles et la nécessité de faire montre de zèle. Avec plus d'autorité, Louis XIV, cent cinquante ans auparavant, avait prémuni les esclaves contre les violences de leurs maîtres. L'article 43 de l'ordonnance de 1685 « enjoignait aux officiers du roi de poursuivre criminellement les maîtres ou commandeurs qui auraient tué un esclave, étant sous leur puissance ou sous leur direction et de punir le meurtre selon l'atrocité des circonstances. »

On a donné pour explication à la résistance opposée par les colons à l'abolition de l'esclavage, des motifs d'intérêt personnel et de cupidité. L'histoire doit rechercher d'autres causes à l'inexplicable aveuglement qui a conduit les Antilles françaises jusqu'aux événements de 1848. Assurément il n'est pas impossible que, pour quelques personnes, la crainte de voir promulguer aux Antilles les textes de lois relatifs à l'expropriation forcée aient eu une certaine part dans la lutte soutenue contre la marche envahissante des réformes. Mais faire de ces motifs accessoires et d'ailleurs sans importance pour beaucoup de maîtres, la raison déterminante de la conduite de tous, c'est voir les choses par leur petit côté et calomnier la race européenne. L'intérêt joue un grand rôle dans notre conduite, cela est vrai, mais l'orgueil a une part plus grande encore dans nos actions. La double faute que nous rappelons, celle de la race européenne et celle de la race de sang mêlé, tient à des causes profondes tirées de la nature humaine elle-même. Tandis que les hommes de sang mêlé rêvaient de remplacer l'élément européen par les descendants de la race africaine, la race blanche regrettait des prérogatives qu'elle croyait essentielles à son existence, parce qu'elle avait été longtemps seule à en profiter.

Il ne faudrait pas connaître la nature humaine et n'en avoir jamais observé le jeu dans l'histoire pour s'étonner de cette attitude. Partout où deux races, deux peuples ou deux classes d'hommes ont vécu, l'une exerçant la suprématie, l'autre tenue en esclavage ou subissant la domination, quelle qu'ait été chez l'une l'origine ou la cause de la prépondérance, chez l'autre la raison de la sujétion, lorsque l'heure a eu sonné pour l'émancipation politique ou civile de celle-ci, on a remarqué presque toujours chez la race dominante le regret de ses prérogatives, chez la race dominée l'ambition de supplanter, d'effacer par une domination nouvelle l'ancienne omnipotence contre laquelle elle s'est pourtant cabrée. L'histoire est une continuelle redite. Qu'il s'agisse des patriciens à Rome, des conquérants de race franque et plus tard de la féodalité, puis de la grande aristocratie dans notre patrie ; à Rome comme en France la plèbe pas plus que la bourgeoisie ne s'est contentée du partage. A Rome les longues luttes civiles entre les deux ordres de citoyens, la guerre de Marius et de Sylla, représentent l'antagonisme où ces deux grands partis se disputent la prééminence, jusqu'au jour où la lutte aboutit à l'effondrement de la puissance patricienne qui fut l'effondrement de la puissance romaine. Depuis 1789 où le conflit a éclaté, la bourgeoisie française, qui pendant de longs siècles a eu sa place dans les pouvoirs de la nation, n'a pas été satisfaite du partage avec les hautes classes. Cet équilibre si rare entre les forces d'une nation et que l'Angleterre seule paraît avoir réalisé, la France le cherche vainement encore. La bourgeoisie a considéré la réforme de 1789 comme l'avènement, la substitution d'une race à une autre ; elle n'a plus eu qu'une pensée, n'a poursuivi qu'un seul but, enfin atteint et réalisé en 1830, la destruction de la vieille constitution française et la main mise exclusive des classes moyennes sur la direction des affaires publiques.

Si telle a été la marche incontestable de la société française, de la société romaine et de beaucoup d'autres sociétés où le même phénomène peut être remarqué, il ne faut pas s'étonner que la race de sang mêlé, dès après 1830, ait senti et conçu des velléités semblables. Nous venons d'écrire, à propos du tiers ordre en France, un mot qui rend bien compte de l'attitude prise par ce corps depuis 1789 : la substitution. C'est le mot dont la langue coloniale a défini le programme, à peine aperçu, de la race de couleur après 1830, mais largement et ouvertement pratiqué depuis. En écrivant ce mot, nous n'entendons pas parler de cette substitution violente qui tendrait à la disparition de la race européenne. La race de sang mêlé a ses énergumènes comme toutes les races, et il n'est pas impossible que, dans le nombre, quelques esprits ardents aient désiré ou rêvé une sorte de Saint-Domingue amoindri, où la force des choses obligerait la race européenne à se retirer devant la race noire et la race intermédiaire coalisées. Mais ce serait calomnier la race de sang mêlé en général que de lui prêter une ambition aussi inepte. Elle sait bien que la France est ici et qu'elle y restera ; elle sait d'ailleurs par expérience qu'elle aurait tout à perdre à s'isoler de la Métropole dont l'épée et les lois protègent sa fortune et sa vie. Mais elle rêve ou plutôt elle poursuit, à l'imitation de ce qui a réussi en France, autant par penchant révolutionnaire que par esprit de race, l'exclusion totale de la race blanche de toutes fonctions, de toutes charges publiques. Elle fait de ce système, il faut le dire, les représailles d'un régime que peu d'entre ceux qui vivent ont connu et dont elle rend responsables des générations qui en sont absolument innocentes. Il n'importe : sur ce point ses prétentions n'admettent pas la controverse ; elle a pour elle le courant qui entraîne la France dans les abîmes du radicalisme, et sans mêler peut-être à sa présomption toutes les idées et toutes les folies du programme radical, elle se sert des événements et les exploite dans un intérêt de parti, sans souci de l'avenir, sans souci davantage du passé où elle bafoue dans leur honneur et leur mérite des ancêtres qui ne la reconnaîtraient pas aujourd'hui.

Cette lutte où les deux races semblent se disputer le pouvoir a donc sa cause réelle dans la nature des choses et dans nos troubles politiques. Aujourd'hui que la race européenne, éclairée par de nouveaux malheurs, a compris la dignité de son rôle et s'est effacée dans une abnégation complète, il est permis de lui montrer ainsi qu'à la race de sang mêlé les torts mutuels d'une rivalité où les forces vives du pays devaient se combattre en pure perte. La liberté politique et civile, nous entendons ainsi l'usage des droits ordinaires du citoyen dans un gouvernement régulier, peut-être comparée à la lumière, à l'air dont le volume peut suffire à tous sans que l'usage en diminue pour personne. Imaginez des hommes enfermés dans une enceinte obscure et retrécie, tandis que d'autres auront l'usage de l'air et de la lumière : peu à peu dans cette prison l'air sera vicié ou affaibli, il y aura souffrance et péril. Rendez à la liberté et au jour les malheureux séquestrés, et dites nous si la clarté du soleil sera moins vive, l'air moins abondant et moins pur pour ceux qui en jouissaient exclusivement auparavant. Il en est de même dans l'ordre social et politique, et la race européenne n'a pas aperçu cette loi inéluctable, par suite de l'habitude où elle avait été de bénéficier d'une domination exclusive. La participation de la race de sang mêlé à la vie politique ne devait pas plus diminuer, pour la race européenne, l'usage et l'exercice des droits du français, que la liberté rendue aux esclaves ne devait amoindrir ou gêner celle des maîtres. Une fontaine publique peut être réservée à une classe de citoyens : les autres n'auront pas le droit d'y puiser de l'eau. Rendez la fontaine accessible à tout le monde, les privilégiés auront-ils moins d'eau à leur service parce qu'un plus grand nombre ira s'y abreuver ?

Quoiqu'il en soit, de 1830 à 1848, la lutte entre les deux races a gardé un caractère latent. Comme des amis brouillés depuis longtemps et qu'une réconciliation incomplète a un moment rapprochés, les deux races gardèrent une attitude contrainte et boudeuse. Si dans ces dix huit années les hommes de couleur purent aborder sans difficulté et dans la mesure de leur capacité, les carrières publiques, la magistrature, le commissariat, le barreau, un très-petit nombre seulement put franchir les limites qui séparaient la race de sang-mêlé des charges politiques ou civiques. Le conseil colonial n'en comptait pas un seul; à peine les municipalités, vers la fin du régime du juillet, en avaient-elles accueilli quelques rares exceptions. Le système censitaire la tenait encore à distance de ces charges électives qu'un peu plus tard elle devait complètement envahir. Tandis qu'à la veille des événements de 1848, certains conseillers coloniaux se demandaient s'ils paraîtraient au banquet officiel du gouverneur, parce qu'un fonctionnaire de sang-mêlé y était invité, à St-Pierre, des hommes de couleur, ayant à leur tête le futur député de la Martinique, signaient une adresse au Magistrat chargé alors de l'instruction criminelle. Ce manque de tact envers un magistrat que ses fonctions doivent placer au-dessus des partis, défrayait la polémique d'un journal du pays où la plus brillante personnalité de la Martinique préludait au rôle immense que les événements devaient lui faire quelques jours après.

Dans les dix-huit années du gouvernement du roi Louis Philippe, la race de sang-mêlé affranchie de toute entrave légale, mais non encore pourvue au gré de son ambition, considérait probablement l'acte de 1830 comme une réforme platonique restée sans résultat.

Aussi changea-t-elle de rôle et d'attitude. Contrairement à son passé où jamais elle ne mêla sa cause à celle des esclaves (1), l'arme dont elle se servit contre ce qui restait des vieilles institutions coloniales fut l'abolition de l'esclavage, arme sûre dont chaque coup devait porter. En prenant cette attitude de protecteurs des esclaves, les hommes de sang mêlé se donnaient facilement l'air de victimes ou de persécutés, et nul, en France, ne songeait à leur demander compte de la contradiction où les plaçaient cette attitude et la part qu'ils prenaient à l'esclavage. Pour être dans la logique de son rôle, la race de sang mêlé aurait dû commencer par affranchir ses esclaves. Elle les garda jusqu'au jour où la France, pour leur rendre la liberté, leur en compta le prix comme aux maîtres européens. Aucun, croyons-nous, ne refusa la rançon de la liberté de ses frères. Cette lutte n'était donc ni sincère ni loyale. La race de sang mêlé n'avait plus rien à demander dans l'ordre politique. Le temps, le progrès des mœurs, les relations sociales devaient lui faire peu à peu, et dans la concorde avec la race européenne, une place de plus en plus marquée dans la direction des affaires publiques. L'attitude prise par les uns et les autres a compromis ce résultat. Le jour n'était pas éloigné où la race de sang mêlé allait se jeter tête baissée dans l'exécution du programme dont la substitution est la

---

(1) *Mémoire pour les Hommes de couleur*, pages 36 et 52 notamment.

formule concrète. L'instrument qui lui manquait allait enfin lui être fourni par la révolution de 1848. Le suffrage universel, en appelant du jour au lendemain à la vie publique, des hommes dépouillés de toute culture intellectuelle et politique, plaçait sous la main de la race de sang mêlé l'immense armée des nouveaux libres, incapables de discernement et naturellement hostiles à leurs anciens maîtres. C'est à l'aide de cette force nouvelle que la race allait enfin monter à l'assaut de toutes les fonctions civiques et en bannir la race européenne, en réveillant continuellement chez les uns et les autres, les libres de l'ancien temps et les libres de la veille, les souvenirs de la double oppression sociale et politique dont, pendant deux siècles, ils ont ensemble porté le poids.

## IX

La Révolution de février surprit les Antilles françaises comme elle avait surpris la France elle-même. La prospérité du règne avait fait illusion. Personne, parmi les partisans de la dynastie d'Orléans, ne doutait de la durée du régime inauguré en 1830. Les habiles avaient cru concilier la double tendance de l'esprit national, en mettant sur le trône un descendant de Henri IV, mêlé par son père, Philippe Egalité et par les victoires de Jemmapes et de Valmy, aux souvenirs et aux idées de la grande Révolution. On ne pouvait s'attendre à ce qu'un Bourbon populaire, appuyé sur une armée nombreuse, commandée par des chefs illustres au milieu desquels servaient des Princes braves et aimés, pût tomber en un jour du trône que les politiques de 1830 avaient surnommé la meilleure des Républiques. Pourtant, les symptômes d'une chute prochaine n'avaient pas manqué. A l'opposition plutôt parleuse qu'agissante jusqu'en 1847, avait succédé le grand mouvement d'agitation dont le prétexte était la réforme électorale. Des banquets réformistes où toutes les notabilités de l'opposition se donnaient rendez-vous, avaient été long-temps à l'avance annoncés pour le 20 ou 22 février. Un peu avant l'explosion de la crise, on savait que le Roi avait appelé à Paris le Maréchal Bugeaud. Les journaux, les revues, les recueils, toutes les voix de la presse dénotaient une profonde surexcitation. Un poëte illustre, prêtant sa lyre à l'histoire, avait raconté avec l'enthousiasme entraînant de son talent, les forfaits exécrables de 1793, et son livre, condamné par tous les esprits sérieux, avait insufflé de toutes parts, en France, comme une nouvelle ardeur pour les idées républicaines. Si la campagne des banquets fut l'occasion, les *Girondins* de M. de Lamartine furent la Marseillaise, mais une Marseillaise agrandie, du nouveau 10 août où sombra la royauté éphémère de Juillet.

C'est un dimanche, le 26 mars, au milieu des pieuses occupations de la matinée, qu'arriva à la Martinique la nouvelle des événements de Février. Rien n'avait préparé le pays à la brusque transformation qui allait surgir. On se croyait encore en pleine royauté, et le paquebot anglais qui desservait à cette époque la ligne des Antilles, déposait à Saint-Pierre, avec le récit des trois journées, un gouverneur nouveau et un Directeur de l'Intérieur, chargés par le Gouvernement provisoire de proclamer à la Martinique la République issue des barricades de Paris. Si de tous côtés l'émotion et la surprise furent grandes, il faut le rappeler aussi, le calme fut complet. La satisfaction chez les uns, l'étonnement chez les autres ne laissaient pas place pour le moment à d'autres sentiments. De tous les faits rapportés par les journaux, de tous les programmes publiés par le nouveau gouvernement, deux mesures principales absorbaient justement l'attention. L'émancipation des esclaves était décrétée en principe, le suffrage universel était promis comme conséquence. Si la liberté ne fut pas immédiatement proclamée, c'est que le Gouvernement provisoire voulait accompagner ce grand acte de quelques mesures transitoires, destinées, dans son idée, à aider à la transformation sociale et politique à laquelle était appelée la nombreuse population asservie. Par un excès de courtoisie qu'on pourrait nommer de la camaraderie républicaine, le gouvernement provisoire désirait que le décret d'affranchissement fût signé par l'un des chefs du parti abolitioniste, M. Victor Shœlcher, alors en cours de voyage au Sénégal. L'absence de M. Shœlcher a donc coûté quelques jours de liberté aux esclaves des pays français.

Si du côté des esclaves la satisfaction était grande, les propriétaires, d'un autre côté, prirent résolûment leur parti. Jamais révolution aussi profonde ne rencontra moins d'obstacles. Les préoccupations ne manquaient pas cependant pour l'avenir de la colonie, et l'on pouvait avec raison redouter la désertion de l'agriculture par les nouveaux affranchis et, par suite, l'appauvrissement de la colonie et la misère. On pouvait craindre aussi l'usage que ferait du droit de suffrage une multitude, la veille encore asservie, et appelée le lendemain à partager avec les anciens maîtres les droits publics d'élection et d'éligibilité. Ces préoccupations ne découragèrent pas les propriétaires. La révolution acceptée, ces derniers furent les plus impatients dans l'attente du décret libérateur. L'émancipation acquise, il y avait avantage à la proclamer immédiatement, inconvénient à la retarder en prolongeant une situation délicate où les noirs n'étant plus esclaves n'étaient pas encore libres de fait. Aussi désirait-on ardemment l'arrivée du Commissaire général désigné par le nouveau gouvernement pour inaugurer à la Martinique, qu'il était appelé à gouverner, le grand acte d'affranchissement après lequel, selon l'expression du Gouvernement provisoire, « aucune terre française ne devait plus porter d'esclaves ».

Monsieur Perrinon, qui avait l'honneur de cette mission rénovatrice, était un enfant distingué de la Martinique. Il appartenait à une de ces anciennes familles de sang mêlé où l'honorabilité, le travail et la fortune avaient presque forcé, bien avant 1830, les rigueurs du régime social et politique où la plus grande partie de la population était privée de ses droits civiques. Conduit de bonne heure en France, il y avait fait son éducation, et après avoir été admis à l'école polytechnique, il servait avec distinction dans l'artillerie. Très aimé dans son corps où il avait la réputation d'un officier de mérite, il était chef de bataillon au moment de la révolution de février. Les journaux avaient publié de lui une lettre dont les sentiments lui avaient rallié toutes les sympathies, celles des hommes intelligents de sa race aussi bien que celles de tous les hommes de race européenne.

C'était donc une idée heureuse pour le gouvernement provisoire d'avoir choisi pour initier une des Antilles au nouveau régime, un homme que tant de conditions désignaient pour être le trait d'union entre les diverses races coloniales. Comme homme de sang mêlé, son élévation au gouvernement d'une colonie, de son pays natal, devait donner une immense satisfaction, et une satisfaction facile à comprendre, à la race tenue si longtemps en dehors de toute participation à la vie publique. Comme homme d'épée, officier au service de la France, son nom était une garantie d'ordre et de sécurité pour le pays confié à son patriotisme. Mieux qu'à personne, cette double situation lui permettait de tenir la balance égale entre tous et de gouverner, au nom de la loi et de la justice, sans craindre les défiances de sa race ou de la race européenne. Monsieur Perrinon était donc l'homme de la situation, et de son gouvernement plus que tout autre on pouvait espérer avec raison l'union des races, ce premier accord des cœurs et des volontés dont le rapprochement doit précéder le mélange plus complet des idées, des personnes et des habitudes.

Il n'en devait pas être ainsi malheureusement, et Monsieur Perrinon devait débarquer en venant de France sur une terre souillée par le meurtre et la guerre civile. Dès le lendemain du jour où les événements de Féyrier furent connus à la Martinique, la nouvelle administration coloniale, bien avant l'arrivée du Commissaire général, renouvelait les municipalités en y appelant les divers éléments de la population. A Saint-Pierre, notamment, le Directeur de l'intérieur choisit pour administrer la ville trois hommes dont les noms et l'origine répondaient à ce besoin des circonstances. Le Maire, de race européenne, était un grand négociant, universellement aimé et estimé pour sa droiture, sa probité, son esprit conciliant et modéré. A ses côtés étaient placés un autre commerçant de race noire, digne, sage, éclairé, l'un des hommes le plus généralement sympathique, et un avocat de race mixte connu depuis longtemps au barreau où de nombreuses causes civiles et criminelles lui avaient fait un certain renom d'habileté. M. Pory-Papy était plutôt un homme d'intelligence que d'instruction. Plus disert qu'éloquent, plus subtil que fin, souple et insinuant, il était certainement l'homme de sang mêlé le plus en évidence à la Martinique à l'époque que nous rappelons. Homme de loi, il présentait à ce titre des garanties morales indispensables pour exercer par délégation une partie de l'autorité administrative. Son existence ne rappelait d'ailleurs rien qui dût le rendre suspect aux uns si son origine le rendait précieux aux autres. C'était peut-être de tous les hommes de sang mêlé, celui qui avait le moins souffert et qui aurait eu moins à se plaindre d'un état social et politique dont il n'avait seulement qu'effleuré les difficultés. Les vicissitudes de sa vie agitée n'empruntèrent rien jusques là au régime sous lequel sa race avait vécu. Commerçant d'abord et associé jeune encore aux infortunes commerciales de son père, il avait quitté la Martinique pour aller étudier le droit en France, et il était déjà homme et marié lorsqu'il entreprenait un changement de carrière où tout était moins facile à son âge. Recommandé par d'anciens colons à des négociants de Saint-Thomas, il s'était embarqué avec sa jeune femme, alors au moment d'être mère, sur une galiote hollandaise. Naufragé sur les côtes de l'Espagne, il avait traversé la France et s'était établi à Aix où en peu d'années il avait pu obtenir le grade de bachelier et plus tard le diplôme d'avocat avec lequel il revint exercer à la Martinique. Il fut l'un des premiers sinon le premier de sa race à qui s'ouvrirent les portes du barreau. Bien accueilli par le Président de la cour, M. de Mauny, alors en fonctions, il trouva tous les chemins ouverts devant lui pour arriver à la fortune et à la renommée. Affectueusement traité par tous ses confrères, sinon lié d'intimité avec eux, choisi dans plusieurs causes délicates par des propriétaires de race européenne, décrétés d'accusation sous la loi Mackau, il rencontra au barreau un terrain neutre où avec indépendance et succès il a pu travailler durant quinze ans, sans que son origine ou ses opinions lui valussent une rigueur ou un dédain.

La révolution de Février et les fonctions dont le gouvernement local l'avait investi aussitôt devaient l'appeler à jouer un rôle plus élargi sur le théâtre de nos luttes politiques, et son nom devait malheureusement rester associé aux événements douloureux de son pays, dans des circonstances que le patriotisme commande d'oublier, mais que l'histoire ne peut passer sous silence.

La proclamation prochaine de l'émancipation et la nomination d'un gouverneur de sang mêlé auraient dû plus que satisfaire la race noire et celle de sang mêlé. Pour un grand nombre la satisfaction s'arrêtait à cette situation si peu prévue : un gouverneur de race intermédiaire, commandant à tous, aux blancs comme aux autres dans un pays libre. C'étoit pour ceux-là le moment de réaliser le programme si souvent publié à l'encontre des résistances coloniales. L'union des diverses races dans le partage des droits civils et la participation progressive aux droits civiques, dans la mesure des aptitudes et des mérites respectifs. Mais pour une partie de la population, ce programme était et reste encore à l'heure actuelle une désertion, une trahison envers la race. Le suffrage universel n'était-il pas là, et qu'avait-on besoin, dans la représentation du pays, soit à la Martinique dans ses Assemblées municipale et coloniale, soit en France à la Chambre, de tenir compte des droits acquis par une longue prépondérance, par la pratique des affaires, par la propriété du sol, par la fortune, par les services et surtout par la conformité de race avec 40 millions de Français de la Métropole, auxquels les huit ou dix mille blancs de la Martinique tiennent de plus près assurément, par l'origine et les traditions, que cent mille noirs et dix ou douze mille hommes de sang mêlé !

Ces considérations ne devaient peser d'aucun poids chez grand nombre d'hommes de couleur au milieu desquels un parti d'ardents l'emporta sur les hommes modérés. Le programme était dans un mot : la substitution d'une race à l'autre ; l'application devait en être faite comme représailles de la nouvelle domination envers l'ancienne. Les blancs devaient être bannis de partout, sur ce sol conquis, défriché, défendu et illustré par leurs pères. Outre l'odieux d'une telle politique, il n'y en avait pas où la justice et la raison dussent être plus malheureusement sacrifiées, et dont le ridicule ne dût être plus inévitablement la fin. La révolution de février était un accident où l'esprit conservateur de la France s'était laissé surprendre ; mais après la période d'anarchie qui avait suivi cette catastrophe, la France devait évidemment retourner à l'ordre, et un gouvernement régulier, appuyé au besoin sur la force, devait succéder aux fantaisies sociales et politiques de Ledru-Rollin et de Louis Blanc. Ce dénoûment si facile à prévoir et qu'il ne faut pas cesser de prévoir et d'espérer encore à l'heure où nous écrivons, quoiqu'il paraisse se faire attendre, aurait dû avertir les hommes de sang mêlé, qu'à satisfaire des ambitions injustifiables, dans une pensée de rancune et de vengeance, on ne faisait qu'élargir la séparation entre les deux races et rendre plus difficile, dans l'avenir, le rapprochement si longtemps demandé et annoncé par les abolitionnistes.

Et d'ailleurs une telle politique ne blessait pas moins la raison que la justice. La prééminence de la race européenne n'a pas été conçue et établie *à priori*. Les premières ordonnances royales, nous l'avons vu dans le cours de cette étude, avaient au contraire établi l'égalité entre toutes les races et leur avait fait le même sort. C'est peu à peu et coup par coup on peut dire, que la domination européenne s'est fondée et établie. Mais combien de motifs, acceptables à l'époque, pouvaient l'expliquer ! D'abord les lois du temps favorisaient les aristocraties dans une société dont les classes ne représentaient pas seulement des distinctions sociales, mais des ordres politiques. En second lieu, la race blanche a été ici la race conquérante, la race fondatrice, et enfin, à ces raisons déjà si fortes, il faut ajouter que la race européenne était libre, que ses descendants étaient légitimes, tandis que les deux autres races, dans les premiers temps ont été asservies, ce qui était la plus grave déchéance pour des Français, et que leurs descendants, au moins à l'origine, étaient illégitimes. De telle sorte qu'à le bien prendre, tout s'était réuni dans le passé pour donner à la race européenne une position exceptionnelle aux Antilles : l'état social et les mœurs politiques. Mais de nos jours, après les nivellements opérés par nos révolutions, après les modifications si profondes introduites dans nos mœurs par les idées et les événements, il est plus qu'injuste, plus que déraisonnable, il est ridicule, lorsqu'avec raison on a crié contre la domination d'une race, de lui substituer la domination d'une autre race dont les titres à une telle prééminence ne se rencontrent ni dans les circonstances, ni dans les conditions politiques et sociales dont l'autre a pu étayer sa longue usurpation.

Quoiqu'il en soit, au moment où M. Perrinon était appelé au gouvernement de la Martinique, la race de sang mêlé et la race noire qui avaient si longtemps réclamé contre les lois d'exclusion faites pour les écarter de la vie politique, se préparaient, sous le régime de la liberté et de la fraternité démocratiques, à se donner à elles-mêmes un éclatant démenti et à recommencer pour leur compte et sans excuse possible, une exclusion fondée sur les intérêts ou sur les rancunes de l'esprit de race. Le courant révolutionnaire favorisait cette politique maladroite où la race de sang mêlé devait reproduire des fautes identiques à celles qu'elle avait justement critiquées. L'ambition devait avoir aussi sa part dans cette lutte des diverses races, où un siége au Conseil général et dans les Conseils municipaux constitue le rêve des médiocrités de toute nature dont une société est encombrée, depuis les villes où la culture intellectuelle plus généralisée tend davantage à équilibrer les positions sociales, jusqu'aux plus simples bourgs où le modeste atelier de l'artisan cache souvent plus d'un homme d'Etat ou d'un orateur à qui les circonstances seules n'ont pas encore permis de se révéler.

Tels étaient les éléments au milieu desquels allait arriver M. Perrinon, officier supérieur de l'armée française, plus européen par son éducation, ses habitudes et sa profession, qu'homme de sang mêlé par son origine. Peu de temps, un mois environ avant son arrivée, un incident insignifiant amena l'une des plus lamentables catastrophes de notre histoire. Un cultivateur des environs de Saint-Pierre avait été arrêté pour nous ne savons plus quel motif, et conduit à la geôle. Comme si la population avait attendu un signal, des groupes nombreux et agressifs se massèrent devant la prison et réclamèrent la mise en liberté du prisonnier. De toutes parts et comme avertis par un mot d'ordre, les hommes de la campagne descendaient en troupes des hauteurs voisines et accouraient en armes vers la ville. Le maire, accompagné de ses adjoints, avait résisté aux réclamations arrogantes d'une foule ignorante et surexcitée ; tout annonçait que l'Autorité ferait son devoir et maintiendrait l'ordre, quand on apprit que le prisonnier avait été relâché. Profitant d'un moment où le maire était occupé sur un autre point, M. Pory-Papy, l'un des adjoints, prit sur lui d'ordonner cette mesure qui fut diversement interprétée. En admettant, ce que nous croyons pour notre part, que la mesure ait eu pour but de calmer l'effervescence populaire; d'éviter un conflit à la veille du jour où la liberté allait enfin être solennellement proclamée, il faut reconnaître que jamais acte de faiblesse ne produisit des résultats plus contraires à ceux qu'on en avait attendus. Quoique la foule eût évacué les abords de la prison, cependant des groupes continuèrent de stationner dans la ville, et dès l'après midi Saint-Pierre était envahi par des bandes armées, formées dans la ville ou venues de la campagne. Une effervescence que rien ne justifiait soulevait comme une mer la foule agressive dont les cris menaçaient les blancs, si heureux alors de voir finir un régime qu'ils avaient subi et dont la durée n'était plus possible. C'est en vain que des hommes de couleur sages, comptant avec raison sur l'influence de leur affinité avec la population noire, s'interposaient de tous côtés pour calmer une population soulevée. On eût dit qu'une main secrète poussait cette masse à laquelle ne manquent jamais des criminels. A sept heures du soir, l'Autorité avait perdu tout prestige, et la population blanche était livrée sans défense à tous les excès d'une populace ivre de crime et de pillage. L'incendie dévorait plusieurs maisons dont quelques unes paraissaient avoir été choisies comme une proie. Dans l'une d'elles, sous les yeux d'une population si douce d'ordinaire, en pleine civilisation chrétienne, en face d'un bataillon de troupe, d'une section d'artillerie, de la gendarmerie, sous le regard de toutes les autorités civiles et militaires, trente deux femmes, enfants et jeunes gens s'abimaient dans les flammes dont les lueurs sinistres éclairaient cette nuit de désolation, sans qu'un effort fût tenté pour les secourir et les sauver. Ce forfait sans précédents et digne seulement des tribus sauvages de l'Afrique et de l'Océanie, n'avait pas même pour prétexte la conquête ou le désir de la liberté. Les victimes étaient des innocents, et la liberté proclamée en principe par le gouvernement provisoire était déjà décrétée; quelques jours après elle devait être un fait accompli.

Le crime ne s'arrêta pas à cette horrible hécatombe. Deux hommes de race européenne furent lâchement et odieusement assassinés: M. Dujon, homme excellent, succomba sous les coups d'une meute sauvage après des raffinements d'une cruauté inouie. Le jeune Fourniols fut tué presque sur le seuil de sa demeure, devant sa famille, une famille de femmes sans défense. Sur d'autres points beaucoup de blancs furent maltraités ou molestés.

Au Prêcheur, à quelque distance de Saint-Pierre, le désordre fut au comble. Mais là veillait un homme de cœur et d'intelligence, dévoué à tous ses concitoyens, dévoué surtout à la loi. Si les désastres furent grands, l'honneur de l'autorité resta sauf, grâce à l'énergie du Maire, aidé de quelques hommes de bien et soutenus par trois petits corps de troupes : l'équipage d'une goëlette de guerre, un détachement d'infanterie et la brigade de la gendarmerie. Depuis longtemps la France et l'opinion ont récompensé les hommes héroïques dont les noms restent associés au nom de M. Huc dans cette cruelle circonstance. C'étaient l'enseigne de vaisseau Juin, les aspirants Cabaret et de Marolles, le sergent Fagedet, tous les gendarmes, et à leur tête cet homme que tout le monde a connu et aimé : le brave Collin.

Cependant, au lendemain de cette horrible catastrophe, le gouvernement local n'imagina qu'un double moyen de donner satisfaction à la loi si odieusement outragée. Au lieu de punir les coupables, il proclama l'amnistie pour les crimes de la nuit précédente, et comme si la France n'avait pas décidé déjà l'émancipation, la liberté des esclaves fut immédiatement décrétée.

Ces jours sont loin, et il ne servirait de rien de rappeler les noms qui s'associèrent dans cette douloureuse circonstance pour couvrir du silence de l'impunité les meurtriers de tant de victimes innocentes. Mais, à l'honneur de la Justice dont la voix s'élève toujours en face du crime, comme elle le fait en ce moment en France, pour protester, lorsque dans le Conseil privé tenu après les événements du mois de mai 1848, on discuta la question de l'amnistie, ce fût l'homme de la loi, le Procureur général, M. Baffer, qui se leva pour repousser la mesure au nom de la légalité et de la Justice. Le crime est resté impuni, mais la conscience humaine proteste, après trente ans, avec l'éminent Magistrat, au nom de la loi et de la justice outragées !

Les événements du mois de mai 1848 ont été un grand malheur : malheur privé et public par le sort lamentable des victimes et le deuil qu'ils répandirent dans le pays. Mais ils furent surtout un grand malheur social et politique. Dans un pays où le passé avait laissé des souvenirs qu'un rien réveille, des rancunes que le moindre incident ravive, ce crime inutile a creusé entre les diverses races coloniales un abime que le temps a à peine réussi à combler. Non pas certes que la race européenne en ait accusé toute la race noire et la race de sang mêlé. Dans le premier moment ces généralisations se font jour peut-être et s'imposent, car il n'est pas facile de juger avec sang froid quand la passion parle seule; mais peu-à-peu la justice reprend ses droits et dicte ses arrêts souverains. On a peut-être cru un moment à une conspiration de la race de sang mêlé contre les blancs. C'était un reste des vieilles luttes locales où après tous les troubles on accusait les hommes de couleur de les avoir fomentés. Il est difficile de dire avec certitude quels furent les vrais coupables dans l'horrible nuit du 22 mai 1848, puisque les investigations de la justice se sont toujours arrêtées au seuil de toute instruction par l'amnistie qui avait voulu effacer le crime. Ce qu'on peut affirmer, c'est que pour des raisons qui sautent à la vue, on n'on peut pas faire remonter la responsabilité à toute une race, et imaginer un concert où la vie de la population blanche aurait été menacée. Rappelés après de longues années, ces événements doivent être présentés dans le seul jour où l'on puisse les juger avec quelque certitude. La mémoire a retenu les noms de trop d'hommes de bien qui se signalèrent à cette occasion dans les rangs d'une population policée, en défendant l'ordre et en portant secours aux blancs, pour qu'on puisse formuler contre tous les hommes de couleur une accusasion aussi grave. La vérité est probablement que des esprits exaltés, des hommes dépourvus d'éducation et de sens moral, ne se crurent pas suffisamment satisfaits de l'émancipation. Il leur paraissait impossible que le régime colocolonial pût finir sans une dernière crise qui humiliât la race blanche ou la terrifiât. Quelques ambitieux trop facilement écoutés entreprirent de préparer une secousse où la population européenne, sans être exposée peut être, serait menacée et effrayée. L'humiliation devait résulter de l'effroi et de la nécessité de faire appel aux hommes de la race intermédiaire. A l'aide de cette terreur factice on espérait ainsi avoir bon marché de ce qu'on nomme le préjugé de race, et arriver à imposer aux blancs une union, des rapports, une intimité, des relations qui demandent pour naître, grandir et se consolider l'aide du temps, le contact journalier, le charme des rapports privés dans une confiance réciproque, et surtout la paix publique. Tels furent croyons-nous, la conspiration et les conspirateurs en mai 1848. Mais pour tenter une telle entreprise il faut remuer et soulever les passions populaires, toujours faciles à déchaîner, et qu'on ne réfrène pas avec la même aisance. Quand le moment fût arrivé de risquer le *coup*, il se trouva que les calculs des habiles avaient échoué et que l'influence avait passé tout entière aux chefs du désordre et du crime. L'appat du pillage acheva de solliciter les convoitises d'une populace égarée, et le crime de mai 1848 est sorti peut être d'une conspiration obscure de salon, pour confondre ceux qui croient faire du peuple un jouet à leur usage en lui imposant pour règle et pour mesure la règle et la mesure même de leurs calculs et de leur ambition.

Un mouvement de recul très prononcé dans l'attitude de la race européenne fut la conséquence immédiate des événements qui ensanglantèrent la Martinique en 1848. La race de sang mêlé manqua totalement de clairvoyance et d'habileté dans cette circonstance. A cette époque comme aujourd'hui, à l'occasion de fautes aussi graves sur lesquelles nous arrêterons l'attention bientôt, la race blanche menacée s'effaça dans une réserve commandée par le soin de sa sécurité autant que par le souci de sa dignité. On attribua cette attitude à l'esprit incorrigible des anciens dominateurs. Il semblait que pour attirer les blancs et les rapprocher de la race de sang mêlé, il n'y avait eu qu'à en égorger quelques-uns. Les hommes de sang mêlé confondirent à tort leur cause avec celle de

quelques malfaiteurs. Si beaucoup d'entre
eux, dans le for intérieur, on aime à le penser,
déplorèrent et condamnèrent les crimes du
mois de Mai, presque tous ceux qui se mirent
en évidence alors, par la presse ou par la
parole, essayèrent sinon l'apologie, tout au
moins la justification de ces jours douloureux.
A entendre les flagorneries dites pour le
peuple, c'était la race blanche qui avait provoqué le désordre en commençant l'agression.
Dans la maison de Sanois incendiée la première et où périrent tant de victimes, une
bande armée avait déjà gravi les premières
marches de l'escalier, quand un vieux
propriétaire de la campagne, arrivé le
jour même pour témoigner dans une
instruction judiciaire, M. Désabaye, fit feu
sur le chef. C'est à ce vieillard énergique,
usant du droit de légitime défense, c'est
aux amis rencontrés par hasard en visite
chez lui, c'est aux femmes et aux enfants
accumulés à son domicile, qu'il fallait
faire remonter la responsabilité du désordre
et du sang versé. La maison de Sanois
était un camp où les colons incorrigibles menaçaient la race noire et la race de sang mêlé.
Et après quelles circonstances essayait-on de
donner ainsi le change à l'opinion et de transformer les victimes en agresseurs ? Après une
journée où des milliers d'hommes en groupes
nombreux, parcouraient, occupaient la ville,
les uns armés de fusils, de sabres, de piques,
de pieux, d'autres chargés seulement de
pierres et de bouteilles. Lorsqu'une telle vio-
lation des lois de police s'étalait triomphante

à Saint-Pierre, le crime était pour les blancs, s'il en a existé, qui, chez eux, dans leur domicile, se sentant menacés, mais ne se montrant pas et s'éloignant de toute provocation, se seraient cru le droit et le devoir de s'armer pour défendre leur vie. Il faut que l'orgueil et l'esprit de parti étouffent les plus simples notions de justice, il faut aussi un parti pris bien arrêté d'exploiter l'ignorance et l'erreur, pour passer sous silence le fait criminel de rassemblements tumultueux et armés, et chercher dans la défense préparée à l'abri du foyer la provocation coupable servant d'excuse au crime !

Eh bien ! ces prétextes n'étaient pas même vrais, et il n'était pas sincère de les invoquer. Non seulement il n'y avait pas de camps, mais les armes mêmes manquaient chez le grand nombre. On ne peut dire d'une famille qu'elle est armée pour l'attaque, parce que le chef disposera pour une éventualité qu'il redoute un fusil de chasse ou quelque vieille paire de pistolets de tir. La race de sang mêlé aggrava les conséquences des journées de mai, en essayant ainsi de les couvrir d'une excuse ou d'une explication injuste pour la race blanche et contraire à la vérité. Cette faute a été l'aliment de la longue et violente discussion où la presse locale, après les événements, a reflété les passions, les colères et les récriminations des deux races.

Qu'on ne parle donc pas ici de préjugé ! La race blanche n'avait pas à embrasser ses meurtriers après le crime, et leurs apologistes ne pouvaient pas se plaindre si les relations des deux races, contenues jusques là par des habitudes séculaires, n'avaient pas subi l'influence généreuse des idées et des progrès du temps. L'affection naît de la confiance et de l'estime : la haine, la haine de race surtout, est un terrain aride et désolant où tout germe d'apaisement et de concorde est destiné à périr entre l'hypocrisie d'une réconciliation feinte et la peur d'un danger nouveau.

On pourra faire une objection. Si le crime de 1848 n'est pas imputable à toute une race, s'il est même reconnu que le grand nombre dans cette race, les hommes d'éducation surtout, ont déploré ces événements, comment se fait il qu'il n'y ait pas eu pour ceux là une exception, et qu'à leur égard la conduite et l'attitude de la race blanche aient continué comme si la race de sang mêlé tout entière avait été enveloppée dans le même ressentiment? Cette objection est sérieuse, et il nous est arrivé bien souvent de nous la faire à nous même et de la faire à d'autres. En l'examinant de près, on s'aperçoit qu'elle ne peut s'appliquer qu'à un petit nombre de cas. Les hommes de sang mêlé avaient leur rôle tout tracé en 1848. Ils étaient les descendants ou les congénères de ceux qu'une faction anarchique avait immolés à St-Pierre, en 1790. A cette époque, la race blanche, au moins la portion de la race blanche représentant ce qu'on a toujours appelé l'esprit colon, les grands propriétaires en un mot, ne s'oublièrent pas à défendre ou à excuser ceux des leurs que le crime avait souillés. La doctrine moderne selon laquelle certains hommes de couleur refusent de concourir à la répression du désordre pour ne pas combattre *leurs frères*, n'avait pas trouvé accès chez les aristocrates de la Martinique. A la nouvelle du 3 juin 1790, les planteurs demandèrent vengeance et justice contre les blancs de St-Pierre pour les mulâtres assassinés. Aucune solidarité même passagère n'associa un moment, sous prétexte d'esprit de race, les coupables républicains et les blancs royalistes. Le gouverneur reprit St-Pierre aux mains de la faction républicaine. Les blancs et les mulâtres marchèrent ensemble, le fusil sur l'épaule, à la suite du chef de la Colonie pour soumettre la ville et punir les mutins. Les coupables furent dirigés vers le Chef-lieu pour y être jugés. Les blancs ne demandèrent pas l'amnistie pour leurs frères, et lorsque les démocrates de St-Pierre, alliés aux troupes révoltées, marchaient en masse pour enlever les coupables au camp du Gros-Morne, le parti colon, composé de blancs et de tous les hommes de couleur sans exception, arrêta l'armée du désordre dans les champs de l'habitation l'Acajou où les révolutionnaires furent exterminés. La conséquence morale de cette victoire du droit sur la révolution, de la justice sur le mal, fut qu'en 1792, lorsque le gouvernement métropolitain confia à l'assemblée coloniale le soin de formuler la constitution des hommes libres à la Martinique, les colons « considérant que *l'exercice de ce droit leur était infiniment précieux, à raison de l'affection qu'elle portait à cette classe*, qui avait *bien mérité* de la Colonie, décida que les hommes de couleur et nègres libres de la Martinique jouiraient des mêmes droits que les colons blancs de cette ile. » Les troubles de l'époque ne nécessitèrent pas l'emploi d'une garde militaire pour la sécurité des blancs. L'assemblée coloniale refusa les forces dont la Métropole lui faisait l'offre, trouvant la paix publique suffisamment garantie par « des avantages concédés et reçus avec des *sentiments mutuels d'affection et de reconnaissance, auprès desquels le bruit des armes ne devait point se faire entendre.* »

Ces traditions et ces souvenirs furent complètement méconnus ou oubliés en 1848 par la généralité des hommes de sang-mêlé, chez lesquels l'esprit révolutionnaire et la folie de la substitution avaient altéré le sens moral et fait perdre de vue le véritable intérêt de la race. Un parti violent imposa dès cette époque sa direction à l'ensemble. Comme aujourd'hui tout ce qui ne pensait pas ou n'agissait pas en conformité du programme et des vues de ce groupe, était accusé de trahison envers la race. Pour formuler des prétentions exclusives comme pour avoir raison des hésitations de la masse bienveillante, il y avait et il y a encore deux phrases concises mais complètes dans leur laconisme et que le langage colonial a retenues. Aux reproches adressés à ceux qui fomentent la haine en rappelant incessamment des faits anciens et oubliés, les ardents répondaient et répondent encore : Mulâtre avant tout! Aux hommes de paix qui sentent qu'un malentendu seul séparait ou sépare de nos jours deux races appelées à la concorde, on criait ou l'on crie à l'oreille : Flatteur de blancs! Les bons sentiments et les bonnes volontés se déconcertent devant deux mots d'ordre dont l'un fait de l'antagonisme la loi même de l'existence d'une race, et dont l'autre a facilement justice de la faiblesse et de l'ignorance. Ainsi a grandi, nourrie par la haine et l'ignorance de quelques uns, favorisée par la pusillanimité du grand nombre, la séparation si peu fondée des races avant 1848, et que des fautes malheureuses semblent avoir rendue et devoir rendre encore de nos jours irrémédiable.

En reprochant encore aujourd'hui à la race européenne de s'être renfermée dans un préjugé étroit, ceux qui parlent au nom de la race noire et de la race de sang mêlé passent sous silence les fautes nombreuses commises depuis 1848. Et ces fautes se sont multipliées. On en signalera les principales dans cette étude, celles dont le retentissement persiste encore malgré la distance où les événements les ont placées, ou dont l'influence sur les relations des deux races a été plus prononcée. Parmi ces fautes, il en est une surtout à laquelle on a dû de violentes querelles personnelles et qui a eu et aura toujours pour inévitable résultat de raviver les passions et d'éveiller les ressentiments. Au lendemain des événements de 1848, la race de couleur fonda à la Martinique et à la Guadeloupe une presse destinée, disait-on, à défendre ses intérêts. Assurément, à une autre époque, quand la race de sang mêlé était privée de ses droits civils et politiques, si les lois l'avaient rendu possible, la création d'un organe spécial, chargé de reproduire les griefs de la race et de formuler ses réclamations, aurait pu être comprise. Mais après 1830 et 1848, quand l'égalité civile et l'émancipation avaient appelé tous les citoyens à l'exercice des mêmes droits, on se demande quel intérêt pouvait avoir la race de sang mêlé à patrôner une feuille publique comme son organe exclusif et autorisé. Les mêmes lois devant être appliquées à tous, tous les intérêts devenaient communs, et la seule chose qu'on pût prévoir, c'est que dans la compétition aux charges et aux honneurs, les uns devaient donner l'émulation aux autres. La race de sang mêlé ne vit pas les choses ainsi. Au moment même où la proclamation de la liberté achevait d'égaliser tous les rangs et toutes les races, elle ne se contenta pas d'avoir pris place sous la loi française dans la grande famille nationale. Elle affirma comme elle affirme encore un droit et un intérêt distincts, l'intérêt de race, et elle éleva ainsi la prétention de former au milieu de la population comme un peuple à part, un Etat dans l'Etat, ayant des droits, des devoirs isolés et avec lesquels il fallait compter. Que les hommes de sang mêlé eussent fondé un journal pour défendre leurs opinions, leurs théories républicaines ou autres, rien de plus naturel ; mais à cette condition le journal cessait de prendre la couleur d'une population, d'une partie de la population. Républicaine ou monarchiste, la feuille aurait eu une opinion et une direction politiques analogues à telle feuille de la même nuance dans la Métropole. Le journal de la race de sang mêlé devait être républicain d'abord, parce que telle était l'opinion de ses fondateurs, mais sous couleur de discussion politique, il devait surtout représenter et reproduire les récriminations de la race contre un passé définitivement abandonné. C'était marcher à reculons, mais à agir ainsi la feuille satisfaisait les rancunes, les haines et donnait libre carrière à ces tendances exclusives par lesquelles la race de sang mêlé, en s'appuyant sur la démocratie, c'est-à-dire sur la foule ignorante ou égarée, n'avait eu vue qu'un objectif, qu'un idéal, qu'une passion : remplacer partout, dans toutes les places, dans toutes les charges, dans tous les honneurs, la race européenne condamnée.

La lutte ne devait pas tarder à se dessiner et à diviser profondément les esprits déjà surexcités par les événements du mois de mai. A son apparition, le journal la *Liberté* s'annonçait avec un programme de politique générale ; mais après la publication des premiers numéros la question de race surgissait pour ne pas s'interrompre et pour alimenter longtemps la rédaction. Le passé fut impitoyablement rappelé ; les noms propres, les familles furent jetés en pature à l'avidité d'une haine incessamment attisée et inutilement assouvie. La politique générale, l'avenir de la France, les événements qui s'accomplissaient dans la Métropole aussi bien que les questions d'intérêt local étaient ou abandonnés ou laissés à l'arrière plan. Ce n'était pas le journal d'une opinion ou d'un parti, c'était le mémorial où venaient s'afficher toutes les récriminations, fausses ou fondées, d'une race que la liberté politique n'avait pas satisfaite et à qui manquait la jouissance passionnée des représailles.

En face de cette presse partiale et violente, les anciens journaux de la colonie défendaient les principes conservateurs au double point de vue métropolitain et colonial. De ceux qui vécurent à cette époque aucun n'a oublié la part brillante et courageuse que prirent dans cette lutte de plume, le *Courrier de la Martinique* et son principal rédacteur. Les services éclatants rendus alors et depuis par ce vaillant compatriote, nous font presque une obligation de ne pas nommer celui que la voix publique et la juste reconnaissance du pays désignent assez par le nom le plus populaire de la Martinique. Abondant et incisif dans la discussion, véhément dans la polémique, grave dans les questions d'intérêt général, toujours spirituel, apte à toutes les formes et capable de prendre tous les tons, mais surtout courageux et indépendant, le rédacteur du *Courrier de la Martinique* fit face de toutes parts aux adversaires que les circonstances créèrent à ses opinions, et il fut seul et pendant longtemps le point de mire sur lequel allaient tomber les traits dirigés contre la race européenne.

En rappelant cette polémique, nul ne croira que nous puissions pousser l'admiration jusqu'à soutenir que du côté des conservateurs elle fut toujours exempte d'injustice ou de vivacité. La presse et la politique sont des champs de bataille où les adversaires se combattent avec des armes qui, pour ne pas enlever la vie, n'en laissent pas moins de profondes et douloureuses blessures. L'ardeur du combat ne permet pas toujours de mesurer les coups ou de distinguer les adversaires. Le *Courrier de la Martinique* a eu peut-être ses excès, mais à son excuse on peut dire que la feuille conservatrice, en défendant l'ordre et les lois, défendait à leur insu ceux-là mêmes dont elle combattait les doctrines, et qu'au point de vue colonial elle se trouvait du côté des vaincus.

La polémique s'envenima à l'occasion des élections législatives : M. Perrinon était arrivé à la Martinique au commencement de juin, peu après les troubles de la colonie. Nous nous souvenons du jour où le commissaire général de la République prit pied à Saint-Pierre. Une joie immense, générale, sans réserves, succédait à la consternation où les événements du mois précédent avaient plongé le pays. De toutes parts l'accueil fait à l'envoyé de la République fut aussi chaleureux que sincère. La grande masse acclamait un enfant de la Martinique, inaugurant après deux siècles de servitude la liberté des noirs ; les hommes de sang mêlé se réjouissaient dans une juste fierté, en voyant un des leurs occuper la première place après le long régime d'exclusion auquel leur race avait été assujettie ; les blancs saluaient un soldat, un homme d'ordre et de paix, intéressé par l'honneur militaire et par ses sentiments personnels à assurer la sécurité de tous. M. Perrinon portait avec lui le décret d'émancipation et quelques mesures d'organisation. Il s'attendait à poser le premier le pied sur une terre affranchie de l'esclavage, et il tenait à honneur de proclamer lui-même le grand acte de réparation envers les noirs. Son désappointement fut grand et sa douleur vive en apprenant que la liberté avait été accordée à la suite des malheurs du mois de mai. L'acte inconstitutionnel du gouvernement local n'enlevait pas sa valeur au décret d'affranchissement, et M. Perrinon, avec raison, le fit solennellement promulguer; mais il comprit sans doute à ce moment qu'il avait été devancé et qu'un autre nom primait le sien dans le souvenir attaché à l'abolition de l'esclavage. Le militaire se révolta aussi probablement dans sa conscience et dans sa fierté contre la faiblesse coupable qui avait permis le crime. Il déplora amèrement la catastrophe du 22 mai et donna à entendre très haut que sous son gouvernement l'ordre ne serait pas impunément troublé. Homme de cœur, sensible, facilement ému, chaleureux et expansif, il répandait partout des conseils de paix et de concorde. Il y aurait injustice à émettre même un doute sur la sincérité de ses intentions. Il y avait trop d'honneur promis à celui qui scellerait aux Antilles la réconciliation des races, pour qu'un homme de la valeur et dans la situation de M. Perrinon ne fût pas tenté d'y attacher son nom. Les circonstances furent plus fortes et sa bonne volonté devait se briser contre plus d'un obstacle. Pour réussir il eut fallu que le commissaire Général eût eu en lui-même, au regard des siens plus d'indépendance, et en politique des idées moins absolues. Républicain convaincu, mais républicain de l'école avancée, M. Perrinon se trouvait placé entre ses tendances personnelles et l'inévitable retour qui succède aux excès de la populace. Pour la race de sang mêlé, ce n'était pas un Français, un soldat qui commandait au nom de la France, c'était une race, c'était toute la race qui était montée au pouvoir avec lui. Cette élévation, née des circonstances et de la position de M. Perrinon, commençait pour les hommes de sang mêlé la domination nouvelle dont le premier tort était de ne plus tenir compte des blancs, comme si les quarante millions de français de la Métropole avaient cessé d'exister. Placé entre deux courants contraires, M. Perrinon n'eût pas le bonheur d'être assez habile ni assez hardi pour imposer silence aux rivalités locales, et il se trouva malheureusement comme enveloppé avec sa race dans les événements et les divisions qui précédèrent et suivirent son arrivée à la Martinique.

Nous venons de dire que les élections législatives furent l'occasion où la querelle s'envenima. Le suffrage universel avait été accordé aux Antilles, et la Martinique était appelée à nommer trois députés à l'Assemblée nationale. Jamais peut-être la race de sang mêlé n'eut une si belle occasion de cimenter son accord avec la race européenne et d'asseoir les fondements d'une société nouvelle. Si la passion politique, si l'esprit de race et l'idée fixe de la substitution n'avaient dominé les considérations puissantes d'intérêt général, les races noire et de sang mêlé, maîtresses des élections par le nombre, auraient pu donner une ample satisfaction à leurs plus légitimes ambitions et imposer silence à toute récrimination de la race blanche, en lui accordant une part nécessaire dans la représentation du pays. La reconnaissance pouvait aller chercher dans la Métropole un des chefs du parti abolitioniste et lui confier le mandat législatif. Les blancs n'étaient pas assez simples pour contrarier le sentiment d'où serait sorti un tel hommage. Le juste orgueil des hommes de sang mêlé et des noirs pouvait désigner avec ce premier élu un enfant du pays, de race noire ou de sang mêlé, pour représenter la grande majorité électorale. L'intérêt de la colonie, la nécessité de rapprocher et de fondre ensemble tous les éléments de la population avec leurs droits, aurait dû conseiller d'adjoindre à ces deux premiers députés un des propriétaires de l'Ile, choisi dans la race européenne. Et ensemble, l'abolitioniste, l'homme de sang mêlé et le colon, représentant des besoins divers mais des intérêts unis, choisis par tous dans une pensée commune d'apaisement, auraient composé au grand avantage du pays une députation où tous les droits auraient été associés dans un juste équilibre. La race de sang mêlé ne l'entendit pas ainsi. Le sol, c'est à dire la Colonie elle même considérée sous le rapport matériel, la race européenne où se comptaient par une succession naturelle les grands propriétaires, les traditions, la famille, la fortune, tout cela ne devait peser d'aucun poids dans la balance des intérêts à satisfaire. Les deux races noire et de sang mêlé devaient avoir seules place à l'Assemblée des représentants de la nation française. Ce n'était pas le pays, ce n'étaient pas ses intérêts qu'il s'agissait de défendre. Il semblait que la représentation ne dût pas avoir son siége et ses luttes en France, au milieu de la grande famille dont les blancs des Antilles sont des membres détachés. Les haines, les rancunes, toutes les récriminations devaient seules se faire jour, et pour y réussir, la race européenne, devait être systématiquement exclue de la représentation devant la France, comme elle devait être repoussée de tous les Conseils locaux. C'est cette politique de petits esprits, commode pour les mesquines ambitions locales, qui prévalut en 1848, et qui prévaut encore, hélas! de nos jours, l'actualité nous oblige à anticiper. C'est cette politique à courte vue qui l'emporta alors et qui continue de l'emporter aujourd'hui sur la politique du bon sens, au détriment des intérêts de premier ordre en jeu dans la question des races.

La période électorale venait d'être ouverte. A la Martinique, les chefs du parti présentèrent trois candidats pour la députation et deux pour la suppléance. Messieurs Schœlcher, Bissette et Pory Papy furent désignés et avec eux M. France et M. Mazulime comme suppléants. M. Schœlcher et Bissette n'avaient

pas à faire valoir leurs titres, et on ne songea
pas, du coté des blancs, à les discuter. Mais
pour l'honneur qu'il sollicitait, M. Pory Papy
ne produisait que son origine. Nous avons
déja exposé qu'aucun homme de sa race n'a-
vait moins souffert que lui du régime colonial.
Personne ne pouvait citer une circonstance
par où ses congénères lui fussent redevables
de quelque sacrifice. C'était un homme intelligent, adroit, capable, au point de vue personnel, de représenter sa race dans un Conseil
d'européens, mais déjà M. Bissette était candidat, et pour nommer M. Pory Papy, il fallait
faire table rase de toute participation de la
race européenne à la députation. Les malheurs du mois de mai auxquels le nom du
candidat se trouvait attaché, le rôle joué par
lui dans cette circonstance, en donnant le
signal de la première faiblesse, l'impuissance
où il s'était trouvé de prévenir et plus tard
d'arrêter les excès d'une population dont on
disait qu'il s'était porté garant, toutes ces
circonstances faisaient de sa candidature une
faute ou tout au moins une maladresse. Le
*Courrier de la Martinique* entreprit de discuter la candidature de M. Pory Papy. Relu
aujourd'hui, l'article du journal conservateur
paraîtrait une discussion véhémente mais
naturelle dans une lutte où chaque parti
s'efforçait de faire triompher ses vues. Au moment où il parut, l'article du *Courrier de la
Martinique* eut pour les hommes de sang
mêlé le tort de démontrer que la race européenne existait encore et qu'elle était disposée à faire entendre sa voix dans la cir-

constance. Ce réveil d'une race que l'on croyait avoir définitivement annihilée et pour toujours écartée des affaires publiques, produisit une vive irritation chez la plupart des hommes de sang mêlé. Attaquer un des leurs, contester ses titres, incriminer sa conduite, c'était un crime de lèse majesté de race. Une réplique fort vive parût presque aussitôt, mais sans produire grande émotion. A Fort-de-France des hommes influents de sang mêlé rédigèrent et firent publier une protestation restée célèbre. Après avoir rappelé le passé et signalé la critique faite du candidat comme un retour vers une domination effacée, le manifeste des hommes de sang mêlé se terminait par cette phrase malheureuse:
« *C'est le premier vagissement d'une réaction* « *insolente que nous jurons d'étouffer,* « *même au prix de notre sang, si elle osait* « *lever la tête.* » Selon les bruits de l'époque, une correction importante aurait adouci la violence de la menace. On disait publiquement en 1848, que le paragraphe final portait expressément d'abord « réaction insolente que nous jurons d'étouffer dans le sang, si elle osait lever la tête » ! Des hommes moins exaltés réussirent à mitiger ce défi de guerre civile. Ce qui frappe dans ce document dicté par l'ivresse d'un triomphe où toutes les têtes étaient troublées, c'est l'oubli même du principe au nom duquel la race de sang mêlé avait lutté et dont la République était la réalisation. C'est à l'heure même où en France et aux colonies, le suffrage universel, la liberté de la presse, le règne de la démocratie

devenaient la loi commune, que les partisans du régime, ceux qui venaient d'en bénéficier si largement, imposaient silence à leurs adversaires par des menaces. A la première épreuve de la liberté de discussion, il se trouvait que ceux-là mêmes qui avaient applaudi à l'éclosion de toutes les libertés, voulaient violemment fermer la bouche à toute contradiction et imposer leurs hommes et leurs idées. Rétrogrades et réactionnaires ceux qui tenteraient de se régimber. D'autres allaient plus loin, et pour les naïfs on ne manquait pas de signaler toute velléité de résistance comme le désir de replonger le pays dans l'esclavage. Sur la masse populaire, ce grief de mauvaise foi avait toujours une grande influence. La publication du manifeste produisit une stupeur générale. Chez les uns il parut être la déclaration de guerre d'un parti irréconciliable, un appel aux plus mauvaises passions; chez d'autres on l'apprécia comme une maladresse compromettante, mais chez les blancs comme chez les hommes de sang mêlé restés étrangers aux violences de l'époque, le sentiment fût le même : on fut effrayé. Le *Courrier de la Martinique* prit l'œuvre à partie et durant bien des mois, dans une succession d'articles éloquents et courageux, il afficha sans discontinuer la phrase malencontreuse où la colère avait dominé toute raison.

M. Perrinon ne fit pas ou ne put pas faire justice de cette provocante fanfaronnade. A partir de ce jour, on peut le dire, son autorité cessa à la Martinique. L'impression fut immense dans la Métropole où déjà les événements du mois de Mai avaient éveillé les plus vives préoccupations. C'est au milieu des sanglantes journées de Juin, guerre terrible où se jouait le sort même de la France, que la nouvelle des désastres de la Martinique parvint à Paris. A ce moment la Patrie était trop absorbée par les horreurs d'une guerre civile sans exemple, pour donner à nos malheurs une attention occupée ailleurs. On se borna à expédier sur le champ un aviso aux commissaires généraux des Antilles et à leur recommander le maintien de l'ordre. Quelque temps après, le manifeste de la race de sang mêlé était connu en France. L'opinion publique ne tarda pas à se former ; celle du gouvernement fut faite immédiatement. La France républicaine n'entendait pas livrer ses colonies et ses enfants aux excès d'une population haineuse et surexcitée. La main de M. Perrinon ne parut pas assez ferme pour contenir des passions dont l'explosion se faisait jour avec si peu de mesure. Le gouvernement avait passé des mains des hommes du 24 Février en celles du général Cavaignac. Le remplacement de M. Perrinon fut décrété, et l'amiral Bruat fut appelé à lui succéder. Ce fut le seul résultat de la faute inconcevable commise par les rédacteurs du Manifeste. Au moment où un homme de sang mêlé administrait la colonie, on ne comprend pas que l'intelligence, à défaut de sagesse et de prudence, n'ait pas mieux conseillé les auteurs de ce document passionné. La première conséquence qu'on en tira, c'est que le gouvernement du pays par un des leurs n'avait pas satisfait les hommes de sang mêlé. On y vit ou l'on put y voir l'insuffisance d'un chef dont les congénères ne craignaient pas de laisser croire que l'épée du commandant Perrinon ne protégerait qu'une race. La France en abolissant l'esclavage pour effacer un passé condamné, n'avait pas voulu donner carrière aux vengeances ou aux réactions de quelques agitateurs. Ce ne fut pas seulement M. Perrinon qui eut à souffrir de cet acte imprudent. La race de sang mêlé elle-même s'aliéna une grande partie des sympathies que les rigueurs du régime colonial lui avaient attirées. Il y eut une véritable réaction dans la Métropole, ou d'ailleurs une réaction bien autrement prononcée s'affirmait depuis les cruelles journées de Juin.

Les élections eurent lieu néanmoins à la Martinique et à la Guadeloupe. Dans l'une et l'autre colonies le parti des représailles eut le dessus. A la Martinique, MM. Scœlcher, Bissette et Pory-Papy furent élus députés M. France et M. Mazulime députés suppléants. La passion était si vive, elle fermait tellement les yeux que la race de sang mêlé ne vit pas l'excès de sa faute. En éloignant systématiquement de la représentation la race blanche, les propriétaires, elle satisfaisait son ambition autant que ses ressentiments ; mais en désignant pour la représenter au sein d'une assemblée française, un inconnu, sorti de fonctions domestiques et illettré, la race de sang mêlé montrait que dans les élections ce n'était ni l'intérêt public ni sa dignité qu'elle défendait. Elle obéissait aveuglément aux préoccupations étroites de l'esprit de race, sans se soucier du caractère moral de ses résolutions. La race de sang mêlé ne gagna rien à cette victoire. Si les colonies, la Martinique et la Guadeloupe, ne furent pas représentées dans le sens exact de ce mot, si une race seule réussit à faire prévaloir son antipathie sur l'intérêt bien entendu de son pays, la race européenne fut défendue et représentée par plus de 700 blancs dans la grande Assemblée issue en 1848 du suffrage universel. Les hommes de sang mêlé emportèrent des élections une satisfaction malsaine et passagère; mais ils perdirent l'occasion de donner d'eux-mêmes, de leur caractère une idée favorable. La division des races sortit plus accusée d'un événement qui aurait dû l'ensevelir; et Monsieur Perrinon en fût une des victimes. Il avait échoué dans son œuvre. Il laissait son pays en proie à de violentes animosités. A la Chambre où il siégea dans les rangs de la gauche, il acheva de détruire l'opinion qu'on s'était faite de son caractère politique. Mais la justice oblige à reconnaître que dans son court séjour à la Martinique, il a laissé à tous le souvenir d'un cœur chaud et généreux. Plus tard d'autres infortunes sont venues accabler son existence et arrêter sa carrière. Le deux décembre le trouva parmi les hommes de la résistance. Avant ou depuis la création de l'Empire il envoya sa démission au ministre de la marine. Jeune encore, bien noté, estimé de ses camarades, il avait devant lui les perspectives d'un brillant avenir. Lié d'intimité avec plusieurs favoris de l'Empire, il n'avait qu'un mot à dire pour recouvrer sa position et la faveur du souverain toujours désireux de se rallier des adversaires. Il ne dit jamais ce mot. Tout entier au soin de ses affaires privées, il employa ses connaissances scientifiques et son activité à l'exploitation de ses propriétés et de ses salines à St-Martin. C'est là que la mort est venue le trouver dans l'attitude d'un républicain boudeur qui avait échangé l'épée du soldat contre l'outil de l'industriel. On peut juger diversement sa conduite publique et ses principes. On ne peut contester l'indépendance avec laquelle il sacrifia son avenir à ses convictions. Indépendance peut-être hautaine, mais qui contraste avec la faiblesse du grand nombre.

Longtemps après les événements de 1848 et sous l'Empire, un de nos amis voyageait sur le paquebot anglais de Saint-Thomas à la Martinique. Une valise portant son nom et son adresse révéla à un des passagers la présence d'un Martiniquais sur le steamer. Ce passager put savoir que le Martiniquais était de race européenne. Il s'empressa de courir à lui et de se nommer : c'était M. Perrinon. Dans les termes les plus chaleureux, avec une émotion que ses larmes trahissaient, M. Perrinon lui exprima le bonheur qu'il avait à rencontrer un compatriote, un enfant de son pays. « Dites bien à tous mes concitoyens, ajouta l'ancien gouverneur, que je les ai tous aimés et que je les aime toujours; dites leur que je n'étais venu à la Martinique que pour faire le bien de tous. » Dans cette rencontre fortuite en pleine mer, sur le pont d'un paquebot témoin d'un rapprochement dont la sincérité éclate à la vue; dans cette effusion entre deux hommes que des souvenirs seuls pouvaient séparer, dans cette scène d'attendrissement entre un créole de race européenne et le soldat de sang mêlé, ancien gouverneur de son pays, alors exilé volontaire, quel contraste avec la petitesse de nos divisions et quelle leçon pour ceux dont la haine ne désarme pas !

Les événements du mois de mai 1848 avaient élevé entre la race blanche et les races africaine et de sang mêlé une séparation que les rigueurs de l'ancien régime colonial et une domination de deux siècles n'auraient pas suffi à amener. Les élections législatives achevèrent d'accentuer la division, en affirmant le parti pris d'un antagonisme où les hommes de couleur et les noirs savouraient l'amère satisfaction des représailles. D'une part, le souvenir du sang versé, d'une immolation criminelle consommée sans provocation, de l'autre l'exclusion systématique de la race européenne rangeaient en deux partis, plus que cela, en deux races ennemies les populations coloniales appelées à vivre sur le territoire de notre île, libre désormais et régie par des lois égales pour tous. A ces causes de discorde sociale, s'ajoutait l'influence des ressentiments personnels dans un temps où l'ardeur des passions, la violence des caractères provoquaient presque chaque jour quelque nouveau conflit entre des individualités bruyantes des diverses races. L'esprit révolutionnaire dont nos pères avaient été si heureusement préservés, avait enfin fait irruption à la Martinique et à la Guadeloupe, après s'être pendant long-temps infiltré dans la race mixte, au moyen des publications déclamatoires des abolitionnistes et par la lecture d'une presse et d'une littérature de plus en plus abaissées. La séparation était donc complète en 1848 entre les diverses races coloniales, et l'esprit d'antagonisme qui les distingue était arrivé à ce moment à son maximum de tension. Les blancs, par origine, par tradition, par expérience, par nécessité en même temps appartenaient tous à cette grande fraction de la France qu'on a justement nommée le parti conservateur, parti au milieu duquel se comptaient alors comme aujourd'hui, toutes les illustrations, tous les souvenirs, tous les services, véritable élite divisée malheureusement sur la question de forme gouvernementale, les uns légitimistes, les autres orléanistes, quelques uns rêvant déjà de l'Empire, un certain nombre disposés à accepter la République, mais la république environnée d'institutions préservatrices et, en tous cas, placée aux mains et sous la protection de quelque haute notabilité militaire ou politique. Les hommes de race mixte et les noirs, en grande majorité dépourvus d'étude, indifférents aux traditions d'un passé auquel ils ne s'étaient que tardivement associés et qui ne leur rappelait d'ailleurs que leur abjection, influencés par l'exemple des hommes auxquels ils devaient ou croyaient devoir leur participation à la vie civile et politique, avaient embrassé pour la plupart les idées démocratiques dont ils faisaient profession avec chaleur, et ils pensaient ou agissaient comme les démocrates de la Métropole. Pour eux, nous avons eu déjà l'occasion de le dire, la république n'était pas seulement une forme plus ou moins libérale ou populaire de gouvernement; elle était surtout le moyen de fonder et d'asseoir aux Antilles, sur ces coins de terre isolés au milieu de l'océan, la domination vindicative de deux races et de supplanter la race européenne jusqu'alors prépondérante. Au milieu d'un tel déchaînement de passions, de colères, de rancunes, en présence d'ambitions si facilement surexcitées et que rien ne contenait, il n'y avait pas place pour une trêve même passagère, comme en France entre les divers partis dynastiques. Les deux camps étaient nettement séparés : d'un coté les blancs, c'est-à-dire les anciens maîtres, les dominateurs du passé, de l'autre les hommes de couleur et les noirs, c'est-à-dire les anciens déshérités, avides de pouvoir et de distinctions, insatiables d'ambition, aveuglés par la haine ou par l'ignorance et plus encore peut-être par le succès. Tel était l'état social à la Martinique, au lendemain des funestes événements qui ensanglantèrent la ville de St-Pierre, et des élections accomplies sous l'empire de la terreur imprimée aux populations par cette lamentable catastrophe. Pour rapprocher des éléments si contraires et les concilier, il fallait un effort plus grand que pour coaliser en France, dans la défense sociale, des partis divisés sur la préférence à donner à la forme de gouvernement, mais à peu près d'accord sur la solution des divers problèmes politiques ou économiques et auxquels manquait le ferment qui, chez nous, donne naissance au préjugé de race : les souvenirs d'un régime où durant deux siècles la race africaine et sa descendance, la race de sang-mêlé, ont vécu dans l'esclavage ou dans une commune abjection.

A considérer la situation d'un point de vue simplement humain, du point de vue des intérêts, cet effort n'était pourtant pas impossible, pourvu que de part et d'autre on comprît que la paix du pays, la concorde civique, l'avenir en d'autres termes, ne pouvaient pas être sacrifiés aux ressentiments ou aux souvenirs d'un passé progressivement effacé et définitivement détruit. Les cœurs ne manquaient pas, peut-être, de coté ou d'autre, à cette œuvre patriotique, mais aucun des hommes qui auraient voulu l'entreprendre n'aurait eu assez d'influence pour se faire écouter et pour imposer aux uns et aux autres le programme d'une réconciliation durable. L'honneur de cette grande mission paraissait avoir été providentiellement réservé à une des victimes de l'ancien régime colonial, à un homme de couleur, éloigné de son pays depuis vingt-cinq ans. En écrivant pour la première fois le nom de M. Bissette dans ces pages destinées à la publicité, nous tenons à payer notre dette de reconnaissance au Martiniquais dont les circonstances ont fait un citoyen véritablement grand. Heureux les hommes à qui un tel rôle peut-être demandé et qui ont l'honneur de l'inscrire dans l'histoire de leur existence ! Ce que nous allons raconter, la mission de M. Bissette en 1849 à la Martinique, ce fut la véritable revanche de la race noire et de sang-mêlé, revanche où la noblesse des sentiments, la grandeur du caractère et la générosité répondirent aux rigueurs d'un état social que, dans le for de la conscience, la race européenne n'a jamais approuvé ni admiré et qu'elle a eu le tort de subir parce qu'elle en profitait.

Monsieur Bissette était d'une famille honorable et aisée de la race de sang-mêlé. Jeune, intelligent, d'une nature ardente et passionnée, il supportait difficilement les conditions d'existence sociale que les colons eux-mêmes avaient abolies en 1791 et que le temps avait ramenées on ne sait comment ni pourquoi. Sa conduite politique avait toujours été, extérieurement, à l'abri de reproche. En 1823, lors de la malheureuse insurrection du Carbet, il avait figuré avec honneur dans les rangs de la garde nationale, parmi ceux qui avaient concouru à défendre les blancs et leurs propriétés. Mais le jeune mulâtre avait le cœur trop chaud et l'intelligence trop vive pour subir patiemment un régime où, en plein droit public français, des français d'une autre origine n'avaient pas la jouissance de la première prérogative du citoyen : la vie civile. L'exclusion dont sa race était frappée, les vexations que ce régime permettait si facilement révoltaient son âme honnête, pleine de passion peut-être, mais pleine aussi de droiture et étrangère à la haine. M. Bissette ne conspirait pas, mais tout conspirait pour lui : le progrès des mœurs où peu-à-peu le régime colonial avait reçu de nombreuses brêches, le mouvement des esprits dans la métropole et ce cri de la conscience chez les âmes droites qui proclamait partout, aux Antilles comme en France, que l'existence des colonies n'était pas attachée à l'asservissement de deux races. On n'ignorait pas à la Martinique que la Restauration préparait une grande transformation dans le régime colonial. La mission de M. de la Mardelle en 1818 ou 1820 avait eu pour but d'étudier sur place la législation restrictive encore en vigueur aux Antilles, de se renseigner sur les besoins et les aspirations de ces pays et de préparer ainsi les éléments d'une nouvelle organisation. Le général Donzelot lui-même, dont le souvenir est resté justement cher à la Martinique, avait été envoyé dans cette île pour améliorer le sort de la classe libre de sang mêlé ou africaine, et pour faire entendre aux colons que l'heure était venue d'abandonner une législation trop contraire au droit public métropolitain où le Roi ne reconnaissait d'autres distinctions que celles des services et du mérite.

Au moment où se placent les événements que nous allons rappeler, vers 1822 où 1823, le régime politique colonial ne tenait plus. Condamné par l'opinion, attaqué par la presse, dénoncé à la tribune par les plus éminents orateurs, repoussé intérieurement par la conscience, il n'était plus défendu que par quelques obstinés, sans clairvoyance ni intelligence, qui pensaient, de bonne foi peut-être, qu'à renverser ce qu'ils avaient connu depuis l'enfance, c'était renverser les colonies elles-mêmes, et dont le seul motif à l'appui de ce système, consistait à dire que cela devait durer encore parce que cela avait été ainsi dans le passé. Il va sans dire qu'ils n'avaient que peu ou point d'écho dans la métropole; ils n'étaient peut-être pas généralement écoutés à la Martinique, mais, influents pour la plupart par la fortune, par la situation, par les relations, ils étaient redoutés, de telle sorte qu'au milieu d'un mouvement généreux d'opinion fermement affirmé en 1791, interrompu par les crimes de la Révolution et par la conquête de l'île, mais recommencé dès 1815, ces véritables retardataires imposaient leur manière de voir à la colonie, à ce point qu'il y avait danger à la heurter et à agir autrement qu'ils ne faisaient eux-mêmes.

C'est à l'époque où la double tendance que nous rappelons, celle qui poussait à l'affranchissement civil et politique des races noire et de sang mêlé, celle qui croyait devoir tout repousser, que M. Bissette reçut de France et répandit à la Martinique une brochure restée célèbre dans nos fastes judiciaires et dont le titre, inoffensif en soi, constituait déjà par la situation différente des diverses races une grave atteinte au régime exceptionnel des colonies.

En lisant aujourd'hui, après soixante ans, cet écrit où ne manque pas une inévitable passion, on n'y trouve, à part des accusations graves contre la magistrature locale, que le récit, peut-être exagéré mais vrai au fond, des faits que la mémoire des contemporains nous a transmis pour la plupart et que les honnêtes gens de toute origine ont toujours désavoués ou regrettés. Il semble donc que la publication de cette brochure, acceptée dans la Métropole où elle n'avait pas été incriminée, n'aurait dû rien avoir de répréhensible à la Martinique. Introduite à la Guadeloupe et probablement propagée, elle n'y provoqua aucune poursuite. Mais le malheur des lois d'exception, c'est de créer ou de favoriser des injustices ou des abus qui leur enlèvent le respect. De là la nécessité de taire ou d'étouffer les réclamations des victimes. La brochure répandue par M. Bissette ne s'occupait guère que de la Martinique et ne mettait en jeu que les personnalités de cette colonie. Elle avait le tort de dire tout haut ce que tout le monde disait tout bas, de divulguer des griefs que l'on croyait éteints dans le silence, de réveiller des idées d'affranchissement, de donner pour la première fois un corps aux plaintes des races asservies et, ce qui était pire, de dénoncer à la France des excès dont personne n'eût voulu prendre la responsabilité et qu'on n'était pas aise de s'entendre reprocher. Quoiqu'elle ne fût que l'exposé des réclamations d'une race assujettie à un régime contraire au droit public des Français, et qu'à ce titre elle pût légalement se produire, cependant, eu égard aux conditions exceptionnelles que ce régime faisait aux différentes parties de la population, composée de libres européens jouissant de tous les droits du Français, de libres de race africaine ou mixte privés de leurs droits civils et politiques, et enfin d'esclaves privés de tout droit social, elle pouvait être considérée et elle le fut comme un danger pour la colonie. M. Bissette et quelques-uns de ses congénères qui avaient été plus ou moins directement mêlés à l'introduction et à la propagation du pamphlet furent arrêtés, accusés en vertu de lois spéciales de conspiration contre la paix publique, de provocation à un soulèvement et finalement déférés à la Cour royale qui condamna M. Bissette et deux de ses co-accusés aux galères à perpétuité et à la flétrissure, les autres au bannissement. L'arrêt du 12 janvier 1824 reçut en partie son exécution, nonobstant le pourvoi formé par les condamnés. On s'étonne avec raison aujourd'hui de cette rigueur. On oublie que jusqu'à 1828, les colonies françaises sont restées sous l'empire, soit de l'ancienne législation métropolitaine, soit d'une législation spéciale aux colonies Or en 1824, le pourvoi en cassation n'était pas suspensif, conformément à l'ordonnance de 1670 et l'édit de 1738, alors seul droit public criminel pour les colonies. C'est en 1828 que furent promulgués aux Antilles et à la Réunion, en même temps que la nouvelle organisation judiciaire presque identique à celle de la Métropole, les codes pénal et d'instruction criminelle, avec les modifications nécessitées par l'esclavage et l'état social des colonies.

L'arrêt du 12 janvier 1824, qui avait condamné M. Bissette et ses coaccusés, fut cassé par la Cour suprême pour un vice de forme, et les accusés furent renvoyés devant la Cour de la Guadeloupe qui les condamna à son tour. Mais le procès avait fait du bruit. Un immense mouvement de l'opinion s'était produit en France, dans la presse et à la tribune, en faveur des condamnés qui obtinrent peu à peu de larges commutations de peines ou leur grace. Il faut dater de cette époque le retour qui se fit dans la Métropole contre la race européenne, et le procès de M. Bissette fut peut-être pour une grande part dans la sympathie qui associa depuis, en faveurs des noirs et des hommes de couleur, tant d'hommes politiques des divers partis devenus et demeurés depuis hostiles aux colons. M. Bissette put résider libre en France où jusqu'à 1848, il fit à l'esclavage et au régime colonial qui en était la suite une guerre sans trêve. Si la cause était juste, ce serait manquer à la sincérité que de ne pas reconnaître ce que l'homme de couleur proscrit et condamné y porta de passion, de véhémence et probablement aussi d'exagération. Cette lutte de vingt-cinq ans et la condamnation de 1824 furent les causes de la grande, de la légitime popularité dont il jouit près des siens, les hommes de la race mixte et les noirs. Cette popularité lui permit de rendre à son pays et à sa race, le plus grand, le plus noble service qu'un homme de cœur puisse ambitionner. Dans le rôle nouveau et certainement imprévu en 1824 que les circonstances allaient faire à M. Bissette, nous le trouverons acclamé, soutenu, recherché par la race contre laquelle il avait si longuement combattu, et dont les privilèges avaient provoqué sa faute et sa condamnation. Ce triomphe dont la race de sang mêlé aurait dû être fière, allait créer à M. Bissette les premiers, les plus redoutables ennemis personnels qu'il ait rencontrés dans son pays. Vingt-cinq ans auparavant il n'avait devant lui qu'une institution usée, mal défendue par des lois impolitiques; en 1849 il se heurtait aux ressentiments, aux rancunes de sa propre race. A part de très honorables exceptions, tout ce qu'on pouvait alors appeler l'aristocratie de sang-mêlé désavoua M. Bissette et fit à sa conduite l'injure des plus calomnieuses accusations. Le chrétien plein d'affection pour ses semblables, le créole heureux de presser la main des anciens dominateurs, le condamné ramené triomphalement dans son pays, s'asaseyant au foyer de ceux-là mêmes dont il avait été accusé d'avoir voulu menacer l'existence, tout cela ne parut à la majorité de la race de sang-mêlé que la trahison d'un homme vendu à ses persécuteurs, et M. Bissette ne fut plus qu'un transfuge.

L'attitude de la race de sang-mêlé en 1849 envers M. Bissette est le critérium auquel on doit reconnaître avec certitude le véritable caractère de l'antagonisme qui sépare les races coloniales. Tous ceux qui renièrent M. Bissette et insultèrent à l'héroïsme de sa conduite poursuivaient donc un autre but et cherchaient autre chose que la liberté des esclaves et la complète émancipation politique et civile des deux races. C'est ce qui explique l'immense déception qu'ils éprouvèrent à voir M. Bissette employer son incontestable influence au rapprochement des populations coloniales. Cette politique que nous avons déja signalée, la substitution, ne pouvait trouver son compte à un partage où tous les éléments de la population auraient été traités chacun selon son mérite. A la suprématie deux fois séculaire et oligarchique des européens, il fallait faire succéder la suprématie révolutionnaire et anarchique d'une autre race.

M. Bissette ruinait ces espérances et détruisait ces calculs. Les violents de sa race lui pardonnèrent moins sa conduite en 1849 que les juges de 1824 son imprudence. La différence de mobile à ces deux époques doit servir à déterminer la moralité de l'une et de l'autre : en 1824 la loi forçait la main à des juges consciencieux, intègres, mais imbus peut-être d'une fausse préoccupation de salut public; en 1849 la haine seule dictait l'arrêt porté contre M. Bissette par une grande partie de sa race, et la haine qui aveugle ne craignit pas de descendre jusqu'à l'ingratitude!

La conduite de M. Bissette fut celle d'un cœur bien placé, aidé par une véritable intelligence des besoins de son pays. Trois rôles pouvaient se présenter à son esprit, à son retour à la Martinique. Dans l'un il pouvait rester indifférent, se borner à revoir le sol natal, sa famille, ses amis et s'effacer dans une obscurité oisive. Inutile de faire observer que les circonstances et l'activité de M. Bissette ne lui permettaient pas un effacement plus ridicule encore qu'égoïste. Dans un autre rôle il pouvait rechercher la vengeance, récriminer, soulever les passions populaires, accroître ainsi dans la haine et la violence sa pure popularité et se poser en tribun. A une telle attitude, M. Bissette satisfaisait certainement les passions d'un grand nombre, mais il sacrifiait l'honneur de sa mémoire et de son nom pour se classer dans la catégorie des vulgaires agitateurs. Son âme, son caractère, son intelligence ne lui permirent pas un instant d'y songer. Un long séjour en France, la fréquentation d'hommes éminents, le contact avec les européens avaient développé les tendances élevées de sa riche nature, en même temps qu'elles murissaient chez lui l'esprit politique. M. Bissette n'eût pas besoin de réfléchir en 1849 pour se dire qu'à débarquer à la Martinique en perturbateur, pour essayer une vengeance inutile, il ne justifiait pas seulement la condamnation de 1824, mais qu'il vouait son nom au déshonneur. Trop éclairé pour douter de la victoire finale, il savait très bien que l'épée de la France, dans les mains d'un homme comme l'amiral Bruat, aurait eu raison de toute tentative séditieuse. Non, ce n'était pas devant un Conseil de guerre ou une Cour d'Assises que devait être dit le dernier mot de cette existence ; ce que Monsieur Bissette a fait ici, il y a trente ans, c'était le seul rôle par où il put conquérir à son nom le respect de la conscience publique et l'admiration de ses concitoyens. La honte reste à ceux qui lui en firent un crime.

Plus d'une anecdote ou d'une calomnie a couru à l'époque dont nous parlons, sur les circonstances qui décidèrent la conduite du vaillant homme de bien auquel toutes les classes de la population doivent l'exemple d'un grand caractère. Il est inutile de relever l'injure où M. Bissette était représenté comme soudoyé par un riche colon pour propager sa candidature à la Martinique. Les partis se mettent hors la loi de l'histoire en créant et en accréditant d'aussi coupables infamies. L'attitude de M. Bissette s'explique comme nous l'avons dit par l'impulsion de son cœur et par l'intelligence des besoins réels des deux populations dont il s'était fait longtemps le défenseur. Toutefois une circonstance particulière n'y fut pas étrangère, ou tout au moins contribua-t-elle à décider M. Bissette. Pendant son court passage à la Chambre des députés en 1848, d'où un vice quelconque dans l'élection le fit sortir, il eut l'honneur de connaître un vénérable Prélat, M$^{gr}$ Fayet, Évêque d'Orléans, le prédécesseur de M$^{gr}$ Dupanloup et alors député de sa ville épiscopale, à qui il confia ou qui devina le rôle que les événements lui préparaient. Un Evêque ne pouvait laisser échapper l'occasion de pousser une belle âme dans cette voie. Réconcilier les dominateurs du passé avec les deux races asservies, éteindre tous les ressentiments, fondre dans la grande famille française les populations coloniales séparées autrefois par des lois, par des institutions et des préjugés, et encore à cette époque par des souvenirs : telle fut la mission qu'entrevit et qu'accepta sur les Conseils du vénérable Prélat l'homme dont nous esquissons la vie. Dans son existence à Paris, M. Bissette avait eu l'occasion de connaître plus d'un colon et d'exposer ses vues à l'endroit de son pays. Un de ceux qui apprécièrent ses projets, M. Pécoul, était de la Martinique où il avait exercé avec honneur les hautes fonctions de Conseiller à la Cour. Grand propriétaire, mêlé à la haute société française, M. Pécoul avait été un des colons qui, des premiers, avait compris la nécessité de préparer les noirs à leur affranchissement et, bien avant la loi Mackau et 1848, en avait donné l'exemple en améliorant le sort de ses esclaves. Un rapprochement entre ces deux hommes était donc facile. M. Bissette qui n'avait pas besoin de trahir et rien à gagner au déshonneur, M. Pécoul incapable de descendre à la corruption, se virent et s'accordèrent. M. Pécoul répondait de sa race, M. Bissette devait être sûr de la sienne. Une nouvelle phase coloniale allait donc s'ouvrir, et après vingt-cinq ans d'exil M. Bissette s'embarqua au Hâvre sur un des grands navires qui faisaient à cette époque le transport des voyageurs à la Martinique.

Le 21 mars 1849 les vigies de St-Pierre signalaient à l'horizon le navire le *Zampa* sur lequel M. Bissette avait pris passage. Depuis le matin les pêcheurs de la côte avaient vu passer plusieurs voiles, lorsque vers neuf ou dix heures, des canots arrivèrent du Prêcheur annonçant la présence du *Zampa* au large et sa prochaine arrivée. En un moment la nouvelle se répandit dans la ville et de la ville à la campagne où de tous côtés accouraient en foule les cultivateurs pour saluer le défenseur de la race noire. A Saint-Pierre, la population débouchait de toutes les rues comme un flot vivant et se portait vers le rivage. Des députations se préparaient à aller au devant de M. Bissette, aussitôt que le navire aurait jeté l'ancre, pour lui souhaiter la bienvenue. C'était une manifestation générale à laquelle restaient étrangers les seuls adversaires de M. Bissette, la plupart des hommes importants de la race de sang mêlé. Le navire, poussé par une brise favorable, apparut enfin et se rapprocha du port. Les contemporains n'ont pas oublié cette journée et le spectacle qu'elle offrit. La rade était couverte de canots pavoisés aux couleurs nationales. Cette flotille attendait le navire qu'elle enveloppa pour ainsi dire dès qu'il fût arrivé en rade. Dans la ville on ne remarquait pas un moins grand empressement. Les fenêtres étalaient des pavillons de toutes couleurs, et la foule incessamment grossie, affluait vers la Place Bertin où M. Bissette devait prendre terre. Jamais ovation plus méritée et plus pacifique n'accueillit dans sa patrie un grand citoyen revenant de la guerre ou de l'exil. Rien d'ailleurs dans cette manifestation ne pouvait blesser ni rappeler les souvenirs du passé ; on n'ignorait pas les intentions de M. Bissette, et avant sa venue, tous les gens de bien s'étaient associés sans s'entendre pour faire de son nom respecté le drapeau d'une réconciliation sincère et durable entre les diverses races coloniales.

Le *Zampa* jeta l'ancre. Le navire fut envahi par la population portée dans les pirogues venues de tous les points de la côte. Le héros de cette journée se montra alors à ses concitoyens, et ce fût un enthousiasme, un délire indescriptibles. M. Bissette fut plutôt enlevé qu'il ne descendit du navire où une embarcation plus large et disposée avec apparat le reçut pour le conduire au rivage. En mettant le pied sur ce sol martiniquais qu'il avait quitté en proscrit vingt-cinq années auparavant, M. Bissette fut reçu par un homme de bien, très connu à St-Pierre, où un labeur patient et une probité rigide lui avaient valu une grande estime dans le monde commercial. Il est utile de rappeler le nom de l'honorable négociant qui fût le premier à féliciter M. Bissette au nom de sa race et à faire acte d'adhésion à ses sentiments. M. Thermes qui était de sang mêlé lui adressa le discours que nous transcrivons :

« Vous revoyez, noble et généreux citoyen,
« après vingt-cinq ans d'un exil qui vous a
« valu l'immortalité, votre patrie qui vous

« ouvre ses bras et presse sur son sein pal-
« pitant de joie l'enfant qui l'honore. »

« La vive et loyale sympathie de la popu-
« lation reconnaissante vous est toujours ac-
« quise; elle vous salue comme l'un de ses
« grands défenseurs, *malgré les mauvaises*
« *dispositions de quelques-uns, jaloux sans*
« *doute d'une* popularité bien méritée par
« un dévoûment inébranlable. »

« Le pays vous attendait avec confiance,
« et compte sur votre patriotisme réfléchi
« et éprouvé, *pour rassembler ses membres*
« *épars, afin de former la chaîne d'union*
« si utile au peuple et à la prospérité de
« la patrie. Cette grande mission est peut-
« être réservée par le Très-Haut au martyr de
« la liberté, à celui qui comprend si bien la
« fraternité, cette maxime du Christ, dont le
« besoin se fait si impérieusement sentir sur
« cette terre d'où la haine n'a pas encore
« disparu.

« Venez, venez donc, grand citoyen ! dire
« à vos compatriotes que le vrai philantrope
« est l'ami de tous les hommes, *n'importe*
« *leur couleur*, pourvu qu'ils soient hon-
« nêtes. »

« Vos généreux sentiments et la magnani-
« mité de votre âme sont pour nous une ga-
« rantie de *l'heureuse influence que vous êtes*
« *appelé à exercer* sur cette population à
« laquelle vous avez voué votre existence
« entière. Votre voix sera entendue, et par
« une bonne et franche conciliation basée sur
« les paroles impérissables de la Divinité,
« chacun comprendra que c'est *par le travail,*

« *la concorde et la morale* que l'on devient
« heureux. »

« Et vous, nouveaux citoyens, prouvez à
« votre vieil ami par votre bonne conduite et
« votre aptitude aux travaux agricoles, à ce
vétéran de la liberté, qui porte un noble
« stigmate et qui a blanchi sous le feu d'une
« longue lutte, que vous n'êtes pas indignes
« de tout ce qu'il a fait pour le triomphe de
« votre émancipation. C'est la seule récom-
« pense qu'il vous demande, et c'est la plus
« belle que vous puissiez lui donner.

A ces paroles, M. Bissette répondit :

« Après vingt-cinq ans d'absence, je suis
« on ne peut plus heureux de me trouver au
« milieu de compatriotes que j'aime et qui
« me sont chers à tant de titres. »

« Je ne suis pas moins ému de votre accueil
« fraternel. Permettez que je vous en témoigne
« avec effusion mes remercîments et ma
« reconnaissance. »

« Certes je m'attendais bien à l'honneur
« que mettraient à venir au devant de moi
« quelques amis avec lesquels je suis, depuis
« longues années, en communion d'idées et
« de sentiments, mais ce concours presque
« unanime des citoyens de votre cité surpasse
« mon attente ; et si je m'en réjouis, si je
« m'en honore, je ne m'abuse pas, ni ne me
« fais illusion sur la portée de cette manifes-
« tation de vos sympathies. Je sais trop ce
« que je vaux, pour ne pas comprendre que
« ce n'est pas mon mérite personnel que vous
« récompensez en ce moment par cette sorte

« d'ovation ; vous venez donner ici votre
« adhésion à *ces paroles de paix, d'union,*
« *de concorde et de conciliation sorties de ma*
« *bouche, et qui m'ont précédé dans cette*
« *colonie comme l'expression d'un sentiment*
« *commun* ; vous venez témoigner que je n'ai
« été que l'organe, le fidèle interprète de
« votre pensée à tous, et *que nous désirons*
« *ardemment* cette union des esprits géné-
« reux de tous les partis comme le seul gage
« de la prospérité de notre chère Martinique. »

« C'est ainsi, citoyens et compatriotes, que
« je me rends compte de l'accueil dont je
« suis l'objet. Consentons donc à un *mutuel*
« *oubli du passé* et jetons loin de nous nos
« funestes divisions, nos vieux préjugés d'un
« temps qui n'est plus, les vieilles récrimi-
« nations qui ne font jamais l'affaire des par-
« tis et bien moins encore le bonheur du
« pays qui doit dominer et faire taire toutes
« les passions. »

« Quant aux souffrances auxquelles vous
« faites allusion, elles n'ont jamais été pour
« moi bien pénibles, car au fond même de
« mon cachot, elles avaient depuis longtemps
« formé pour moi une chaîne d'habitude
« dont je n'ai jamais senti le poids ;
« elles étaient la conséquence inévi-
« table de notre régénération sociale »

Tel était en 1849, au lendemain de l'abolition de l'esclavage, moins de vingt ans après
la proclamation de l'égalité civile et politique
des libres, le langage des hommes qui avaient
traversé le régime des lois d'exception et dont

le plus illustre avait été martyr des revendications de sa race. Ces deux discours résument le programme tout entier de M. Bissette et des hommes de bien qui acceptèrent sa mission et s'y associèrent. Aucun n'y faillit dans ces jours si rapprochés de leurs souffrances, et depuis, le programme bissettiste a réuni dans tous les rangs tous les hommes de cœur soucieux de commencer dans l'intérêt de leur pays une nouvelle société sur les bases de la communauté des devoirs et des droits. Qu'il y a loin de ce langage, de ces principes, aux violences de langage et de style de notre époque ! Des hommes nés depuis les jours de la régénération de leur race, admis à tous les droits dont leurs pères réclamèrent si longtemps l'exercice, favorisés de tous les avantages d'une éducation puisée au sein de la mère-patrie, ce sont ceux-là qui n'ayant jamais souffert pour leur pays ni encore donné à leur race le moindre éclat, mais égarés par les plus faux préjugés d'une éducation révolutionnaire et anti-religieuse, ce sont ceux-là seuls qui après trente ans, dévorés d'ambition, de haine et d'orgueil, s'efforceront de se hausser aux premiers rangs, non par l'exercice légitime du travail et de l'intelligence, mais en exploitant les souvenirs d'un passé solennellement effacé par leurs pères !

La suite de ce travail montrera à l'œuvre ces démocrates sans renom, battant monnaie de popularité avec les plus détestables passions et à l'aide des principes les plus subversifs.

D'autres discours aussi chaleureux et empreints des mêmes sentiments furent adressés à son arrivée à M. Bissette. Chacun voulait lui dire un mot et obtenir en échange une réponse. Puis un groupe conduisit une voiture prêtée par un riche particulier de la ville. M. Bissette y prit place ; vingt ou trente bras vigoureux s'y attelèrent, et la voiture devint le char de triomphe de notre compatriote. Traîné ainsi par l'affection autant que par la force de ses concitoyens, M. Bissette parcourut le rivage jusqu'à la rue de l'Hôpital et descendit la Grand'rue de la ville, aux acclamations d'une foule immense, enthousiaste, et aux accents d'une musique populaire préparée pour son arrivée.

Nous étions jeune alors, et à l'âge où les idées généreuses font fermenter dans l'âme et dans le cœur les nobles excitations de l'enthousiasme. Nous avons vu passer sous nos yeux ce cortége pacifique et l'homme que la population récompensait ainsi. Rien dans l'attitude de M. Bissette n'annonçait la vanité ou la jactance. Il avait l'air heureux d'un homme à qui le bonheur de revoir sa patrie se mêle à l'incomparable tranquillité que procure la satisfaction d'un grand devoir accompli. L'âge avait donné la maturité et la gravité aux traits solides de son beau visage, sans rien leur enlever de leur énergie. Pour ne pas être obligé de se découvrir à chaque instant devant tous ceux qui le saluaient ou l'acclamaient, il tenait son chapeau à la main, répondant à droite et à gauche à la foule de tous rangs et de toute origine assemblée sur son passage. Les blancs avec une dignité qui n'échappa probablement pas à M. Bissette n'avaient pu se mêler à la manifestation, mais debout sur leurs portes ou placés à leurs fenêtres ils se découvraient avec empressement devant cet homme qui avait été durant un quart de siècle l'adversaire implacable de leur race et qui passait à ce moment comme un ami sous leurs yeux. M. Bissette semblait chercher dans la foule ceux que la couleur de leur épiderme désignait comme ses anciens adversaires, et, sans affectation, mais avec une bonne grâce où le cœur paraissait plus que la civilité, il les saluait et reposait sur eux ce regard que nous croyons voir encore, regard profond où brillaient également dans des yeux pleins d'éclat l'intelligence et la bonté.

Tel était le triomphe de cet homme à qui les circonstances et son rare dévoûment à son pays faisaient un si beau rôle. Assurément nous ne chercherons pas à analyser ce qui dût se passer à ce moment dans l'âme de M. Bissette. Si la nature a ses misères qui se mêlent à nos plus nobles penchants, le cœur a sa fierté qui n'accepte pas l'alliage des grandes satisfactions avec les stériles infatuations de l'orgueil. Qu'à cette heure solennelle, le souvenir de sa jeunesse et de ses malheurs ait traversé l'esprit de M. Bissette pour mêler à sa joie légitime la joie malsaine d'une victoire de race, ceux qui connaissent la faiblesse humaine ne s'en étonneront pas; mais pour l'homme qui sut comprendre une telle mission et s'y dévouer, ce trouble, s'il eût lieu, ne dut pas être de longue durée : il y a des âmes où les mauvaises pensées meurent comme certaines plantes sur un sol impropre à leur végétation. M. Bissette dût être tout entier à l'honneur de son rôle, et les dernières réminiscences de 1824 s'éteignirent assurément dans son cœur, si elles n'étaient déjà mortes, à l'heure même où lorsqu'il traversait les rues de Saint-Pierre, ce n'était pas un parti qui le revendiquait et l'acclamait, mais le pays tout entier qui saluait en lui ce que les hommes admirent toujours, quels que soient les temps : la grandeur d'âme unie à la persévérance !

La journée du 21 et les jours suivants furent une fête continuelle durant laquelle des députations arrivaient de toutes parts, bannières en tête, et défilaient à travers la ville pour aller saluer M. Bissette. Ces manifestation d'une foule bruyante et joyeuse n'empruntaient rien des saturnales révolutionnaires qui, un an auparavant, répondaient à la proclamation hâtive de la liberté dans une ville terrifiée par le massacre et l'incendie. Aucune violence, aucun excès, pas même une provocation ne troublèrent ces jours donnés à une effervescence légitime. Le soir de l'arrivée de M. Bissette seulement, quelques groupes firent entendre encore le cri à la mode depuis les malheurs de 1848 : *à bas les blancs*. M. Bissette en fut informé. Il lui suffit de faire connaître que ce cri ne répondait ni à ses sentiments ni à ses espérances pour qu'ils cessassent immédiatement, et depuis, il y a trente deux ans, on ne les a plus entendus, sauf dans ces jours plus rapprochés de nous et que nous aurons bientôt à rappeler. (1) Mais alors l'esprit de M. Bissette n'animait plus la population martiniquaise. Des passions longtemps comprimées devaient faire explosion et appeler sur le pays la ruine et la terreur et sur de malheureux égarés les châtiments sévères de la loi.

Un des premiers actes de M. Bissette en arrivant à Saint-Pierre fut de se réconcilier avec un adversaire que dans ses luttes pour l'abolition de l'esclavage il avait rencontré sur le terrain fratricide du duel. En 1849 vivait à la Martinique, en pleine maturité du talent et du savoir, un avocat de grand renom au barreau, homme de beaucoup d'esprit et d'un courage égal à son talent : M. Cicéron. Bien avant l'époque que nous rappelons, vers 1832, M. Cicéron, alors conseiller colonial, eut une querelle de plume avec M. Bissette à l'occasion des questions locales. M. Cicéron fit le voyage pour demander satisfaction à M. Bissette. Le duel eut lieu aux environs de Paris, et pour le bonheur de la Martinique, il n'eut pas de suite funeste. En croisant le fer avec un des hommes le plus en évidence dans la société coloniale, M. Bissette avait obéi à ce préjugé absurde qui fait d'une preuve de courage la réparation d'une offense. La haine n'avait pas survécu à la querelle. Revoir pour l'embrasser l'adversaire de 1832 fut un besoin que M. Bissette se hâta de satisfaire. Nous avons

---

(1) L'insurrection du Sud en 1870.

presque été témoin de la rencontre de ces deux hommes, rencontre pacifique cette fois, qui effaçait mieux l'injure des jours de combat. A cette démarche où l'homme se peint tout entier, M. Bissette eût le bonheur d'associer un de nos plus éminents compatriotes, le Docteur Rufz de Lavizon, que tout le monde a connu à St-Pierre où sa science et son talent ont laissé tant de souvenirs. Le Docteur Rufz était à cette époque brouillé avec M$^e$ Cicéron. Une lutte d'esprit entre ces deux hommes si spirituels cependant avait fini par une rupture. Nous nous rappelons cette soirée où il nous fût donné d'assister de bien près à leur entrevue. M. Bissette arriva accompagné de M. Rufz de Lavison, de Monsieur A. de Maynard, Rédacteur du *Courrier de la Martinique,* et de quelques autres personnes distinguées de la ville. A distance, une foule nombreuse, sympathique et empressée les suivait. M. Bissette entra le premier dans le salon de notre grand avocat. M$^e$ Cicéron l'attendait debout dans sa haute taille, plus ému peut-être en cette circonstance qu'au jour où, une arme à la main, ils essayèrent mutuellement de se donner la mort. Bissette s'avança d'un pas ferme et digne au-devant du vieux colon, en lui tendant les mains; M$^e$ Cicéron ouvrit ses bras et tint pressé sur sa poitrine l'homme de bien qui venait embrasser en lui toute une race, autrefois ennemie, et désormais associée par l'amour et la réconciliation dans un sacrifice plus doux au cœur de M. Bissette que n'avait dû être douloureux à son corps le sacrifice du 14 janvier 1824. Après cette première étreinte, M. Bissette présenta M. Rufz à M. Cicéron, pour lui exprimer le désir qu'aucun ne manquât, parmi les hommes éminents de la Colonie, au cortège qui devait l'accompagner dans son œuvre régénératrice. Nous aurions été heureux d'avoir pu entendre pour les rapporter ce que ces deux maîtres en fines pensées échangèrent de politesses spirituelles à cette heure où l'intérêt public dominait de si haut les petites querelles personnelles. Quelques plaisanteries caustiques furent cordialement oubliées, car les mains s'étreignirent, et là ces quelques hommes commencèrent, dans un rapprochement individuel, le grand travail de rapprochement opéré depuis par M. Bissette, travail dont l'effet se fait sentir en ce moment encore, en dépit des excitations de la haine et de l'ambition, pour opposer aux tentatives de quelques factieux le besoin d'une concorde générale.

Le programme de M. Bissette ne consistait pas dans l'affirmation platonique de sentiments humanitaires de réconciliation. Le grand sens dont il fit preuve, lui avait fait entrevoir depuis longtemps, au-delà des manifestations d'une sympathie enthousiaste, le rôle pratique que son dévoûment à sa race lui imposait. Réconcilier les éléments de la société coloniale, prêcher aux uns l'oubli, aux autres la bonne volonté et la confiance, à tous la concorde, cela était bien ; mais il y avait plus à faire. Il fallait montrer à cette nombreuse population appelée soudainement à la liberté, et chargée désormais du soin de son existence, que le travail devait être le moyen de consolider sa conquête. Il fallait lui faire entrevoir le bien être, l'élévation progressive, comme une nécessité de son affranchissement. En d'autres termes, il fallait enseigner à la grande masse des travailleurs agricoles le retour au travail du sol, non plus cette fois pour un maître, mais pour les affranchis eux mêmes, afin de commencer l'œuvre de leur fortune. M. Bissette n'hésita pas et aborda résolument cette partie de sa mission. Dès son arrivée à St-Pierre, en homme politique habile, il s'était empressé de rendre visite au comité de propriétaires formé dans cette ville pour défendre les intérêts de la Colonie. C'était la première fois que le condamné de 1824 se trouvait en présence des colons sur la terre martiniquaise. Il n'y eut ni contrainte ni embarras dans leur entrevue. Des deux côtés l'accord était complet sur le terrain nouveau créé par les événements de 1848. Ce fut donc avec empressement que le comité, composé de MM. Gosset, ancien Directeur de l'Intérieur et ancien maire de St-Pierre, du baron de l'Horme, de MM. Paul des Grottes, Brafin, A. de Maynard, A. Hachard et Masson de Bellefontaine, accueillit M. Bissette. Sûr d'une immense et légitime popularité, assuré du concours le plus sincère chez les anciens maîtres, M. Bissette entreprit alors dans l'Ile le voyage triomphal où toutes les races, tous les rangs, toutes les conditions se réunirent pour acclamer et fêter un citoyen grandi, non par la haine ou par l'émeute, mais par l'épreuve, par le bien, par la raison, par l'amour de son pays et la clairvoyance des intérêts supérieurs de ses congénères. Partout sur son passage, ce fut une même sympathie, un même enthousiasme. Dans une des grandes communes de l'Ile, au banquet qui lui fut donné, le toast à son honneur fut porté par le fils d'un de ses anciens juges, homme d'autant d'esprit que de cœur. Ce retour inespéré, après 25 ans, ne coûtait rien à l'amour propre où à l'honneur du colon et de l'ancien proscrit. M. Bissette rendait hommage à la Justice et justifiait par sa conduite actuelle les mobiles de sa conduite en 1823 ; le colon ne désavouait que l'erreur humaine, toujours possible, mais reconnaissait, en 1849, qu'on peut réclamer contre des institutions injustes, sans tenter de porter atteinte aux lois et de troubler l'ordre.

Partout où passait M. Bissette, il ne faisait pas entendre seulement des paroles de paix et de rapprochement. Il disait aux noirs, aux agriculteurs, aux ouvriers : « désormais l'avenir est à vous. Vous travaillerez pour vous, pour votre bien être. Le travail vous élèvera, vous enrichira. La liberté a fait de vous des hommes, le travail fera de vous des citoyens. Il ne faut plus voir dans vos anciens maîtres des dominateurs ou des tyrans. Travaillez avec eux, et ne voyez dans eux que des travailleurs comme vous, des hommes qui ont besoin de votre concours et qui vous donneront le leur. Le fruit de votre travail se partagera dorénavant entre eux et vous. Allez donc à eux avec confiance. » Et M. Bissette laissait après lui la paix et la concorde, le travail et l'activité. Les générations de l'époque lui doivent ce retour aux champs qui a été le point de départ de l'étonnant développement agricole de notre pays. Et leurs espérances n'ont pas été déçues. On ne peut nier le bien être dont la grande population affranchie a profité depuis, et à côté du bien être général, on a vu germer, puis se former peu à peu la petite propriété, les fortunes sorties de l'épargne et du labeur, et sur tous les monts de la Martinique comme au fond de ses plus riches vallées, lorsque l'ancien esclave ou le descendant d'esclave, après avoir labouré son champ, retourne le soir à son foyer, il doit faire honneur à M. Bissette qui lui a appris par le travail le chemin de l'aisance et de la fortune.

Il n'a manqué, nous l'avons déjà dit, dans les rangs des amis de M. Bissette que les représentants les plus en vue de la race de sang mêlé. Le nombre de ceux qui lui restèrent fidèles est si petit qu'il ne peut être compté. Quelques amis intimes, associés depuis longtemps à son existence, et confidents de ses plus intimes sentiments, furent seuls à protester contre l'abandon par la race tout entière. Chose étrange, et qui prouve la puissance des passions politiques ! Les hommes de sang mêlé n'ont pas aperçu en 1849 la faute incroyable de leur attitude, et à l'heure actuelle encore, les circonstances obligent à le dire, ils ne semblent pas s'en apercevoir. Au premier mot d'oubli, d'union, de fusion des intérêts en attendant celle des races, les hommes de sang mêlé ne virent plus et s'obstinèrent à ne voir dans M. Bissette qu'un traître. Or en rapprochant la conduite de cet homme politique de l'infamie que ses congénères ont voulu jeter sur son nom, il n'y a pas moyen de conclure autrement : ce que demandait en 1849 la race de sang mêlé, ce qu'elle demande encore aujourd'hui, c'est le maintien d'une agitation haineuse et persistante où les rancunes se ravivent, où les ambitieux s'élèvent par une popularité criminelle, où toutes les médiocrités arrivent à se hausser quelque part, à la faveur du trouble produit par les rivalités de race. M. Bissette avait trop de sens et de finesse, il connaissait trop sa race pour se prêter au rôle que des énergumènes auraient voulu lui voir jouer. La lutte des races était définitivement terminée en 1848 dans le décret émancipateur des esclaves. Tout ce qui devait surgir, depuis, pour exploiter une époque disparue, ne pouvait être que le crime de quelques factieux en révolte contre la société et contre la loi.

La population de la Martinique ne se borna pas seulement envers son bienfaiteur à ces manifestations bruyantes de reconnaissance. Elle voulut créer à M. Bissette une situation de fortune qui le mît à l'abri des besoins dont un long exil et ses luttes politiques avaient affligé son existence. Le moyen imaginé était des plus heureux. Chaque atelier fournissait une barrique de sucre. Longtemps on vit arriver des derniers bourgs de la Colonie à Fort-de-France et à St-Pierre, où ces dons populaires étaient centralisés, des envois de sucre qui constituaient la cotisation du peuple en faveur de son héros. Des chariots ornés de fleurs et de drapeaux traversaient chaque jour notre ville, en transportant ces témoignages de la reconnaissance populaire, et sur le passage des convois la foule s'attroupait pour acclamer les donateurs et le donataire. La haine de caste forgea pour ridiculiser ce mouvement généreux un quolibet dont elle poursuivit longtemps M. Bissette. Dans son exaltation enthousiaste la population ne le nommait que par ces deux mots: Papa Bissette. Le parti de l'antagonisme travestit cette appellation et ne le nomma que: Papa Recette. Telle était la conduite des hommes de sang mêlé, de ceux que l'instruction, les lumières, l'éducation auraient dû cependant associer de plus près à l'œuvre de leur concitoyen. Ils allèrent plus loin dans leur fureur et entreprirent de déshonorer l'homme qui les honorait tant. Durant son séjour en France, on le comprend assez, M. Bissette n'avait pas été à l'abri des besoins. Des embarras constants témoignaient d'une position obérée. Ses adversaires descendirent jusqu'à fouiller ces épreuves dont la vie de M. Bissette avait été traversée pour essayer de le flétrir, et on imagina on ne sait quelle histoire de faillite et de créancier aussi vite démentie que publiée.

Là ne s'arrêta pas la haine. Chaque jour le nom de M. Bissette était l'objet de quelque invective dans la presse démagogique dont la colonie avait malheureusement un représentant. Aucun colon, aux jours de sa puissance, n'eût l'honneur de telles diffamations. Et pour que rien ne manquât à cette triste conduite, à Fort-de-France, des hommes qui eurent soin de cacher leurs noms et de dérober leurs visages, parodièrent l'exécution de 1824. Oui, à la honte éternelle de ces séides de la haine, des hommes de couleur préparèrent un mannequin qu'ils traînèrent sur la place où M. Bissette avait été flétri ; et là, dans l'ombre, ils simulèrent les détails de la scène du 14 janvier 1824. Les noms de ces forcenés sont restés inconnus, quoique M. Bissette ait cru devoir désigner dans une éloquente protestation ceux qu'il soupçonnait coupables de cette infamie.

Mais ces excès d'une minorité aveuglée par la haine ne faisaient que raviver la popularité de M. Bissette, et l'occasion devait se présenter bientôt où elle allait se prononcer entre les doctrines d'apaisement et de concorde dont M. Bissette s'était fait le représentant et le parti des *irréconciliables*. Les élections à l'Assemblée législative appelaient la Martinique à nommer deux députés. Le comité des propriétaires, acceptant avec l'immense majorité du pays la candidature de M. Bissette, associait à son nom celui de M. Pécoul, bien fait pour attirer les sympathies des électeurs. A cette occasion le comité de St-Pierre publia le programme des propriétaires. Nous reproduisons cette pièce qui a été et qui est restée, on peut le dire avec certitude, le programme de la race blanche depuis cette époque.

*Les membres du Comité central des propriétaires de la Martinique à tous leurs concitoyens.*

Les propriétaires de la Martinique ont accueilli unanimement et par acclamation M. Bissette comme le premier candidat pour l'Assemblée législative.

Appelés à leur tour à désigner le second candidat qui doit compléter la représentation coloniale, leur choix s'est fixé sur M. A. Pécoul.

M. Pécoul, présent à la Martinique, se serait empressé de faire sa profession de foi ; en son absence le comité des propriétaires se fait un devoir d'y suppléer par la déclaration suivante. C'est un engagement solennel qu'ils prennent au nom de M. Pécoul envers tous les électeurs de la Martinique.

Le passé est à jamais oublié ! L'ère de la conciliation et de la régénération pacifique de la Martinique datera des élections de 1849.

Les noms de Bissette et Pécoul sont la formule d'un acte d'alliance qui a rapproché toutes les parties de la population.

Cette union protégera les libertés et les intérêts de tous.

Arrière les préjugés, les haines, les récriminations, les vengeances.

Place au progrès, à la civilisation, à tous les éléments de la prospérité publique.

Rien pour le passé ; tout pour l'avenir !

(Signé : Gosset président, de l'Horme, P. Des Grottes, Brafin, A. de Maynard, A. Hachard et Masson de Bellefontaine, secrétaire.

Il est dificile de rappeler le mouvement qui emportait la Martinique au moment des élections de 1849. L'influence de M. Bissette et le programme des blancs eurent raison des agitateurs qui n'épargnèrent aucun moyen pour continuer l'œuvre de haine de 1848. La colonie entière marcha aux urnes, ayant pour drapeaux les noms aimés des deux candidats de l'ordre. Les adversaires affirmèrent leurs rancunes et leur invincible animosité dans le nom de l'abolitioniste qui est depuis cette époque l'instigateur ou le prétexte de nos discordes : M. Schœlcher. M. Bissette obtint 16,527 voix, M. Pécoul 13,482, M. Schœlcher 2,187 et M. Pory-Papy, l'élu de 1848, 556 voix.

La victoire était complète. Elle avait été précédée, elle fut suivie de manifestations de la joie publique où tous les éléments de la population s'associaient dans des banquets, dans des fêtes dont les deux représentants du pays étaient les héros. Heureuse la Martinique, heureuse sa population, si les sentiments qui inspirèrent alors les électeurs avaient continué de vivre dans leurs cœurs !

Avant de se rendre en France où l'appelait son mandat de député, M. Bissette voulut continuer à la Guadeloupe la mission qu'il venait de remplir à la Martinique. Il quitta donc notre île pour visiter la colonie voisine. Un groupe nombreux l'y attendait, prêt à le seconder comme les blancs l'avaient fait à la Martinique. Mais à la Guadeloupe, le parti opposé se trouvait malheureusement en grande majorité. Les hommes de couleur réussirent à réunir contre lui un grand nombre des noirs. Malgré l'enthousiasme de ses partisans, M. Bissette échoua. Accueilli par des huées ou des menaces, il vit ses jours en danger et l'autorité dût intervenir plusieurs fois pour le protéger. Les foules égarées subissent facilement la contagion du crime. On fit feu sur la voiture qui conduisait M. Bissette dans un de ses voyages à travers l'Ile. Les gendarmes durent dégaîner et charger la foule. M. Bissette n'était pas l'enfant de ce pays, et la Guadeloupe était la terre-lige de M. Schœlcher.

Après avoir échappé à plus d'un péril, M. Bissette revint à la Martinique d'où il s'embarqua pour la France. A l'Assemblée législative il siégea dans les rangs des hommes d'ordre jusqu'au jour où le 2 décembre vînt interrompre brusquement son mandat. Par ses votes, par ses actes, il resta fidèle au programme de sa vie publique, et quand l'Empire eut remplacé la République, il retourna à la Martinique où la vie de famille lui offrait au moins quelque satisfaction. Mais sa santé était alors fortement altérée. Une attaque d'apoplexie avait paralysé en partie ses vives facultés et sa grande énergie. Son œil si brillant d'ordinaire n'avait plus le même éclat, son visage ne reflétait plus le feu de son âme généreuse. Il vécut qulque temps au milieu de nous, toujours cher au peuple, recherché des blancs au milieu desquels il avait assis définitivement sa place. Sa famille le ramena en France dans l'espoir de le rétablir, mais, après avoir langui quelque temps, cet homme de bien s'éteignit doucement à Paris, consolé par les secours de la Religion. Le Gouvernement ne resta pas indifférent à cette occasion. On lui fit des funérailles honorables, et le Ministère de la Marine acheta de la ville le terrain où ses restes furent déposés. C'est là qu'ils reposent encore depuis plus de 27 ans, sans qu'aucun homme de sa race se soit levé pour demander que le cercueil de M. Bissette soit rendu à la Martinique ou qu'une pierre au moins rappelle son nom et ses œuvres. Et tandis que l'ingratitude entasse l'oubli des années autour de cette grande mémoire, nous avons vu récemment les hommes de sang mêlé, à la suite de M. Schœlcher, s'associer, se cotiser pour élever un monument somptueux à Toussaint Louverture, le héros de Saint-Domingue. Aveuglement de la haine ! Nous avons esquissé la vie de M. Bissette, nous allons opposer à cette existence si patriotique la vie du *premier* des Noirs. Mais ce n'est pas nous qui parlerons ; nous pourrions être suspect de partialité. Nous laisserons peindre le héros haïtien par un homme que les hommes de sang mêlé ne désavoueront pas, dont ils n'accuseront pas les préjugés, par le grand historien national, le fondateur de la de la République, M. Thiers.

« Les lois de la société humaine, partout semblables, dit M. Thiers (1) avaient fait naître là comme ailleurs, après de longs orages, la fatigue qui sollicite un maître, et un être supérieur propre à le devenir. Ce maître était de la couleur de la race triomphante, c'est-à-dire noir. Il s'appelait Toussaint Louverture. C'était un vieil esclave, n'ayant pas l'audace généreuse de Spartacus, mais une dissimulation profonde, et un génie de gouvernement tout à fait extraordinaire. Militaire médiocre, connaissant tout au plus l'art des embuscades dans un pays d'accès difficile, inférieur même sous ce rapport à quelques uns de ses lieutenants, il avait, par son intelligence à diriger l'ensemble des choses, acquis un ascendant prodigieux. Cette

---
(1) Le Consulat et l'Empire. Tome 4, page 173.

race barbare, qui en voulait aux Européens de la mépriser, était fière d'avoir dans ses rangs un être dont les blancs eux-mêmes reconnaissaient les hautes facultés. Elle voyait en lui un titre vivant à la liberté, à la considération des autres hommes. Aussi avait-elle accepté son joug de fer, *cent fois plus pesant que celui des anciens colons*, et subi la dure obligation du travail, obligation qui était, dans l'esclavage, ce qu'elle détestait le plus. »

..............................................

Puis, après avoir parlé de l'organisation et de la composition de l'armée noire, M. Thiers continue ainsi :

« Le reste de la population, sous le nom de cultivateurs, avait été ramené au travail. On leur avait laissé des fusils, pour qu'ils s'en servissent au besoin dans le cas où la Métropole attenterait à leur liberté, mais on les avait contraints à retourner sur les plantations abandonnées des colons. Toussaint avait proclamé qu'ils étaient libres, mais obligés à travailler cinq ans encore sur les terres de leurs anciens maîtres, avec droit au quart du produit brut. Les propriétaires blancs avaient été encouragés à revenir, même ceux qui, dans un moment de désespoir, s'étaient associés à la tentative des Anglais sur Saint-Dominique. Ils avaient été bien accueillis, et avaient reçu leurs habitations couvertes de *nègres soi-disant libres* aux quels ils abandonnaient, suivant le règlement de Toussaint, le quart du produit brut, évalué, dans la pratique de la manière la plus arbitraire. Un assez grand nombre de riches propriétaires d'autrefois, soit qu'ils eussent succombé dans les troubles de la colonie, soit qu'ils eussent émigré avec l'ancienne société française dont ils faisaient partie n'avaient ni reparu ni envoyé des délégués. Leurs biens séquestrés comme les domaines nationaux de France, avaient été affermés à des officiers noirs, e à un prix qui permettait à ceux-ci de s'enrichir. Certains généraux, tels que Christophe et Dessalines, s'étaient acquis de la sorte plus *d'un million* de revenu annuel. Ces officiers noirs avaient la qualité d'inspecteurs de la culture dans l'arrondissement où ils étaient commandants militaires. Ils y faisaient des tournées continuelles et y traitaient les nègres *avec la dureté particulière* aux nouveaux maîtres. Quelquefois ils veillaient à ce que justice leur fût rendue par les colons, mais plus habituellement ils les *condamnaient aux verges* pour paresse ou insurbordination, et faisaient une sorte *de chasse* incessante, dans le but de faire revenir à la culture ceux qui avaient contracté le goût du vagabondage. Des revues fréquentes dans les paroisses procuraient la connaissance des cultivateurs sortis de leurs habitations originaires, et fournissaient le moyen de les y ramener. *Souvent* même Dessalines et Christophe les *faisaient pendre* sous leurs yeux. *Aussi le travail* avait-il recommencé avec une incroyable activité sous ces nouveaux chefs, qui *exploitaient à leur profit* la soumission des noirs *prétendus libres* (1).

. . . . . . . . . . . . . . . . . . . . . . . . . . . . . . . . . . . . . . . . . . . . . . . . . .

« Sa politique au dedans n'est pas moins digne d'attention que sa politique au dehors. Sa manière d'être envers toutes les classes d'habitants, noirs, blancs ou mulâtres, répondait à ce que nous venons de dire de lui. Il *détestait* les mulâtres comme plus *voisins* de sa race, et *caressait* au contraire les *blancs* avec un soin extrême, moyennant qu'il en obtint quelques témoignages d'estime qui lui prouvassent que son génie faisait oublier sa couleur. Il montrait à cet égard une vanité de noir parvenu, *dont toute la vanité des blancs parvenus dans l'ancien monde ne saurait donner une idée*. Quant aux noirs, il les *traitait avec une incroyable sévérité*, mais pourtant avec justice ; il se servait auprès d'eux de la religion, qu'il professait avec emphase, et surtout de la liberté, qu'il promettait de défendre jusqu'à la mort, et dont il était pour les hommes de sa couleur le glorieux emblème, car on voyait en lui ce que, par elle, un nègre pouvait devenir (2) ».

---

(1) Le Consulat et l'Empire tome 4 pages 174, 175 et 176.
(2) Le Consulat et l'Empire, tome 4, page 180.

S'attachant sans cesse à imiter le premier consul, il s'était donné une garde, un entourage, une sorte de *demeure princière*, Il recevait dans cette demeure les propriétaires de toutes couleurs, *surtout les blancs et rudoyait* les noirs, qui n'avaient pas un assez bon maintien (1).

Tel était Toussaint Louverture pour les blancs, les mulâtres et les nègres. C'est aux hommes de bonne foi de dire si la popularité tardive faite à ce héros chez les hommes de couleur de la Martinique, peut trouver sa justification dans son attitude envers les trois races qui habitaient Saint-Domingue. Ajoutons que l'historien du Consulat et de l'Empire, racontant plus loin l'expédition du général Leclerc, écrit ce qui suit, page 188 :

Toussaint, averti de la présence d'un grand nombre de voiles à Samana, y était accouru de sa personne pour juger de ses propres yeux du danger dont il était menacé. Ne doutant plus, à la vue de l'escadre française, du sort qui l'attendait, il prit le parti de recourir aux dernières extrémités plutôt que de subir l'autorité de la métropole. *Il n'était pas bien certain qu'on voulût remettre les nègres en esclavage ;* il ne pouvait même pas le croire ; mais il pensa qu'on voulait le *ranger sous l'obéissance* de la France, et cela lui suffisait pour le décider à la résistance. Il résolut de persuader aux noirs que leur liberté était en péril, de les ramener ainsi de la culture à la guerre, de ravager les *villes maritimes,* de brûler *les habitations,* de **massacrer les blancs**, etc... »

On sait ce qui s'en est suivi. La guerre offrit le spectacle d'horreurs qui donnent l'épouvante, quand on en lit le récit. Lorsque les noirs de Toussaint se voyaient forcés

---

(1) Ibid, tome 4, page 182.

et obligés à la fuite, ils égorgeaient par centaines les blancs emmenés prisonniers. Femmes, enfants, vieillards, tous étaient immolés à la fureur sauvage du héros africain. Ces citations, que nous avons faites longues, complètent notre comparaison. M. Bissette a été pour sa race un transfuge, un traître, et aucun parmi les siens n'a demandé ses restes à la Métropole, pour leur donner une sépulture sur le sol martiniquais pacifié par son dévoûment. A Toussaint Louverture était réservé l'honneur d'un monument. Le martyr, l'homme de bien, le propagateur de la réconciliation n'a pas une pierre au sol natal pour rappeler ses services et son héroïsme; le féroce assassin de la race blanche, également dur pour les noirs, les mulâtres et les blancs, celui dont le nom rappelle les horreurs de la guerre civile et qui porta les armes contre la France, celui-là aura, grâce à M. Schœlcher et aux hommes de sang mêlé, une statue fastueuse ! Tout le secret du préjugé de race est dans ce rapprochement, et la France seule semble ne pas le voir.

Nous venons de rappeler ce que furent, il y a trente ans, dans notre pays, le rôle et le succès d'un homme de couleur, animé de la double passion de l'affranchissement de sa race et de sa réconciliation avec la race européenne, autrefois dominatrice. En retraçant sommairement des événements qui tinrent une si grande place dans notre existence coloniale, nous avons dû passer rapidement sur les détails, pour ne montrer que les points saillants nécessaires à notre démonstration. En 1849, les blancs accueillirent avec empressement et sans arrière-pensée l'homme de couleur jugé en 1824 comme un fauteur de troubles, et que les rigueurs d'institutions injustes avaient armé contre eux en ennemi de leur domination. C'était, nous l'avons déjà dit, le plus grand triomphe que purent ambitionner M. Bissette et avec lui la race de sang mêlé pour laquelle il avait souffert et combattu. Aux premières paroles d'oubli et de réconciliation, les blancs acclamèrent l'ancien adversaire, l'homme de couleur et son programme. La race de sang mêlé seule désavoua M. Bissette. Les hommes de couleur parlent continuellement de leurs bonnes intentions, de leur ardent désir de vivre en paix avec les blancs et de fondre ensemble les divers éléments de la population coloniale. Ce noble but, M. Bissette est venu le leur proposer ; il en a fait le programme de sa vie depuis 1848 ; il en a commencé la réalisation ; par son influence il a associé dans un même vote son nom et le nom d'un ancien colon dans une élection destinée à marquer le point de départ d'une nouvelle ère coloniale. Y avait-il là quelque chose que la race de sang mêlé ne pût pas accepter, si elle avait été sincère dans ses sentiments ? Les noirs, pour le plus grand nombre, sont restés fidèles à leur libérateur, mais dans la race de sang-mêlé un parti qui n'a jamais désarmé, n'a plus dès lors inscrit sur son drapeau que le nom de l'homme en qui se personnifie l'antagonisme persistant des populations coloniales. Cette conduite, on ne saurait trop le répéter, a accentué la division profonde qui sépare, chez nous, la grande majorité des hommes de couleur de la famille européenne et d'un groupe de sang-mêlé trop faible pour être influent. Dans le cours de cette étude nous aurons à faire la part de Monsieur Schœlcher dans nos discordes. Son nom, quoi qu'on dise, n'a d'autre signification que la persistance d'une lutte sur laquelle le temps semble impuissant. M. Schœlcher, abolitioniste, peut avoir largement aidé à l'affranchissement des noirs ; mais, depuis lors, par ses écrits, par ses actes, il a été et il reste la cause ou le prétexte de l'antagonisme quand même, de cette agitation intempestive sur laquelle il pèse par l'influence déplorable de ses idées ou de ses conseils.

Le préjugé de race n'est donc pour rien ou n'est que pour peu de chose dans nos divisions coloniales. Les vicissitudes politiques de la mère-patrie servent d'occasion à une ambition à peine dissimulée : la substitution de la race de sang-mêlé à la race blanche. Là est le secret de la conduite des hommes de couleur envers M. Bissette. L'ingratitude, si commune qu'elle soit, ne suffit pas à l'explication de ce phénomène. Les hommes de couleur ne sont ni si méchants ni si inintelligents. L'orgueil seul, et un orgueil servi par les circonstances, donne la raison de leur attitude. L'éducation, la fortune les placent, en grand nombre déjà, à côté des blancs dont la civilisation les pénètre chaque jour. A l'aide des idées démocratiques, telles que le suffrage universel et la souveraineté du nombre, ils ont le concours et l'appui de la grande population ouvrière et agricole, composée surtout de noirs et en partie d'hommes de sang-mêlé inférieurs de condition, mais qu'un même sort a associés dans le passé et qu'une même hostilité associe encore aujourd'hui. Et, cette armée dans leurs mains, ils affirment en toutes circonstances le but unique de leur politique : la domination. La suite de ce travail le démontrera avec une évidence qui ne pourra pas être contestée.

## X.

L'empire fut une époque d'apaisement forcé pour les Antilles françaises comme pour la Métropole. En enlevant aux populations coloniales le droit de suffrage, et en supprimant la liberté de la presse, le gouvernement Impérial mit fin en même temps aux rivalités et aux violences de l'esprit de race. Dans le suffrage universel les hommes de sang mêlé trouvaient le moyen d'humilier les blancs, en les écartant des fonctions publiques électives ; dans la liberté de la presse ils satisfaisaient avec passion des rancunes vivaces, en récriminant sans mesure contre les anciens dominateurs du pays. Après le deux décembre le silence se fit sur toutes les questions irritantes de caste. On peut apprécier comme on voudra le Coup d'Etat et l'Empire qu'il préparait, mais il faut reconnaître que le gouvernement agit avec sagesse, en étouffant ces discussions violentes de la presse, souvent accompagnées ou suivies de luttes personnelles. La loi de la presse édictée en 1850 avait déjà fait un délit de toute publication susceptible de réveiller les haines coloniales. Le gouvernement issu du deux décembre alla plus loin : il soumit les journaux à un régime répressif qui les mettait à la discrétion de l'autorité locale.

Ces rigueurs purent déplaire aux agitateurs qui exploitent l'antagonisme des populations, mais ceux-là seuls se plaignirent du nouveau régime. Aux Antilles, pays agricoles et commerciaux, alors en pleine transformation sociale, les uns et les autres, chez les gens sages, acceptèrent comme un bienfait l'événement qui imposait aux partis une trêve nécessaire. Débarrassées de la politique et des ambitions qu'elle favorise, les Antilles, et en particulier la Martinique, se remirent avec ardeur au travail et recommencèrent une nouvelle vie sociale. L'abolition de l'esclavage avait longtemps fait craindre la désertion de l'Agriculture par les anciens cultivateurs devenus libres ; mais sur ce point les prévisions pessimistes furent en partie démenties. L'action de M. Bissette, en ramenant et en rattachant aux propriétés agricoles la grande masse des travailleurs, avait assuré déjà un premier fonds de production ; l'immigration indienne inaugurée par le gouvernement intelligent et actif de l'Amiral de Gueydon, servit de correctif aux défaillances de la paresse ou aux caprices inévitables d'une liberté si longtemps désirée et récemment octroyée. A partir de 1852, la Martinique entra dans une période de transformation matérielle qui ne s'est presque pas interrompue. Les populations s'appliquèrent à développer leur bien être, et de tous côtés, l'esprit d'initiative, sollicité par des entreprises diverses, commença les étonnants progrès réalisés depuis. L'Amiral de Gueydon, au milieu de tous, reste le véritable créateur de notre colonie actuelle. Les routes, qui firent constamment l'objet de ses préoccupations, furent ou bien ouvertes là où n'existaient encore que des sentiers inaccessibles aux voitures, ou bien élargies et perfectionnées là où elles étaient défectueuses ou insuffisantes. Le travail, libre soit dans le choix de la profession, soit dans le choix de l'employeur, reçut une réglementation protectrice qui réprima long-temps la tendance native des noirs au vagabondage. La production agricole et le commerce se développant dans une mesure égale, les contributions affluèrent dans les caisses publiques. L'Eminent Amiral les répartit avec sagesse entre les différents services; mais s'il imposa l'obligation du travail pour l'homme dépourvu de tous moyens d'existence, il assura d'un autre côté aux pauvres, aux malades et aux infirmes les secours d'une charité bien entendue. L'affranchissement avait éloigné des habitations rurales les vieillards et les infirmes dont le soin, durant l'esclavage, incombait aux propriétaires. Une multitude d'indigents encombrait les villes et les bourgs. Un hospice fut créé dans chacune des villes de St-Pierre et de Fort-de-France ; plusieurs localités cantonales furent dotées d'un établissement semblable, de telle sorte que chacun avait à sa portée un refuge assuré contre la misère et la maladie.

Du gouvernement de M. de Gueydon date le commencement des transformations dont la Colonie est justement fière. Le crédit commercial et agricole, aidé jusqu'alors par les seuls capitalistes, reçut la plus large extension par la fondation successive de nos deux grands établissements financiers, la Banque et le Crédit foncier colonial. Plus tard un port d'attache et une forme de radoub égale aux plus grands modèles, furent de toutes pièces creusés et achevés presque avec les seuls fonds de la Colonie ; et les usines à sucre, essayées sans succès, il y avait trente ans, commencèrent de s'élever partout où la configuration du sol et l'accès de la mer permettaient de réunir à la fois un centre important de production et des facilités d'embarquement. Des lignes de bâteaux à vapeur mettaient en communication les deux villes principales et diverses localités où l'on n'arrivait jusqu'alors qu'au moyen d'une navigation dangereuse et primitive. Un télégraphe électrique reliait Saint-Pierre au Chef-lieu. Tous ces travaux, tous ces progrès dont la population ouvrière et agricole a si largement bénéficié, ont été, il serait impossible de le contester, le résultat de la paix publique, de l'apaisement forcé des rivalités stériles de race. L'activité locale ne trouvant plus d'aliment dans des discussions passionnées, s'épancha dans des améliorations matérielles, dans des entreprises où la spéculation avait naturellement une large part. De cette activité pacifique qui n'a coûté ni une larme ni un regret sont sorties les merveilles que le pays peut montrer avec fierté.

Nos liens d'attache avec la Métropole, sans cesser d'être aussi étroits au point de vue national, subissaient cependant l'effet d'une certaine détente. L'ancien pacte colonial, selon lequel les marchés de France étaient réservés à ses colonies, à la charge par elles de s'approvisionner exclusivement de produits métropolitains, avait été définitivement rompu par les lois de 1860 et le traité avec l'Angleterre. La France entrait alors à pleines voiles dans le libre échange. Les colonies ne pouvaient conserver seules et à leur détriment, un régime qui les aurait contraintes à expédier leurs denrées sur les places de France où les denrées étrangères étaient admises aux mêmes conditions que les leurs. Les Antilles françaises eurent le droit de s'approvisionner partout et par tous pavillons, et de solliciter pour leurs produits la faveur de tous les marchés. Cette mesure, qui n'était d'ailleurs que de juste réciprocité, les a sauvées de la ruine et leur a assuré ce qu'on appelle la vie à bon marché. Comme corollaire à ces mesures libérales dans l'ordre commercial, le Gouvernement ajouta certaines franchises commencées en 1854 et développées par le sénatus-consulte de 1866 sur la constitution coloniale. Ce dernier texte assure une autonomie aussi large peut-être qu'on peut le désirer, pour des pays dépendant politiquement de la Mère patrie et qui doivent lui rester subordonnés sur bien des points. L'esprit de système où s'égarent aujourd'hui tant de personnes qui parlent à la légère, sans réfléchir à l'avance aux conséquences possibles de leurs désirs, tend à réclamer l'assimilation à la Métropole. Folie de l'esprit de parti! L'assimilation riverait par autant de ministères que le gouvernement de la France en comporte, la chaîne qui nous unit à la France, mais sans nous rendre plus heureux. Nous sentirions davantage le poids de l'éloignement, et au lieu d'un maître, si le ministère des colonies peut être ainsi désigné, les colonies en auraient dix.

En même temps que ce mouvement commercial et industriel servait de dérivatif aux passions locales, une action plus haute se faisait sentir dans l'ordre moral En 1851 la création des Evêchés coloniaux plaça pour la première fois la Martinique sous la direction spirituelle d'un Prince de l'Église. Monseigneur Le Herpeur, de sainte mémoire, premier Evêque de la Martinique, joignait aux plus hautes vertus apostoliques une science sûre, une piété tendre et un rare esprit d'innovation. Prenant pour devise ces nobles paroles: *Veniens, evangelizo pacem*, il fut, dans l'ordre moral, plus créateur qu'aucun chef civil dans le domaine matériel. Sa première pensée fut de doter la Martinique d'un grand établissement d'instruction secondaire. Jusqu'à lui l'éducation, sauf une tentative infructueuse faite en 1844, n'avait pas franchi les limites d'une instruction primaire supérieure. Pour faire ses classes, pour conquérir les grades universitaires, il fallait quitter, enfant, le foyer paternel, s'arracher aux tendresses d'une mère et s'exiler à douze cents lieues, sous l'étroite sévérité d'un Lycée métropolitain. Monseigneur Le Herpeur fonda le Séminaire-Collége. Placé dans la situation la plus avantageuse, ce grand établissement fut confié dans l'origine à plusieurs ecclésiastiques de mérites différents mais remarquables. Monsieur l'Abbé Mounicq en fut un des premiers Directeurs. C'était un homme simple, affable, et doué, assure-t-on, de grandes qualités d'administrateur. Au-dessous de lui Monseigneur Le Herpeur plaça deux prêtres alors inconnus, mais d'une science et d'une vertu hors de pair, et que la Colonie a appris depuis à connaître et à admirer : Messieurs les abbés Gosse et Lecornu. Toutes les classes furent pourvues de professeurs distingués. Après Monseigneur Le Herpeur dont toutes les fondations furent soutenues et encouragées par ses successeurs, le Séminaire-Collége passa sous la direction de la Congrégation des Pères du Saint-Esprit et du Saint-Cœur de Marie qui l'administre encore. Cette grande création a depuis longtemps résolu le problème de l'instruction secondaire à la Martinique. En même temps elle réalisait le problème plus difficile de l'éducation en commun des enfants nés dans les diverses races coloniales. Commencer le rapprochement dès l'enfance, avant que les passions politiques aient créé des inimitiés souvent irréconciliables, c'était donner la base la plus solide à l'œuvre de reconstruction sociale que des temps nouveaux imposaient aux Antilles françaises. L'œuvre fut entreprise pour les jeunes gens par le Séminaire-Collége, peu à près l'époque où elle avait commencé pour les jeunes filles au pensionnat de la communauté de St-Joseph. La Religion apportait donc le concours le plus actif et le plus efficace à la réalisation de la seule ambition avouée par la race de sang-mêlé : le rapprochement des populations locales. Depuis plus de trente ans, chaque année, ces deux institutions, le Séminaire-Collége et le pensionnat de St-Joseph, ont réuni solennellement, dans des assises familiales, les pères et mères de famille de la Colonie, et, chaque fois, toutes les races ont fourni des triomphateurs et des triomphatrices également acclamés par l'assistance, sans que ce spectacle ait jamais éveillé d'autre sentiment que celui d'une émulation plus vive. Chaque année, depuis lors, le Séminaire-Collége a fourni au pays ou a introduit dans toutes les carrières publiques, des élèves formés à la double école de la science et de la Religion. Les facultés de la Métropole, les écoles spéciales ont à l'envi proclamé les résultats de l'instruction déversée sur la jeunesse par ce grand établissement. Monseigneur Le Herpeur ne prévoyait pas, et ses successeurs ne prévirent pas après lui, que, de nos jours, quand la haine de race allait se manifester plus violente qu'à aucune époque, l'irréligion armerait contre leur œuvre de prédilection la plupart de ceux-là mêmes que le Séminaire-Collége avait contribué à former.

A côté de l'œuvre de l'éducation, le premier Evêque de la Martinique entreprit des créations de charité où les diverses parties de la population s'associaient pour le soulagement des malheureux. Une société de bienfaisance célèbre en France, la Société de Saint-Vincent de Paul, eut un double siège à St-Pierre et à Fort-de-France. Des hommes d'un côté, des dames de l'autre, se réunissaient une fois par semaine pour conférer des besoins des pauvres recommandés à leur sollicitude, et se répandaient ensuite dans les deux villes pour porter au chevet des indigents le secours matériel et la consolation de l'assistance chrétienne. L'épouse d'un de nos gouverneurs, M$^{me}$ Vaillant, femme d'une grande distinction, fondait au chef-lieu un Ouvroir destiné à préparer les jeunes filles aux carrières professionnelles. A St-Pierre un établissement du même genre était créé par M. l'abbé Guesdon, administrateur du diocèse. De toutes parts enfin, à côté des travaux de l'industrie et des entreprises de la spéculation, qui accroissaient la fortune publique, les œuvres chrétiennes d'éducation et de charité associaient dans un concert admirable toutes les races séparées autrefois par les habitudes et par les mœurs autant que par les institutions.

Les relations des trois races, si tendues en 1849, avaient peu à peu perdu de leur raideur, et presque partout était réalisé

en partie le vœu de la race de sang-mêlé.
Les deux villes principales de la colonie,
où le souvenir des anciens troubles était
plus vivace, montraient peut-être encore, ici
ou là, quelques répugnances ; mais ces exceptions de plus en plus rares, inévitables
d'ailleurs si l'on veut tenir compte de la
liberté humaine, ne détruisaient pas le fait
général d'un rapprochement opéré insensiblement, avec le ciment plus solide du
temps et de la conformité des intérêts. Dans
les communes rurales il n'y avait presque
pas de distinction entre les diverses parties
de la population. Rapprochés par l'intérêt
communal, les hommes se voyaient dans un
sans gêne et une aménité chaque jour ac-
crus. Le presbytère réunissait souvent à la
même table, dans une familiarité affectueuse,
les anciens et les nouveaux propriétaires.
La vie de famille se faisait de plus en plus
hospitalière, et les rapports de voisinage,
la réciprocité des services créaient la confiance d'abord, l'intimité ensuite. Placé en
face de la nature et de ses grandeurs, l'homme
des champs est plus facilement accessible
aux idées généreuses. L'isolement d'ailleurs
lui fait une nécessité plus impérieuse de
la société, et à la campagne, quand un
ami frappe à la porte, on ne lui demande pas
son origine ou la couleur de son épiderme.
Si, dans les villes, ce spectacle était moins
fréquent, toutefois un progrès important
avait été réalisé. D'abord, les relations commerciales rapprochaient et unissaient la partie la plus importante de la population. A

Saint-Pierre on put former une Société philharmonique composée non-seulement de toutes les races, mais de presque tous les rangs. On se divertissait en commun, et l'échange des bons procédés avançait chaque jour de quelques pas ce sans façon des relations où les hommes s'apprécient non par leur origine, mais par l'estime qu'ils ont les uns pour les autres et par l'affection. A Fort-de-France un cercle associait toute l'élite de la ville, à quelque race qu'on appartînt. Les mariages, rares assurément et jusqu'alors obstacle peut-être principal à tout rapprochement, avaient pu cependant s'accomplir sans rencontrer ou soulever de résistance. La plupart de ces unions, il faut le dire, donnaient la sanction religieuse et morale à des habitudes anciennes déjà et malheureusement contraires à toute loi divine et humaine. Mais, en fin de compte, ces alliances réparatrices, accompagnées de mariages entre européens récemment établis dans la colonie et femmes de sang mêlé, fermaient la bouche aux impatients qui auraient désiré que dans un seul jour une nouvelle loi plébéienne réalisât l'alliance de ce qu'on peut appeler les familles patriciennes de la colonie avec les familles de sang-mêlé. Chose plus étonnante encore ! Le clergé, composé jusqu'en 1852 de prêtres formés dans la Métropole, comptait plusieurs membres dans les familles du pays, et la race de sang-mêlé en avait fourni déjà en 1870 un sérieux contingent. Certes on peut tout dire pour ou contre ce qu'on appelle encore le préjugé de race ; mais tout ce qu'on en dira tombe devant ce fait que les blancs ne repoussèrent ni ne dédaignèrent le ministère du clergé de sang-mêlé. Il n'est pas besoin de faire ressortir ce qu'une telle modification dans les habitudes religieuses de la colonie pouvait heurter de répugnances involontaires ou irréfléchies. La sainteté du caractère sacerdotal parut heureusement le garant le plus sûr de la charité des sentiments, et de tous côtés on s'habitua aux ecclésiastiques formés dans la colonie, sans se préoccuper de leur race.

Sous l'influence d'une concorde de plus en plus étendue, un souffle libéral ne tarda pas à se faire sentir au milieu de nos populations en grande partie réconciliées. Déjà la presse vivait d'un régime moins arbitraire. Les franchises concédées en 1860 par le gouvernement impérial avaient traversé l'Atlantique, et une législation nouvelle, sans annihiler l'autorité protectrice du gouverneur, réservée pour les cas suprêmes de péril public, permettait la discussion des questions locales et des actes de l'administration. Les journaux de l'Ile se signalaient par des études sérieuses, d'où la politique de race était bannie, et qui ne manquaient ni d'indépendance ni d'intérêt. A ce moment, vers 1868, on était arrivé à un tel calme dans les esprits, qu'un grand nombre d'hommes de couleur n'hésitèrent pas à solliciter le concours des blancs pour demander au Gouvernement métropolitain le suffrage universel. Ceux qui prenaient l'initiative de cette démarche, influents par l'âge, le caractère et la position, ne craignirent pas de promettre un accord facile à l'heure des élections. « Vous êtes nos aînés dans la vie publique, disaient-ils aux blancs, vous avez évidemment en plus grand nombre des hommes habitués aux questions locales. Dans les assemblées votre place, par cela même, doit être plus large. Nous nommerons deux tiers parmi vous et un tiers choisi parmi nos premières individualités. » Ce langage était-il sincère? Nous le croyons, mais les hommes qui menaient alors le mouvement ont été débordés et mis de coté par le parti effervescent, complètement triomphant depuis les événements de 1870.

Quoi qu'il en soit, au Conseil général certaines voix s'accordèrent pour demander qu'un cens abaissé fût la base de notre droit électoral, avec ce qu'on nomme l'adjonction des capacités. Dans la population une pétition sollicita hardiment le suffrage universel. Le pays était partagé : les uns voulaient le maintien du régime alors existant, les autres désiraient une participation plus directe mais prudente de la colonie à la formation des corps délibérants ; quelques-uns, peut-être pour faire contre poids à ce dernier système dont ils appréhendaient une domination nouvelle, celle des petits patentés, penchaient pour une réforme radicale, laquelle, selon eux, devait donner aux propriétaires, aux hommes expérimentés et instruits, le large appoint des foules.

Après vingt ans d'un tel apaisement et de résultats si éclatants, on pouvait croire que l'antagonisme des races n'existait plus qu'à l'état de souvenir, t avait été relégué dans les erreurs du passé. Les événements dont l'année 1870 a été signalée ont fait évanouir ces illusions, et la crise coloniale s'est réveillée depuis, plus âpre et plus violente. La ruine de notre grandeur nationale a été le point de départ d'une lutte dont les vicissitudes continuent à l'heure où nous écrivons, et durant laquelle la violence des ressentiments nous a appris cette vérité cruelle, à savoir que le temps et le silence, loin d'éteindre des rivalités haineuses, semblent en avoir accru l'intensité. En approchant de ces jours malheureux, notre tâche devient plus grave, par la difficulté de rester impartial au milieu d'événements dans lesquels nous sommes nous-même si intéressé. La pensée qui dicte ce travail nous tiendra, nous l'espérons, à une égale distance de la complaisance pour les uns et de l'exagération contre les autres. Rechercher et dire la vérité ; exposer ce que nous croyons être, de part et d'autre, l'erreur ou la faute ; raconter les faits, montrer dans toutes les circonstances qui se rattachent à nos divisions leur cause véritable et essayer d'indiquer les moyens de les effacer : tel est le but de cette étude. Nous pourrons y échouer, nous espérons ne pas faillir à l'impartialité qui est dans notre ferme volonté.

La Martinique jouissait d'une paix profonde et d'une prospérité inconnue peut-être jusqu'alors, quand lui parvinrent les premières nouvelles de la malheureuse guerre allemande. Dans les premiers moments et avant toute hostilité, le patriotisme s'exalta chez les uns et les autres. Le chauvinisme n'est pas exclusivement une disposition du caractère métropolitain ; le patriotisme français a partout les mêmes allures belliqueuses et vantardes. Aux Antilles comme en France, on croyait déjà voir l'armée française à Berlin, et tout le monde, sans exception, battait des mains à l'avance aux nouvelles victoires attendues. La déception fut cruelle.

La nouvelle des défaites de Forbach et de Reishoffen arrivait après celle du combat de Wissembourg. Avant même l'entrée de nos troupes en campagne, la France surprise subissait une triple humiliation. La douleur fut grande et parut générale. On a pu se demander si de tous côtés elle était également sincère. En bonne justice, on ne saurait accuser personne d'avoir pactisé avec l'ennemi à cette première heure de nos épreuves. Quand le paquebot s'arrêtait sur la rade de Saint-Pierre, une foule immense, empressée, accourait de tous les points de la ville pour s'enquérir des nouvelles. Il n'y avait plus de rangs, plus de races, plus de grands, plus de petits : toute la population, blancs, noirs, sang-mêlés, hommes, femmes, vieillards, riches, pauvres, ouvriers, patrons, c'étaient des Français qui se précipitaient haletants vers le rivage pour entendre les détails de la bouche des passagers ou des officiers du *Royal Mail*. L'épreuve ne fut pas ménagée à notre patriotisme : à chaque fois un nouveau désastre révélait la défaite de la France, l'insuffisance des préparatifs et les succès de la Prusse.

Tout le monde s'en retournait consterné, les uns les larmes dans les yeux, les autres surexcités par la colère, un petit nombre nourrissant encore l'espoir d'un retour de la fortune. La Martinique, placée sur le théâtre de nos grandes guerres maritimes, avait vu de tout temps arriver dans ses ports des flottes nombreuses, souvent victorieuses, montées par de vaillants équipages et commandées par nos plus illustres marins. Le caractère de la guerre allemande, exclusivement continentale, la limitait aux frontières européennes de la patrie. Par deux fois un aviso de la station, le *Talisman*, traversait nos rades, remorquant à Fort-de-France un pauvre navire de commerce prussien. Triste compensation à tant de malheurs !

A cette époque la ligne télégraphique qui relie les Antilles au continent américain n'allait pas au-delà de la Havane. Les nouvelles ne parvenaient à la Martinique que par les paquebots européens ou quelquefois par des navires partis des Etats-Unis ou de la Havane et arrivés en courte traversée à la Martinique ou à St-Thomas. Aussi l'on s'ingéniait pour devancer le passage des paquebots transatlantiques. L'Administration locale envoyait un aviso à St-Thomas, point d'attache d'une ligne anglo-américaine. Le *Talisman*, parti une première fois, était de retour vers la mi-août. La population anxieuse assiégeait le bureau du télégraphe. Entre neuf et dix heures du soir le gouverneur transmettait, avec des réserves formelles, une dépêche affichée à St-Thomas. Elle annonçait une grande victoire de la France. La bataille avait eu lieu le 14 aux environs de Metz. Quarante mille Prussiens étaient restés sur le terrain, soixante dix mille étaient prisonniers. En un instant, comme un éclair, le bruit de cette victoire était propagé dans la ville endormie. Un enthousiasme général accueillait la nouvelle, et le lendemain, dans chaque maison, on préparait une illumination qui éclaira la dernière illusion du patriotisme. Le triomphe ne tarda pas à être démenti, et la joie fit place à la crainte d'un nouveau désastre.

La Compagnie transatlantique expédia un paquebot à St-Thomas, avec mission de recueillir les dépêches. Deux jeunes gens de St-Pierre prirent passage sur le navire qui devait les déposer à son retour sur la rade de cette ville. Quelques jours après ils revenaient. Hélas ! c'était le désastre de Sedan qu'ils nous apprenaient. Une dépêche arrivée à la Havane disait tout : la défaite, la capitulation des 80 mille soldats français, la captivité de l'Empereur. Une autre dépêche, moins explicite, parlait comme d'une rumeur de la proclamation de la République à Paris.

Le désespoir fût le même, du moins à en juger par les signes extérieurs, dans tous les rangs de la population. Il n'y avait plus à en douter : la France n'avait pas vengé Waterloo ; elle subissait au contraire une humiliation plus grande qu'en 1815, et c'était la Prusse seule qui la lui infligeait. Que s'est-il passé à ce moment à la Martinique ? On n'a jamais connu le secret des graves événements dont nous allons faire le récit.

Peu de jours après les premiers bruits de la capitulation de Sédan, la populace, à St-Pierre, poursuivait de ses menaces un noir qu'elle accusait d'avoir dénoncé un prétendu complot des hommes de couleur et des noirs contre la race blanche. Quelques blancs s'interposèrent et réussirent à sauver ce malheureux de la fureur populaire. Mais il ne fut en sureté que derrière les murs de la prison. Cet événement, insignifiant en apparence, avait lieu dans la journée du 20 ou du 21 septembre. Ce jour même ou le lendemain, le paquebot d'Europe confirmait les nouvelles apportées de Saint-Thomas; le désastre était plus grand qu'on ne l'avait cru d'abord. La France, envahie de tous cotés avait succombé à Sedan; Metz bloqué ne devait pas tarder à capituler; plusieurs villes importantes étaient occupées; des places fortes s'étaient rendues. Enfin la Chambre des députés avait proclamé la déchéance de l'Empereur, et la République avait succédé à l'Empire.

On était entre l'abattement qui accompagne la défaite et l'espérance d'un soulèvement national, et l'incident du 21 était à peu près oublié, quand, dans la soirée du 22 septembre, on apprit à St-Pierre que dans les communes du Sud de l'Ile, une insurrection imprévue venait d'éclater. Des bandes nombreuses, armées pour la plupart, avaient envahi les grandes propriétés et incendié cinquante-deux sucreries. Les bourgs étaient occupés par les insurgés qui parcouraient de tous côtés la campagne, incendiant ou pillant. A la Rivière-Pilote, foyer de cette insurrection, l'autorité du maire avait été méconnue ; une bande s'était portée sur la propriété d'un habitant du quartier, M. Cléo Codé, en demandant sa tête. Un de ses domestiques, noir de race, avait été tué d'un coup de feu pour avoir essayé de résister. La propriété avait été saccagée et brulée. M. Codé n'avait eu que le temps de fuir avec sa jeune femme et un petit enfant. On ignorait ce qu'ils étaient devenus.

L'aviso le *Magicien* avait été envoyé sur les lieux, et son équipage, débarqué en partie, occupait le bourg de la Rivière-Pilote. Une dépêche du gouverneur faisait savoir que les insurgés avaient fait feu sur nos marins. Enfin la terreur était partout dans le quartier; les familles blanches, menacées, fuyaient de toutes parts, ou étaient recueillies par des hommes de sang-mêlé. Aux premières nouvelles de ces attentats, l'autorité locale avait pris des mesures énergiques. L'état de siège était proclamé à la Rivière-Pilote. Le *Magicien* était commandé par un officier de grande valeur, le lieutenant de vaisseau Moura. Plus tard, devant les progrès de l'insurrection, le gouverneur donna le commandement de tout le Sud, au lieutenant-colonel de Foucauld, de l'arme du génie, officier très instruit et d'une rare énergie. L'insurrection était évidemment dirigée contre les blancs seuls, car des cinquante-deux habitations incendiées, pas une qui ne fut la propriété d'un européen ; mais cette levée de boucliers paraissait surtout s'adresser à M. Cléo Codé et avoir pour prétexte la condamnation récente, aux Assises de Fort-de-France, d'un noir compromis pour violences graves contre un blanc. M. Codé avait fait partie de la Cour comme assesseur, et les passions locales lui attribuaient une grande part dans la condamnation. Le condamné se nommait Léopold Lubin. Il s'agissait pourtant d'un seul blanc, et cinquante-deux propriétaires de même race payèrent d'une partie de leur fortune le tort reproché à l'un d'eux. Les insurgés s'étaient levés soudainement, comme s'ils n'avaient attendu qu'un signal, et c'est aux cris de « vivent les prussiens, mort aux blancs, » qu'ils dévastaient et pillaient.

M. Codé échappa quelques jours à leur fureur, grâce au dévoûment admirable d'un domestique, qui, par hasard, se trouvait porter le même nom que le condamné, cause ou prétexte de ces désordres. Le fidèle Lubin, quelques hommes de couleur, notamment M. Télèphe, réussirent à cacher Codé dans les bois. Notre malheureux compatriote, séparé de sa femme et de ses enfants, ne put tenir longtemps contre les angoisses de son cœur de père et d'époux. Un matin il se hasarda à sortir, dans l'espérance de rejoindre sa famille. Il n'avait pas fait quelques pas qu'il était aperçu par les bandes armées qui parcouraient la campagne pour le découvrir. Après les raffinements d'une cruauté sauvage, Codé fut assassiné sur la route de la Rivière-Pilote au Saint-Esprit. On retrouva son cadavre au lieu même où il était tombé. Trente huit blessures dont cinq mortelles avaient haché son corps. Après sa mort, la haine n'avait pas été assouvie; on était accouru des endroits voisins pour voir le cadavre, et on lui avait encore porté des coups qui ne pouvaient plus rien détruire. Un tel acharnement, une férocité si sauvage ne s'expliquaient pas envers la victime, connue par des bienfaits continuels et par le caractère le plus doux. Parmi les meurtriers se trouvaient quelques uns de ceux qu'il avait obligés ou secourus. L'un d'eux se vantant d'avoir participé à l'assassinat, fut chassé par sa femme indignée de l'ingratitude et du crime. Désespoir ou remords, il se donna la mort en se pendant quelques jours après.

Aux premières nouvelles de ces événements on avait ressenti à St-Pierre une vive impression. Le gouverneur faisait appel à la bonne volonté des défenseurs de l'ordre. A plusieurs reprises partirent de la ville des compagnies de volontaires qui allaient se mettre à la disposition de l'autorité supérieure. Toutes les races, tous les rangs en fournirent avec un empressement égal. La première compagnie partit sous la conduite d'un créole que l'histoire de nos trente dernières années signale toujours au premier rang du sacrifice et du dévoûment: M. Auguste de Maynard, le brillant rédacteur du *Courrier de la Martinique* en 1848 et 1849. Avec lui étaient partis quelques uns de nos plus intrépides jeunes gens. Arrivés les premiers sur le théâtre des événements, ils furent placés dans la commune du St-Esprit, à portée de l'habitation D'Aubermesnil. Dans la nuit une troupe d'insurgés avaient envahi cette propriété et préludaient au pillage par une danse dont l'un d'eux indiquait le rhytme en frappant sur un piano. Un détachement d'infanterie de marine sous les ordres d'un brave officier, le capitaine Delpoux, et les volontaires de St-Pierre, cernèrent la maison et surprirent les insurgés. Dans la lutte très courte qui suivit, un des volontaires, M. Romanet, jeune homme de vingt ans, tomba mortellement frappé. Tous ces événements étaient portés à la connaissance des habitants de St-Pierre par des dépêches successives où le gouverneur réclamait à grands cris de nouveaux volontaires, et donnait ainsi à l'insurrection le caractère d'une révolte importante et générale. Les hommes de bonne volonté se présentaient en masse; un seul sentiment paraissait animer la population : l'indignation contre les malfaiteurs qui ajoutaient aux malheurs de la patrie les malheurs de la guerre civile. Quelques jours furent nécessaires pour réduire l'insurrection. De nombreux détachements de prisonniers arrivaient à Fort-de-France, conduits par l'infanterie ou par les volontaires, et allaient remplir les casemates du fort Desaix où les attendaient les décisions du Conseil de guerre.

Le procès Lubin qui a servi de prétexte à l'insurrection du Sud, a été raconté de diverses manières, selon les passions qui partagent la population. Personne, croyons-nous, avant de formuler une appréciation, ne s'est donné la peine de recourir aux sources officielles. En critiquant l'arrêt de la Cour d'assises, on a fait bon marché de la Justice, de l'impartialité, de la conscience des Juges. Il était facile, cependant, pour peu que l'on réfléchît, de se dire que des magistrats intègres, désintéressés, n'avaient pu frapper, sans que la culpabilité de l'accusé résultât d'une information contradictoire, où la défense avait dû faire valoir toutes les circonstances favorables, sinon à l'innocence de Lubin tout au moins à l'atténuation de sa faute. Nous croyons utile de donner le récit exact d'une affaire dénaturée par l'ignorance ou par l'esprit de parti (1).

Dans les derniers jours de février 1870, un officier du commissariat de la Marine, M. Augier de Maintenon, alors chef du service au Marin, quittait ce bourg en compagnie de M. Pelet de Lautrec, propriétaire voisin. Ils étaient à cheval. Ils avaient parcouru une petite distance et se trouvaient entre le bourg et les bâtiments de l'usine, alors en construction, quand ils aperçurent un cavalier qui stationnait en travers de la route. C'était Léopold Lubin. Près de là et en dehors de la route, le père et les frères de Lubin travaillaient à creuser, sur le terrain de l'usine, un canal dont Lubin père avait l'entreprise. Celui qui devait devenir la cause de si graves événements se trouvait-il, avant la rencontre, avec son père et ses frères occupé au même travail, et apercevant M. de Maintenon a-t-il laissé ses occupations, pris

---

(1) Nous avons puisé les détails qui vont suivre dans les pièces de l'accusation ou dans le récit des témoins des événements.

un cheval pour se placer, comme une provocation, au milieu de la route où M. Pelet de Lautrec et M. de Maintenon devaient forcément passer ? C'est ce que nous n'oserons affirmer, rien n'ayant été démontré sur ce point. Ce qui est certain, c'est qu'à l'approche des deux cavaliers, Lubin ne se rangea pas pour leur faire place. M. Pelet de Lautrec cheminant plus à droite, dût passer presque dans le fossé, M. de Maintenon entre lui et Lubin, mais si près de ce dernier que la monture de M. de Maintenon toucha à la tête le cheval de Lubin. Les chevaux marchant toujours et les deux cavaliers ayant dépassé Lubin, M. de Maintenon, se retourna et lui dit : « il me semble que vous auriez pu nous faire place. » Cette observation que la situation explique, a peut-être été formulée dans d'autres termes, et sur un ton brusque, mais au fond elle était justifiée par les règlements sur la police des routes et par les usages chez les gens civilisés. Elle ne fut pas du goût de Lubin qui riposta immédiatement en langage créole : « Eh bien ! venez, vous verrez ce qui vous arrivera. » A cette provocation, M. de Maintenon tourna bride et se dirigea vers Lubin, en essayant de prendre aux mains de M. de Lautrec une canne que ce dernier porte toujours avec lui et dont il refusa de se dessaisir. M. de Lautrec, enfant du pays, habitué aux fanfaronnades locales, s'efforça inutilement de faire comprendre à son compagnon que l'incident ne devait pas les détourner, et que le plus sage était de dédaigner la provocation. M. de Maintenon continua à rebrousser chemin; il était à portée de Lubin quand celui-ci sauta à bas de son cheval, se précipita sur M. de Maintenon, le désarçonna et le fit rouler à terre. Dans la rixe qui survint, Lubin eut facilement l'avantage. C'était un homme robuste, habitué aux travaux qui développent la vigueur musculaire. M. de Maintenon, au contraire, petit de taille et délicat, ne pouvait offrir qu'une résistance insuffisante à son adversaire. Aussi fut-il terrassé et frappé violemment par Lubin, pendant qu'il essayait de se défendre.

Cette lutte avait appelé l'attention de M. Pelet de Lautrec, resté à cheval sur la route, et appelant en vain M. de Maintenon pour arrêter son mouvement rétrograde. Quand il vit son compagnon à terre, sous les poings de Lubin, M. de Lautrec courut à son secours. Ancien militaire, doué d'une énergie morale égale à sa vigueur physique, M. de Lautrec n'eut pas de peine à faire lacher prise à Lubin qui ne résista pas longtemps à ce nouvel adversaire. Lubin sortit de la lutte avec quelques meurtissures dues à l'intervention de M. Pelet; mais M. de Maintenon se trouvait très maltraité. Le rapport médico-légal, dressé le vingt-six février, sept jours après la rixe, constata des traces de violences assez graves pour déterminer encore, *en raison de l'état de faiblesse du sujet, de la disproportion de forces existant entre les deux antagonistes et de la violence et du siège des coups reçus*, une incapacité de travail de cinq à six jours postérieure à la date du constat. On remarquait un grand nombre d'ecchymoses ou de contusions à l'omoplate, à la figure, à la région lombaire et à la poitrine, résultat soit de coups portés, soit de chûtes faites sur la route. Lubin n'avait qu'une petite cicatrice au niveau des os du nez, de 4 ou 5 millimètres d'étendue, causée probablement par un coup de poing. L'incapacité de travail pour lui, si elle avait existé, n'avait pu être que de quelques jours seulement.

Lubin, qui avait si rudement traité son adversaire, ne se crut pas suffisamment vengé. Il adressa une plainte au Procureur général, tandis que de son coté M. de Maintenon s'adressait à son supérieur hiérarchique. Le Chef de la Justice, placé en face d'assertions contradictoires sur l'origine de la scène et les premiers torts d'agression ou de provocation, s'abstint de poursuivre directement la répression et conseilla aux deux plaignants de se pourvoir directement. On doit regretter la détermination de ce magistrat. Que le gardien de la loi s'abstienne lorsqu'il s'agit de violences légères ou d'injures, à la rigueur cette attitude se comprend, surtout dans l'intérêt du Trésor où les affaires judiciaires font une large brêche. Mais daus un cas où la violence avait eu de la gravité, où la scène avait été publique, alors surtout qu'elle intéressait un officier, membre du corps auquel appartient la direction des colonies, l'abstention de M. Blondel Larougery fut une erreur ou une faute. La morale, la sécurité sociale, la décence sont intéressées à ce que les places publiques et les grandes routes ne puissent servir de champ clos à aucune violence. Quoi qu'il en soit, la décision du Procureur général n'enlevait aucun de leurs droits aux deux antagonistes. L'action directe leur restait ouverte. M. de Maintenon ne fit rien, mais Lubin crut devoir se plaindre au Gouverneur de ce qu'il appelait un déni de justice.

Les choses en étaient là, et l'affaire paraissait terminée, quand le 25 avril de la même année, dans l'après-midi, Monsieur de Maintenon se rendait du Marin sur l'habitation de M. Pelet de Lautrec, avec lequel il était lié et chez lequel il vivait alors avec sa femme convalescente. Il était à cheval, suivi d'un domestique. Le bourg du Marin a son importance. Les maisons n'y sont pas clair-semées, mais présentent, au contraire, l'image d'une petite ville, malgré les accidents du terrain très inégal où elles s'échelonnent. La population se compose de marins, d'ouvriers, de marchands, d'employés divers et de quelques personnes aisées. Sans être nombreuse, elle se laisse cependant voir, et les rues de cette petite localité, sa place publique présentent assez souvent, le dimanche et les jours de fête surtout, une animation assez vive. M. de Maintenon était arrivé à l'extrémité de la principale rue du bourg, au point le plus habité. Portes et fenêtres, tout était fermé. Tout-à-coup M. de Maintenon aperçut un peu au devant de lui un homme qu'il ne reconnut pas. Quand il l'eût dépassé, l'homme s'élança sur lui, le prit par le corps, le renversa de cheval et lui porta, pendant qu'il était à terre, un coup de pied qui l'atteignit gravement, un autre coup au côté droit et plusieurs coups d'une cravache qu'il avait à la main et dont la tête était de plomb. M. de Maintenon essaya de se relever, mais Lubin, tout en le maintenant, ramena sur sa tête un paletot de toile que portait la victime et se servit de ce vêtement ainsi enroulé, autant pour lui couvrir le visage que pour lui serrer la gorge et le contenir pendant que, de l'autre main, il continuait à le frapper avec la tête de la cravache. Son domestique criait en vain au secours, à l'assassin, personne n'intervint. M. de Maintenon réussit un moment à débarrasser sa tête du paletot et à saisir la cravache, mais elle lui fut arrachée, et le prenant par les cheveux, Lubin continua à le frapper sur la tête et sur le front, tandis qu'un de ses frères, debout à quelques pas de là, assistait impassible à cet attentat.

M. de Maintenon fut transporté chez le commissaire de police, homme de sang mêlé honorablement connu. Le premier soin de ce magistrat fut d'appeler un médecin pour constater l'état du blessé qui souffrait vivement et put à peine supporter cet examen. Les violences étaient graves et de nature à occasionner des accidents fâcheux (1).

---

(1) **Rapport médico-légal de M. Garcin.**

Nous, soussigné, avons trouvé M. Augier de Maintenon assis sur un fauteuil dans le bureau de M. le Commissaire de police, la face tuméfiée de coups, les yeux abattus, respirant avec peine, se plaignant de meurtrissures sur tout le corps, en un mot dans un état de souffrance générale.

Une instruction fut ouverte. Durant son cours, la justice demanda un nouvel examen

---

Ayant examiné M. de Maintenon, nous avons reconnu :

1º Qu'il porte à la tête, à trois centimètres au dessus de la tempe droite, une bosse mesurant deux centimètres et demi de diamètre, très-douloureuse, fortement tuméfiée, et lui ayant occasionné un peu de congestion cérébrale. Un coup porté avec le manche d'une cravache plombée a dû être la cause de cette blessure, qui, trois centimètres plus bas, aurait eu les conséquences les plus graves pour M. Maintenon.

2º L'oreille droite est le siège d'une tuméfaction générale, principalement au lobule où existe une plaie contuse se prolongeant à deux centimètres au-dessous sur la région du cou et produite par un instrument contondant, soit le poing, soit l'extrémité de la même cravache.

3º En avant de l'oreille, sur la joue du même côté existe un sillon mesurant six centimètres de long sur un demi de large, entamant la peau dans toute son épaisseur et qui a été fait par un coup de cravache vigoureusement appliqué.

4º Au niveau de la pommette droite existe une ecchymose bleuâtre, occupant toute cette région, avec tuméfaction de la peau et produite aussi par un corps contondant.

5º Le nez est tuméfié, rouge et très-douloureux ; un coup de poing est sans doute la cause de cette ecchymose.

6º Sur le front existe une plaie longitudinale, partant du sourcil gauche et allant à la bosse frontale droite; cette plaie mesure sept centimètres d'étendue; elle a entamé l'épiderme et le derme assez profondément; elle a été produite par un violent coup de cravache.

7º Passant ensuite à l'examen du thorax, nous avons constaté que M. de Maintenon porte au-dessous du sein droit entre le mamelon et les fausses

au médecin qui avait le premier soigné M. de Maintenon. Un second rapport médico-légal dressé à la date du 16 mai, confirmait

côtes une large ecchymose avec tuméfaction très-douloureuse à la pression. Cette ecchymose est la conséquence de plusieurs coups de poing à la même région, qui ont même déterminé par leur violence, une contusion du foie : d'où s'expliquent les vomissements bilieux, précédés d'efforts douloureux, que M. de Maintenon a eus dans le bureau de M. le Commissaire de police.

8° Au bas ventre, dans l'hypocondre droit, je constate l'empreinte d'un coup de pied qui va obliquement de l'abdomen au t..........le droit, en passant sur l'arcade crurale et sur le cordon sp..... que; à cette région la peau a été enlevée par la violence du coup et la rougeur et la tuméfaction permettent parfaitement de mesurer l'empreinte d'une semelle de gros soulier, dont le talon porte sur le t..........le. Cette blessure est le siége d'une très-vive douleur chez M. de Maintenon. Le t........le a été meurtri par ce coup de pied, il est tuméfié et il existe une orchite traumatique dont souffre énormément le malade. Etant obligé de rester assis dans le bureau de M. le commissaire de police, il ne sait quelle position prendre pour diminuer ses souffrances; la douleur lui arrache des larmes; par moment il pâlit et une sueur abondante lui perle le front. A chaque instant il a des nausées et il éprouve un malaise si considérable que nous avons peine à terminer notre examen.

De notre examen nous concluons que les blessures qu'a reçues M. Maintenon, en raison de leur siége et de leur gravité sont de nature à entraîner une incapacité de travail d'au moins quinze à vingt jours, si toutefois la contusion du foie n'entraîne pas abcès par congestion; ce qui aggraverait considérablement l'état de M. de Maintenon et que je constaterai dans un rapport ultérieur, ou qu'il ne survienne des accidents que nous ne pouvons prévoir.

En foi de quoi etc.

Fait au Marin le 25 avril 1870.

toutes les prévisions du précédent (1).

L'instruction ne s'arrêta pas aux appréciations d'un seul médecin. Elle voulut les contrôler et chargea de cette mission M. Désormeaux, docteur-médecin très-connu dans la localité. Son examen donna pleinement raison aux premières constatations.

---

(1) **2° Rapport de M. Garcin.**

Nous, soussigné, etc.

Après avoir prêté serment entre les mains de M. le juge d'instruction, de remplir en honneur et conscience la mission qui nous est confiée, nous sommes transporté et avons constaté que depuis le 25 avril, la santé de M. Maintenon est des plus compromises.

Du jour qu'il a été battu, une douleur très-aiguë siége au foie et s'accompagne de fièvre intense. Cette douleur causée par les coups qu'il a reçus au foie a déterminé une hépatite aiguë dont souffre beaucoup le malade.

Depuis dimanche, 8 mai, j'ai constaté que M. de Maintenon, à différentes heures de la journée, éprouve des frissons très-violents, qui persistent encore aujourd'hui ; ce qui semble indiquer un état inflammatoire du foie très-considérable, ou peut-être même la formation d'un abcès dans cet organe. Cette région est des plus douloureuses et le malade se plaint d'élancements violents dans cette partie avec retentissement dans l'hypocondre et à l'épaule droite.

Une douleur en ceinture gêne sa respiration, ce qui tient à l'action directe du diaphragme exerçant une pression sur le foie malade. Plusieurs fois dans la journée, il a des nausées et l'estomac rejette une assez grande quantité de bile.

Le t..... de droit est toujours tuméfié, dur et très douloureux. Le gauche s'est également enflammé sous l'influence du même coup de pied, et aujour-

Aucune complaisance, aucune passion n'avaient donc pu dominer la conscience de l'homme de l'art, puisque ses appréciations, après un mois d'intervalle, se trouvaient vérifiées par un homme de grande expérience et, de plus, appartenant à la race de sang-mêlé (2).

d'hui, malgré la médication énergique et rationnelle que nous avons suivie, la tuméfaction de cet organe est toujours très-considérable.

CONCLUSIONS. — De l'état général du malade et des soins assidus que nous lui avons donnés, nous concluons :

1° Que M. Augier de Maintenon est dans l'impossibilité de reprendre son service dans les vingt jours, craignant même que la gravité des symptômes actuels n'entraîne un résultat plus fâcheux.

2° Que s'il existe encore aujourd'hui pour M. Augier de Maintenon une incapacité de travail de beaucoup plus de vingt jours, cela tient à la gravité des blessures qu'il a reçues et nullement aux imprudences qu'il aurait pu commettre, ni au défaut de soins et de précautions.

En foi de quoi, etc.

Marin, le 16 mai 1870.

(2) **Rapport de M. Desormeaux**

Nous, soussigné, docteur en médecine, de la faculté de Paris, sur la réquisition de M. le Juge d'instruction de Fort-de-France, en date du 21 de ce mois, et reçue hier soir par la poste, nous sommes allé ce matin au Marin sur l'habitation Pelet à l'effet de « visiter M. de Maintenon; de relever et
« d'examiner les traces des blessures faites à ce
« dernier par Léopold Lubin le 25 avril, de constater
« leur nature, de faire connaître notre appréciation
« sur leur gravité; déclarer si l'incapacité de travail
« constatée par M. Garcin est le résultat direct des

Néanmoins, M. Garcin devint l'objet de la haine populaire et dût abandonner la commune durant les troubles, pour mettre en sureté sa vie et celle de sa famille.

Lubin fut renvoyé devant la Cour d'assises

« dites blessures et si elle est de plus de 20 jours;
« dire quelles sont les blessures qui sont le résultat
« des coups de pied, des coups de poing et des
« coups de cravache; si les traces de coups portés
« à l'aide de la cravache ont été portées avec la
« tête plombée ou avec l'extrémité de cette cra-
« vache. »

Arrivé sur l'habitation Pelet, vers 10 heures du matin, nous avons trouvé M. de Maintenon dans la cour de la maison, présidant au départ de ses dames pour le bourg du Marin; il était debout; son attitude était légèrement inclinée sur le devant. Sa figure pale dénote encore de la souffrance et offre évidemment un cachet morbide. Sa démarche est lente et gênée. Pour s'asseoir ou se coucher, il prend des précautions. C'est la deuxième fois qu'il arrive jusque dans la cour et tout récemment il a voulu monter à cheval pour se rendre à un sinistre et n'a pu le faire.

Voici les autres renseignements oraux que j'ai obtenus de M. de Maintenon:

Le 26 avril, c'est-à-dire le lendemain de ses blessures, fièvre qui a continué pendant huit jours; ensuite cette fièvre a pris jusqu'à ce jour la forme rémittente tierce et s'accompagne à chaque accès de frisson violent et de vomissements bilieux; entre deux accès écrasement et malaise et mouvement fébrile prononcé. Appétit et sommeil nuls. Fréquents tressaillements et douleurs aigües à la région du foie, lesquelles douleurs s'irradient sous forme névralgique sur tout le coté droit jusque derrière l'épaule.

Ce désordre persiste malgré une application de trente sangsues; — l'administration de pilules de Duchan — les frictions de pommade mercurielle

de Fort-de-France. Les débats établirent la préméditation et le guet-apens. L'accusé essaya vainement de soutenir que M. de Maintenon l'avait provoqué par des paroles de mépris. Les témoignages les plus concordants démontrèrent qu'ayant d'avoir assailli et

---

belladonée et au début le sulfate de quinine, le bromure de potassium et enfin présentement cinq gouttes de deux heures en deux heures d'une potion composée d'iode 3 grammes, d'iodure de potassium 6 grammes et d'eau 30 grammes.

En outre toux fréquente avec retentissement douloureux au foie; puis douleurs vives vers le trajet du cordon droit jusqu'au t......le du même coté; augmentation de cette souffrance au moindre frolement.

Pour traitement: bains — frictions sur le scrotum de pommade saturnée et applications émollientes.

Nous arrivons à l'examen physique: gonflement sensible du cuir chevelu vers la partie postérieure droite de la tête, sans trace ecchymosique ou de solution de continuité. Cet endroit est désigné par le malade comme ayant été le siège de coups de cravache plombée. (Ici il nous est impossible de nous prononcer sur la nature du corps contondant. La date de l'accident est trop éloignée de celle de notre examen.) — A la tête douleurs profondes et constantes provoquant la tristesse. Le blessé déclare avoir plein souvenir des coups reçus et n'a éprouvé durant la lutte aucune perte de connaissance, mais seulement chez le commissaire de police une vive agitation nerveuse et des vomissements.

A l'extrémité du lobule de l'oreille droite se trouve une cicatrice noirâtre affectant la forme de ce lobule et pouvant être la trace d'une blessure faite avec l'extrémité de la cravache. Le blessé accuse de la  ınsibilité au devant de la même oreille et à la naisnce du nerf facial.

frappé M. de Maintenon celui-ci n'avait pas prononcé une parole et n'avait eu aucun colloque avec son agresseur (1).

Du coté des poumons, la percussion n'a pas accusé de matité; mais l'auscultation nous a fait trouver à la base du poumon droit et à la partie antérieure des bruits de râle sonore qui confirme l'irritation bronchique déjà indiquée par la toux. Le foie offre à la percussion un débordement d'environ trois doigts. L'estomac est plein et présente une succussion manifeste de liquide probablement bilieux et muqueux puisque le malade n'a pris ce matin aucune tisane ni autre boisson. En outre nous avons constaté une accumulation de gaz vers la région du cœcum. Tous ces désordres ou ces signes viennent confirmer la maladie du foie.

Les t.....les nous ont paru tuméfiés, surtout le droit et offrir au toucher une grande sensibilité. Cependant M. de Maintenon nous a déclaré que l'état de ces organes est grandement amélioré. En outre sur notre demande il a ajouté n'avoir jamais éprouvé durant son séjour à Cayenne et au Gabon, pas plus qu'à la Martinique aucune fièvre d'accès compliquée de maladie de foie, ni des organes génitaux.

Sur la foi de ces aveux nous pouvons conclure que les affections siégeant au foie et aux t.....les ont pu être déterminées par des coups de poing ou de pied reçus le 25 avril et qu'elles se sont compliquées de fièvre rémittente tierce; qu'enfin l'ensemble des blessures a dû occasionner une incapacité de travail de plus de vingt jours.

En foi de quoi, etc.

Vauclin, le 24 mai 1870.

Signé: A. G. DÉSORMEAUX.

---

(1) **Thomas-Martial-Lambert.**

Le 25 avril dernier, vers les 4 heures et demie, j'accompagnais Monsieur de Maintenon qui se rendait sur l'habitation Pelet, quand, arrivés tous deux

L'incapacité personnelle de travail avait été de plus de vingt jours. La loi est formelle : la

---

au bas de la rue Dupuy, nous avons vu un homme que j'ai su plus tard s'appeler Léopold Lubin qui se tenait debout sur la route. Cet homme s'est jeté sur M. de Maintenon *sans échanger une seule parole avec lui, l'a saisi par les jambes et l'a renversé de cheval*............ M. de Maintenon avait, quand il a été attaqué par Lubin, une canne sous le bras gauche. Cette canne est tombée et elle a été ramassée par Arthur Lubin qui était un peu plus loin que son frère quand ce dernier a attaqué M. de Maintenon.

D. Léopold Lubin a été interrogé par nous. Il a déclaré qu'il venait de se croiser avec de Maintenon quand ce dernier s'est écrié en gesticulant avec sa canne : « N'est-ce pas ce nègre insolent qui m'a fait des insolences dernièrement; si c'est lui réellement, il n'est pas quitte avec moi. » Il a a ajouté qu'il avait alors répondu à M. de Maintenon: « Oui c'est moi même. » Avez-vous entendu ces paroles ?

R. *Il n'a été échangé aucune parole entre MM. de Maintenon et Léopold Lubin. Ce dernier se tenait debout sur la route et c'est au moment où M. de Maintenon passait à coté de lui qu'il s'est jeté sur M. de Maintenon et l'a jeté à bas de son cheval.*

D. Aviez-vous vu dans la journée du 25 avril Léopold et Arthur Lubin au bourg?

R. Non.

D. Léopold Lubin n'a-t-il rien dit après que Francisque eût fait cesser la lutte.

R. Il a proféré les paroles suivantes : « Ou prendre « part ou. L'autre camarade ou, ka lé prendre ta « li » et il est parti en courant. (A)

D. Saviez vous si Léopold Lubin avait accroché la bride de son cheval auprès de la maison de Petit-Bois?

R. Je n'ai pas vu le cheval de Léopold Lubin, mais on m'a dit qu'il l'avait laissé là.

(A) Vous avez pris votre part; votre camarade prendra la sienne.

peine était celle des travaux forcés à temps. Mais la Cour ayant admis les circonstances

### Augier de Maintenon.

Le 25 avril dernier, je venais de quitter M. le Juge de paix et je descendais à cheval la rue Dupuy, au pas, suivi de mon domestique Lambert, qui tenait la queue de mon cheval, quand, arrivé entre la dernière maison du bourg et le cassis, tout contre le jardin de la maison Borgleteau, un homme noir, debout au milieu de la rue, le collet de sa veste relevé jusqu'au nez, le chapeau enfoncé sur la tête, les bras croisés sur la poitrine, s'est élancé sur moi après que je l'eusse dépassé, m'a saisi par derrière et m'a renversé à bas de mon cheval.

............... Après m'avoir lâché, Lubin m'a dit: « Ou tini compte ou, c'est tour camarade ou. » Je rapporte le sens des paroles, plutôt queles expressions propres car je ne parle pas bien créole.

Quand j'ai été renversé à bas de mon cheval, j'ai vu un homme que j'ai reconnu être le nommé Arthur Lubin. Il est resté debout à regarder la lutte pendant un moment.

D. Quand vous avez quitté le bourg, quelle heure était-il ?

R. Je m'étais rendu chez le juge de paix vers trois heures et demie. Je suis resté un instant à causer avec lui, un quart d'heure à peu près et je suis monté ensuite à cheval et ai descendu la rue Dupuy. Ce jour-là, et à cette heure là par extraordinaire *toutes les portes des maisons étaient fermées, à l'exception de la fenêtre de la maison Borgleteau.*

Les faits se sont passés comme je viens de vous le dire. Du reste l'inculpé a reconnu devant le commissaire de police, après avoir été interrogé et séance tenante, que c'était lui qui m'avait attaqué et battu.

(Le témoin Lambert, introduit ici, déclare, en présence de l'inculpé et de Maintenon, que Léopold Lubin a reconnu ce fait en sa présence.)

### Pierre Prétou,
*maréchal des logis de gendarmerie:*

Mr le commissaire de police, étant chez lui, dans

atténuantes, Lubin fut condamné à cinq

son bureau, a dit devant moi, que Léopold Lubin, au moment d'être arrêté, se serait écrié que c'était lui-même qui avait attaqué et frappé Maintenon.

### Philippe Rufz de Lavison.

D. Lorsque vous étiez chez le commissaire de police, le jour de la scène, comment vous en-a-t-il donné connaissance ?

R. Le commissaire de police a dit devant moi que c'était le même individu qui avait frappé le sieur de Maintenon et qui l'a mis dans l'état où vous le voyez; je ne me rappelle pas si le commissaire de police a ajouté que le prévenu en avait fait l'aveu, en s'écriant que c'était lui qui avait attaqué et frappé Maintenon.

### Léonce,
*commissaire de police :*

D. Vous auriez dit dans votre bureau, en présence de plusieurs témoins, que Léopold Lubin, après avoir été interrogé et au moment d'être arrêté, se serait écrié que c'était lui qui avait attaqué et frappé M. de Maintenon.

R. Lorsque M. de Maintenon arriva chez moi, ainsi que Léopold Lubin, déjà arrêté par la police, et voyant l'état de souffrance où était le plaignant, je dis alors à Lubin : « Comment, c'est vous qui « avez ainsi battu M. de Maintenon ? Il me répon-« dit : Oui, c'est moi qui l'ai battu et bien battu » mais il ne m'a pas déclaré avoir attaqué M. de Maintenon; au contraire c'est le lendemain que j'ai entendu le prévenu qui m'a dit que c'était M. de Maintenon qui l'avait provoqué.

Mais s'il faut vous dire mes impressions personnelles, il est résulté pour moi, de l'attitude, de l'énergie déployées dans mon bureau par le prévenu, la conviction intime qu'il était *venu au Marin dans l'intention de commettre l'acte qui lui est reproché et disposé à en subir les conséquences.*

### Thomas Lambert.

D. Lorsque le prévenu Léopold Lubin a attaqué M. de Maintenon, avait-il le collet de son paletot

années de réclusion et à 1,500 francs de

relevé et son chapeau enfoncé sur la tête?

R. Oui. C'est ainsi que la figure de Léopold était cachée.

### Marie-Lucie veuve Borgleteau.

D. Avant la lutte n'avez vous pas entendu une altercation entre deux individus?

R. Non.

### Francisque Jean-Baptiste.

J'ai remarqué qu'Arthur Lubin était debout à cinq mètres de l'endroit de la lutte et qu'il regardait ce qui se passait. Il n'a rien fait pour empêcher son frère de frapper M. de Maintenon.

D. Savait-on au bourg que M. de Maintenon avait l'habitude de se rendre tous les jours dans l'après-midi, sur l'habitation Pelet.

R. Je crois que tout le monde le savait, car je le voyais tous les jours se rendre sur cette propriété entre 4 et 5 heures.

### Rappe Cyprien.

D. M. de Maintenon avait-il l'habitude de se rendre toutes les après-midi sur l'habitation Pelet?

R. Oui. Je le voyais passer toutes les après-midi.

### Marie-Françoise.

D. Savait-on au bourg que M. de Maintenon avait l'habitude de se rendre toutes les après-midi sur l'habitation Pelet?

R. Je le crois, car presque tous les soirs il s'y rendait.

### Henry-René Esch.

Savez-vous si M. de Maintenon avait l'habitude d'aller tous les soirs à heure fixe sur l'habitation Pelet.

R. J'ai entendu dire qu'il se rendait toutes les après-midi sur cette habitation, car sa famille s'y trouve.

### Henry Amédée, *garde de police*:

Lorsqu'il est arrivé sur le lieu de la lutte, Francisque lui a dit qu'il avait vu Arthur Lubin assister à la lutte et Léopold Lubin frapper M. de Maintenon.

dommages intérêts envers sa victime. (1).

Telle a été, en réalité, cette affaire dont les passions politiques et la haine de caste ont fait un prétexte à l'insurrection de 1870. Les insurgés et ceux qui les poussaient ne considérèrent ni la dignité de la justice, ni le caractère délibéré du crime, ni les circonstances qui l'accompagnèrent. Lubin avait-

---

Vu par la Cour d'assises de l'arrondissement de Fort-de-France, la procédure criminelle instruite contre

Léopold Lubin,

Accusé d'avoir, au Marin, le 25 avril dernier, avec préméditation et guet-apens, volontairement porté des coups et fait des blessures au sieur Augier de Maintenon, desquelles violences il est résulté maladie ou incapacité de travail personnel pendant plus de 20 jours.

Ledit Léopold Lubin comparant en personne, assisté de Mᵉ Pory Papy fils, avocat.

Ouï la lecture faite par le greffier de l'arrêt de la Chambre d'accusation, etc.

Vu les questions posées par la Cour, ensemble leur solution.

Vu les réquisitions du Ministère public tendant à ce qu'il plaise à la Cour, faire application à l'accusé des articles 309 et 310 du Code pénal colonial, modifiés par l'article 463 du même Code.

La Cour, après en avoir délibéré conformément à la loi,

Vu sa déclaration de laquelle il résulte que l'accusé Léopold Lubin est coupable d'avoir, au Marin, le 25 avril 1870, volontairement porté des coups et fait des blessures au sieur Augier de Maintenon ; que ces coups et blessures ont occasionné une maladie ou incapacité de travail personnel pendant plus de 20 jours ; — que l'accusé a agi avec préméditation, c'est-à-dire dans le dessein, formé avant l'action, d'attenter à la personne dudit sieur Augier

il été provoqué une première fois, le 19 février, par M. Roger de Maintenon, ou bien avait-il, pour produire une collision entre lui et un blanc peut-être détesté, volontairement placé son cheval en travers de la route du Marin, de façon à amener quelque réclamation et provoquer ainsi un conflit ? Qu'importe la solution que l'on pourra donner à

---

de Maintenon ; — qu'il y a eu guet-apens, c'est-à-dire que l'accusé, pour exercer les actes de violences ci-dessus énoncés et qualifiés, a attendu un temps plus ou moins long, le sieur Augier de Maintenon, dans la rue du Puits, au Marin, sachant que celui-ci devait y passer ;

Et qu'il existe en faveur de l'accusé des circonstances atténuantes ;

Crime prévu et puni par les articles 309 et 310 du Code pénal colonial modifiés par l'article 463 du même Code.

Vu les dits articles dont lecture a été donnée à l'audience par M. le Président et qui sont ainsi conçus.

Article 309. « Sera puni de la réclusion, tout individu qui, volontairement, aura fait des blessures ou porté des coups, s'il est résulté de ces sortes de violence, une maladie ou incapacité de travail personnel pendant plus de 20 jours.

Article 310. « Lorsqu'il y aura eu préméditation ou guet-apens, la peine sera, si la mort s'en est suivie, celle des travaux forcés à perpétuité et si la mort ne s'en est pas suivie, celle des travaux forcés à temps. »

Article 463. « Les peines prononcées par le code contre celui ou ceux des accusés reconnus coupables, en faveur de qui il aura été déclaré des circonstances atténuantess, seront modifiées ainsi qu'il suit.

Si la peine est celle des travaux forcés à temps, la cour appliquera la peine de la réclusion ou les

l'une ou à l'autre de ces deux questions? En admettant le pire, en admettant que M. de Maintenon ait eu tous les premiers torts, qu'il ait offensé Lubin en passant près de lui, et que, sans provocation de celui-ci, il ait même fait le geste de le frapper de sa cravache, comme on l'a dit ; la vérité serait que Lubin, à ce moment, beaucoup plus ro-

---

dispositions de l'article 401, sans toutefois pouvoir réduire la durée de l'emprisonnement au dessous de deux ans. »

En conséquence, faisant l'application à Léopold Lubin des articles précités,

Le condamne à la majorité voulue par l'art. 344 du code d'instruction criminelle colonial, à la peine de cinq années de réclusion et aux frais du procès liquidés à 744 fr. 35.

Limite à 6 mois la durée de la contrainte par corps.

Ordonne la restitution des objets servant à conviction à leur légitime propriétaire.

Statuant sur les conclusions de la partie civile.

Vu ce qui résulte du présent arrêt ensemble l'article 1382 du code Napoléon ;

Attendu que Léopol Lubin par ses actes de violence, a causé un préjudice au sieur Augier de Maintenon, dont il lui est dû réparation.

La Cour appréciant ce préjudice, condamne Léopold Lubin à payer au sieur Augier de Maintenon la somme de 1,500 fr. à titre de dommages-intérêts.

Le condamne en outre aux dépens de la demande à fins civiles avec distraction au profit de Me St-Félix sous l'affirmation de droit. Les dits dépens liquidés à 71 fr. 60.

Ainsi jugé et prononcé au Palais de justice, à Fort-de-France (Martinique) le vendredi 19 août 1870, en l'audience publique des assises où siégeaient MM. Bourgoin, président, Eimar de Jabrun, Chevalier, conseillers ; Michel, Décius des Etages, Codé, Roby, assesseurs, Rivet, premier substitut de M. le Procureur Général, et Ripéry, commis greffier.

buste que son agresseur, l'a terrassé et lui a infligé une correction sévère dont le rapport médico-légal du 26 février a constaté les traces. Qu'après cette rixe, terminée par l'arrivée de M. Pelet de Lautrec, mais dans laquelle il avait eu tous les avantages contre M. de Maintenon, Lubin ait cru devoir se plaindre et demander des poursuites judiciaires contre celui qu'il venait cependant de traiter si rudement, à la rigueur on peut le comprendre. Mais quand le Procureur général lui a refusé de prendre l'initiative d'une poursuite et lui a conseillé d'agir de son chef directement, est-ce que la voie de la justice était fermée à Lubin ? Nous avons déjà dit qu'à la Martinique, d'après un usage que, pour notre part, nous croyons regrettable en certains cas, le parquet n'accepte pas de poursuivre d'office les prévenus de violences ou d'injures, et laissent aux plaignants l'initiative de la vindicte. Dans l'attitude du Chef de la Justice il n'y avait donc rien que Lubin pût interpréter comme une complaisance envers M. de Maintenon, puisque, par une simple citation, il pouvait obliger son adversaire à s'asseoir sur les bancs de la police correctionnelle. Mais on n'aurait pas le secret de la conduite de Lubin, si l'on ne tenait compte d'une disposition particulière de l'esprit de race dans les populations d'origine africaine.

Rien n'est plus fréquent dans nos Antilles que les rixes entre les noirs et sang mêlés appartenant aux classes ouvrières. Les rôles des Cours d'Assises et surtout des tribunaux correctionnels établissent la part considérable qu'occupent dans leurs audiences des violences quelquefois graves.

De noir à noir ou à sang mêlé et de sang mêlé à noir, la population ne voit dans ces luttes ordinaires que le fait plus ou moins criminel prévu et réprimé par les art. 309, 310 et 311 du Code pénal. Mais quand le conflit a lieu entre un blanc et un homme de couleur ou un noir, la criminalité se complique d'un élément que la loi n'a pas prévu, mais que l'insupportable orgueil de l'esprit de race surexcité par les souvenirs du passé, met en avant toujours comme une aggravation du fait incriminé. Injurier ou frapper un homme, dans toute société, c'est une faute qui décèle la brutalité ou tout au moins une mauvaise éducation. Mais qu'un blanc, aux Antilles, injurie ou frappe un noir ou un homme de couleur, c'est attenter il semble, à la majesté d'une race privilégiée. Outre la faute humaine, le délit ou le crime réprouvé par la morale et puni par les lois, le blanc qu'une circonstance quelconque met aux prises avec une personne d'origine africaine, se rend coupable d'une faute plus grave, celle qui consiste à humilier ou à violenter un noir ou un homme de sang mêlé, et cette faute, ce n'est pas assez de la loi pour la châtier, il y faut la haine de toute la race, et un seul coupable ne suffit pas toujours à en porter le poids : la race européenne tout entière se trouve enveloppée dans l'inimitié qui, de deux individus, se propage à leurs congénères respectifs. Déplorable résultat de nos révolutions, des lois malheureuses du passé et de l'éducation sociale et politique actuelle, qui, en déplaçant l'orgueil, a créé de nouvelles oligarchies, non plus celles où le mérite et les services se transmettaient par la tradition, mais ces oligarchies éphémères, où l'ignorance du grand nombre venant en aide à l'ambition vaniteuse, réussit à reconstituer au profit de quelques habiles une domination fondée cette fois sur les plus détestables passions.

A coté de cette disposition regrettable de l'esprit public aux Antilles, il faut tenir compte des circonstances tout accidentelles qui déterminent souvent l'explosion des susceptibilités locales. C'est évidemment un reste, un ressouvenir de la domination des maîtres de race européenne, qui cabre ainsi contre la plus légère faute d'un blanc les populations d'origine africaine. Dans toute violence, les noirs et les hommes de sang mêlé croient reconnaître les abus d'une époque déjà bien éloignée. Aussi les blancs, en général, par éducation autant que par esprit politique, observent-ils dans leurs rapports avec les autres races une réserve, presque une contrainte sans lesquelles des froissements incessants mettraient souvent en lutte ou en hostilité les populations coloniales. Le soin que prennent les blancs de ménager l'amour propre des hommes de couleur, les égards dont ses derniers sont l'objet et que l'intérêt public conseille si la civilité ne les exige pas, témoignent de l'ardent désir de la race européenne de vivre en paix avec les noirs et les hommes de sang-mêlé. Malheureusement, ces sages façons d'agir sont quelquefois négligées par des hommes moins imbus des nécessités de la situation coloniale ou doués de caractères peu conciliants. Ceux là parlent, agissent quelquefois sans prudence et réussissent à blesser au vif les populations elles-mêmes ou quelques chefs. M. de Maintenon paraît avoir été de ceux là. Européen de naissance, de passage seulement à la Martinique, par conséquent étranger à ces nuances délicates par lesquelles on arrive à gagner et sans lesquelles on peut facilement blesser des adversaires ombrageux, il s'exprimait quelquefois en termes imprudents sur les uns et les autres. Ses paroles, ses opinions, ses actes, recueillis, colportés, commentés par une population chatouilleuse et enflée de vanité, furent, peut-être, les premières causes de l'irritation qui arma Lubin contre lui. Légalement on n'avait rien à lui reprocher, mais la vie coloniale, grâce aux difficultés laissées après eux par l'esclavage et la sujétion des gens de couleur, est un compromis de chaque jour avec des susceptibilités qui, pour n'être pas froissées, demandent une grande finesse, un art habile unis à toutes les délicatesses d'un cœur bien placé.

Le bruit fait autour du procès Lubin par l'insurrection de 1870 a amené d'abord une commutation, puis la remise du reste de la peine. La Cour de la Martinique, en présence des charges accablantes réunies contre le coupable et des circonstances particulières du crime, n'avait pu descendre au dessous d'une indulgence que certains esprits, peut-être mal informés, et en particulier l'amiral Pothuau, alors ministre de la Marine et des Colonies, qualifièrent cependant de sévérité exagérée. La clémence est toujours une belle chose, souvent habile, mais il faut l'exiger d'abord des meurtriers, si l'on ne veut pas livrer la société aux fureurs de tous les mécontents.

Nous avons eu l'occasion de dire qu'un mouvement unanime d'indignation avait répondu à l'insurrection du Sud. Le départ des volontaires donnait lieu, chaque fois, à des manifestations enthousiastes où le sentiment patriotique se mêlait au soin de la défense locale. En même temps on organisa une garde civique, composée de tous les hommes recommandables de la ville, sans distinction d'origine ou de rang. Cette milice citoyenne, appelée à concourir avec la force publique au maintien de l'ordre, fut proposée et agréée par des hommes influents de toutes races, dans les bureaux du journal conservateur *Les Antilles* qu'on ne songeait pas alors à présenter comme un foyer de réaction contre les races africaine et de sang-mêlé. D'autres personnes, sous l'empire des mêmes préoccupations, se faisaient inscrire à l'Hôtel-de-Ville. Une rivalité qui aurait pu être fâcheuse faillit un moment diviser la population dont une partie paraissait peu sympathique au Maire. Cependant tous les groupes se réunirent dans une entente patriotique, et le Gouverneur autorisa la formation de huit compagnies civiques dont les officiers, désignés par l'élection, reçurent de l'autorité supérieure la confirmation de leurs grades. Les choix avaient porté indifféremment sur toutes les parties de la population, et avaient donné des noms généralement estimés et populaires. La ville fut divisée en huit districts correspondant aux domiciles des hommes associés dans une même compagnie, et le service, partagé entre la garnison et la milice, offrit durant plusieurs semaines le spectacle d'une confraternité où l'attrait du français pour les exercices militaires avait peut être une certaine part. Chaque jour, dans l'après-midi, sur les places publiques ou sur le champ habituel des manœuvres de la garnison, les gardes civiques se réunissaient sous la direction d'un caporal ou d'un sergent d'infanterie de marine, et là, jeunes gens et hommes murs s'essayaient à qui mieux mieux à l'apprentissage du soldat. Le commissaire de police de Saint-Pierre, M. Joly, ancien maître d'armes sous les amiraux de Surville et de Lapelin, ajouta à ses occupations l'instruction d'une compagnie du Mouillage. Ce vaillant chef, décoré pour ses services en Cochinchine, ne tarda pas à façonner ses élèves, et dans peu de temps ils abordaient les manœuvres plus difficiles de l'école de bataillon. L'auteur de ce travail n'a pas oublié ces jours de patriotique entente, et on lui permettra de payer à la mémoire de M. Joly sa part dans la dette que la compagnie avait contractée envers lui. En même temps que les compagnies civiques, sorte de garde nationale à l'uniforme près, le Gouverneur autorisa la formation de deux corps spéciaux, dragons et francs-tireurs, organisés plus militairement.

Les dragons furent placés sous la direction supérieure d'un officier de gendarmerie, le brave capitaine Lauriac, mais avec des officiers choisis dans le corps même. Les francs-tireurs étaient commandés par d'anciens officiers. Ces deux compagnies réellement sérieuses par leur organisation, furent vite au courant des premières manœuvres. Un uniforme rudimentaire les distinguait des gardes civiques dont elles représentaient d'ailleurs le caractère et la composition sur tous les autres points. Tous associaient dans leurs rangs comme dans le cadre de leurs officiers les éléments divers de notre population, et jamais rêve de concorde ne confondit dans une plus véritable confraternité les descendants des vieux colons, les noirs autrefois leurs esclaves et les mulâtres si longtemps écartés de la vie publique. Gardes nocturnes et patrouilles protectrices, exercices incessants, revues solennelles, veillées prolongées où les bourses les plus remplies se cotisaient pour fournir aux postes de garde une agape confraternellement partagée, tout concourait à faire éclater le civisme et à effacer bien des malentendus. Le passé paraissait oublié, les distinctions de race semblaient éteintes ; l'unique sentiment qui dominait toutes ces âmes associées pour la défense de la colonie, c'était la douleur du patriotisme exalté devant les malheurs de la patrie.

Au nombre des officiers désignés pour commander une des compagnies de la garde civique, les suffrages populaires choisirent un homme que l'inconstance des foules, servie

par une évidente maladresse et provoquée par
l'injustice des passions de race, devait représenter plus tard comme l'ennemi de la race
de sang mêlé. C'était le docteur Lota. Un
grand retentissement s'est fait depuis et continue encore à l'heure où nous écrivons, autour de ce nom qu'on affecte de détester pour
les besoins d'une cause perdue, mais qu'au
fond chacun estime et respecte pour des qualités supérieures qui imposent toujours silence aux mensonges de l'esprit de parti.

Le docteur Lota est un enfant de la Corse,
et il réunit en lui les dons brillants et les
imperfections qui distinguent la plupart de ses
compatriotes. A une intelligence apte à tout
comprendre, il joint l'ardeur méridionale du
tempérament et du caractère. Il servait sous
l'Empire dans le corps des chirurgiens de la
marine, et sans être bonapartiste quand
même, il était, comme tout Corse, justement
fier d'appartenir par son origine à l'Ile où
est né l'homme extraordinaire dont le nom
est presque toute l'histoire de France durant
un quart de siècle. Depuis plusieurs années
il s'était allié à une famille très-honorable et
très-connue de la Martinique, et il exerçait à
Saint-Pierre où une incontestable habileté
et beaucoup de hardiesse lui avaient fait une
réputation méritée. La faveur qui s'est attachée un moment au docteur Lota a tenu peut-être à ce que, comme Européen, il était, comparativement aux créoles, ce qu'on appelait alors
un libéral ; mais il y eut d'autres causes à sa popularité passagère. D'un patriotisme ardent,
enthousiaste, plein d'illusions chauvines dont

il faisait facilement parade, le docteur Lota savait remuer les passions qui envahissaient alors toutes les âmes. Ecrivain sérieux quand il le veut, mais sans affectation prétentieuse, il a surtout la verve facile du chansonnier patriote, et ses refrains belliqueux consolaient la jeunesse de Saint-Pierre des premiers revers de la France, en lui promettant de prochaines victoires. Obligeant et serviable jusqu'au désintéressement, le commandant de la compagnie du Centre était apprécié pour un ensemble de qualités aimables et primesautières où brillent la familiarité et l'enjouement. Mais le docteur Lota est avant tout un homme de grande droiture et d'une franchise peut-être brusque, peu conforme aux tempéraments obligés que comportent le milieu colonial et l'indifférentisme politique actuel. D'un grand courage, dont il devait donner plus tard des preuves éclatantes, il a, comme tous les hommes de bonne foi, ce dédain hautain des foules impérieuses et des moyens par lesquels on les assouplit. Nous ne dissimulerons pas les défauts de sa nature : une certaine intempérance de langage, une vivacité de termes, une crudité de jugement, voisines de la jactance, et peut-être aussi une confiance en soi où des adversaires prévenus peuvent voir de la présomption. Si l'homme est bon, humain, généreux même, sa parole et son style se ressentent souvent de l'influence originelle du terroir et d'une éducation quasi militaire. Méridional et chirurgien, le docteur Lota ne traite pas plus ses adversaires à l'aide de phrases doucereuses qu'il ne panse les plaies avec des émollients. Ses articles vifs et tranchants comme un bistouri incisent cruellement l'amour-propre et la vanité de ses contradicteurs et en font sortir, comme le pus de la plaie, le fiel qu'ils déversent à cette heure encore sur sa personne et ses actes. En résumé le docteur Lota est un peu pour tout le monde ce que les patients disent d'un opérateur hardi : c'est un brutal, mais un brutal aimable, révolté contre la faiblesse générale et contre l'audace de quelques ambitieux. Pour ses amis, pour une société civilisée, il reste, avec ses qualités et ses défauts, un homme d'esprit et de cœur ; pour la race noire et surtout pour la race de sang mêlé, il demeure l'impitoyable flagellateur de la vanité arrogante et de la haine mise au service de l'ambition.

La guerre allemande continuait contre la résistance désespérée et ineptement conduite de la France. L'insurrection des communes du Sud était apaisée depuis quelque temps. Saint-Pierre donnait l'exemple d'une ville où tous les citoyens concourent à assurer la paix publique. Au milieu de la tranquillité générale, un événement imprévu et bien inattendu vint enlever la Martinique aux poignantes préoccupations nées de la guerre et de ses cruelles péripéties. Cet événement a rompu la concorde entre les différentes parties de la population, et malgré des périodes d'apaisement passager, on peut dire que les luttes civiles actuelles ont commencé le 13 novembre 1870 et ne se sont plus interrompues.

Pour montrer les fautes commises de côté et d'autre, et déterminer la part de responsabilité de chacune des races coloniales dans nos déplorables divisions actuelles, il est nécessaire de raconter dans son entier l'histoire de cette funeste journée.

Les premiers troubles du sud venaient d'éclater et répandaient la terreur dans la colonie. Les volontaires partaient en foule de St-Pierre et de Fort-de-France pour combattre cette jacquerie anti-patriotique. Toutes les têtes étaient exaltées. On discourait de tous côtés sur les causes de l'insurrection et sur les mesures à lui opposer. Un homme de sang-mêlé, doué d'une grande douceur de caractère, déplorait devant quelques amis la lutte civile où de nombreux égarés allaient peut-être rencontrer une mort donnée par des concitoyens. Il exprimait le désir qu'une démarche pacifique, essayée près des bandes insurrectionnelles par des hommes de sang-mêlé, toujours plus facilement écoutés, arrivât à ramener dans le devoir des malheureux poussés par de perfides conseils à une injustifiable agression. Cet homme de paix se nommait M. Dorry. Très connu dans le sud qu'il connaît beaucoup lui-même, il s'offrait volontiers à partir avec quelques personnes de bonne volonté, pour tenter cette mission conciliatrice, et se faisait fort du succès. Parmi ses auditeurs se trouvait un jeune homme de race européenne, M. Lagrange, d'une famille très connue et très aimée dans le pays où l'un de ses chefs, le commissaire de marine M. Lagrange avait parcouru presque tous les échelons de sa carrière et occupé long-temps les fonctions d'Ordonnateur, ce qui l'avait appelé à plusieurs reprises à gouverner intérimairement la colonie. Le jeune Lagrange qui avait débuté dans le commissariat, y avait renoncé pour s'attacher avec opiniâtreté à l'un des désidérata, peut-être à l'une des chimères de notre siècle : l'application de l'électricité comme force motrice à la navigation et aux chemins de fer. Depuis quelque temps, avant les événements de 1870, il n'était bruit à St-Pierre que des découvertes intéressantes faites par M. Lagrange et qui ne promettaient pas moins qu'un nouveau Fulton. Ses idées, soumises à l'examen de quelques savants professeurs du Séminaire-Collége, avaient frappé ces hommes de science. Sans se prononcer, ils avaient cru reconnaître quelque chose de réalisable dans les théories et les applications du jeune inventeur, mais déclaré en même temps qu'elles avaient besoin de passer par le contrôle d'une commission scientifique et, en tous cas, de subir l'épreuve de l'expérimentation. M. Lagrange se consumait à démontrer la certitude de son succès ; il lui fallait de nombreux brevets en raison de la multiplicité d'applications possibles de sa découverte. Conviction ou fanatisme, il en était arrivé à se considérer comme une victime de la science, un de ces incompris célèbres dont l'humanité, de leur vivant, dédaigne les découvertes, pour en profiter après leur mort et rendre à leur mémoire une gloire tardive et inutile. Dans son exaltation il avait même pris les vêtements et les allures de la misère rencontrée sur la route de la célébrité. On disait que ses ressources s'épuisaient en études, en essais, en recherches ; que le travail ne lui laissait pas le temps de songer à sa personne et à sa toilette. La Martinique, on nous permettra de le dire sans qu'on nous accuse de vouloir blesser nos concitoyens, la Martinique n'est pas le pays où cette immolation à la science eût chance de rencontrer des enthousiasmes ou même de simples encouragements. M. Lagrange qui n'était pas compris du grand nombre, était presque partout dédaigné et considéré généralement comme n'ayant pas conservé la rectitude de son jugement. Il est possible que sous l'empire d'une découverte par laquelle il espérait s'enrichir et s'illustrer, ce jeune homme ait conçu des velléités d'orgueil et d'ambition, et que l'amour-propre et le dépit aient plus tard fait naître en lui les froides résolutions de la vengeance.

Telle pouvait être la disposition d'esprit du jeune Lagrange quand tombèrent à ses oreilles les paroles de conciliation de M. Dorry. Il s'offrit immédiatement pour partir avec ce dernier, s'il donnait suite à sa proposition. Dans un moment où le pays se mettait en armes, où la guerre civile ravageait plusieurs localités, partir et se présenter aux insurgés pour leur recommander la paix et la soumission, c'était certainement une noble et méritante entreprise, bien faite pour toucher l'imagination d'un jeune homme déjà plein du désir de la renommée. Il partit avec M. Dorry. Chemin faisant, la pensée leur vint de s'arrêter à Fort-de-France pour demander au Gouverneur, M. Menche de Loisne, un sauf-conduit qui leur fût accordé ; précaution nécessaire, car les localités qu'ils allaient traverser étaient placées sous le régime de l'état de siége et parcourues ou occupées par les marins du *Magicien* et l'infanterie. En s'arrêtant à Fort-de-France, M. Dorry fit part de son projet à un homme capable de le comprendre et surtout d'y concourir : le respectable frère Arthur, supérieur des Frères de l'instruction chrétienne. Ce pieux religieux, si dévoué à l'enfance, si aimé d'elle, l'homme le plus populaire peut-être alors, approuva l'entreprise, mais tout en acceptant l'idée d'y coopérer, ne consentit cependant à s'y associer que s'il en recevait l'autorisation du gouvernement lui-même. Le Gouverneur accorda facilement une approbation qui pouvait faciliter la cessation de la guerre civile, et ces trois hommes, le frère Arthur, M. Dorry et Lagrange partirent de Fort-de-France sur le *Magicien* qui voyageait du Chef-lieu à la Rivière-Pilote et aux autres points du littoral, pour ravitailler les troupes. Ils furent débarqués au Marin. Une circonstance insignifiante devait avoir sur la suite des événements une influence considérable. Pendant la traversée, M. Lagrange, très-accessible au mal de mer, ne put se tenir debout et resta couché la face sur le pont (1), de façon que per-

---

(1) Cette disposition maladive de M. Lagrange est à la connaissance personnelle de l'auteur de ce travail. Nous rendant de Saint-Pierre à la Case-Pilote une après-midi, par le bateau à vapeur qui

sonne à bord, parmi les officiers et l'équipage, ne put le voir et le reconnaître. Arrivés au Marin, les trois messagers de paix faisaient leurs préparatifs pour gagner la campagne, quand M. Lagrange, dans le but d'arriver plus facilement aux insurgés, eût l'idée de revêtir l'habit de Frère de Ploërmel. Le frère Arthur, autorisé par la circonstance à conférer cette qualité, y consentit, et Lagrange, rasé, les cheveux taillés selon la règle et revêtu de l'habit d'un des religieux du quartier, partit pour la Rivière-Pilote, foyer de l'insurrection. Il avait été convenu qu'il attendrait en route son compagnon M. Dorry; soit impatience, soit tout autre motif, il arriva seul à la Rivière-Pilote et se présenta chez les Frères où, sans le reconnaître, on l'accueillit avec bienveillance, mais cependant avec circonspection. Là se réunissaient depuis les événements le Maire de la commune, M. de Venancourt, son fils et quelques propriétaires trop menacés dans leurs personnes pour résider sur leurs habitations déjà dévastées. Le commandant du *Magicien* et ses officiers logeaient au presbytère.

---

fait le service, nous eûmes l'occasion d'apprendre que, dans la matinée, M. Lagrange qui avait pris passage sur le bâteau, s'était jeté à l'eau tout habillé en face du Fonds-Boucher et avait gagné la terre à la nage. Nous rencontrâmes plus tard M. Lagrange et il nous raconta que sous les étreintes d'un mal insupportable, il n'avait pu résister, à la vue d'une mer tranquille et d'une belle plage, à l'idée de se jeter à l'eau.

L'arrivée du nouveau frère causa quelque surprise, non seulement aux religieux établis dans la commune, mais aussi à la plupart des personnes du bourg qui ne reconnaissaient pas en lui les signes caractéristiques par où se distinguent les humbles membres de l'Instruction chrétienne. La première fois qu'il eut à partager leur table à la Rivière-Pilote, l'impression générale lui fut défavorable. Il avait l'air embarrassé dans son costume ; les usages de la vie religieuse ne paraissaient pas lui être familiers ; il questionnait beaucoup le Maire et son fils, les frères, sur le nombre présumé des révoltés, sur leurs moyens de défense ; il s'informait avec soin de l'effectif des troupes réunies dans la localité, des ressources qu'offrait la résistance, et tout en causant il prenait sur ces détails et sur d'autres des notes rapides qu'il écrivait sur un carnet. Ces informations si peu conformes à son caractère, son attitude générale finirent par éveiller les soupçons. M. de Venancourt -fils, ancien militaire, crut reconnaître en lui un espion. Avis fut donné au commandant Moura, et le frère Louis, inconnu, sans papiers ni sauf conduit, puisque M. Dorry portait celui donné par le Gouverneur, fut arrêté et mis au secret par le commandant Moura qui l'interrogea longuement, mais sans pouvoir constater l'identité du prisonnier. Les officiers et l'équipage du *Magicien* ne pouvaient reconnaître sous cet habit le voyageur accablé qu'ils avaient aperçu sur le pont du navire. Se sentant menacé, Lagrange, après avoir inutilement essayé de garder son rôle, avoua sa véritable histoire et affirma qu'il était venu à la Rivière-Pilote, avec l'autorisation du Gouverneur, pour essayer de ramener les insurgés. Il déclina son nom, raconta sa transformation en frère de Ploërmel, afin d'avoir plus facilemeut accès auprès des populations sympathiques aux instructeurs de leurs enfants. M. Moura, officier énergique, chargé d'une responsabilité lourde, craignait d'avoir affaire à un espion et voulait concilier les sévérités de l'état de siége avec l'humanité. Il mit son prisonnier sous bonne garde, en lui faisant connaître l'arrivée prochaine de volontaires annoncés d'une commune voisine; si ces derniers le reconnaissaient il en serait quitte pour une équipée, mais il lui déclara en même temps que, cette reconnaissance venant à lui manquer, il fallait qu'il en prit son parti et qu'il s'attendît à être fusillé comme espion. Le Procureur de la République, présent sur les lieux, partageait ces soupçons. Le malheureux jeune homme tremblait d'épouvante. Le temps s'écoulait, personne n'arrivait; un peloton commandé pour l'exécution était déjà prêt et un grand malheur aurait peut-être eu lieu, quand survint M. Auguste de Maynard, parti, on se le rappelle, de St-Pierre avec les premiers volontaires et alors en marche du Saint-Esprit vers le Vauclin. Le commandant Moura informa M. de Maynard de ce qui se passait et lui fit voir le prisonnier. En l'apercevant, le vaillant chef des volontaires reconnut Lagrange. Qu'êtes-vous donc venu faire ici sous cet habit s'écria-t-il ? M. Moura, rassuré, avoua à M. de Maynard que, sans son arrivée, le prisonnier allait être passé par les armes. Plus tard arriva M. Dorry qui produisit le sauf-conduit, et le malheureux Lagrange, remis d'une épouvante bien légitime, reprit avec son compagnon la route du Saint-Esprit. Leur mission déjà retardée n'eut aucun succès et ils ne purent même pas arriver jusqu'aux insurgés, qui fuyaient d'ailleurs de tous côtés (1).

Cette aventure et les railleries auxquelles elle donna lieu blessèrent au vif l'amour-propre de Lagrange. Toutefois les quolibets dont il fut l'objet se perdirent dans le bruit de l'insurrection et les préoccupations de la guerre. Il n'en était plus question, lorsqu'un libelle imprimé à l'étranger fut répandu dans la population si patriotiquement associée alors dans la défense du pays. Cette élucubration passionnée, où l'odieux et le grotesque se coudoyaient presque à chaque phrase, donnait bien la mesure de l'orgueil et de l'exaltation de son auteur. Il était signé : Cte Lagrange de Lavernais. En étalant avec emphase ses titres de noblesse, l'auteur, qui s'affichait comme un démocrate, voulait, disait-il, signer pour la dernière fois peut-être son vrai nom de famille. Cet imprudent

---

(1) Nous tenons ces détails de M. de Maynard, de M. Dorry, de M. de Venancourt, du Frère Arthur, et nous croyons nous rappeler, sans pouvoir l'affirmer, qu'ils ont été racontés en notre présence par le commandant Moura.

pamphlet mêlait aux récents événements du Sud, racontés avec passion et tronqués pour la plupart, des faits lointains, vrais ou faux, exagérés pour le moins, et, en tous cas, disparus à jamais avec les institutions d'un autre temps. Le tout était plein de cette boursouflure révolutionnaire où le gros mot remplace l'idée. Un inexprimable décousu, des menaces, une infatuation de soi-même et surtout un ressentiment très vif de son aventure éclataient dans cette production extravagante. Le titre seul, « *Pétition pour obtenir la grâce des chefs révoltés condamnés à mort par l'opinion d'une partie de la population,* » était déjà un appel à la haine des citoyens les uns contres les autres.(1)

---

(1) Nous publions, sans en omettre un mot, le libelle de M. Lagrange, en l'imprimant comme l'exemplaire qui est dans nos mains, avec tous les procédés typographiques employés pour appeler l'attention sur certains passages et certains mots.

**Pétition pour obtenir la grâce des chefs révoltés, condamnés à mort par l'opinion d'une partie de la population.**

*Miseris succurrere disco!*
VIRGILE (Enéide).

A Monsieur le Gouverneur de la Martinique.

Monsieur le Gouverneur,

Tandis qu'enflammés d'une noble ardeur, les *maîtres* fusillaient leurs anciens *esclaves* au milieu des gorges de notre île, accompagné du citoyen Dorry, j'essayais d'apaiser par la douceur mes pauvres frères égarés: Des circonstances malheureuses ont entravé cette *mission sainte,* nous n'avons

Introduit dans la colonie, il circulait secrètement depuis la veille. L'autorité supérieure redoutant avec raison l'influence de ces exagérations passionnées sur une population irritable, incapable de discerner le vrai du

---

pas réussi ; mais cette déclaration dut-elle me nuire, je crois devoir proclamer hautement que je préfère notre insuccès glorieux au sanglant triomphe des répresseurs.

Aujourd'hui que l'épouvante et la mort ont étouffé la révolte à son début, il me reste Monsieur le Gouverneur, à remplir la partie la plus douce de mon œuvre ; c'est d'implorer de votre intelligente générosité la grâce des noirs, mes malheureux frères, si sévèrement condamnés !

Un crime odieux a souillé la révolte ! les coups terribles destinés aux Juges de Lubin sont tombés sur un seul et l'ont mis en lambeaux !

Oh ! Oui ! J'en conviens, Monsieur le Gouverneur, tous les cœurs se soulèvent au récit d'un tel assassinat, mais la froide raison peut en trouver la cause dans l'imprudence même de la victime.

Des renseignements nombreux m'ont appris qu'au retour des assises le malheureux jeune homme s'était vanté publiquement d'avoir voté la condamnation du *forçat innocent*... et ces vexations téméraires ont excité les noirs sur son habitation où la révolte a pris sa source.

Sans doute, en admettant la justice de la cause on ne peut excuser l'atrocité du fait ; mais de misérables noirs entretenus dans *l'ignardise* par l'intérêt des maîtres, des êtres furieux d'ivresse et *vains jouets des tribunaux depuis dix-huit ans*, raisonnent-ils leurs vengeances ! Mesurent-ils l'horreur du meurtre à l'importance de la cause ?............ Non ! non ! ce peuple est comme le lion passant tranquille auprès du voyageur inoffensif mais dévorant sans pitié l'enfant qui l'a frappé sans conscience, comme le chasseur intrépide dont la balle a touché son cœur. Si le crime fut odieux, le sang des pauvres noirs

faux, avait résolu d'en arrêter la propagation. Dans la nuit du 12 au 13 novembre des ordres arrivèrent au Parquet de St-Pierre pour que, dès le lendemain, on saisit tous les exemplaires dont Lagrange pouvait être encore détenteur

en a couvert l'horreur : Vos soldats embusqués dans les mornes les ont fusillés par centaines sans avoir même à lutter contre eux ; beaucoup d'innocents ont trouvé la mort dans cette *chasse aux nègres*, leurs cadavres ont été profanés et contrairement aux principes de l'Humanité l'incendie des cases a remis en vigueur la loi du Talion ! Eh bien ! Monsieur le Gouverneur, n'est-ce pas assez de massacre et *d'androphobie* pour effrayer tous les chefs à venir ? Le tribunal de la Martinique fera-t-il croire au Monde que les BLANCS dont il se compose ont une soif insatiable du sang des NOIRS ! Puisque les répresseurs ont vaincu sans périls, qu'ils triomphent du moins avec gloire, c'est-à-dire généreusement !

Maintenant qu'un abattement général à suivi l'émeute, il vous reste à manier, Monsieur le Gouverneur, la seule arme capable d'en écraser jusqu'au dernier germe : la clémence ! Votre puissance répressive vient d'agir d'une manière trop terrible et trop prompte pour qu'on ose accuser de faiblesse la noble pitié qui vous glorifierait. Et d'ailleurs les lois nouvelles dont nous allons jouir ne rendront-elles pas impossible dans l'avenir tout malheur de ce genre en supprimant sa cause !.. Oh ! croyez le comme nous, Monsieur le Gouverneur, le présent sera la leçon de l'Avenir ; A partir de ce jour les tribunaux jugeront d'après les preuves *et non plus d'après la peau ;* LE BLANC se croira l'égal du NÈGRE et l'Humanité radieuse aura franchi le plus grand pas qui la sépare de Dieu !

Songez ! Songez surtout, Monsieur le Gouverneur, que la révolte est mère de la révolution et qu'en organisant la révolte avec l'incendie les NOIRS envisageaient autre chose que les misères du Présent ! S'ils demandaient à grands cris la délivrance D'UN

et pour commencer une instruction. Le 13 novembre, en effet, dans la matinée, le Procureur de la République, après avoir averti le Maire pour qu'il eût à prendre telles mesures que comporteraient les circonstances, se

---

FRÈRE INJUSTEMENT CONDAMNÉ s'ils songeaient AUX IMPRUDENTES VEXATIONS DES MAITRES, s'ils se courbaient avilis depuis dix-huit ans sous les sentences passionnées des Juges, s'ils souffraient enfin d'un NOUVEL ESCLAVAGE, ils voyaient aussi, ils voyaient surtout l'Hydre sanglante du passé............

Sur un échafaud joyeusement construit à la voix de la presse, ils voyaient tomber une tête NOIRE aux applaudissements des journalistes...... Ils voyaient encore sur une belle plage, à l'ombre de frais tamariniers vingt-deux gibets d'où pendaient vingt-deux cordes raides et vibrantes sous l'horrible poids des MULATRES agonisant et convulsionnant!..........
Ils revoyaient enfin trois siècles de douleur et d'ignominie et voulaient en finir ici comme la France en a fini là bas!.... Eh quoi! Monsieur le Gouverneur, huit jours de pillage et d'incendies éteints par le sang, peuvent-ils entrer en balance avec trois cents années d'épouvantables horreurs!................

N'est-on pas trop heureux d'en être quitte à si bon marché!

Si la vengeance était permise les révoltés pourraient proclamer hautement qu'ils se vengent aujourd'hui de leurs misères d'autre fois, misères, dont le funèbre souvenir est ravivé par les faits actuels, ils auraient raison!......... Mais moi qui les aime comme des frères égarés je vous dirai de la part de Dieu: «TOUTES LES SOUFFRANCES, TOUTES LES ANGOISSES, DE L'ESCLAVAGE ÉTAIENT LA PUNITION JUSTE ET FATALEMENT ANTICIPÉE DES CRIMES DE L'AVENIR!».... Et ces crimes que vous voyez aujourd'hui ne sont pas expiés au delà de vos désirs! et vous voulez punir une seconde fois!

..................................

BLANCS qui siégez au tribunal suprême, Juges de

transporta au domicile de Lagrange. Il était accompagné du juge d'instruction et du commissaire de police assisté de quelques agents. C'était un dimanche et l'heure de la Grand'messe. Lagrange y assistait. On attendit son

---

SI-ZI, Juges de 1830, vous tous prédicateurs sacrés de la sainte guillotine qui, naguère encore éclairés par l'auguste sentiment de la justice infuse, croyiez voir sur mon *front* les traits d'un criminel, vous tous enfin qui demain, peut être, serez jugés par vos victimes, songez que la République est le Gouvernement du peuple et que les têtes noires dont vous êtes affamés sont les têtes du peuple!

Oui! vous l'avez compris, Monsieur le Gouverneur, notre infortunée patrie marche au tombeau? Si la grâce des coupables étaient accordée elle serait sauvée par vos mains généreuses et vous deviendriez l'idole du peuple et votre souvenir vivrait toujours dans nos cœurs! Mais si pour assouvir la vengeance des BLANCS, de nouvelles têtes roulaient sur un nouvel échafaud, alors, demain peut-être, la Martinique aux abois se verrait frappée par ses propres enfants et périrait sans retour aux jours terribles des réactions populaires... Votre clémence magnanime refusera-t-elle d'écarter ce glaive suspendu sur nos têtes?...........................

A l'heure où toutes nos vieilles renommées s'écroulent au feu des barbares; à l'heure douloureuse où, songeant à *NAPOLÉON* le génie des batailles expire enchaîné par la mécanique, quelle plus belle gloire à vous, citoyens de la France, que d'acquérir en même temps l'amour de tous les cœurs et l'immortalité du pardon!!!....................

Repoussez donc, Monsieur le Gouverneur, repoussez loin de vous les conseillers funestes qui vous entourent... La plupart sont inspirés par un sentiment d'inhumaine vengeance: L'homme d'épée doit vous parler épée; le propriétaire, représailles et châtiments: leurs passions font leurs discours. — Mais moi dont le cœur *pur* se soulève en songean

retour, mais la présence des magistrats à cette heure matinale dans un quartier ordinairement tranquille avait attiré la foule. Lagrange étant rentré, les perquisitions amenèrent la saisie de quelques imprimés dont

---

aux souffrances de mes frères, moi qui vous parle au nom *du vrai peuple* de cette île, ne puis-je trouver dans ma prière même l'espoir de la voir exaucer par vous?.. Oh!... cette grâce, Monsieur le Gouverneur, Dieu m'oblige à vous la demander au nom même des pauvres victimes dont on invoque la mémoire pour exciter les répresseurs...... L'une d'elles, hélas! me fut chère... et maintenant du haut de sa brillante demeure elle m'écoute avec joie parler en faveur de ses meurtriers!...... «Émile, ô mon ami!
« n'est-ce pas qu'au delà du tombeau s'éteignent les
« vains désirs de vengeance et qu'au séjour du pardon où nous t'avons laissé tu pries pour ceux qui t'ont plongé dans la tombe!.....................
..................................................
..................................................
Je dois le répéter, Monsieur le Gouverneur, plus j'examine et plus je constate dans la PARTIE PRIVILÉGIÉE du peuple un désir passionné de vengeance. Les adversaires de la peine de mort, ceux mêmes qui n'ont pas craint d'appliquer leur sage théorie au hideux TRAUPMANN, en rejettent le principe aujourd'hui qu'il s'agit d'égorger DES NÈGRES...... Bien plus on n'entend qu'une voix de la classe BLANCHE pour condamner la *mission divine* que je m'étais imposée : on m'en accuse comme d'une faute, comme d'un nouveau trait de folie et ces héroïques carnardeurs ne daignent en parler qu'avec d'ironiques sourires. — C'est qu'en dépit de tous leurs vains propos ils ont cru voir le moment où nous allions peut être leur arracher une proie, leur enlever l'occasion d'une amusante boucherie. Ils voudraient bien s'en venger sur moi maintenant, de même qu'ils voudraient éteindre avec du sang l'incendie qu'ont allumé leurs injustices et leurs vexations! Eh

l'auteur fut conduit au cabinet du Juge d'instruction. Le trajet est long de la rue Sainte-Marguerite où demeurait Lagrange à la rue du Domaine où s'ouvre le parquet. Dans le parcours la foule ne cessait de grossir. Le

bien ! qu'ils viennent donc ces petits héros pommadés! qu'ils viennent tous ensemble s'attaquer à moi, cette lettre est le défi que je leur crache au visage!... Le frère LOUIS les attend, il sera trop heureux d'attirer sur lui seul l'immense poids de leurs petites colères.... puis quand leur nombre sera satisfaisant il lui suffira de secouer sa soutane en guise de peau de lion pour les faire retomber tous le nez dans la boue!............................

Pardonnez-moi ces personnalités, Monsieur le Gouverneur, je les crois nécessaires pour faire diversion en faveur des pauvres condamnés: nous avons préféré vous réserver la gloire d'adresser vous-même au Gouvernement sauveur de la France, une supplique pour l'engager à compléter son œuvre en sauvant nos malheureux frères. Cette supplique nous la demandons à votre sagesse autant qu'à votre clémence: écrite et signée par vous elle aura toutes les chances de succès que nous n'oserions attendre de nous mêmes.

Permettez moi de clore cette lettre par une vérité qui pourrait être la ligne de conduite à venir. Les BLANCS n'ont pas de plus grands ennemis qu'eux mêmes ; qu'ils apaisent leurs sots préjugés; que la BALANCE et les droits soient les mêmes pour tous et nous vivrons à jamais heureux. Quand les Gouvernements baillonnent les peuples et leur REFUSENT JUSTICE, ils se la rendent à eux-mêmes terrible et sanguinaire.

Toute l'histoire est là............................
............................................................
............................................................

Aujourd'hui la révolte.... DEMAIN PEUT ÊTRE la révolution!... Justice *humaine!*..... Justice *impériale!* Justice *blanche!* Justice *injuste!* — pardonnez

cortége rencontra le Maire de la ville qui accourait au devant des magistrats. On arriva sans encombre au Palais de justice. Lagrange entra au cabinet d'instruction, et la population s'arrêta dans la Grand'rue, à l'entrée de

---

donc à la révolte aujourd'hui pour que DEMAIN PEUT ÊTRE la révolution vous pardonne..............

En vous priant d'agréer l'hommage de mon profond respect, veuillez me permettre, Monsieur le Gouverneur, de signer pour la première et dernière fois peut-être, mon nom de famille, nom dignement porté par mes ancêtres et que je n'ai ni acheté ni volé comme tant d'autres.

Vive la France !<br>
Vive le Gouverneur !

CTE EMMANUEL DE LAGRANGE DE LAVERNAIS (*blanc*).

Saint-Pierre-Martinique, 12 octobre 1870.

---

### NOTES ET PIÈCES JUSTIFICATIVES

1° En dénonçant dans la page 1, la mise en vigueur du Talion, nous voulons parler des propriétés d'Eugène Lacaille et de plusieurs cases isolées brulées d'après l'aveu formel de quelques francs-tireurs.

2° Afin d'apaiser plus rapidement l'émeute j'avais pris l'habit des frères de Ploërmel et marchais à la rencontre des bandes révoltées, quand dans la nuit du 28 Septembre, les BLANCS me prenant pour un espion, m'arrêtèrent dès mon arrivée au quartier général de la Rivière-Pilote.

Je demeurai vingt quatres heures sous le poids d'une condamnation capitale ; mais malgré tous les efforts du procureur Chazeau et de marins commis à ma garde, ma bonne étoile me sauva. — Un seul de ces marins, mon brave Louis Berthus, plus clairvoyant que l'auguste Chazeau, trouva dans mes paroles et dans mon assurance la preuve morale de ma loyauté : j'aime à lui rendre publiquement ce noble témoignage à la barbe...... de l'illustrissimo

l'impasse qui conduit au Parquet. Pendant l'interrogatoire, elle continua de s'agglomérer dans la Grand'-rue, et de l'agglomération elle passa facilement à l'hostilité.

A ce moment le corps d'officiers des com-

---

Chazeau — Puisque les insolentes railleries des BLANCS sont l'unique prix de mon dévouement et qu'une basse jalousie calomnie mon courage, je somme les nombreux témoins de mon arrestation de publier hautement avec quel air joyeux et fier j'ai nargué mes geôliers : Les matelots se rappelleront sans doute qu'en voyant l'insuccès de mes déclarations je leur ai demandé *à commander le feu*.

D'ailleurs, à toutes les noirceurs des *blancs* mes détracteurs je pourrais répondre en dévoilant une noirceur encore plus sombre et qui durant mon incarcération faillit m'être fatale.

3° Voici la teneur du « laissez passer » que nous portions avec nous durant notre mission : Je l'avais confié à M. Dorry en *débarquant à Ste-Anne* :

« Laissez passer et circuler librement MM. Emmanuel Lagrange et Auguste Dorry dont voici les signalements.

« EMMANUEL LAGRANGE : Cheveux noirs, yeux noirs, favoris noirs peu fournis, taille moyenne, AUGUSTE DORRY : Cheveux noirs, yeux noirs, moustache noire, assez grande taille, un peu maigre.

« *Le Gouverneur de la Martinique,*

« (Signé) DE LOISNE. »

Il est entièrement faux que je doive la vie aux déclarations des francs-tireurs de la Garde Urbaine.

Non seulement les francs-tireurs de St-Pierre n'ont contribué en rien à ma délivrance, mais les calomnies débitées par eux au quartier général de la Rivière-Pilote, ont aggravé beaucoup ma position. C'est l'arrivée de M. Dorry, le lendemain de mon arrestation qui m'a sauvé la vie.

4° *L'heure du péril est mon heure!*...............

Ainsi donc malgré les innombrables menaces, des

pagnies civiques était réuni dans un des salons de l'Evêché, alors inoccupé et mis à leur disposition à l'occasion d'un banquet offert au commandant de la place et aux officiers de la garnison. Les tristesses de cette époque ne

gendarmes, d'emprisonnement et de coup ténébreux je dirai toute la vérité.

On a traité de mensongère une phrase dans laquelle j'affirme que les insurgés ont été fusillés par centaine.......... On a voulu me soutenir qu'une vingtaine seulement ont péri durant la révolte : La pièce que voici fera beau jeu de ces turpitudes....

*Télégramme du Gouverneur au Maire de St-Pierre.*

Rapports excellents des chefs de volontaires et de détachement — Les bandes frappées de terreur sont en fuite — Elles sont poursuivies vivement par l'infanterie et la cavalerie — Principaux chefs arrêtés — On m'assure qu'une centaine d'incendiaires armés ont été tués.

*Le Gouverneur,*
(Signé) DE LOISNE.

Cette dépêche fait connaître uniquement la lettre partie des *résultats obtenus*, car au moment de sa publication la révolution était loin d'être apaisée.

Quant aux répresseurs, ils n'ont perdu qu'un seul homme durant toute la chasse et c'est mon malheureux ami, Emile Romanet, victime héroïque de sa témérité, les noirs à peine armés ne pouvaient opposer aucune résistance aux chassepots de nos tirailleurs: J'ai rencontré pendant mes courses quelques uns de ces malheureux ; les uns brandissaient un mauvais coutelas; d'autres, en guise de lance, portaient un bambou muni d'une pointe ou d'un clou ficelé, rarement un vieux fusil de chasse chargé à plomb..................

permettaient pas de fêtes joyeuses, mais en raison même de nos malheurs, les civils transformés en soldats voulaient cimenter dans un repas patriotique l'union des Français aux Antilles comme dans la Métropole, en face

Contre de tels guerriers toute la garde Urbaine et les soldats d'infanterie et les marins en rade, ont paru trop faibles: on écrit de la Barbade à la Trinidad que pour fusiller plus rapidement l'émeute, plusieurs créoles de la Martinique ont imploré de la première de ces Iles..........................
UN MILLIER DE SOLDATS ANGLAIS !!!.......... Oui! DES ANGLAIS ! ces hideux vampires qui nous outragent impunément depuis cinq cents années.... *des Anglais* nos ennemis *naturels*, que *Jeanne-d'Arc ! Marie Stuart et Napoléon* nommaient les ennemis de Dieu !....... *des Anglais*, cause ténébreuse et première de nos désastres actuels !................

Ah! j'en appelle au cœur vraiment français, une telle démarche n'est elle pas infamante ! est-il possible qu'on ait osé s'en vanter !........ quant à moi je le déclare SANS HONTE au jour où ces harpies rouges viendront s'abattre sur notre île dans un pareil but. j'irai me placer à la tête du peuple pour les jeter à la mer...........................

La principale cause de la révolte est la condamnation du *nègre* Lubin: Toutes les parties de la population sont unanimes à taxer un pareil jugement.

Pour moi, je l'ai frappé comme il le méritait et si mes envieux m'accusaient d'irrévérence envers la justice, je leur répondrai que la Justice est respectable quand elle est juste et non pas quand elle est injuste. — A cette cause s'en joignent plusieurs autres dont j'ai parlé dans le courant de ma lettre :

Arbitraires et vexations des propriétaires, nouvel esclavages des Indiens, Chinois et Congos immigrants, partialités des tribunaux durant les dix-huit années de l'Empire, partialités, toujours favorable aux employeurs blancs et toujours fatale aux employés mulâtres ou noirs — D'ailleurs aujourd'hui même, la République pour nous n'est qu'un vain

des périls de l'extérieur et de l'intérieur. On allait se mettre à table, quand le chef de bataillon, M. Lardy, objet de cette manifestation, reçut du Maire un avis lui apprenant le trouble de la ville. M. Lardy, avant de

mot, nous sommes encore en plein *Empire Colonial et n'etait cette malheureuse affaire du* MONT-VALÉRIEN, beaucoup d'espoir se réalisaient............ (Ceci soit dit en passant et très innocemment).... S'il faut en croire les exagérations officielles du *Moniteur* de la Colonie, la révolte a brulé vingt-cinq habitations; cela ne veut pas dire que chacune d'elle soit entièrement rasée. Certaine petite feuille, écho servile du *Moniteur*, voudrait bien le faire croire, mais par là, ce petit écho nous prouve uniquement qu'il est plus incendiaire que les incendiaires eux mêmes.

Une habitation se compose généralement d'une maison principale valant en moyenne 4,000 francs, d'un moulin à cannes, case à bagasse et champs de cannes — Les champs sont intacts sur tous les points de la colonie, la récolte est donc entièrement sauvée; sur chaque habitation dite rasée on a mis le feu de préférence à la case à bagasse parfois mais plus rarement à la maison principale à la caféière ou au moulin : En un mot l'incendie n'a ruiné personne.

Les émeutiers ont volé des bestiaux, pillé des maisons; mais j'affirme que plusieurs propriétaires ont recouvré la majeure partie des objets volés; je dois citer entre autre MM. Oscar Du Plessis et de Fougainville à la Rivière-Pilote; *ils me l'ont dit de de leurs propres bouches.*

Voici d'ailleurs quelques exemples d'habitations brulés :

### SAINTE-ANNE.

Habitation Baie des Anglais : Case à bagasse brulée; pillage du mobilier de la maison du maître et de 180 moutons.

Habitation Henry Desgrottes : Case à bagasse et

prendre congé des officiers, leur fit part de la situation et annonça qu'il fallait se séparer et remettre à de meilleurs jours cette réunion confraternelle. Puis il leur ordonna de rejoindre leurs corps respectifs et d'attendre

---

écuries brulées. Pillage de moutons et de la maison du maître.

Habitation Rufz de Lavison, dite Petit Versailles : Une case à bagasse brulée.

Habitation Maison Rouge : Case à bagasse, maison du maître, dépendance et moulin à bêtes brulées. Pillage d'animaux et d'un bac rempli de sirop.

Habitation Saline Bertrand : Maison de maître pillée et brulée.

Habitation d'Abadie de Lurbe : Pillage de bœufs, moutons et, dans la maison du maître, d'une grande armoire et son contenu, un lit, un matelas et tout le mobilier.

Habitation Saline Blondel : Pillage de la maison de maître : matelas, chaises et vaisselles, 7 matelas et 26 chaises.

Habitation Valdor : Pillage des animaux, vaches et leurs suites, 17 bœufs de cabrouet avec leurs chaînes et 90 moutons.

Habitation Belfonds : Case à bagasse brulée.

### MARIN.

Habitation Grand-Fonds : Case à bagasse et sucrerie brulées ; maison de maître pillée.

Habitation Macabou : Case à bagasse brulée ; maison de maître et parc d'animaux.

Habitation Morne Flambeaux : Brulée entièrement.

Habitation Rivière : Case à bagasse brulée.

Sur l'habitation Puférat, les créoles ont repoussé plusieurs fois les congos qui voulaient l'incendier.

### VAUCLIN.

Habitation Sigi : Case à nègre brulée.

Il faut bien comprendre que le pillage des bestiaux était inséparable de la révolte : les émeutiers ne jeunent pas.

aux lieux de rassemblement désignés par les règlements de la place, les instructions qu'il adresserait plus tard.

Ce fut ainsi que les convives se séparèrent pour courir chacun de son côté aux postes de

---

Enfin on va jusqu'à parler de massacre et c'est entièrement faux: les incendiaires ont égorgé quatre individus : MM. Codé, assesseur dans le jugement rendu contre Lubin, son domestique et deux commandeurs dont j'ignore le nom.

D'ailleurs l'indignation contre la révolte est plus apparente que réelle, des vieilles mémoires la comprennent et l'approuvent malgré ses excès; en voici la preuve: Plusieurs des anciens colons martiniquais faisaient bombance il y a quelques années dans un grand festin qui leur était offert sur l'habitation Basse-Pointe, au bourg du même nom. Au dessert, les vapeurs du champagne montèrent jusqu'au cerveau des convives avec la mémoire du passé et quelques-uns plus braves ou plus sincères que les autres s'écrièrent :

« Mais où sont-ils donc les enfants de ces mulâtres
« que nous pendions si joyeusement autrefois?...
« Comment se fait-il que nous vivions en ce moment
« si eux vivent encore?.......... *Ne prennent-ils*
« *pas leur revanche? Ils n'ont donc vraiment ni cœur*
« *ni entrailles!* etc. »..................................
..................................

*In vino veritas !*....................

Oui! oui! l'ivresse a dit la vérité!... et si quelques-uns seulement l'ont osé dire, tous l'ont pensé!

Eh bien! Messieurs du passé, les enfants de ces mulâtres égorgés autrefois au son des tambourins, ce sont les révoltés d'aujourd'hui, les hommes de l'Avenir...... *Ils ont pris leur revanche ; ils ont du cœur et des entrailles*, comme vous avez pu voir!.....
Et pourtant vous vivez!.....................
Laissez-les donc vivre comme vous! c'est bien assez d'avoir pendu leurs pères!..................

Je terminerai cette note par une indispensable

ralliement, en abandonnant les apprêts d'un riche festin. Arrivé sur le lieu du rassemblement, le commandant de la place trouva le Maire aux prises avec une foule menaçante. A bout d'observations pacifiques, d'appels réitérés au respect de la loi, le premier magistrat de la ville se voyait contraint de faire intervenir la force armée. Des dispositions plutôt protectrices furent immédiatement prises. Sur le théâtre du rassemblement un détachement d'infanterie de marine vint barrer l'impasse du Parquet à sa naissance dans la Grand'rue ; au fond de l'impasse se massa la gendarmerie ; dans la Grand'rue, à gauche de l'impasse et prolongeant l'infanterie de marine, étaient échelonnés les francs-tireurs ; de l'autre côté, à droite, en arrière et en travers de la Grand'rue, prirent place les dragons. La garde civique dont les postes étaient dans les divers quartiers de la ville, n'avait pas à paraître sur les lieux, sauf la compa-

---

personnalité. Comme citoyen j'ai rempli mon devoir en proclamant la vérité pour la défense de mes frères, car à l'époque volcanique où nous vivons toutes vérités pareilles sont bonnes à dire!......
Comme *homme de cœur*, j'ai méprisé les calomnies, menaces et méchancetés du public en lui lançant un défi formel dont je brave toute les conséquences...
Quant aux gendarmes de la *justice impériale*, je les attends: rien ne manquerait plus à mon existence, si je payais de mon sang et de ma liberté le droit de parler au nom des malheureux.

Il serait ingénieux à ma chère patrie de couronner ainsi les cinq joyeuses années qu'elle m'a fait subir, pour m'ajouter PLUS TARD au Panthéon des grands hommes *morts de vérité. Ainsi soit-il.*

E. L.

gnie du Centre, dont le point de rassemblement était dans ce quartier même. Sur presque tous les points elle fit entièrement défaut, sauf un petit nombre d'hommes et quelques officiers.

L'attroupement prenait le caractère d'une émeute et demandait à grands cris la liberté de Lagrange. De tous côtés arrivaient de nouveaux groupes, débouchant du Mouillage par la Grand'rue, de la rue de Bouillé qui longe le rivage par celle du Domaine, et des rues du Fort par la montée de l'Intendance. Le Maire était assailli par les sollicitations répétées d'hommes de couleur importants de la ville qui lui représentaient la mise en liberté de Lagrange comme le seul moyen de calmer la foule. A ces démarches des officieux habituels de la politique locale, le Maire répondait invariablement qu'il s'agissait d'un acte de l'autorité judiciaire, que seule, la Justice, le Juge d'instruction pouvait décider à l'égard du prévenu, et que son ordre, quelqu'il pût être, serait exécuté. Dans l'intérieur du Palais de Justice, le Juge d'instruction avait terminé l'interrogatoire, et remettant au capitaine de gendarmerie Lauriac un mandat de dépôt contre Lagrange, il lui ordonnait de l'exécuter. Le brave Lauriac, soldat soumis autant qu'intrépide, emmena Lagrange qui sortit du Palais entre deux gendarmes. En apercevant la foule, Lagrange essaya de l'interpeller ; des clameurs répondirent à son appel : En liberté Lagrange! Vive Lagrange! Le capitaine Lauriac imposa silence au prisonnier, et le Maire s'avança à plusieurs reprises pour haranguer la foule, mais ne pouvant parvenir à se faire écouter, il monta sur une chaise pour donner lecture de la loi sur les attroupements. A ce moment des pierres partirent de divers points. L'une d'elles atteignit le Maire à la jambe; des dragons furent également atteints. Le Maire, M. Desbarreaux-Verger, dont l'attitude en cette journée néfaste fut pleine de fermeté et de modération, ne cessait d'exhorter énergiquement la foule à se retirer. Le rassemblement devenant de plus en plus menaçant, il dut se résigner à faire les sommations légales ; mais l'infanterie de marine, dans sa précipitation à sortir, n'avait pas été accompagnée d'un clairon. La foule se montrait plus agressive ; les pierres tombaient de tous côtés sur l'infanterie de marine et les francs-tireurs. Dans le premier de ces corps trois soldats placés à la première ligne furent frappés à la tête; de leur visage ruisselait le sang qui se répandait sur le sol ; des francs-tireurs étaient également blessés. On essayait de dépaver la Grand'rue, par imitation naïve de ce qui se passait à Paris dans les jours de barricades. Le Maire fit une dernière sommation. Il n'y avait plus à hésiter : il ne s'agissait pas d'un attroupement à dissiper ; la force publique, les troupes civiques étaient attaquées, il n'y avait plus qu'à se défendre et à repousser l'attaque. Le Maire cria au commandant d'armes : faites votre devoir. Le commandant Lardy, vieux soldat d'Afrique et du Mexique, humain jusqu'à la bonhomie, voulut essayer cependant une dernière démarche en parlant à la foule : il fut hué... L'ordre de faire feu fut donné, mais le commandant d'armes, en prévision de cette extrémité, avait auparavant recommandé à ses hommes de tirer en l'air. L'infanterie de marine obéit, sauf un soldat dont le feu atteignit à quelques pas un homme placé dans la foule et le tua raide.

Cet événement, toujours malheureux, et que l'autorité avait essayé inutilement d'éviter, a été, à l'époque, le sujet d'explications diverses et d'accusations où, comme il arrive trop souvent, les sympathies se déplaçant, on n'a songé qu'à la victime sans tenir compte de l'ordre social si gravement compromis et des militaires ou francs-tireurs attaqués et blessés par la foule. Au milieu de toutes les versions plus ou moins contradictoires que nous avons pu entendre, nous en rapporterons deux qui nous paraissent les plus vraisemblables, sans que nous puissions nous prononcer entre elles. Selon l'explication la plus commune, lorsque les trois premiers soldats de la première ligne furent atteints par les pierres lancées du milieu de l'attroupement, le militaire placé quatrième sur la même ligne et qui avait vu ses camarades baignés de sang, remarqua l'agresseur à l'angle de la rue du Domaine. Cet homme allait jeter une autre pierre. C'était le moment où le commandant Lardy venait de commander le feu ; le soldat craignant d'avoir le sort de ses camarades visa l'insurgé et fit feu ; l'on a même dit que ce militaire appartenait à la race noire.

Le commandant Lardy croyait plutôt et

nous a raconté que le coup de feu était le résultat d'une erreur. Au commandement les soldats avaient à relever leurs armes ; dans le mouvement un des militaires pressa involontairement la détente de son fusil et le coup partit. Tout s'était passé en moins de temps qu'il ne faut pour le raconter. Au bruit des détonations, la foule se précipita dans toutes les directions ; la rue devenant libre, les gendarmes emmenèrent Lagrange qui fut écroué à la prison.

La circulation était rétablie, mais une tristesse morne apparut dans la ville à la suite de ces événements. Une date malheureuse venait de s'ajouter aux souvenirs qui divisent déjà nos populations. L'inquiétude était extrême chez tout le monde. Aux premières manifestations de la foule, le Maire s'était empressé de télégraphier au Gouverneur qui annonçait son départ avec la frégate la *Victoire* récemment arrivée à Fort-de-France. Vers deux heures la frégate jetait l'ancre sur la rade de Saint-Pierre et mettait à terre sa compagnie de débarquement, équipage d'élite, incomparablement disciplinée et commandée par des officiers de la plus haute valeur. Cette force imposante rassurait contre tout péril et enlevait aux soldats improvisés dans la cité la terrible perspective d'une lutte sanglante contre leurs concitoyens. Dans l'après-midi, vers quatre heures, l'aviso local arrivait avec le gouverneur, les chefs d'Aministration qui débarquaient immédiatement. Un incident sans importance a été présenté comme indice des préoccupations de M. Menche de Loisne durant cette journée. Les autorités de la ville, prévenues de l'arrivée du chef de la Colonie, l'attendaient au lieu ordinaire de débarquement, à la place Bertin, sur l'appontement de l'Administration. En face, sur la place, étaient massés les francs-tireurs et les dragons. Une foule compacte encombrait le rivage et les avenues. Le canot qui portait le Gouverneur et les chefs d'Administration venait de quitter l'aviso et semblait se diriger vers la place Bertin, quand on le vit changer de direction, longer la rade et attérir jusqu'à l'extrémité du port, en face de l'Hôtel du Gouvernement. Peut être n'y avait-il dans ce fait tout naturel qu'une simple pensée de commodité et de rapidité, le gouverneur devant arriver plus vite ainsi à son hôtel. On a raconté qu'en voyant la foule assemblée sur le rivage, le chef de la Colonie éprouva peut être une inquiétude personnelle et qu'il hésita à traverser la ville à pieds, au milieu d'une population troublée. Nous nous garderons d'apprécier le sentiment secret qui a pu à ce moment diriger le gouverneur; nous nous contentons de rappeler la circonstance et les commentaires dont elle fut l'objet, pour donner l'idée de l'état des esprits. — Le Maire, en voyant la direction prise par la chaloupe, dut accourir en hâte et arriva à l'Intendance au moment même où le Gouverneur venait d'y entrer.

La dispersion de la foule et l'arrivée du Gouverneur n'avaient pas mis fin à l'agitation. Il faut avoir traversé ces jours douloureux pour se rendre compte de l'aspect d'une cité où domine le bruit sinistre de la guerre civile. Dans cette journée malheureuse et depuis, dans des circonstances semblables, nous avons pu étudier sur les physionomies et dans les attitudes l'influence des déplorables questions de race sur les populations coloniales. Les visages troublés portaient la trace d'une haine couvée dans le silence et voilée par les simulacres de la confraternité civique. L'inquiétude était vive, car la population blanche, plus civilisée et, pour la plus grande partie, maîtresse du sol et de la fortune, appréhende davantage ces collisions sanglantes qui portent si facilement la ruine et où la force appelée au secours de la loi lui rend toujours son empire, mais toujours aussi au prix d'holocaustes humains. A part ce sentiment inévitable dans une population si intéressée à la paix publique, les blancs ne montrèrent ni crainte ni hésitation, et, soldats volontaires ou bourgeois, tous révélaient par leur contenance, bien différente de ce qui s'était vu en 1848, la ferme volonté de maintenir l'ordre et de se défendre. Cette attitude, déjà éprouvée lors de l'insurrection du Sud, déconcerta probablement les émeutiers. On n'avait plus à craindre les troubles de la rue, mais à l'effervescence populaire allaient succéder l'irritation des esprits et les récriminations des diverses races.

A son arrivée à Saint-Pierre le gouverneur fut entouré par des hommes de sang-mêlé appartenant à la haute société, qui le retinrent longtemps avant que le Maire de la Ville pût l'aborder et lui rendre compte des événements. Ils demandaient la mise en liberté de Lagrange et paraissaient faire de cette mesure la condition même de la sécurité publique. Le gouverneur, ancien militaire, atteint, disait-on, d'une affection de cœur qui augmente et aggrave toute impression, était embarrassé en face de ces réclamations, mais ne les accueillait pas toutefois. Dans cette circonstance, un homme que les partis ont diversement jugé à la Martinique, fit preuve d'une grande fermeté et aida puissamment le gouverneur à repousser ces sollicitations déshonorantes. Le Procureur général, M. Blondel Larougery, assistait à l'entrevue. Il prit la parole et répondit à la députation : « Ce que vous demandez au Gouverneur en face de l'émeute est un acte de faiblesse ; pour ma part je le repousserai énergiquement ; » et il ajouta : il s'agit d'une mesure judiciaire, suivez les voies ordinaires; vous avez le droit de demander la mise en liberté provisoire; adressez vous à la justice, elle statuera dans sa pleine liberté. (1)

La nuit fut tranquille. Le lendemain, des hommes de sang-mêlé s'interposèrent et demandèrent la mise en liberté provisoire de Lagrange, ce qui fut accordé moyennant caution. Le héros du 13 novembre reçut une sorte

---

(1) Cette scène qui nous a été confirmée par M. Desbarreaux Verger, alors Maire, nous avait été racontée le soir même du 13 novembre par M. Larougery, à l'Intendance, où nous avions été chercher des ordres pour quelques hommes de la garde civiques cantonnés à la place du Mouillage.

d'ovation à sa sortie de prison. Quelques semaines après il comparaissait devant le tribunal correctionnel pour répondre du délit de provocation à la haine des citoyens les uns contre les autres. Nous assistions à l'audience où le prévenu, au lieu de se défendre, se borna à accuser. C'était la continuation de son libelle. Il accusait surtout M. de Maynard, en récriminant sur des faits passés, et il oubliait à ce moment qu'il devait la vie à ce compatriote. Lagrange fut condamné à une peine sans gravité, peine qui devait rester lettre morte. L'autorité désarma devant un énergumène, ivre d'orgueil et sans consistance. De longs mois se passèrent sans que la justice et l'Administration songeassent à exécuter le jugement confirmé par la Cour, et Lagrange conservait l'attitude d'un chef de parti. Il fallut la présence à St-Pierre d'un soldat haut de cœur et de taille, le commandant Lambert, pour souffler sur ce fantôme. A l'occasion de nous ne savons plus quel fait, le commandant Lambert, usurpant peut-être des pouvoirs réservés pour d'autres circonstances, mais comptant sur une approbation que tout commandait, proclama par précaution l'état de siège à St-Pierre et marcha droit à Lagrange qu'il arrêta. Cet agitateur ridicule tenait en échec l'autorité qu'il bravait avec emphase. Il ne fallut ni courage ni audace au vaillant soldat de Cochinchine pour faire justice d'un fanfaron. On s'étonna ensuite d'avoir eu peur pour si peu, et l'Administration supérieure, heureuse d'en être quitte à ce prix, s'arrangea de façon à profiter de l'acte, tout en désavouant l'auteur. Par mesure administrative, Lagrange fut renvoyé de l'île, mais le commandant Lambert dût retourner au chef-lieu en disgrâce. Nous n'avons jamais compris pour notre part cette politique à double face, et nous comprenons encore moins ce respect solennel des formes mis au-dessus de l'intérêt supérieur de la société; la raison d'Etat prime l'avis du médecin de la comédie, affirmant qu'il vaut mieux mourir selon les règles de la faculté que de guérir en les violant.

Pour apprécier avec exactitude l'effet produit sar la race européenne par les événements du 13 novembre, on ne doit pas oublier le grand travail de rapprochement commencé entre toutes les races par M. Bissette et développé pendant la durée du régime impérial. Ce mouvement avait été tel, que depuis et durant un moment, sous l'influence de nos désastres nationaux, la Martinique avait paru ne présenter qu'un seul peuple. Il en dut être de même à la Guadeloupe où d'ailleurs, à part l'esclavage et des lois d'exclusion, le passé ne rappelait pas certains souvenirs que présente trop malheureusement l'histoire de la Martinique. Blessée au vif par l'émeute du 13 novembre et par la désertion de la plupart des hommes de la garde civique, la race européenne passa facilement du soupçon à la certitude, et un éloignement spontané succéda à la confiance détruite par l'attitude des hommes de sang-mêlé. Quelle avait pu être, par exemple, leur intention en protégeant, en défendant même un brouillon dont le libelle, exhumant des faits lointains en les exagérant, ou inventant des faits nouveaux, paraissait avoir eu en vue la satisfaction d'une rancune personnelle ? Comment les hommes de couleur ne comprirent-ils pas, surtout à l'heure des épreuves de la France, que le moment était au moins mal choisi pour soutenir de leur appui le réveil de ces souvenirs effacés et appeler sur les générations actuelles, étrangères aux faits d'un autre temps, des représailles pour le moins intempestives. Ils n'échappèrent pas à cette faute, déjà commise en 1848, et dont la périodicité semble devoir rendre irrémédiable la situation sociale aux Antilles françaises. Lagrange n'était pas un des leurs, mais il avait flatté leurs passions, ravivé des haines toujours prêtes à faire explosion ; il n'en fallut pas davantage pour leur faire abandonner le drapeau qui depuis l'insurrection du Sud avait paru rallier tous les hommes d'ordre. La race européenne se demanda si elle n'avait pas été le jouet d'une immense mystification, et si l'insurrection du Sud, avortée dans son germe, n'avait pas été le résultat d'une conspiration ourdie à la faveur des malheurs de la France. On va vite sur la route de la défiance. On se rappela la journée du 21 septembre et le noir poursuivi par une populace excitée ; on rapprocha ce fait de l'événement survenu vingt-quatre heures après. On se rappela Codé assassiné et 52 sucreries incendiées. De la défiance on passa à la conviction que le complot avait échoué par la révélation d'un indiscret, et que, pour détourner les soupçons, la race de sang-mêlé avait concouru avec empresssment à la répression des troubles, et qu'ainsi l'insurrection du Sud, étouffée à sa naissance, aurait pu, sans une circonstance imprévue, surprendre la colonie entière et accumuler les ruines et les victimes. Ce qui donnait à ces soupçons l'apparence de la vraisemblance, c'est la coïncidence étrange, qui avait frappé tout le monde à la Martinique, entre la chûte du régime impérial et les troubles du Sud. On savait que le grand nombre, parmi les noirs, restait indifférent aux menées politiques de quelques ambitieux. Heureux d'une liberté acquise depuis vingt-deux ans, vivant dans une aisance relative dont la mesure était en raison même de leur travail, les anciens esclaves, les hommes nés depuis 1848, n'avaient pas à récriminer contre le régime impérial qui leur avait assuré l'exercice de leurs droits essentiels et le développement d'un bien-être accru chaque jour. L'insurrection du Sud ne pouvait donc pas s'expliquer par une de ces réactions dont l'histoire offre plus d'un exemple, où une population asservie et contrainte croit venger dans quelques jours de colère les douleurs de la servitude ou de l'oppression. La race noire, durant l'esclavage et au lendemain de son affranchissement en 1848, ne s'était pas soulevée comme à St-Domingue ; il n'y avait pas de raisons, pas même un prétexte pour justifier la prise d'armes de 1870. Les excitations de la population intermédiaire, trop aisée pour se risquer elle-même en se mettant personnellement en scène, mais assez ambitieuse pour essayer à l'aide des troubles publics de satisfaire sa soif de domination, parurent au grand nombre de blancs la seule explication possible des malheurs de 1870 à la Martinique.

Sans admettre une participation directe de la race de sang-mêlé dans ces événements, la vraisemblance est que l'apaisement des vingt années de l'empire n'avait pas avancé l'esprit politique de la race ni fait oublier le rêve de la substitution avorté en 1848. Certainement, au moment où la guerre allemande vint surprendre les colonies, les hommes de sang-mêlé étaient de bonne foi dans leur patriotisme : l'Empire était debout et la croyance générale était qu'il allait puiser une force nouvelle dans l'éclat de ses victoires et de quelque grand avantage territorial. On ne pouvait avoir alors en vue que de faire montre de civisme ; mais quand les défaites commencèrent et que les désastres eurent montré le peu de solidité du régime, après le 4 septembre, alors que la République remplaçait l'Empire, le point de vue changea entièrement pour les hommes de sang-mêlé. La République arrivait accompagnée d'institutions démocratiques : le suffrage universel, la députation, la liberté de la presse, le jury ne devaient pas tarder à succéder aux Antilles au régime mitigé imposé par la nécessité de maintenir la paix entre les diverses races. Il n'y avait pas besoin, dès lors, de parler du programme de 1868 et d'un accord où chaque race eut été obligée d'immoler ses préférences ou ses antipathies. Comme en 1848, au moment des élections à l'Assemblée constituante, c'était la domination qui apparaissait comme la suprême satisfaction de la race de sang-mêlé : domination dans toutes les élections, domination dans les emplois, dans les assemblées, domination dans la rue par le nombre et la crainte. C'est à travers ce mirage que la République dut lui apparaître, et cela suffit à lui donner une seconde fois le vertige de la substitution. Avec l'Empire la race de sang-mêlé eut été obligée de composer ; sous le régime des foule ignorantes, elle n'avait plus de ménagements à garder, et elle allait tenter de nouveau, après vingt ans, dût la colonie y périr et son propre intérêt y succomber, de couler dans le moule de l'aristocratie coloniale éteinte, l'aristocratie nouvelle des hommes de couleur appuyée sur la race noire, instrument passif de cette nouvelle domination.

A ce point de vue il est facile d'expliquer l'attitude des hommes de sang-mêlé devant l'insurrection du Sud et la volte-face qu'ils paraissent avoir faite le 13 novembre, au lendemain des témoignages de civisme et de concorde dont cette insurrection avait été l'occasion. L'Empire survivant à nos malheurs, la conduite des hommes de sang-mêlé leur eût assuré le partage des honneurs et des charges, qu'aucun régime ni aucune opinion ne leur contestent, et elle y aurait ajouté un accroissement de relations, un plus grand mélange des individus rapprochés par des gages communs donnés à l'ordre. La République les dispensait de compter avec les blancs. Ils allaient être les maîtres incontestés et depuis lors, il y a douze ans, ils ont presque exclusivement mis la main sur le pouvoir et disposé de la fortune publique, des lois, des institutions. Nous allons les suivre dans cette voie et, leurs actes à la main, étudier l'aptitude politique dont ils ont fait preuve dans les assemblées locales, où, comme presque partout, ils ont enfin réalisé leur rêve séculaire de substitution.

## XI

Un décret du 3 Décembre 1870 venait d'appeler les Colonies françaises à élire des représentants à l'Assemblée constituante. Après une interruption de vingt-deux ans la Martinique allait recommencer l'expérience du suffrage universel. Ce nouveau mode d'élection et une organisation plus large des conseils municipaux nécessitaient en même temps le renouvellement de ces assemblées et du Conseil général. L'occasion perdue en 1849 se représentait donc en 1871 : la politique des intérêts et du rapprochement l'emporterait-elle, cette fois, sur la politique des rancunes de race? Quoique la journée du 13 novembre eut laissé de part et d'autre dans les esprits une irritation traduite par les plus violentes récriminations (1),

---

(1) C'est à ce moment que commença à naître contre le docteur Lota la haine dont il a été victime le 18 juillet 1881. Deux calomnies principales ont couru depuis lors sur son compte. On lui a reproché d'avoir renversé d'un coup de sabre et répandu sur le sol la cervelle de l'homme tué le 13 novembre et d'avoir refusé de prêter son assistance

c'était le moment, si la race de sang-mêlé avait été sincère sous l'Empire, de mettre fin à ces questions étroites de blancs et de noirs où les rivalités locales avaient si malheureusement compromis le rapprochement des races en 1848. Des hommes intelligents, doués d'un véritable esprit politique et songeant plus à l'intérêt du pays et à leur considération personnelle qu'au triomphe d'une ambition haineuse, n'y auraient pas manqué. L'exemple du peuple romain élisant ses tribuns dans le patriciat, le

---

médicale à des familles de couleur. Cette double calomnie, entretenue dans une foule ignorante pour les besoins de la cause, a été souvent réfutée, et l'a été depuis le 18 juillet de façon à ne plus laisser subsister l'excuse de la bonne foi. Le D$^r$ Lota, officier de la garde civique, rencontra quelques instants après la scène de l'impasse du Parquet, un homme portant les débris de la cervelle du malheureux tombé victime de l'émeute. A l'aide de ces restes sanglants, l'homme essayait de soulever les passants ; le D$^r$ Lota, préposé à la paix publique, lui ordonna de jeter ces trophées dans le ruisseau, ce qu'il fit de mauvaise grâce. L'autre reproche n'est pas plus fondé. Le soir une famille dont le D$^r$ Lota n'était pas le médecin l'envoya chercher pour un malade. Il se rendit dans la maison et lui donna ses soins. Puis il fit dire à la famille de prévenir son médecin ordinaire. Il n'y a rien là que de très correct dans la pratique de la profession médicale, et entre médecins. A la vérité le D$^r$ Lota était très indigné du rôle joué par un grand nombre d'hommes de couleur dans la triste journée du 13 novembre, et il en exprima à haute voix son opinion. Voilà la vraie cause des fureurs dont notre ami a été victime. Pas plus alors que depuis on ne lui a pardonné sa franchise. Le D$^r$ Lota, étranger aux divisions coloniales, n'avait pu comprendre que le drapeau de la

jour même où, après une longue résistance, le Sénat, en instituant ce contrepoids à la puissance consulaire, lui eut accordé le droit de le choisir dans la plèbe, reste encore un modèle admiré de l'intelligence politique d'une nation chez laquelle la grandeur de l'esprit public a égalé la gloire des armes. Mais dans sa conduite le peuple romain revendiquait des droits civiques, non une satisfaction de caste, et s'il s'est montré jaloux de ses prérogatives, il n'était pas moins fier des patriciens illustres

---

garde civique pût être celui des protecteurs de l'émeute.

Un autre créole contre lequel la calomnie a fourni plus d'un trait, c'est M. Léon de Feissal. Des lettres écrites dans plusieurs journaux de la France, par des jeunes gens de sang-mêlé sans doute mal informés, prétendaient que M. de Feissal, capitaine des dragons, avait demandé à M. Lardy de faire feu sur la foule. Ce mensonge est absurde. Un subalterne ne pouvait intervenir pour diriger son chef. La vérité est que M. de Feissal intervint cependant, mais à un moment où les circonstances le lui permirent et avec d'autres pensées. Se trouvant près de M. Lardy au moment où celui-ci allait peut-être commander le feu, M. de Feissal lui dit: « Commandant, vous n'allez pas nous donner l'ordre de tirer sur cette foule dans laquelle il y a beaucoup de curieux et de gens entraînés. Ce qu'il y a de mieux, c'est de commander à la cavalerie de charger sans faire usage de ses sabres. Le mouvement de nos chevaux suffira pour dissiper l'attroupement. Il y aura peut être quelques orteils froissés, mais pas de sang versé. Voilà le récit exact de ce qui s'est passé.

Il n'importe ; pour les besoins de la cause la haine maintiendra la calomnie contre M. de Feissal et le D<sup>r</sup> Lota.

dont la gloire était la gloire de la patrie commune.

Aux Antilles françaises, quelque soit le mérite d'un homme, pour la race de sang-mêlé cet avantage cède le pas à la question d'origine. Il semble qu'avant d'être français le sang-mêlé est de sa race. Ce point de vue et tout ce qu'il inspire d'orgueil et d'ambition priment les devoirs du patriotisme et de la justice.

La proclamation de la République et l'application du suffrage universel réveillèrent comme naturellement l'idée d'une revanche de 1849, et la substitution redevint le programme unique de la race. Elle l'a suivi depuis avec une persistance et une discipline où se reconnaît la marche d'une faction vers un but défini et entrevu. D'abord modérée et partielle, pour ne pas heurter trop violemment peut être l'esprit conservateur de la politique nationale sous le gouvernement de M. Thiers et du maréchal de Mac-Mahon, l'application de ce programme a été en raison directe du progrès des idées radicales dans la Métropole. A la chûte du Maréchal de Mac-Mahon, le radicalisme ayant envahi le pouvoir, la race de sang-mêlé n'a plus gardé de mesure, et le programme de l'opposition triomphante est devenu, à la Martinique, le principal soutien de sa domination.

Aux diverses manifestations du suffrage universel en 1871 et depuis, il a été facile de reconnaître que le calme apparent de l'Empire n'avait pas plus éteint les haines qu'il n'avait modifié l'esprit ambitieux de beaucoup d'hommes de sang-mêlé à qui leur race, aux Antilles, tient lieu de mérite. Presque partout, dans les conseils municipaux, les blancs n'ont été nommés que dans une insignifiante proportion, choisie, en général au moins, parmi les hommes de peu d'influence et de renom, ou dans les quelques rares libres penseurs formant spécimen dans la race européenne. La grande propriété, le haut commerce, la fortune, l'intelligence surtout ont été à peu près écartés; mais, par contre, il n'y a eu, chez les hommes de sang-mêlé, si mince ambitieux de village qui n'ait été trouvé digne de discuter les intérêts de sa commune ou ceux de la Colonie. Au Conseil général, où la vanité trouve à se satisfaire sur un théâtre plus étendu, il y a eu certainement, dans la race de sang-mêlé, des choix de valeur à côté d'autres injustifiables, et quoique les blancs y aient été représentés comme espèce, il semble qu'ils n'aient été choisis qu'après triage. A part les démocrates et libres penseurs de cette race, groupe restreint, naïf jusqu'à la simplicité, incapable dans son ambition d'apercevoir qu'il devait servir d'instrument pour un temps, sauf à être abandonné plus tard, les blancs ont été choisis dans un milieu mêlé quelquefois, par une promiscuité dégradante, à la race noire et à celle de sang-mêlé. Les alliances légitimes entre les trois races ne sont pas fréquentes, et quelques vieillards ramenés sur le déclin de la vie au respect du mariage, ne suffisent pas à constituer une base pour le recrutement du Conseil général; mais aux Antilles, sans être légalement allié, on accepte en partie les charges de l'existence conjugale : avoir une famille illégitime de sang-mêlé ou des relations inavouables, ça été et c'est encore, cela est triste à dire, un titre sérieux à l'admission des blancs dans les assemblées locales. En attendant une composition formée exclusivement de l'élément mixte, en 1871 on bariola les Conseils municipaux et le conseil général de quelques européens choisis dans une parenté très rapprochée des races noire et de sang-mêlé. Quant aux noirs purs, pas plus alors qu'aujourd'hui, ils n'ont été la préoccupation des meneurs. Il y en eût certainement en 1871, surtout dans les conseils municipaux des communes rurales, mais c'était inévitable dans l'insuffisance de sujets de race mixte.

A la même époque, aux élections à l'assemblée constituante, les hommes de sang-mêlé firent revivre les deux candidatures vaincues en 1849 par l'influence de M. Bissette. Les noms de MM. Schœlcher et Pory-Papy redevinrent pour les électeurs un mot d'ordre qui signifiait à la fois le réveil de l'antagonisme de race et la revanche du parti. Cependant l'esclavage avait disparu depuis vingt deux ans ; sous l'Empire les enfants de toute origine avaient été élevés en commun ; de nombreux intérêts avaient en même temps associé les diverses branches de la population ; des hommes de couleur, des noirs en grand nombre, avaient occupé depuis, au Conseil général, dans les conseils municipaux, dans les diverses carrières publiques, des fonctions importantes réservées autrefois à une seule race et, depuis cinquante ans, attribuées à tous les mérites ; des distinctions honorifiques avaient récompensé partout les services ; en un mot les races noire et de sang mêlé, dans leurs individualités marquantes, avaient partagé avec les blancs les honneurs et les charges, non pas en tant que noirs et gens de sang mêlé, mais comme français libres admis aux prérogatives de cette qualité tardivement obtenue. Nous le répétons, c'était le moment de se montrer Français, dignes de cette grande nationalité, et d'agir, en matière d'élections, non pas au point de vue exclusif et chimérique de la substitution, mais à celui de l'intérêt public ou même, si l'on veut, au point de vue de telle ou telle opinion politique. Ainsi les hommes de sang-mêlé auraient pu vouloir choisir un candidat plus ou moins républicain, les blancs en préférer un plus conservateur ; cette difficulté n'aurait jamais porté que sur une question de politique générale, abstraction faite de la question de race, et sur ce terrain, on le comprend, il aurait été facile, à l'aide de sacrifices mutuels, d'arriver à une entente profitable à tous les intérêts. N'y fut-on pas parvenu, les électeurs auraient prononcé entre les diverses compétitions, et, en fin de compte, le triomphe aurait été pour les plus populaires. Dans cet ordre d'idées, les députés de la colonie, les conseillers généraux, les conseillers municipaux, nommés par suite d'un accord ou après une lutte d'opinions, n'auraient pas moins représenté, chacun dans le corps où il aurait été appelé, la colonie elle-même ayant agi par ses suffrages. La victoire aurait pu être celle d'une opinion, d'un parti politique, peut-être ; elle n'aurait jamais pu représenter la défaite ou l'humiliation d'une race. Il est aisé de comprendre l'impulsion qu'une telle conduite eut donnée aux idées de rapprochement, et quelle homogénéité fût peu-à-peu sortie de l'exercice du droit de suffrage.

Mais une telle conduite suppose un grand tact politique, une sagesse rare chez des foules impressionnables, peu éclairées et imbues de l'esprit d'antagonisme; à agir ainsi, d'ailleurs, la haine et les vanités locales ne trouvaient pas leur compte. MM. Schœlcher et Pory-Papy furent donc élus à l'Assemblée constituante, comme tant d'autres le furent aux Assemblées locales, sans que l'intérêt du pays, l'intérêt des races coloniales elles-mêmes, pussent faire entendre leur voix. Comme en 1848, c'était l'exclusion de la race européenne. M. Schœlcher représentait les souvenirs de la lutte, maladresse impardonnable après vingt-deux ans de liberté, dans une race qui avait largement pris sa part de l'esclavage; M. Pory-Papy signifiait la substitution. Jamais choix ne furent plus démonstratifs d'un système préconçu.

M. Schœlcher a été l'un des antagonistes les plus persistants de l'esclavage, et il a attaché son nom à la destruction de cette iniquité. Mais dans sa lutte contre une institution condamnée, il n'a pas montré seulement sa sympathie pour la r noire ; ses écrits, empreints d'une exagération souvent violente, témoignent plus encore d'une haine de sectaire que d'un juste amour de l'humanité. A part les souvenirs attachés à sa lutte pour l'émancipation, M. Schœlcher a toujours été en guerre ouverte contre les principes religieux, politiques et économiques qui sont la base des sociétés. Radical de l'école avancée, il appartient au groupe des révolutionnaires socialistes. Ses idées sur le mariage, sur la famille, en font une espèce d'halluciné politique, en révolte contre toutes les traditions, de même que son impiété en fait un des plus dangereux ennemis de la Religion. Il y a peu de jours, la tribune du Sénat retentissait d'une déclaration insensée d'athéisme : c'était M. Schœlcher qui avait eu la triste pensée de braver la foi de trente-six millions de catholiques. La race blanche en repoussant ce personnage surfait, n'obéit pas à une rancune puérile contre l'abolitioniste ; elle serait prête à acclamer les hommes qui, comme M. de Broglie, M. de Lasteyrie, M. Agénor de Gasparin, M. Passy ont porté à la cause de la liberté des noirs l'appui de leur talent et de leur influence ; ce qu'elle repousse dans M. Schœlcher, c'est ce composé haineux, froidement orgueilleux, le sophiste masqué sous les apparences d'une grande rigidité de doctrines humanitaires. A ce point de vue, la race européenne obéit à ses sentiments conservateurs, à son esprit politique éclairé ; en répudiant l'homme public elle ne fait pas œuvre de rancune contre l'adversaire de l'esclavage. De leur côté les hommes de sang-mêlé et les noirs, pour le plus grand nombre sans intelligence politique, persistent à ne voir dans M. Schœlcher que l'ennemi de l'esclavage et des préjugés de race. De là une situation tendue et insoluble : les hommes de couleur, croyant faire de la politique de sentiment, font de la politique de passion, et si l'homme en qui se personnifient toutes leurs haines, n'avait pas été lui-même le plus haineux adversaire de la race blanche coloniale, ils lui seraient peut-être moins attachés. Et cependant quel colon de vieille race et des anciens temps a jamais écrit contre la race de sang-mêlé ce que M. Schœlcher a répandu dans son livre sur Haïti ! Ce n'est pas le moment de citer ces pages passionnées, dont l'influence n'a peut-être pas été étrangère au massacre des hommes de sang-mêlé sous le règne du hideux Soulouque : elles trouveront leur place plus loin.

Si M. Schœlcher personnifiait en 1871 l'antagonisme violent des races coloniales, M. Pory-Papy servait de montre à l'ambition insatiable des hommes de couleur. Après son échec en 1849, M. Pory-Papy, revenu à la Martinique, avait repris sa place au barreau et s'était renfermé dans l'exercice de ses devoirs professionnels. Complètement effacé sous l'empire, il avait subi à la longue l'influence du temps qui altère toutes choses. Une modification sensible s'était fait remarquer dans ses opinions et dans ses actes. Doué d'une grande souplesse, habile à s'insinuer, rarement rebuté, il s'était refait, bien avant 1870, au milieu des blancs toujours heureux de rallier un homme de couleur, une place facile, malgré les souvenirs attachés à son nom. L'étude des questions religieuses l'avait conduit à une conversion éclatante dont beaucoup suspectaient la sincérité, non seulement chez les blancs, mais surtout dans la race de sang-mêlé. De plus en plus porté vers les pratiques de la foi catholique, il s'était insensiblement retiré de la vie militante, s'occupant peu de sa profession et s'appliquant presque tout entier aux œuvres de dévotion et de charité (1). Ses congénères qui,

---

(1) Personne n'a plus que nous connu dans ses dernières années M. Pory-Papy. Huit ans passés avec lui au barreau et à la Conférence de Saint-Vincent de Paul nous ont permis d'étudier presque à fond cette nature.

Plein avec nous d'une franchise autorisée par des rapports journaliers, il s'est souvent exprimé très vivement sur les questions locales. Un jour, au vestiaire du barreau, nous lui disions que les blancs, dans leur éloignement à son égard, ne l'accusaient pas d'avoir voulu et commandé le 22 mai, mais qu'ils lui reprochaient d'avoir ambitionné la députation à laquelle il n'avait aucun titre et préparé un mouvement, une insurrection réglée à l'avance, et dont le terme devait être la proclamation de la liberté qu'il serait censé avoir obtenue pour les esclaves. Nous ajoutions que les blancs le rendaient responsable du sang versé sans qu'il le voulût, lui homme de loi, mais répandu par sa faute et son impuissance à arrêter l'émeute. Nous nous rappelons sa réponse : « Quand on lâche le lion, on n'est pas toujours sûr de le museler. »

Dans une autre circonstance, sous l'Empire, nous lui faisions voir la marche des esprits vers l'apai-

à raison de cette conduite, ne lui épargnaient pas les sarcasmes, avaient peu à peu déserté sa villa des Trois-Ponts, où se réunissaient, d'ordinaire le dimanche, dans les premières années de l'Empire, un grand nombre d'hommes de couleur distingués par la fortune ou l'éducation. Sa clientèle l'ayant en grande partie abandonné, il vivait pauvre et délaissé

---

sement, et comme exemple nous lui citions M. de Maynard, son rude adversaire de 1848 et 1849, avec lequel il entretenait depuis quelque temps de bons rapports et auquel il savait rendre justice. « Maynard réconcilié avec moi, nous dit-il, il n'y a rien à craindre dans le pays. Il n'y a plus de mulâtres aux colonies, depuis que j'ai donné ma démission. Tous ceux qui exploiteront encore cette idée ne seront que des ambitieux. »

A la Conférence de St-Vincent de Paul dont il suivait assidûment les séances, il donna constamment l'exemple d'un grand amour des pauvres, de l'assistance à domicile, et en toutes circonstances il montra beaucoup de sens et de tact. Dans ces réunions confraternelles composées de blancs et d'hommes de sang-mêlé et de noirs intimement unis, jamais l'idée de race ne vint une seule fois troubler l'entente ni ralentir le zèle des membres. Pory-Papy, comme tous ses collègues, était souvent chargé de visiter des familles blanches admises au secours et de leur porter l'allocation accordée par la Conférence. Ses votes, ses visites, ses opinions se ressentaient d'une égale charité pour tous, ou plutôt, selon l'esprit de l'œuvre, il n'y avait pas de races, si ce n'est celle des pauvres. Il fit plusieurs fois le rapport annuel sur les œuvres de la Conférence, en présence du chef du diocèse, du clergé de la ville et des souscripteurs. Ses rapports dont nous gardons les manuscrits témoignent d'une foi vive, d'une charité ardente unie à un grand tact. Voilà ce que la Religion avait fait de cet homme.

au Morne-Rouge, retraite paisible où il s'était presque fixé, attaché de plus en plus aux pratiques d'une piété fervente, dans la compagnie d'un vénérable missionnaire qui fut l'instrument de son retour à Dieu, et auquel il avait gardé une tendresse filiale: le Révérend Père Dufrien. Mais si sa race l'avait délaissé comme avocat et homme d'affaires, elle n'avait pas oublié le tribun de 1848, et Pory-Papy était resté pour elle le représentant obligé des idées de l'époque.

C'était donc de parti pris et pour affirmer le caractère exclusif de leur politique, que les hommes de sang-mêlé allaient arracher à sa retraite un homme vieilli, plus abandonné des siens que des blancs et que la raison conseillait d'écarter, pour en faire le représentant de la Martinique en 1871. Depuis vingt-deux ans et malgré le plein exercice de ses droits civiques, la race de sang-mêlé, associée à la grande famille française, n'avait rien appris au-delà du programme de 1848. Se servir du suffrage universel pour repousser les blancs et se montrer seule là où une saine politique commandait de mêler les uns et les autres; effacer toute une race, la race des français de la Métropole, la bannir de la vie publique comme si elle n'existait pas; immoler l'intérêt de son pays, l'avenir de ses populations à l'ambition de quelques meneurs: c'est tout ce qu'entrevit, après un long apaisement et au milieu des malheurs de la France, une race dont la vie entière s'était consumée à revendiquer la qualité de français. Elle oubliait son inconséquence dans le triomphe haineux d'une politique où la suprême satisfaction semblait être de dire aux anciens dominateurs : à notre tour maintenant!

Les blancs essayèrent inutilement d'opposer à la coalition de la haine aveugle les noms de deux candidats choisis dans les rangs de notre population : M. de Lareinty, grand propriétaire, esprit libéral, nature intrépide, que les événements de 1870 venaient de mettre en relief par la part active qu'il avait prise à la défense de Paris, et M. Cochinat, de sang-mêlé, journaliste en 1848 à la Martinique, fixé depuis à Paris où il s'est fait une réputation d'homme d'esprit dans la presse. Le mot d'ordre avait été donné. Sur près de quarante mille électeurs inscrits environ, un petit nombre, 4,800 seulement votèrent pour MM. Schœlcher et Pory Papy. Ce dernier siégea à la gauche de l'Assemblée, mais, il faut le reconnaître, dans toutes les questions religieuses et dans plusieurs autres il vota avec la majorité conservatrice. Les hommes de sang-mêlé, en le choisissant, ne faisaient donc pas acte d'opinion mais de race ; un mulâtre député, aucun colon blanc ne l'étant, leur vanité était assouvie.

Le sentiment que nous donnons pour mobile à la race de sang-mêlé ne pourra pas être contesté. Après 1871 de nouvelles élections n'ont fait qu'affirmer plus étroitement cette politique de substitution. M. Pory Papy étant venu à décéder durant le cours de son mandat, il fallut le remplacer. La race de couleur n'avait pas sous la main un homme de cette origine propre à remplir la mission de député.

Cette fois on choisit un blanc, M. Godissard. C'était un homme honorablement connu dans le notariat où il avait acquis une position aisée, mais peu apte aux discussions de la tribune. Il avait le grand mérite d'avoir épousé une femme de sang-mêlé; il n'eut pas besoin d'autre titre. La race était satisfaite : le talent, les services, peuvent fonder la réputation ; pour être élu par les hommes de sang-mêlé, il suffit d'être de leur race où de s'y être associé. Plus tard, quand la forme républicaine eut été définitivement acceptée, aux élections qui suivirent la proclamation de la constitution Wallon, la Martinique n'avait plus qu'un député à élire, mais elle devait aussi nommer un sénateur. M. Schœlcher ayant été compris dans les soixante quinze sénateurs à vie désignés par la Chambre, la place était libre à la Martinique qui réélut M. Godissard comme député et choisit M. Desmazes pour le Sénat. M. Desmazes était un vieux fonctionnaire de la Marine, ancien ordonnateur à la Guadeloupe, retraité avec le grade de commissaire général. Entièrement inconnu, peu propre aux fonctions tribunitiennes, il avait lui aussi, comme M. Godissard, un titre sûr à l'élection. Il s'était également marié avec une femme de sang-mêlé. Il est probable qu'en s'alliant à cette race les deux honorables élus n'avaient obéi qu'au penchant de leur cœur, à une inclination naturelle ; mais pour la race de sang-mêlé, quelle que pût être leur insuffisance relative, ils avaient le mérite principal, au-dessus de toutes les conditions d'aptitude, d'avoir bravé le préjugé colonial. En les nommant, la race de sang-mêlé ne songeait ni à leurs lumières ni à l'intérêt colonial; elle ne pensait qu'à elle-même ; elle payait par une récompense civique, dont la colonie semblait faire les frais, la satisfaction donnée à son amour-propre. C'est bien là le caractère de cette double élection. Depuis, au renouvellement de la Chambre en 1881, M. Godissard qui n'avait pas démérité, n'a pas été réélu, quoiqu'une modification introduite dans la Constitution ait porté à deux le nombre des députés à élire par la Martinique. C'est qu'à ce moment la race de sang-mêlé a cru avoir trouvé en elle-même ses candidats, et MM. Hurard et Deproge, tous deux de sang-mêlé, ont été nommés. Leçon tardive, mais cruelle! M. Godissard avait été un instrument ; dès qu'on n'en eût plus besoin il fut éconduit.

Le résultat général des élections coloniales a toujours été le même, soit qu'il y ait eu des députés à nommer, soit simplement qu'il ait fallu composer le Conseil général ou les Conseils municipaux. Et qu'on ne croie pas que de tels résultats aient été le fait d'une majorité fournie, nombreuse, toujours ardente aux urnes. Le suffrage universel, sans vain jeu de mots, est, à la Martinique, le suffrage restreint aux proportions des dernières minorités. Les blancs ne votent pas, non par dédain ou parti-pris, mais par le sentiment raisonné d'une impuissance souvent constatée. L'immense majorité des électeurs est indifférente à cette prérogative du droit de suffrage, et s'est à la fin fatiguée de ces déplacements continuels où la réélection des mêmes personnages se traduit pour leurs électeurs par la perte d'une journée de travail ou de repos. L'impuissance de la race européenne, l'indifférence de la grande masse des noirs, laissent le champ libre, dans chaque commune, à un petit groupe d'ardents, politiciens sans consistance, devenus quelque chose à la faveur des questions irritantes de race. Ce groupe a sous la main le personnel nécessaire pour réussir, quoique jamais l'élection ne soit définitive qu'au second tour de scrutin, tant sont rares les électeurs votants. Mais par contre, que la race européenne s'avise de se remuer, qu'elle essaie de prendre part au vote, de prôner ses candidats, de composer une liste, qu'elle tente en un mot la lutte, ce groupe fera marcher au besoin les quarante mille électeurs, la plupart crédules jusqu'à la simplicité, et toujours disposés à prêter l'oreille aux insinuations par lesquelles les directeurs du mouvement savent éveiller leurs inquiétudes.

« En règle générale, dit M. l'amiral Aube, dans un remarquable travail que l'ancien gouverneur de la Martinique vient de publier — en règle générale, quelle que soit l'assemblée à élire pour laquelle ce suffrage est consulté, jamais le nombre des électeurs n'est celui voulu par la loi, et l'élection a toujours lieu au deuxième tour de scrutin avec un nombre de suffrages qui varient du dixième au septième des électeurs inscrits. C'est qu'en règle générale aussi les candidats appartiennent à la race de couleur et que peu importe alors lequel sera élu, les idées, les principes étant identiques, et les professions de foi ne différant que par le plus ou moins de violence, de passion dans le style ou le langage des candidats. Quelques blancs siègent, il est vrai, au Conseil général ou sont encore maires de leurs communes; mais, outre que ce sont des individualités isolées, toujours maintenues avec soin dans la minorité des conseils élus, ils ne doivent leur élection qu'à la volonté arrêtée des chefs de la majorité de couleur, désireux de couvrir d'une apparence de modération, leurs actes et les idées exclusives dont ils poursuivent le triomphe : telle est bien la réalité actuelle. Et tout d'abord, le suffrage universel semble une arme dédaignée de la population qu'ont ramassée seuls quelques politiciens déclassés, qui s'en servent non-seulement pour la réalisation prochaine, ils le pensent du moins, du programme politique de leur caste, mais encore et surtout pour la satisfaction de leurs intérets personnels, souvent inavouables, et qu'ils dissimulent sous les grands mots de foi républicaine, de patriotisme, éléments obligés de déclamations aussi creuses que retentissantes. Mais que demain, sortant de leur abstention, d'une abstention qui est peut-être une sagesse imposée, les européens, les créoles blancs, descendent dans l'arène politique, et, au nom de tous les intérets sociaux mis en péril par les représentants légaux du pays, ils cherchent à se substituer à eux: en l'état actuel des esprits et avec le mode de votation en vigueur, ni les clients des grands propriétaires, ni ceux des grands industriels, ni ceux des grands commerçants, ni même les plus fervents catholiques ne les suivront dans la lutte; ils voteront tous; le suffrage du pays deviendra réellement le suffrage universel, mais ses élus seront encore ceux de l'infime minorité qui, depuis dix ans, est maîtresse des élections, et dans l'île entière fait nommer ses candidats (1) ».

Cette appréciation, prise sur le vif par un officier général du plus haut mérite, et en dehors des préoccupations personnelles de race et d'influence, est caractéristique de la situation politique aux Antilles. L'homme public, l'homme de discipline, le gouverneur, dirigé par le seul souci de la justice et des intérêts maritimes et commerciaux de la France, se rencontre avec nous et apporte à notre appréciation l'appui d'une grande intelligence mise au service d'une grande idée de développement national.

Qu'on ne s'y trompe pas : en se préoccupant de l'exclusion de leur race, les blancs, en général au moins, n'obéissent pas à la tendance séculaire, habituelle peut-être, qui avait fait de leurs ancêtres les dominateurs des pays coloniaux. La réalité actuelle des choses oblige à reconnaître que, naturellement et pour une période certainement transitoire, la race blanche, en dehors de toute question de fortune, offre plus de sujets capables de figurer avec distinction à l'As-

---

(1) *La Martinique. — Son présent et son avenir*, par le contre-amiral Aube, ancien gouverneur de la Martinique — Paris, Berger Levrault & Cie, libraires éditeurs. )

semblée métropolitaine ou de représenter aux Antilles les intérêts de leur pays. Pour si abusive qu'ait été dans le passé la domination de l'Européen, cette longue prééminence n'en a pas moins laissé dans le pays où elle s'est exercée une société où se comptent en plus grand nombre, non-seulement la richesse ou l'éducation, mais l'aptitude aux fonctions publiques. A partir de 1830 certainement, le partage des droits civils et politiques a permis à la race de sang-mêlé de développer sa culture morale, mais ce travail a été plus ou moins retardé par l'état social de la race elle-même : avant de créer des sujets, elle a songé à fonder sa fortune. C'est à dater de 1852, à la création des Séminaires-Colléges diocésains par les Evêques de la Martinique et de la Guadeloupe, que la diffusion de l'instruction secondaire aux Antilles a permis à la jeunesse noire et de sang mêlé d'atteindre par l'étude des lettres et des sciences à un niveau égal à celui de la race européenne. Mais de ces nombreux jeunes gens, formés depuis lors pour toutes les branches de l'activité intellectuelle et répandus chaque année dans le pays, bien peu ont accepté la lutte pénible du travail sur le sol colonial. La plus grande partie a demandé aux carrières publiques un avenir que l'absence de fortune rendait plus difficile sur place ou qui leur apparaissait plus conforme à leurs goûts et à leur ambition. Les uns servent dans l'armée, d'autres dans la marine, ceux-là dans la magistrature, quelques-uns dans le commissariat, une partie dans les finances; leur premier mouvement à tous a été de s'introduire à côté de leurs aînés de race européenne dans les fonctions administratives, judiciaires ou militaires, et la plupart, dispersés par les nécessités du service entre toutes les colonies françaises, manquent au sol natal, sinon absolument et pour toujours, du moins relativement et par périodes renouvelées ; ils échappent en tous cas ainsi au calcul des forces locales intellectuelles par l'interdiction des charges politiques électives. Un tel ordre de faits a dû nécessairement maintenir et maintiendra, pour un temps plus ou moins long encore, la prééminence des blancs dans l'aptitude aux charges publiques, par le plus grand nombre d'hommes instruits de cette race et leur permanence sur le sol colonial. C'est une question de chiffres et de comparaisons individuelles, en dehors de toute idée préconçue de supériorité de race. Sans parler de l'ancien Conseil colonial où se comptaient des hommes qui eussent fait honneur à une Assemblée métropolitaine, et pour ne citer que le Conseil général de l'Empire, quels hommes la race de couleur, depuis 1870, a-t-elle fournis à nos Assemblées locales, qui puissent être comparés, pour la science et l'instruction ou pour l'habitude des affaires publiques, aux Rufz de Lavizon, aux de Maynard, aux Hardy de St-Omer, aux Rivet, aux Marchet, aux Bally, aux de Gentile, aux Chanel, aux Wâllé Clere, aux Belligny, aux Borde, aux Brière de l'Isle et à tant d'autres? De ceux-là quelques-uns survivent et sont restés dans le pays, les autres l'ont quitté ou ont disparu, mais à côté de ceux-là et avec eux, croit-on pouvoir dire que des hommes comme MM. Jouque, Duchamp, Des Grottes, de Pompignan, de Meillac, Bougenot, Laroche, Desbarreaux-Verger, Guérin, Fortier, Depaz, pour ne citer que les plus en vue, ne constituent pas, abstraction faite de toute idée d'origine ou de fortune, des éléments plus sérieux de représentation locale que la plupart des ambitieux fourvoyés depuis 1871 dans presque toutes nos Assemblées ? A quoi donc a tenu leur exclusion de toute fonction élective ? Ecoutons l'amiral Aube :

« La grande propriété terrienne est toujours aux mains de l'ancienne aristocratie créole ; la grande industrie est aux mains d'Européens qui se sont créolisés ; les maisons commerciales ont à leur tête des Européens ou des créoles de provenance blanche ; tous exercent par leur intelligence, leur droiture, le sentiment profond d'équité qui les anime, une légitime influence sur la foule de leurs ouvriers créoles, sur cette masse d'employés créoles qui gèrent les grandes habitations, qui peuplent les grandes usines centrales, qui remplissent les bureaux et les magasins de Saint-Pierre. Enfin, parcourez les communes de l'île, l'église des plus pauvres, aussi bien que des plus riches d'entre elles, vous apparaîtra comme le véritable foyer de leur vie, le centre même de leur activité ; la pompe imposante des cérémonies, le luxe et souvent la grande richesse des autels et des ornements sacerdotaux, l'affluence et le recueillement des fidèles ; tout, jusqu'à l'élégant confortable des presbytères vous révèlera, à côté de l'influence sociale des propriétaires, des industriels, des commerçants, une influence supérieure : celle d'un clergé inspirant à la population entière la confiance, le respect, la vénération même. Ces deux influences s'appuient l'une l'autre, elles tendent au même but, et sous des formes différentes elles rêvent le triomphe des mêmes idées générales. Par quelle singulière anomalie cette double influence qui dispose des forces vives de toute société : croyances religieuses, propriété, industrie, commerce, science et le nombre même, se trouve-t-elle impuissante dès qu'il s'agit de la direction des affaires du pays, et quelle est cette force partout ailleurs inconnue qui, les faits l'attestent, se montre ici toute puissante ? (1) »

La question est clairement posée. Ecoutons encore la réponse qu'y fait l'éminent amiral :

« Le programme politique, ou plutôt social, de cette minorité est donc bien celui de la population de sang-mêlé, celui de la race noire tout entière qui en a suivi les chefs jusqu'à présent et qui sans doute les suivra jusqu'au jour, *peut-être très rapproché*, où les plus intelligents de cette race feront com-

---

(1) *La Martinique*. — *Son présent et son avenir*, pages 81 et 82.

prendre aux leurs qu'elle n'est qu'un instrument dans la main d'une nouvelle caste privilégiée aussi exclusive, aussi vaniteuse, aussi imbue des préjugés de couleur, plus peut-être, que celle des Européens et des créoles blancs, dont ils ont secoué le joug.

« Ce programme a deux formules : l'une, celle publiquement énoncée, s'inspire du droit commun, social et politique, c'est celui de l'assimilation des colonies à la France ; l'autre, secrète, inavouée jusqu'à ce jour, mais que les impatients commencent à ne plus tenir dans l'ombre : c'est celle de la *substitution* de la race de couleur à la race blanche ; elle s'inspire de la justice réparative. « Je bois à la fusion, disait naguère un « des conseillers généraux, dans un banquet suivi d'un de ces conciliabules si fréquents dans toutes les communes. » « A la fusion ! » lui fut-il répondu par le plus éminent de ses collègues, « Jamais ! Je bois, moi, à la *substitution*, » et son toast excita d'unanimes transports.(2) »*

Et ce programme se poursuit en toutes circonstances, même devant les noms que la France revendique avec orgueil. Un peu après 1871, à l'un des renouvellements de la Chambre des députés, un homme de bien que la mort a récemment enlevé au pays, M. Emile Porry proposait deux candidats à la députation : un avocat distingué de Fort-de-

---

(2) *La Martinique. — Son présent et son avenir*, pages 85.

France, homme de sang-mêlé, habile, exercé aux affaires, longtemps conseiller général et doué d'une grande facilité de parole, et, avec lui, l'amiral de Gueydon, le véritable créateur de la prospérité martiniquaise. Les grands services de l'amiral, son renom de marin ne trouvèrent pas grâce devant les meneurs à qui l'homme de sang-mêlé ne convenait peut-être pas beaucoup lui-même à cause de sa modération relative. La race de sang-mêlé prit pour prétexte contre M. de Gueydon l'arrêté de septembre 1855 sur la police du travail, parce que cet arrêté avait permis quelquefois à un gendarme de demander à un homme de sang-mêlé l'exhibition de son recensement. Ce prétexte était inventé. L'arrêté de 1855 a dû inévitablement produire quelques froissements ; mais on lui doit les finances et les routes de la colonie et sa production de quatre-vingt-dix mille barriques de sucre. Combien d'hommes de couleur, aujourd'hui riches ou dans l'aisance, n'auraient jamais connu que la gêne ou la misère, sans l'intelligente administration de l'amiral de Gueydon ! Non : ce que les hommes de couleur ont repoussé dans l'éminent administrateur, ce n'est pas l'adversaire du vagabondage ; c'est l'Européen, le blanc, c'est sa supériorité éclatante à côté de laquelle quelques héros de la politique locale auraient eu trop à s'effacer.

Une telle composition des assemblées locales, du Conseil général en particulier, devait avoir sur l'Administration du pays une influence favorisée par le développement des idées radicales dans la Métropole. Les relations des races devaient inévitablement aussi s'en ressentir, et les finances publiques, livrées à une expérimentation où les élus du « suffrage universel » commençaient leur apprentissage dans la direction des affaires coloniales, allaient donner la mesure de leurs aptitudes administratives. Il n'est pas sans intérêt d'étudier les vues politiques et l'esprit de ce corps délibérant depuis 1870 et de rechercher les résultats qui en sont sortis pour le pays. Un point commun rapproche toutes les démocraties, ou plutôt, sous ce nom, tous les ambitieux dont l'habitude est d'exalter l'idée démocratique au profit de leurs visées personnelles : c'est ce mélange de théories humanitaires, propres au cosmopolitisme révolutionnaire, applicables en toutes circonstances à tous les milieux, théories transcendantes, constitutives d'une organisation sociale conçue a priori, encore à l'heure actuelle à l'état de rêverie, mais indiscutable, et dont l'avénement total ou partiel forme pour une foule naïve le progrès moderne. Le Conseil général de 1871, sans donner dans les écarts reprochés avec raison aux assemblées plus récemment élues, sans tomber notamment dans les excès oratoires qui ont signalé nos dernières législatures locales, n'en a pas moins ouvert, le premier, par ses votes ou par ses vœux, la voie aux innovations imprudentes ou hasardées, toujours faciles à colorer de l'épithète alléchante de progrès, et par cela même acceptées avec une désespérante crédulité par un public ignorant ou prévenu. Sans sortir des génératés, la gratuité de l'instruction primaire, la fondation d'un Lycée, la laïcisation des écoles, l'application du service militaire aux colonies, le jury, l'assimilation à la Métropole, toutes ces questions où l'intelligence des véritables hommes d'État voit des problèmes auxquels le temps peut seul donner leur solution, ont été abordées et tranchées avec cette précipitation irréfléchie où se reconnaît le caractère présomptueux de notre démocratie. A la vérité quelques bons esprits ont essayé de résister; mais leurs efforts sont venus se briser devant un mot d'ordre de plus en plus obéi : l'imitation de la Métropole. De ces innovations tentées ou à tenter sur la colonie comme *in anima vili*, les unes, appliquées, ont déjà porté leurs fruits ; les autres, en voie d'application ou réservées pour un prochain avenir, promettent des résultats faciles à prévoir. Dans l'ordre des choses purement coloniales, l'impôt personnel, l'immigration, le budget, la caisse de réserve, le service des ponts et chaussées gardent l'empreinte ineffaçable du passage aux affaires d'administrateurs et d'hommes politiques hâtivement éclos à la vie publique.

L'impôt personnel était en 1870 la seule contribution directe que payât la grande masse agricole et ouvrière. Organisé vers 1854 par l'amiral de Gueydon, à l'aide d'un recensement général annuellement contrôlé au moyen d'un visa apposé à la feuille de chaque récusé, cet impôt comptait en 1856 dans les recettes pour 345,840 francs, appoint considérable dans un budget de 2,500,000 fr., mais plus nécessaire, depuis 1871, au moment où les charges publiques allaient atteindre quatre millions. Cette contribution avait d'ailleurs son emploi dans des charges correspondantes : l'intruction primaire, dont bénéficiaient seules, on peut le dire, les races noire et de sang-mêlé, les ouvriers et les cultivateurs, absorbait à la même époque 159,660 francs. Si l'on ajoute à cette somme le traitement des détenus dans les prisons, dans les ateliers de discipline, dans les hospices civils, 42,340 fr., leur nourriture dans les prisons ou dans les ateliers 118,260 fr. ; c'était 320,000 francs environ employés dès 1856 pour les prolétaires, sans tenir compte des frais de solde des employés des hospices et des prisons, des dépenses des enfants trouvés et des individus atteints de maladies contagieuses, c'est-à-dire plus de cent mille francs. L'immigration indienne comptait pour quelque chose dans cette dépense, mais pour peu relativement, car l'immigration étant d'organisation récente n'avait pas eu le temps de fournir un lourd contingent aux maladies ou aux répressions judiciaires. Après avoir varié et s'être peu à peu amoindri, l'impôt personnel, commun d'ailleurs à toute la population, riches et ouvriers, ne figurait plus au budget de 1872 que pour une prévision de 208,000 francs, tandis que l'Instruction primaire seule exigeait 245,000 francs, les dépenses ordinaires des hospices et des prisons n'en demandant pas moins. A la vérité, en 1870, l'impôt de consommation sur les spiritueux créé en 1861 pesait lourdement sur la classe pauvre ; ma cet impôt dont chacun portait le poids proportionnellement à sa consommation, n'atteignait avec excès que les consommateurs trop enclins à abuser de l'alcool. D'ailleurs toutes les autres dépenses de la colonie dont la population agricole et ouvrière ne payait pas un centime ne lui profitaient pas moins qu'aux propriétaires, aux commerçants, aux riches. Si l'empierrement des routes, la construction de ponts solides favorisent la circulation des voitures, le piéton n'en tire pas un moindre avantage quand il voyage sur une voie ferme et unie où les travaux d'art lui permettent de franchir une rivière sans compromettre sa santé. Néanmoins, dès 1871, ceux qui dans le Conseil général représentaient l'école sentimentale, commencèrent l'assaut contre l'impôt personnel, qui fut aboli en 1872, après de très vives discussions où la difficulté paraît avoir été surtout dans le mode de recouvrement imaginé par l'amiral de Gueydon. Le système était simple : la cote contributoire était adressée dans les premiers mois de l'année à tous les contribuables; l'impôt personnel fixé dans l'origine à 8 ou 10 fr., et réduit depuis à 5 francs, devait être payé avant que le recenseur pût viser la feuille de recensement dont chacun avait à faire l'exhibition quand la police le demandait. Le défaut de visa après un certain temps entraînait la condamnation à la prison, et celle-ci conduisait à l'atelier de discipline. Indirectement donc l'impôt personnel, contrairement à la législation métropolitaine se trouvait être recouvrable par la contrainte par corps. C'était le grand grief des libéraux. Assurément dans la pratique et dans les premières années surtout, alors que cette législation n'avait pas encore été suffisamment appliquée, on a pu se plaindre d'abus, nombreux peut-être, mais assurément aussi exagérés. Mais il ne faut pas perdre de vue que le but de l'Amiral, trop décrié depuis par un parti intéressé, était non pas de contraindre mais de solliciter au travail une population nombreuse, à peine sortie de l'esclavage et dont la plus grande partie ignorait encore les devoirs de la responsabilité sociale. Huit francs ou cinq francs, c'était peu pour cette population à qui les ressources de la vie coloniale permettent d'acquitter facilement une charge si réduite ou d'échapper à un travail régulier et soutenu. Or l'amiral de Gueydon, esprit peut-être absolu dans ses vues, mais lucide et pratique, avait compris ces choses naturelles qu'une école politique avide de popularité essaie en vain de contester, à savoir : 1° que dans la société chacun doit contribuer aux charges en proportion de son revenu; 2° qu'aux Antilles on ne pouvait vouloir que la grande masse de la population eût tous les avantages d'une civilisation avancée, instruction, hospices, sécurité, viabilité perfectionnée, sans prendre sa part des dépenses nécessitées par de tels avantages; 3° enfin que les anciens esclaves comme les libres de naissance, peu enclins au travail, les uns par indolence, les autres par éloignement de ce qui leur rappelait de plus près une longue servitude avaient besoin d'un stimulant que n'offrent pas le climat colonial ou les exigences restreintes de la vie aux Antilles. Ces idées premières admises, l'impôt personnel avait été établi; mais pour le recouvrer il avait fallu une législation spéciale, évidemment transitoire et appelée à disparaître peu-à-peu, quand l'habitude et une plus grande moralisation auraient introduit la régularité dans le paiement. Telles avaient été la pensée et l'économie de cette contribution dont plus d'un discoureur se faisait un thème, en 1871, pour paraître s'occuper du peuple et rechercher une popularité facile.

A la séance du 28 novembre 1871, la discussion fut longue sur le mode de recouvrement:

« Le principe de l'impôt, disait le rapporteur de la commission chargée d'examiner la question, le principe de l'impôt, telle a été, Messieurs, la première question posée à la commission par son président, et ce principe n'a rencontré d'adversaire déclaré que dans une seule voix. Toutes, hors cette exception, se sont accordées à reconnaître ce que nous proclamons de nouveau ici, le caractère *éminemment* juste et moral de l'impôt, et, pour résumer l'opinion exprimée à cet égard dans ses motifs principaux, nous répéterons, avec l'un des membres les plus convaincus sur ce point, que l'impôt, personnel dans son principe a encore plus d'importance morale que fiscale.

. . . . . . . . . . . . . . . . . . . . . . . . . . . . . . . . . . . . . . . . . .

« C'est qu'en s'adressant directement au contribuable, même le plus humble, il lui rappelle forcément tout un ordre de choses destiné *à le rehausser à ses propres yeux, en l'élevant au niveau de tous ceux qui l'entourent.* Il lui rappelle, en effet, qu'il fait partie d'une communauté où il a droit d'occuper sa place au même titre qu'un autre, puisqu'il contribue à son existence et à sa sureté (1) ».

Ces sages paroles, appuyées en partie par plusieurs membres, furent d'un autre coté repoussées par quelques conseillers généraux dans des discours empreints de sentimentalisme, et le Directeur de l'Intérieur, M. Trillard, un des hommes les plus exercés aux ressorts de l'administration coloniale dut intervenir :

« Le Conseil général, dit-il, est en présence de propositions qui lui ont été faites par la minorité de la commission financière relativement à l'impôt personnel et à son mode de recouvrement.

« A cette occasion on a parlé de la législation sur les livrets; on a fait de l'arrêté du 10 septembre 1855 un tableau lamentable ; on a même pris à partie son auteur, on l'a attaqué, on a essayé de mettre en contradiction avec lui un de ses collaborateurs qui l'ont le mieux assisté dans son œuvre ; on a voulu les exécuter l'un et l'autre au nom de la commission administrative qui s'est occupée de cette

---

(1) Compte-rendu des séances du Conseil général. Année 1871; page 121 (a).

(a) Le D<sup>r</sup> Rufz de Lavison dans son opuscule : *La Martinique sous M. le comte de Gueydon*, page 9, s'exprime ainsi sur l'impôt personnel : « La pensée
« de M. de Gueydon, en donnant l'impôt pour pivot
« à toutes les nouvelles institutions, n'était pas
« une pensée purement fiscale. C'était le meilleur
« moyen de moraliser les masses, de les élever à
« la dignité d'hommes libres et de leur faire perdre
« les habitudes de l'esclavage. *On se sent membre*
« *d'une société lorsqu'on en paye les charges*, son
« écot ; lorsqu'on est intéressé à la bonne administration des deniers communs, on a le droit de
« donner son avis sur les dépenses auxquelles on
« contribue. C'est ainsi qu'on est véritablement citoyen.

question ; on vous a enfin demandé un vote illégal contre l'arrêté du 10 septembre.

« Si l'amiral dont le nom a été prononcé dans cette enceinte avait besoin d'un défenseur, je me lèverais immédiatement. Mais l'Administration n'a pas à défendre le mérite ni la légalité de l'arrêté de 1855 ; *les effets qu'il a produits, l'organisation du travail, la moralisation et le progrès matériel qui en sont résultés et dont la population ouvrière du pays nous donne le spectacle* répondront pour l'Administration. Elle se borne à dire tout simplement qu'elle n'accepte pas un tableau ainsi chargé et elle laisse à l'histoire de ce pays le soin de le retoucher. »

..........................................................

« L'Administration dit que la première base d'un impôt, c'est sa juste répartition entre tous ; elle soutient qu'un impôt, quelque moralisateur qu'il soit, perd ce caractère quand il n'atteint que quelques-uns de ceux qui doivent y être assujettis, et appliquant ces principes à l'impôt personnel, elle ajoute qu'il vaut mieux le supprimer que de ne le laisser reposer que sur les honnêtes gens, qui contribuent déjà largement aux charges publiques, alors que les paresseux, les oisifs et les vagabonds peuvent impunément s'y soustraire. Elle demande un moyen de coercition à employer après qu'on aura inutilement épuisé la voie de la persuasion et les moyens ordinaires ; elle préfère la suppression de l'impôt à son maintien sans possibilité d'en exiger le paiement. Ce mot de contrainte gâte tout ; il faut bien cependant appeler les choses par leur nom. Si l'on examinait dans ses dernières conséquences le système proposé par la minorité de la commission financière, on reconnaîtrait facilement que le petit nombre de ceux qui auraient à en souffrir est insignifiant, et qu'ils sont peu dignes d'intérêt. »

..........................................................

« Les partisans de l'assimilation radicale vous disent à leur tour : ne demandez pas à la métropole des lois qu'elle n'a pas, mais bien celles qu'elle a ; comme si les lois ne doivent pas être faites pour les populations et non les populations pour les lois. En cette matière comme en toute autre, il n'y a rien d'absolu. Si vous croyez d'ailleurs que la population de la Martinique peut être régie par la loi française en matière d'impôt personnel, ne laissez donc pas dire dans cette enceinte, comme je viens de l'entendre, que les sept huitièmes de cette population n'ont pas de gages saisissables, puisque la saisie mobilière est la sanction du recouvrement de cet impôt en France (1). »

La discussion s'arrêta et l'on passa au vote : 15 voix sur 21 maintinrent l'impôt personnel, mais sans contrainte par corps. L'impôt était aboli en fait, en attendant qu'il le fût légalement, ce qui ne devait pas tarder. En 1872, la question revint à l'occasion du budget de 1873. Dans la séance du 9 novembre de cette année, un membre s'exprimait ainsi :

« Je suis venu vous demander, non un vote d'abolition de la contrainte par corps, le droit de légiférer ne nous appartenant pas, mais l'abolition de l'impôt lui-même, et personne ne peut nous contester ce droit.

« N'alléguez pas que l'impôt personnel est moralisateur, que la population peut payer et doit payer, *Le titre de citoyen est tout-à-fait distinct du payement d'un impôt ;* on est citoyen alors même qu'on ne paye aucune contribution à l'Etat. (2) »

Le reste est sur ce ton. Ce pastiche des déclamations vaines de l'école révolutionnaire, a eu le succès attendu de son auteur. Il eut été bien facile de répondre, cependant, que c'est peu d'être citoyen, que ce qui

---

(1) Compte-rendu du Conseil général, 1871, p. 160 et suivantes.
(2) Conseil général, 1872, p. 268.

importe, ce qui est grand, c'est de remplir les devoirs attachés à ce titre, et parmi ces devoirs la contribution aux charges publiques. La suppression de l'impôt personnel fut mise aux voix et adoptée par 14 votants sur 17. Désormais la caisse publique aurait à trouver ailleurs les 200,000 francs que cette contribution produisait. Quant aux « citoyens », à qui ce titre suffit, ils continueraient à bénéficier des avantages d'une société policée, sans apporter leur contigent à l'effort commun. Les autres étaient là pour payer.

L'abolition de l'impôt personnel avait été précédée, à la première réunion des élus du suffrage universel, de la gratuité de l'enseignement primaire. Ainsi, rejeter sur la société considérée comme collectivité responsable, l'obligation de donner à tous les enfants l'instruction élémentaire, dans le temps même où l'on enlevait au grand nombre la charge de contribuer aux dépenses sociales, telles étaient, au lendemain de 1870, douze ans avant la loi métropolitaine sur la gratuité de l'enseignement, les vues humanitaires du premier Conseil général sorti de l'élection. Il en devait coûter à la Martinique, par une élévation successive des dépenses, un ensemble de plus de 400,000 fr. employés pour des écoles fréquentées seulement par les enfants d'une population dispensée de tout imimpôt. La mesure ne fut pas approuvée par le Ministre des colonies. A la session de 1873, le gouverneur, amiral Cloué, dans son discours d'ouverture au Conseil général, ne manquait pas de le signaler :

Il y a lieu de s'étonner que dans ce pays où l'on réclame sans cesse l'assimilation complète avec la France, on ait supprimé si facilement une contribution qui représente la dix-septième partie des revenus de la colonie, et créé ainsi une nombreuse classe de citoyens qui jouissent de tous les droits possibles et sont cependant affranchis de toute charge envers la société (1).

Et le Gouverneur ajoutait :

Messieurs les Conseillers généraux, les décisions prises par le Conseil dans l'exercice de ses pouvoirs, pendant la dernière session, ont été de la part du Ministre l'objet d'observations sévères, consignées dans une dépêche qui vous sera communiquée. En présence de la suppression d'une recette *aussi importante* que celle de l'impôt personnel, le Ministre a été frappé de l'*inutilité* de plusieurs dépenses (2).

Les observations n'ont donc pas manqué au Conseil général, soit avant ce vote, de la part de quelques membres plus éclairés, soit depuis, de la part de l'Autorité métropolitaine. On n'en a tenu aucun compte, et le pays a offert ce singulier spectacle d'une population maîtresse de l'Administration par le suffrage universel, exerçant dès lors la première des prérogatives politiques, et traitée cependant comme une épave sociale par ses élus : affranchie de tout impôt, admise au droit de faire élever ses enfants à l'aide de

---

(1) Conseil général. — Discours du Gouverneur, page 7.

(2) *Ibid*, pages 8 et 9.

l'argent des autres, cette population représente cependant la grande majorité électorale. Explique qui pourra cet assemblage incohérent de prérogatives politiques et de déchéances.

Là ne devait pas s'arrêter malheureusement cette passion démocratique qui tend à tout changer, à tout renverser de ce qui existe, par imitation de la France, et sous le prétexte banal de progrès et d'assimilation à la métropole. C'est à ce moment qu'il faut placer les premières tentatives faites pour la création d'un Lycée, création réalisée depuis avec un acharnement où la haine de race s'associe à l'impiété. Tout est facile à ces législateurs éphémères quand il s'agit de copier, et quand la dépense doit être payée par le pays. A quels besoins autres que ce désir immodéré d'imitation et la satisfaction des préjugés de la libre pensée pouvait répondre l'établissement d'un Lycée à la Martinique? Depuis plus de vingt ans, si l'on n'avait pas le nom, n'avait-on pas la chose? Le Séminaire-Collège n'avait-il pas devancé sur ce point les aspirations des plus libéraux parmi nos démocrates? L'éducation donnée en commun aux enfants de toute origine, sans autre condition que celle d'une moralité attestée dans les familles, n'avait-elle pas fondu ou travaillé à fondre en une même société toutes les races coloniales? Les méthodes n'avaient-elles pas répondu aux programmes de l'Université? Chaque année, de nombreux élèves, sortis de toutes les parties de la population, n'avaient-ils pas brillé dans les concours pour le baccalauréat ou dans les diverses branches de l'éducation, et dans les facultés les examinateurs n'avaient-ils pas constaté, avec la supériorité des élèves, celle de leurs maîtres ? Tout cela était vrai, reconnu, proclamé par ceux-là mêmes qui ont été les premiers à pousser à la création d'un Lycée, par d'anciens élèves, quelques-uns des plus brillants, de l'établissement diocésain. Mais le Séminaire-Collége avait à leurs yeux deux torts graves : en premier lieu, placé sous la main d'un Evêque et dirigé par des religieux, s'il garantissait à tous une science et une instruction dont les établissements similaires dans le passé et dans le présent témoignent en France, il ne laissait pas espérer le développement et la propagation des doctrines soi-disant modernes par lesquelles, en supprimant toute idée religieuse, l'école des libres-penseurs compte faire une France à son image ; — le second grief, de nature coloniale surtout, s'adressait aux bases mêmes sur lesquelles le premier Evêque de la Martinique avait voulu reconstituer la société coloniale par l'éducation et la famille. Le Séminaire-Collège n'admettait pas, en général du moins, les enfants naturels. Et c'est du sein d'une population dont le long abaissement est dû à des mœurs sociales imposées avec l'esclavage qu'est venu ce reproche ! Pas un de ceux qui ont jeté cette pierre à l'œuvre principale de nos Evêques ne s'est aperçu qu'elle lui retombait sur la tête. Cherchez donc à égaliser les races, à les fondre ensemble, à les unir, malgré les différences originelles dont elles portent l'empreinte visible, si à ces différences ethnologiques si puissantes sur le grand nombre, s'ajoute la déconsidération, qui n'est pas particulière aux Antilles, attachée à l'illégitimité et à l'absence de toute famille, pauvre ou riche, grande ou petite, ancienne ou récente, mais honorable dans sa souche ! (1)

Ces idées, élémentaires en tous pays, ne devaient pas avoir accès auprès de nos gouvernants. La première fois qu'il fut question de la création d'un Lycée, plus d'un conseiller général se donna le plaisir d'un *speech* où se retrouvent ces banalités humanitaires dont l'école dite libérale fait toujours si grande dépense.

Après avoir exposé ses vues générales sur la création d'un Lycée, un membre s'exprimait ainsi :

« Il existe, il est vrai, dit-il, dans la colonie un Collége diocésain ; mais un grand nombre de personnes ont de la répugnance à faire suivre à leurs enfants un enseignement donné par des Congrégations. *Nous connaissons trop bien, messieurs, les dangers de cet enseignement ;* nous connaissons trop les *obstables qu'il apporte à l'affranchissement de la raison* pour l'accepter comme seul foyer scientifique. Quel contrôle avons-nous sur un établissement dirigé par des Congréganistes ? »

Fondons à la Martinique un établissement dépendant du Ministre de l'Instruction publique

---

(1) A l'heure actuelle la proportion des naissances illégitimes est désespérante. A Fort-de-France, dans les cinq dernières années, 1877 à 1881, on compte 1106 naissances naturelles contre 752 légitimes. A Saint-Pierre, dans les trois dernières années, il y a eu 1188 naissances naturelles contre 485 légitimes.

quant à l'enseignement, à la discipline et au personnel ; il faut à nos enfants une *instruction libérale en harmonie avec les progrès de notre siècle.* C'est un fleuron qui manque à la couronne de notre pays ; ce sera la création la plus féconde, la plus durable, celle qui constatera le mieux les progrès de nos idées ; fondons ce collège, et les jeunes générations qui nous suivent nous béniront un jour. Cette création sera le foyer intellectuel des Antilles, et dans ce Lycée, *affranchi de toute influence congréganiste*, vous verrez accourir de toutes parts, des enfants avides de s'instruire, avides de s'abreuver à la source pure et féconde de la science. Dans les établissements diocésains *les enfants* naturels sont repoussés. Quand je vois cette réprobation absolue s'attacher à ces enfants innocents, *j'en gémis*, et vous partagez, j'en suis sûr ce sentiment.

..............................................

« Je ne vous demande pas de former un vœu pour la création d'un Lycée ; les vœux vont s'enfuir dans les cartons ; je vous demande un vote définitif. Déclarez, Messieurs, que vous votez cent mille francs pour commencer les premiers travaux (1). »

La proposition fut combattue par l'administration qui rendit justice au Collège diocésain, mais néanmoins le vœu pour la fondation d'un Lycée fut adopté à l'unanimité moins une voix. De ce jour a commencé la guerre d'abord sourde, puis éclatante ensuite faite au Séminaire-Collège par un groupe d'anciens élèves de cet établissement, qui lui doivent l'instruction et les succès obtenus devant les facultés de la Métropole. Le but était différent pour les uns et les autres. Les libres penseurs poursuivaient à la Martinique, comme cela à lieu en France, la destruction de tout enseigne-

---

(1) Il résulte de cette opinion que le Lycée a été créé pour élever les enfants naturels.

ment religieux ; quelques hommes de sang-mêlé ne voyaient que la suppression de l'apparente inégalité qui exclut les enfants illégitimes du Séminaire-Collège. Ils ne comprenaient pas qu'en abaissant cette barrière protectrice de l'honneur des familles, c'était élargir la séparation des races et offrir une prime à l'immoralité. Depuis, et chaque année, cette question a été reprise, jusqu'au jour où les finances du pays, livrées à un parti sans scrupule, ont été jetées à pleines mains pour réaliser ce vœu anti social et impie. En 1872, déjà, devant l'insuffisance des ressources, on parlait de s'attaquer à la caisse de réserve et d'y prélever 200,000 francs pour les premiers travaux. Le Directeur de l'Intérieur put s'opposer à cette dilapidation, et le Ministre, par la bouche du Gouverneur, faisait connaître son opinion. « Vous savez, Messieurs, disait-il, à la ses-
« sion de 1873, que la Colonie n'est pas assez
« riche pour se donner le luxe d'un Collège
« laïque : cela vous a été démontré par des
« documents qu'on vous remettra sous les
« yeux, si vous le désirez. Vous avez le
« Séminaire-Collège de Saint-Pierre et sa suc-
« cursale de Fort-de-France; vous êtes, en
« outre, à douze jours de France par paque-
« bots ; il est donc inutile de créer un si coû-
« teux établissement. »

Le Ministère des Colonies et l'administration locale avaient leur opinion faite sur une innovation dont le moindre tort, en grevant le budget colonial d'une charge trop lourde était de faire double emploi avec une institution florissante et éprouvée par une longue suite de succès. Sans résister ouvertement, l'autorité locale défendait cependant pied à pied le terrain, ne reculant que prudemment, essayant de gagner du temps, dans l'espérance peut-être qu'un retour d'opinion épargnerait au pays une coupable folie. Au Conseil général où se trouvaient quelques hommes de sang mêlé doués d'un grand sens, cherchant avant tout le bien de la Colonie en dehors des nouveautés dangereuses d'une école bruyante, la minorité opposa vainement le poids de ses observations et de ses votes : tout fut inutile. La fondation d'un Lycée, pour lequel on alla un moment jusqu'à voter trois cent cinquante mille francs que la caisse de réserve devait fournir, resta lettre morte tant que dans la Métropole le parti conservateur se maintint au pouvoir ; mais dès 1877 et à la chûte du Maréchal de Mac-Mahon, en 1878, les démocrates locaux furent à l'aise pour mener à bonne fin une entreprise qui répondait à leurs passions anti-religieuses et dont la Colonie devait faire les frais. En vain, à la séance du 5 novembre 1875, un membre avait-il insisté sur le caractère séparatiste du Lycée que fréquenterait seulement une partie de la population, tandis que l'autre continuerait d'envoyer ses enfants au Séminaire-Collège : on lui répondait, nous ne savons trop sur quel fondement, que loin de produire la division, le Lycée, au contraire, favoriserait l'accord des races, et on citait mal à propos l'exemple de la Réunion, oubliant que cette Colonie ne se compose pas de deux ou trois races en rivalité d'influence, qu'elle a une population exceptionnelle, née du croisement de nombreuses races diverses, dont bien peu ont gardé leur caractère primitif, et du sein desquelles n'a pu surgir qu'une seule distinction, celle des riches et des prolétaires. Et pour donner raison à cette opinion si peu vérifiée, le même membre demandait qu'on ajoutât aux 350,000 francs déjà votés, 300 mille francs pour commencer immédiatement l'édification de l'établissement.

Comme on le voit, on n'allait pas de main morte à ces séances où le sans-gêne démocratique en matière de finances publiques s'alliait à tous les préjugés de la libre pensée.

« On demandait, il y a un instant, dit un conseiller, quel est le but que poursuivent les partisans de l'instruction laïque; on demandait si le mobile qui les dirige n'est pas *la haine* de l'enseignement congréganiste; eh bien! je l'avoue hautement, je motive mon vote uniquement sur la nécessité de combattre l'enseignement clérical. *Je vous l'ai déja dit*, et je le répète, l'instruction donnée au Séminaire-Collège est certainement suffisante; cet établissement a rendu des services à la Colonie; on ne pourrait les nier sans mauvaise foi, on ne pourrait les oublier sans ingratitude. Mais en présence du DANGER social que je vous signalais tout à l'heure, toute considération de sentiment doit disparaître. »

« Nous avons constaté un grand fait: une véritable conspiration organisée pour renverser l'enseignement officiel, accaparer la direction de la jeunesse et la tenir en laisse pour l'empêcher de choisir sa voie en connaissance de cause; et encore ce ne sont que des moyens pour arriver à un but qu'on ne prend même plus la peine de dissimuler: *la substi-*

*tution de l'organisation cléricale et de la suprématie papale* à l'organisation civile et à l'autorité établie par la nation. Toutes les réunions d'Evêques français (présidées quelque fois par un prélat étranger), tous les articles des journaux cléricaux témoignent de l'ardeur avec laquelle ce but est poursuivi ; on ne cache nullement, dans ces réunions et ces articles, qu'on espère obtenir à courte échéance la suppression de la liberté de conscience, de l'égalité des cultes reconnus, du mariage civil et de toutes les institutions qui constituent les conquêtes de notre grande révolution. »

« Ces aspirations subversives sont étalées au grand jour avec une audace qui ne connaît plus de mesure ; elles sont d'ailleurs générales dans le parti. »

..................................................

« On vous disait tout à l'heure que le Collège laïque serait un boulet destiné à peser lourdement sur les finances à venir ; *c'est peut-être exact*, mais peu importe : *c'est un boulet nécessaire ;* quand on se trouve en face d'un péril aussi grave que celui que je vous signale, il n'y a pas à marchander les mesures de salut (1). »

Telles étaient les idées en cours au Conseil général, en matière d'instruction secondaire. Et l'ignorance était si profonde sur ce point, les préventions étaient si vives, que la plupart approuvaient ou partageaient ces extravagances faites pour les simples, trop outrées en tous cas pour le cadre modeste d'une assemblée coloniale, et dont l'auteur peut assurément prétendre à doubler M. Jules Ferry. C'est grâce à cette phraséologie, stéréotypée sur tous les journaux de la libre pensée ou du prétendu libéralisme, que le Séminaire-Collège dont on ne *pouvait sans ingratitude*

---

(1) Conseil général de la Martinique, année 1875, pages 89 et et 90.

*oublier les services*, devait être sacrifié à la fondation d'un lycée! Il fallait repousser le péril entrevu dans de pareilles divagations, combattre le fantôme ultramontain, dût la colonie traîner cette création comme un boulet.

Soyons juste toutefois : ce langage n'était pas, cette fois, celui d'un homme de sang-mêlé. C'était un blanc qui soufflait ainsi sur son pays le feu des plus mauvaises passions, des doctrines les plus subversives, et c'est à lui, pour la grande partie, que l'on doit la première idée, sinon la fondation même du lycée. On comprend l'appui que prêtaient aux passions locales ces appréciations parties d'un homme auquel son éducation et le milieu social ou il a été élevé donnaient tant d'autorité. Il ne faut donc pas être plus sévère à la plupart des hommes de sang-mêlé qui, moins éclairés et toujours faciles à tromper, accueillaient ces insanités et les accréditaient par leurs votes. A partir de 1878, après l'avènement d'un gouvernement radical, ces idées dominèrent au Conseil général. Une circonstance qui a contribué dans une large mesure à l'irritation actuelle des esprits, a été pour une grande part aussi dans le vote et la fondation du lycée. Jusqu'à 1877, le Conseil général, quoique composé d'éléments insuffisants, comptait encore quelques bons esprits dont l'influence modérait parfois le zèle irréfléchi de la majorité ; mais à la chûte du maréchal de Mac-Mahon, cette assemblée se renforça d'un groupe de jeunes gens, sans expérience politique, imbus des passions et des préjugés puisés dans une éducation anti-religieuse et dans la fréquentation de M. Schœlcher. La plupart, élevés d'abord au Séminaire-Collège, avaient achevé leurs études en France et en étaient revenus, peut-être plus instruits que leurs devanciers, sans avoir en réalité autre chose qu'une instruction superficielle dont la lecture des journaux radicaux et des ouvrages de la libre pensée avaient fourni les matériaux. L'égalité à outrance, les droits de l'homme, la souveraineté du peuple, le suffrage universel, les conquêtes de 1789 composaient tout leur bagage politique. Au point de vue colonial, leur programme était celui de M. Schœlcher : l'assimilation générale forcée, dans toutes les lois, dans toutes les institutions, à la Métropole où les lois et les institutions changent presque à chaque gouvernement. Nés depuis 1848, c'est-à-dire après l'abolition de l'esclavage, longtemps après la fin du régime où leur race avait été écartée de la vie publique, ils n'avaient en aucune manière eu à souffrir de l'exclusion dont leurs pères avaient été frappés à une époque que l'histoire seule pouvait leur rappeler. Assis au Séminaire-Collège sur les mêmes bancs avec les enfants des familles européennes, ils avaient commencé dès l'enfance, dans cette camaraderie qui survit ailleurs aux vicissitudes des partis, l'apprentissage de l'existence sociale à laquelle les appelaient des temps nouveaux et des institutions faites pour tous. Plus tard ils avaient été compléter dans la Métropole l'instruction déjà largement répandue sur eux au pays natal. Rien n'avait donc manqué à ceux-là de ce qui avait pu être dans le passé le privilège d'une seule race ; de ceux-là, par conséquent, moins que de tous autres on devait craindre le retour vers des idées ou des souvenirs que ne pouvait expliquer pour eux le malheur d'avoir traversé les mauvais jours et d'en avoir souffert. Et cependant ce sont ces jeunes gens qui ont été à la Martinique les propagateurs à outrance des idées les plus passionnées contre la race européenne. A aucune époque, chez aucun homme de couleur, la revendication de leurs droits naturels ni les vexations dont ils furent parfois l'objet, n'éveillèrent de telles violences de langage, des sentiments plus hostiles. A leurs récriminations incessantes, au Conseil général ou dans la presse locale, s'est ajoutée une impiété déplorable dont ils n'ont cessé de faire étalage avec un désolant fanatisme. Les anciens, chez les hommes de sang-mêlé, ont été dépassés, et le groupe qui résumait à la fois le radicalisme métropolitain et la haine de race est devenu à cette époque et est resté le parti dirigeant. On a vu ce spectacle curieux de beaucoup d'hommes de couleur, compromis en 1848 dans les luttes des diverses races et contre M. Bissette, rejetés dans l'ombre par cette jeunesse effervescente, née à l'abri de lois et d'institutions protectrices de tous les droits et de tous les intérêts. La plupart des hommes de 1848, comme il était arrivé à M. Pory Papy, avaient subi l'action du temps qui éloigne et affaiblit tous les souvenirs. Ceux là ne se plaignaient plus, n'ayant plus aucun grief à faire valoir. Le parti que nous étudions, au contraire, soulevait à tout propos des souvenirs éteints chez les hommes qui furent les derniers témoins de l'ancien régime colonial. A leur tête s'est placé un homme sur lequel des événements récents ont appelé l'attention, et qui s'est fait ainsi une regrettable notoriété à la Martinique où il était inconnu avant l'époque où se place notre récit: c'est M. Marius Hurard. Fils d'un ouvrier que le travail et l'honorabilité avaient peu à peu élevé à une position commerciale importante, il était né hors mariage, et s'il a jamais eu à souffrir de cette situation, il n'en pouvait faire reproche à la race blanche. Son père ayant remarqué en lui d'heureuses dispositions l'avait fait élever au Séminaire-Collège, qu'il avait quitté pour se rendre en France où il avait obtenu le diplôme de licencié en droit. Longtemps absent de son pays dont il était parti encore jeune, il avait, avant son retour, essayé de s'établir à Haïti. Il n'y avait pas demeuré longtemps, mais il avait assez vu durant son séjour dans cette île où la substitution a été complète, pour être édifié sur l'avenir réservé aux races africaines, en dehors du courant civilisateur des populations d'origine caucasique ou japétique. Revenu à la Martinique à l'âge d'homme, pourvu de tous les avantages dus à une existence assez longue au milieu de la civilisation française, n'ayant jamais souffert de son origine, quels reproches pouvait-il faire à la société coloniale, de quels préjugés avait il à se plaindre ? La vérité est que sans la grande institution de Monseigneur Leherpeur, sans le Séminaire-Collège, son père, qui s'était créé une autre famille, n'aurait peut-être pas songé à lui donner une éducation élevée. On peut croire qu'une instruction primaire et une profession manuelle lui eussent paru suffisantes pour ce fils admis de moitié seulement à son foyer. Il est donc un de ceux à qui le Séminaire-Collège a rendu le service d'avoir élevé leur niveau intellectuel et social, et à ce titre au moins, sans parler des souvenirs de la classe et de l'affection pour les maîtres, l'établissement pouvait se croire des droits sinon à sa reconnaissance du moins à son équité. A son arrivée à la Martinique il n'avait pas fait grand bruit. Inscrit comme avocat au barreau de Saint-Pierre, il exerçait un peu en amateur cette profession laborieuse qui exige d'incessantes études, et sans s'y faire remarquer, il pouvait prétendre à une place honorable dans les rangs modestes d'une compagnie qui a compté de véritables intelligences. Mais la carrière disciplinée de l'avocat ou de l'officier ministériel convenait peu à sa nature avide de popularité et de bruit, plus ambitieuse peut-être que méchante, et où la vanité politique, cette vanité propre à notre temps, s'alliait au fonds ordinaire d'une éducation anti-religieuse. Il aurait été difficile, dans les premiers temps de son séjour à la Martinique, de deviner sous ses dehors le tribun violent que son rôle dans la presse locale devait révéler plus tard. D'un extérieur agréable, complété par des formes d'une apparente modération, il réunissait des conditions sérieuses de succès, sans avoir besoin de recourir aux excès où il s'est si malheureusement compromis. Mais son ambition, il semble, se trouvait à l'étroit sur le théâtre restreint et dans le cadre obscur d'un barreau colonial. La presse lui paraissait un moyen plus facile et plus prompt de satisfaire à son besoin de popularité et d'éclat, et il avait fondé en 1878 un journal radical très avancé. En attendant son rôle de journaliste, rien ne lui avait manqué de ce qui pouvait accroître sa vanité : il avait été élu au Conseil municipal de St-Pierre, puis au conseil général, sans compétition rivale, par la seule force de son origine qui lui tenait lieu comme à bien d'autres d'aptitude et de services. Nous trouvons M. Hurard dès 1878 au Conseil général, où à raison de sa jeunesse relative, il est désigné comme secrétaire. Nous le verrons successivement atteindre à la vice-présidence puis à la présidence de cette assemblée, sans qu'on ait eu à signaler dans sa carrière un de ces services, ou même une étude, un travail par où il ait pu conquérir une position si prépondérante. A la vérité, avant lui, des blancs plus inconnus que lui et moins que lui doués d'instruction ou de talent, avaient obtenu la même faveur, sans avoir eu d'autres titres qu'un républicanisme plus ou moins ancien ou leurs relations avec la race de sang-mêlé. Pour M. Hurard, son élévation aux premières fonctions publiques tint à d'autres causes qui seront examinées plus loin, quand nous étudierons son rôle dans la presse; pour le moment il suffit à notre récit de constater qu'il l'obtint à raison surtout de sa qualité de sang-mêlé, primauté facile dans une assemblée d'où ont été exclus tant d'européens auxquels le pays est redevable de sa prospérité matérielle, ceux là, les véritables bienfaiteurs du peuple, n'ayant pas même un siège dans l'Assemblée où l'on dispose de leurs bourses et de leurs intérêts.

Le terrain avait été préparé au Conseil général, et M. Hurard ne tarda pas à prendre la direction du mouvement anti-religieux et à devenir le chef du parti de la substitution. Avec moins d'initiative et surtout moins de faconde que quelques uns de ses collègues, il eut la première place, grâce à son journal où il représentait la partie militante de la race, grâce aussi peut-être aux facilités que la fortune paternelle lui donnait pour l'action. Quand il arriva au Conseil général, la lutte était déjà ancienne contre le Séminaire-Collège, dont un des plus brillants sujets de race européenne s'était signalé par une ingratitude avouée avec audace dans le discours que nous avons résumé. On ne saurait donc être plus rigoureux envers M. Hurard qui avait l'exemple d'un si regrettable précédent. Aussi donna-t-il libre cours à sa haine contre l'établissement diocésain, à sa passion pour le Lycée et en général pour toute transformation laïque. A partir du jour où lui et la jeunesse de sang-mêlé sont devenus prépondérants dans l'Assemblée coloniale, les vétérans de même origine ont été distancés ou oubliés. Les uns, c'est le plus grand nombre, ont suivi le mouvement ; les autres, guidés par le sentiment réel des besoins du pays, résistaient sans succès, calomniés par les leurs qui les accusaient d'être des transfuges. L'instruction publique, la caisse de réserve, le budget sont devenus la proie de ce parti audacieux, soutenu par les souvenirs ravivés d'un passé habilement exploité. Le maniement des fonds a été facile, grâce aux franchises d'une constitution organisée pour un autre temps. Sous l'Empire, le Gouverneur avait la haute main sur le Conseil général par l'élection de la moitié des membres, l'autre moitié laissée au choix des Conseils municipaux, nommés eux-mêmes par le Chef de la colonie; depuis 1870 les franchises locales sont devenues, grâce au suffrage universel, une arme aux mains d'un parti, sans que le représentant de la France ait conservé un moyen d'influence pouvant servir de correctif aux écarts d'une assemblée exaltée.

Avec de tels éléments la question du Lycée passa vite de la théorie à la pratique. Un homme de sang-mêlé souvent signalé pour son grand sens, M. Lubin, ne cachait pas la vérité en 1878: « Je n'ai jamais été partisan de la création du Collège, disait-il, dès les premiers moments, je m'y suis opposé. Mais puisque c'est chose décidée, il me semble que vous n'en pouvez plus renvoyer la solution. Votez d'abord les 150,000 francs; s'ils ne suffisent pas, eh bien? vous voterez d'autres fonds. » A ce moment les fonctions de Directeur de l'Intérieur étaient occupées par un homme de la Métropole, M. le Comte de Saint-Phalle. Il essaya d'éclairer le Conseil sur les conséquences de la fondation d'un Lycée. Après avoir établi que l'administration n'était pas hostile à cette idée, qu'elle faisait valoir seulement l'importance du sacrifice à demander au pays, « D'après le devis qui vous est soumis, ajouta-t-il, il ne faut pas compter sur une dépense moindre de 475,000 fr. pour la construction du Collège ; à cette somme il faudra ajouter environ 125,000 francs pour matériel, ce qui fait un total de 600,000 francs pour les dépenses de premier établissement. Vous aurez ensuite à voter une allocation annuelle d'au moins 150,000 francs pour faire marcher l'institution ; ce chiffre ne sera que très faiblement atténué par les recettes, car vous n'aurez, surtout au début, qu'un nombre restreint d'élèves. Or vous dépensez déjà annuellement pour l'instruction publique 465,000 francs ; en y ajoutant cent cinquante mille francs, vous arriverez au chiffre énorme de 615,000 francs. »

« Nulle part l'instruction publique n'est aussi coûteuse. A la Guadeloupe le budget ne présente qu'une dépense totale et annuelle de 157,940 fr. à la charge de la colonie. A la Réunion qui entretient à grands frais un Lycée, mais qui ne dépense rien pour l'instruction primaire, on est loin de la dépense que vous consacrez à l'instruction, » et le Directeur de l'intérieur citait les chiffres dont le total s'élève environ à 300,000 francs. « Vous voyez Messieurs, ajoutait ce fonctionnaire : il y a loin de cette dépense à la vôtre, et vous le savez, personne ne se plaint que l'instruction publique ne soit pas assez développée dans les deux colonies dont je viens de parler. »

« Les 150,000 francs que l'on demande de voter, porteront la dépense annuelle pour l'instruction publique à 600,000 francs. (1) C'est énorme. »

« Oui, c'est énorme, reprenait M. Lubin. Sans parler de la dépense première qui sera une fois faite, nous arriverons à une dépense annuelle hors de proportion, relativement, avec ce qu'on dépense partout ailleurs, en France notamment où l'on a cependant un cadre d'institution primaire et secondaire aussi complet que possible. Ne perdez pas de vue, Messieurs, que vous allez être nécessairement amenés sous peu de temps à voter l'instruction obligatoire : il ne suffit pas qu'elle soit gratuite, car quand tous participent aux charges, il faut aussi que tous participent aux bénéfices. Or, ce jour là, votre dépense pour l'instruction publique ne manquera pas d'atteindre le chiffre de 900,000 fr. à un million. Vous ne trouverez pas alors les ressources dont vous aurez besoin, car vous les aurez employées à la création d'un collège, dont je cherche vainement les avantages. » (2)

Nonobstant ces observations si sensées, appuyées de chiffres incontestables, cent cinquante mille francs ont été jetés dans le gouffre du Lycée où doit s'engloutir, tôt ou tard, le quart du budget de la colonie. L'administration locale n'ayant plus fait obstacle à la création de cet établissement, les divers ministères, depuis 1878, loin de modérer la

---

(1) Le cinquième du budget de l'époque.
(2) Conseil général de la Martinique, 1878, page 150.

fougue intempérante du Conseil général, n'ont fait que le pousser dans la voie de ces transformations coûteuses. Un premier immeuble a été acheté 100.000 francs, puis un second suivi d'un troisième; en même temps de vastes constructions ont été élevées pour approprier les immeubles à leur nouvelle destination. A la séance du 1er décembre 1880, le Directeur de l'intérieur, M. Rougon, du commissariat de la marine, faisait connaître au Conseil général le prochain départ du proviseur demandé à la Métropole. Etait-ce malice, mais, en même temps, ce fonctionnaire communiquait à l'assemblée une lettre adressée au Gouverneur par le commandant de la gendarmerie, lettre fière, digne d'un soldat, par laquelle cet officier supérieur demandait au chef de la colonie d'être autorisé à refuser la modeste somme votée en sa faveur pour indemnité de logement. Les motifs de cette démarche honorent l'homme et l'officier. Voici cette lettre :

« Monsieur le Gouverneur,

Le Conseil général n'ayant pas cru devoir accorder les crédits demandés dans plusieurs de mes rapports pour l'amélioration des logements de mes hommes, j'ai l'honneur de vous prier de vouloir bien m'autoriser à ne pas accepter, en ce qui me concerne personnellement, la somme de 504 fr. que cette assemblée a cru devoir voter le 12 de ce mois, pour augmenter mon indemnité de logement.

Tandis que les finances étaient jetées par pelletées pour créer un établissement d'instruction laïque, destiné uniquement, dans la pensée de quelques sectaires, à ruiner le

Séminaire-Collége qui n'avait rien coûté à la colonie et dont on ne pouvait *sans ingratitude oublier les services*, ceux qui s'intitulaient les représentants de la colonie marchandaient à la gendarmerie, à l'élite de notre armée, une modeste indemnité sollicitée pour l'amélioration de leurs logements !

Ce contraste n'est pas le seul. On peut parcourir dans le recueil des procès-verbaux du Conseil général les pages volumineuses où s'étalent dans l'insuffisance vaniteuse du grand nombre la haine anti-religieuse et les préjugés de l'école radicale. Dès le jour où la création du Lycée a été résolue, ni la justice ni l'intérêt des familles catholiques qui forment la grande majorité du pays, n'ont pu déterminer le parti dirigeant à continuer au Séminaire-Collége une subvention accordée dans quelques budgets antérieurs. En 1881 a eu lieu l'inauguration du Lycée : les bourses entretenues par la colonie n'ont plus été attribuées qu'à cet établissement. En 1879, la foudre endommageait la Cathédrale de Saint-Pierre, déjà dépouillée de son clocher, c'est au milieu des lazzis de la secte libre-penseuse qu'un secours de 5,000 fr. est voté pour réparer la façade, et il s'agit de la principale ville de la colonie. Des communes rurales, le Macouba, la Rivière-Pilote, d'autres encore sollicitent un secours, celle-ci pour une conduite d'eau, celle-là pour la réparation de son clocher, une autre pour la réparation de son église. Ces demandes sont même parfois appuyées par les plus fougueux parmi les adversaires des idées religieuses qui ne réussissent pas à rallier à leur exemple des collègues enfermés dans le parti pris : « Je n'ai pas l'habitude de voter des clochers ; *je voterais plutôt leur suppression ;* mais je dois remplir un devoir, dit M. Waddy, le danger signalé par M. Pomponne est imminent et public, les murs sont lézardés, et s'il est vrai que nous refusons un clocher à la Cathédrale de Saint-Pierre, c'est que cette Cathédrale est riche, tandis que la commune de la Rivière-Pilote est pauvre. C'est au nom de cette population malheureuse, qui est catholique et qui a besoin de son temple, que je vous dis : ne refusez pas la somme demandée. » La discussion dégénère en plaisanteries dont le mauvais goût n'a pas besoin d'être relevé. « Comme conseiller général du Lamentin, j'y vais souvent, dit M. Desrivaux. *Je ne sais pas comment est l'église, car je n'ai jamais eu l'occasion d'y entrer* ; mais je sais que son horloge est détestable. Si on vote un clocher pour la Rivière-Pilote, je demande qu'on vote une horloge pour l'église du Lamentin. » « Je demande, moi, une première annuité de 50,000 francs pour l'hospice de St-Pierre », crie M. O. Duquesnay. « Moi, 5,000 francs pour une horloge au Lamentin », reprend M. Desrivaux. Déjà, dans la discussion relative aux 5,000 francs demandés pour la Cathédrale de Saint-Pierre, un membre très-intelligent cependant, avait pu confondre les 40,000 francs produits par les souscriptions répétées de toute la colonie en faveur du denier de Saint-Pierre avec les ressources de la fabrique de la Cathédrale. A cette même séance, un vieillard de race européenne, M. Dupuy, faisait cette observation : « Si en reconstruisant le mur on le met à la même hauteur qu'avant, le même danger existera. *Je ne parle pas pour moi qui ne fréquente pas ce lieu*, mais j'ai des paroissiens et des paroissiennes qui m'intéressent. »

Tel est le fond de cette démocracratie locale où, selon l'expression de M. l'amiral Aube, ces grands mots de « foi républicaine, de patriotisme, sont les éléments obligés de déclamations aussi creuses que retentissantes. » Mais le Lycée existe. Il en coûte déjà trois, quatre ou cinq cent mille francs à la colonie. De nombreux professeurs sont arrivés, voyageant aux frais du budget qui les paie selon leurs grades et l'importance de leurs fonctions. On ne peut encore apprécier ce que coûtera ce hors-d'œuvre né de la haine aveugle de quelques anciens élèves du Séminaire-Collège, ayant à leur tête l'un des plus brillants, de race européenne celui-là, il en coûte de le dire, et chez lequel les désolantes doctrines de la libre pensée ont perverti les plus admirables dons.

Les catholiques ne se sont pas découragés devant cette monstrueuse dénégation du droit, par laquelle un groupe de sectaires imposant ses incroyances à toute une population, a voulu détourner les fonds publics de la destination que leur donnaient les sentiments et l'intérêt du pays. Ils ont résolu de soutenir l'œuvre impérissable de Mgr Leherpeur et de ses successeurs. D'autres élèves du Séminaire-Collège se sont formés en comité pour recueillir des souscriptions dont le produit doit reconstituer les bourses enlevées à cet établissement. Les familles désireuses de continuer à leurs enfants une éducation conforme à leur foi, obtiendront, pour l'admission au Séminaire-Collége, bourse entière ou demi-bourse, selon leurs besoins. — C'est la lutte, lutte inégale où le catholique paiera deux fois, au budget pour le Lycée, et au comité pour le Séminaire-Collége ; mais l'intérêt est trop évident, la moralité trop haute pour que les gens bien pensants reculent devant un sacrifice. Eh bien ! on ne le croirait pas, devant ces efforts de la liberté catholique pour conserver au pays une institution qui fait son honneur, le journal de M. Hurard poussait un cri de joie féroce, en annonçant la chûte prochaine de l'établissement diocésain. On lisait dans cette feuille :

### Le Séminaire-Collége.

Nous avons dit ce que nous pensions de cet établissement et combien nous éprouverions peu d'émoi s'il venait à disparaître. Tous les républicains sincères, tous ceux qui désirent la transformation des mœurs de notre pays pensent comme nous.

Les cléricaux paraissent très affectés de la nouvelle situation qui est faite au Séminaire par suite du retrait des bourses ; on parle déjà d'organiser une immense souscription, de recommencer ici la campagne entreprise en France après l'application des décrets. On affirme que la population entière voudra y concourir. Nous en doutons fort ; c'est-là, à n'en point douter, une prétention ou une exagération qui à coup sûr conduirait à bien des déceptions, si l'on avait la crédulité d'y songer sincèrement.

Une telle souscription ne serait qu'une œuvre de

parti, la continuation de la guerre entreprise contre les réformes préconisées et adoptées par le Conseil général, et l'on peut affirmer, sans crainte de se tromper, qu'une bonne partie de la population se refuserait à y prendre part.

Si la situation du Séminaire est telle que nous la représente le *Propagateur*, nous croyons qu'une souscription ne la sauvera pas. Tôt ou tard, il disparaîtra. L'effort constant, le dévouement sans cesse renaissant qu'on demande au public nous paraît une conception étrange, une chimère.

Telles sont les raisons pour lesquelles nous sommes assuré que la souscription ouverte pour venir en aide au Séminaire-Collège ne donnera que des résultats insuffisants.. Le public se demandera aussi quel usage les bons pères ont fait de l'argent qu'ils ont gagné pendant que leur établissement était achalandé, qu'ils étaient seuls, et que tous les enfants de la Colonie étaient forcés d'aller chez eux. De l'aveu même de nos adversaires, le Séminaire avait toujours joui d'une grande prospérité. Nous serions curieux de connaître le chiffre pour lequel souscrira, s'il souscrit, le révérend supérieur de la Congrégation des Maristes ?

Mais les Congrégations religieuses ont pour principe de ne jamais rendre l'argent.

Tels étaient bien l'esprit et les sentiments du parti que le jeu des nouvelles institutions a placé au pouvoir, non comme les représentants d'une population, mais comme des maîtres, abusant des apparences d'un mandat légal pour imposer leurs vues, leurs rancunes, leurs passions et leurs visées. « Nous voulons avoir notre collége, et nous l'aurons », disait à la séance du Conseil général du 6 mai 1879, l'un des plus agressifs parmi les adversaires du Séminaire-Collége et de toute idée religieuse, M. Osman Duquesnay. A une autre séance un membre se récriait sur les dépenses déjà faites pour le Lycée : « Ces dépenses sont notre gloire » (1) exclamait M. Deproge, devenu depuis député, et qui oubliait alors que l'argent ne sortait pas de sa poche.

La création du Lycée de Saint-Pierre, la substitution de l'enseignement libre au monopole des congrégations : tel est le but supérieur que se sont proposé les chefs de la classe aujourd'hui dirigeante à la Martinique. *C'est une idée juste.* (2) En ont-ils assuré la prochaine réalisation comme ils l'affirment, ne l'ont-ils pas au contraire retardée pour un temps indéfini, et, qui sait, ne l'ont-ils pas tuée pour toujours ? C'est ce qui vaut la peine d'être recherché ici en dehors de toute idée préconçue.

Tel qu'il est constitué, le Séminaire-Collège de St-Pierre, toutes conditions matérielles égales d'ailleurs, ne supporterait pas, nous le pensons du moins, la concurrence d'un Lycée universitaire. Cette opinion est évidemment celle qui a décidé la création du Lycée de St-Pierre. Est-elle fondée, et le succès de cette création est-il certain ? Et d'abord les conditions matérielles où se trouvera forcément, au début, le nouvel établissement, ne seront de longtemps, malgré les sacrifices que s'est imposés le pays, ou qu'on lui a imposés, celles que le temps et d'heureuses circonstances ont faites au Collège diocèsain. L'édifice consacré au nouveau Lycée, construit en dehors de tout plan arrêté d'avance, fait, comme on dit, de pièces et de morceaux, le maintiendra longtemps dans un état d'infériorité vis-à-vis de son rival. Celui-ci est, depuis de longues années, installé dans de magnifiques bâtiments couronnant une colline ombreuse et entourés de vastes jardins où des eaux courantes s'épandent à flots, apportant avec elles la santé et la vie.

---

(1) M. Prudhomme n'eut pas mieux dit.
(2) L'idée serait juste si la Colonie n'avait pas déjà un Collège.

Qu'importe la supériorité des maîtres, celle des méthodes ; la volonté de toute une population n'épargnant ni sa patience, ni son argent, pourront compenser cette infériorité toute physique. La supériorité des maîtres ? Des professeurs d'une instruction supérieure accepteront-ils les dangers, les ennuis de la vie coloniale ? et à quel prix ? Le recrutement si laborieux du personnel du Collège dans la métropole est une première réponse, et si pour l'expliquer on a recours à la crainte qu'inspire l'épidémie actuelle, n'est-ce pas méconnaître la vérité d'une situation normale qu'on cherche en vain à dissimuler, en la donnant comme une situation exceptionnelle : fièvre jaune et fièvre bilieuse, fièvre typhoïde et accès intermittents couronnés par des accès pernicieux, hépatite et dyssenterie, ne sont-ils pas chaque année le cortège obligé de cette dure saison qui s'appelle l'hivernage, dont les créoles eux-mêmes ressentent le contre coup ? Mais les Pères du St-Esprit, les Frères de Ploërmel, les religieuses de tout ordre les bravent depuis longtemps. Oui, *comme les marins de nos divisions navales, comme nos soldats de toutes armes : en y succombant et dans l'accomplissement du devoir.* La foi religieuse, la foi militaire, qu'on nous passe ce mot, expliquent ce dévouement et cette abnégation. Les professeurs attendus sont-ils les apôtres d'une foi nouvelle ? Cela peut être et nous n'y contredisons pas ; en tout cas, ils ne viendront pas seuls ; ils seront suivis de leurs familles. Nous avons vu les plus fiers courages que leurs dangers personnels laissaient indifférents, s'amollir et se fondre près du cercueil d'une femme, d'un enfant, qu'une mort soudaine venait d'arracher à leur affection ; mais ces sacrifices étaient prévus. Les prix auxquels ils ont été acceptés en compenseraient-ils l'amertume ? S'il est vrai, qu'on ne fait plus fortune aux Iles, les nouveaux professeurs, leurs familles, trouveront-ils, du moins dans une aisance plus grande, dans la certitude d'assurer l'avenir par des économies, cette espérance qui fait la force de nos classes moyennes auxquelles appartiennent la plupart de nos fonctionnaires publics ?

Ceux qui connaissent la cherté de la vie coloniale, ses exigences même, diront que les appointements fixés, quelque supérieurs qu'ils soient à ceux de France, suffiront à peine à l'existence la plus modeste, la mieux réglée. Restent les leçons particulières, les répétitions qui en France doublent et, souvent au-delà, les appointements des professeurs; or, s'il n'est pas douteux que, jusqu'au jour où la supériorité du Lycée sur le Collège diocésain aura été victorieusement démontrée, l'immense majorité des pères de famille aisés, même parmi les gens de couleur, enverra ses enfants dans l'établissement catholique, cette dernière ressource ne manquera-t-elle pas aux professeurs venus de France? Cette déception ne sera pas la seule que leur jettera le regret de la patrie absente: il n'y a pas dans l'île de bibliothèque publique, de foyer intellectuel, de société littéraire répondant aux besoins les plus impérieux de jeunes intelligences, besoin d'autant plus impérieux que la société créole telle qu'autrefois elle charmait le voyageur, n'existe plus aujourd'hui. Emiettée en mille foyers exclusifs par la ruine des grandes fortunes, par la puissance des préjugés de caste, que rien n'a ébranlée, dans les relations sociales, surtout à St-Pierre, cette société n'offre pas peut-être deux salons où un habitant étranger au pays puisse le soir déposer le fardeau du labeur journalier. Tout se réunit donc, on le voit, contre la création immédiate, de toutes pièces, d'un Lycée à St-Pierre. Œuvre sérieuse, elle demandait une longue préparation, de sérieuses études sur les moyens propres à en assurer le succès. Ce succès sur lequel l'exemple de la Réunion ne projette que trop de doutes est d'autant plus nécessaire, devait être préparé avec d'autant plus de soins, que s'il n'est pas absolu, si le Lycée ne tue pas le Collège catholique, s'ils restent seulement quelques années en présence, le résultat de longs efforts, le but constant que tous les hommes de cœur doivent poursuivre et ont poursuivi jusqu'à ce jour: la fusion morale et sociale des deux races si profondément divisées, se trouveront à jamais compromis. La communauté d'études, les années d'enfance passées sur les mêmes bancs sont, qui le nierait? les éléments les plus efficaces de cette fusion, de l'extinction si désirable de ces préjugés de couleur dont en Europe on ne peut comprendre la force toujours active dans les anciennes colonies. Depuis 1848, la société créole a passé par des périodes d'apaisement qui permettaient de croire à la chûte, aussi complète que le comporte la nature humaine, de ces barrières que n'a pas seule élevées la vanité des anciens possesseurs d'esclaves. En Afrique, dans leur terre natale, les noirs, les négresses répugnent, autant que les blancs aux Antilles, à ces unions intimes dont le résultat est de créer une dualité dans la famille, dans le mariage, expression supérieure de l'unité humaine, dans lequel Proudhon voyait l'organe de faculté dominante de l'homme: la justice. Peut-être est-ce dans cet ordre mystérieux qui régit l'humanité le préjugé que rien ne fera tomber. C'est celui qui pèse le plus aux hommes de couleur, celui que seule la misère a pu quelquefois vaincre. Quant aux autres, que de fois on a pu les croire vaincus et s'ils se sont relevés, n'est-ce pas dans les événements comme ceux de 1848 et surtout de 1870 qu'il en feront voir les causes? Depuis cette époque néfaste, le progrès a repris sa marche en avant et la communauté d'études sur les mêmes bancs des mêmes écoles n'y a pas peu contribué. L'existence simultanée du Collège catholique, où les blancs et les chefs de famille de couleur arrivés à l'aisance enverront exclusivement leurs enfants, et du Lycée universitaire, que fréquenteront exclusivement les enfants des classes déshéritées de la fortune, ne relèvera-t-elle point des barrières déjà tombées; ne sera-t-elle point un obstacle puissant créé, comme à plaisir, à la fusion de toutes les classes de la société créole? Ne serait-elle pas, en un mot l'écueil où elle sombrera dans la tourmente (1).

---

(1) *La Martinique. — Son présent et son avenir*, par l'amiral Aube, page 73 à 78.

Et qui a écrit ces pages si vraies? Est-ce un colon à préjugés, un adversaire des races noire et de sang-mêlé, un de ces réactionnaires attardés, comme se plait à les nommer une nouvelle école? Non; c'est l'amiral Aube, le dernier gouverneur de la Martinique, un européen, un républicain, pour tout dire, un de ces hommes pleins d'illusions peut-être mais qui ont foi aux promesses du progrès et à l'avenir de la science.

Si la création d'un Lycée ne répondait à aucun besoin réel, sinon à un système préconçu de laïcisation imposé de France, par imitation de ce qui était alors tenté dans la Métropole, le Conseil général, qui avait devancé la France dans la gratuité de l'enseignement primaire, devait la devancer encore dans la suppression des écoles congréganistes. Bien avant la loi votée en 1882, une véritable campagne avait été organisée contre les respectables Frères de l'instruction chrétienne, ces humbles religieux qui, depuis quarante ans, se sont voués sous notre climat à l'éducation de la jeunesse ouvrière et agricole. A quoi bon faire l'éloge de ces dignes enfants de la France, dont la mission, toute de sacrifice et d'abnégation, leur a valu l'affection et les respects des populations coloniales! A la Martinique, tout le monde, même les meneurs du Conseil général, est d'accord sur le mérite de ces instituteurs. L'éducation de l'enfance n'est pas une mission ordinaire. A l'âge où la turbulence naturelle se complique de tous les mauvais penchants de la nature, le père de famille, absorbé par les devoirs de sa profession, la mère tout entière aux soins multiples d'un ménage, ou obligée à gagner elle-même sa subsistance, n'ont pas le temps de redresser les dispositions de leurs enfants et de leur donner l'instruction qui doit les préparer à leur carrière. L'instituteur n'est pas seulement, comme semble l'indiquer son nom, un professeur, un pédagogue chargé d'enseigner une somme quelconque de science primaire ou secondaire ; à ce travail déterminé, tracé à l'avance dans un programme progressif, s'ajoute la mission de remplacer les parents auprès des enfants, de développer en ceux-ci les tendances heureuses, d'en redresser les mauvaises, de leur inculquer les principes d'une haute morale, de les *élever* en un mot. Là est le côté délicat de l'enseignement. Pour qui connaît la nature de l'enfance et qui a pu apprécier ce que coûte de peines et d'efforts l'éducation d'un seul de ces jeunes êtres, il n'est pas difficile de comprendre ce qu'il faut de dévoûment, de patience, d'abnégation lorsqu'une telle tâche, si ardue déjà quand elle n'a pour objet qu'un enfant, embrasse une nombreuse réunion d'écoliers. Aussi est-ce à ce point de vue que la supériorité des Religieux a toujours été incontestée. L'instituteur laïque, homme du monde, ayant charge de sa famille ou préoccupé d'intérêts personnels qui l'assiègent d'incessants soucis, pourra faire, dans une chaire, un professeur distingué ; il ne sera jamais ou difficilement, pour l'éducation, c'est-à-dire pour la formation complète de l'élève, comparable à ces hommes voués par esprit de renoncement à l'œuvre de moralisation de la jeunesse. A une telle tâche il faut autre chose que le goût ou l'aptitude, et le mobile personnel ne suffit pas pour attacher à d'aussi ingrates fonctions la vie et l'intelligence d'un homme. Ce ressort puissant qui manque aux instituteurs laïques, on le rencontre actif et développé dans toutes ces associations religieuses où des hommes détachés du monde, pourvus d'ailleurs à un degré éminent de connaissances spéciales, se réunissent sous l'austère discipline de toutes les vertus pour se dévouer à l'enseignement. Ici le mobile personnel, humain, disparaît avec l'individualité même du professeur: ce n'est plus un homme qui enseigne, c'est la congrégation partout présente. Une pensée supérieure dirige et soutient son labeur: il travaille pour Dieu. L'amour du prochain, la charité, enflamme son zèle; rien ne peut rebuter sa sainte persévérance, ni l'indolence ou les défauts de l'enfant ni les exigences parfois décourageantes des parents. Dépouillé de lui-même dans sa mission, conduit et soutenu par des vues surnaturelles, il obéit, il travaille, il enseigne. Les élèves, objet de sa prédilection, ne voient pas en lui le rigide pédagogue toujours armé du pensum. Ils se rappellent les tendresses de leurs maîtres, l'intérêt qu'ils portent à la jeunesse; les instituteurs leur deviennent chers comme une autre famille: de là le respect, l'affection qu'ont toujours gardés pour leurs maîtres les élèves des congréganistes, sentiments qui les accompagnent à tous les âges et dans toutes les circonstances de leur carrière.

Ce fait si commun en France pouvait être largement observé à la Martinique, au sein des familles pauvres où les Frères de Ploërmel avaient facilement accès. Ces pieux maîtres visitaient souvent leurs élèves, et étaient souvent les seuls à porter à leurs parents, dans les circonstances solennelles pour les enfants, au jour de la distribution des prix ou de la première communion, ces félicitations dont les familles aisées ne manquent pas dans le monde. Quant à l'enseignement des Frères, il a été de tout temps conforme à un programme imposé, et si l'on peut avec raison regretter les lacunes de ce programme, le reproche n'en peut être fait aux Frères obligés de se conformer à un cadre tracé à l'avance, mais à ce cadre lui même, uniforme quelles que soient les intelligences et les aptitudes, et plutôt conçu pour servir de préparation à l'enseignement secondaire que pour fournir aux corps et métiers, avec les rudiments de l'instruction littéraire et scientifique, les connaissances pratiques exigées par les diverses branches des professions manuelles. Mais un tel reproche n'était pas dans l'esprit du Conseil général, où sous le nom vague d'instruction, on ne comprenait en général que les connaissances propres aux carrières libérales. Jusqu'à 1880, au Conseil général, on était unanime à rendre justice aux Frères de Ploërmel, comme instituteurs de l'enfance ou catéchistes chargés des adultes. Presque à chaque année, cette assemblée était saisie de propositions diverses tendant à augmenter, ici ou là, le nombre des Frères. En cela le Conseil général répondait au sentiment de l'immense majorité de la population. Un fait entre autres donnera une idée de la grande, de la légitime popularité, dans le sens élevé du mot, attachée aux respectables Frères de Ploërmel. A la séance du 29 octobre 1878, le Président du Conseil général donnait lecture d'une lettre à lui adressée par un grand nombre d'habitants de Fort-de-France. Elle était ainsi conçue :

*A Messieurs les Membres du Conseil général de la Martinique.*

Messieurs,

Nous avons l'honneur de solliciter de votre haute bienveillance le rétablissement au budget de 1879 du crédit, écarté en 1878, pour frais d'entretien des chevaux pour le service de l'instruction primaire.

A Fort-de-France, ce service était fait par le Frère Bonaventure. Nos relations constantes avec cet homme de bien, avec ce religieux patient et éclairé, nous ont fait regretter son absence, et chaque jour nous désirons son retour.

En effet, Messieurs, il est difficile de rencontrer autant de vertu et de dévouement.

Malgré toutes les difficultés de nos chemins, malgré notre énervant climat, il était toujours à son poste, instruisant les adultes comme les enfants, portant à chacun les secours de ses conseils bienfaisants. Il instruisait, il catéchisait, en un mot Messieurs, il nous apprenait à nous, malheureux, la résignation dont nous avons tant besoin pour supporter la gêne, la misère.

Le Frère Bonaventure a été pour nous un guide, un soutien, un ami. Il s'asseyait à notre foyer, il caressait nos petits enfants, il rétablissait souvent la paix du ménage troublée, ramenait dans la voie honnête tous ceux qui s'en écartaient. Aussi, Messieurs le niveau moral *de notre population a grandi* au con tact de ce frère, en *entendant sa parole si douce, si persuasive. Combien d'entre nous dont la conduite laissait à désirer, sont devenus des ouvriers laborieux, des cultivateurs modèles, dont le travail soutenu suffit aujourd'hui pour nourrir une famille.*

Il nous a été dit que des économies à réaliser avaient pu, seules vous porter, Messieurs, l'année dernière, à faire disparaître du budget de la Colonie le si minime crédit qui avait été porté: *il s'agit de l'instruction morale du peuple* que vous aimez et dont vous voulez le bonheur. Aussi, Messieurs les Conseillers généraux, nous vous bénissions de ce que vous vouliez faire dans l'intérêt des malheureux qui, attachés du matin au soir à un pénible travail, ne peuvent venir dans les grands centres s'instruire et s'éclairer.

Nous sommes persuadés que vous écouterez la prière que nous vous adressons, et que, *fidèles au mandat que vous avez reçu* et aux sentiments élevés qui vous animent, vous rendrez à la population laborieuse, celui qui, par ses conseils et son dévouement à toute épreuve, empêchait bien des défaillances, bien des chûtes. (1)

Nous sommes, etc,.

Ces sentiments, partagés par le pays entier, ne devaient pas trouver grâce devant l'assemblée locale. La demande fut repoussée par la question préalable, sur l'observation d'un conseiller auquel nous avons plusieurs fois fait allusion et que nous nommerons cette fois, pour lui reprocher de s'être fait à la Martinique et au conseil général le déplorable propagateur des opinions de la libre pensée, M. N. Martineau. L'assemblée refusa donc des chevaux aux moralisateurs des adultes grandis

---

(1) Cette lettre n'est pas au-dessus des mérites du Frère Bonaventure. Nous sommes heureux de reproduire cet hommage rendu à un homme qui est pour nous depuis vingt ans le meilleur et le plus tendre ami.

sans instruction, mais il refusait difficilement une subvention au théâtre.

Les frères avaient d'ailleurs reçu en d'autres circonstances un témoignage qui aurait dû les protéger devant le Conseil général. En 1848, au moment de l'émancipation, M. Schœlcher, alors sous-secrétaire d'Etat des colonies, écrivait officiellement au supérieur général en annonçant la prochaine abolition de l'esclavage : « Je n'ignore point les *efforts fructueux* que les frères de votre congrégation ont faits, depuis plusieurs années, dans le but de préparer l'éducation morale des noirs, je sais la confiance particulière que ces laborieux instituteurs inspirent aux diverses classes de la population. »

Tels étaient aussi le sentiment et l'esprit de la grande majorité de la population sur l'enseignement primaire et les frères de Ploermel, lorsqu'un incident, peut-être inattendu, vint poser soudainement dans le pays la question de la substitution immédiate de l'enseignement primaire laïque à l'enseignement des frères. Les circonstances qui ont précédé et accompagné cette déplorable mesure, établissent clairement la responsabilité incombant à chacun de ceux auxquels le pays doit en faire le reproche.

L'opinion du Conseil général à l'égard de l'enseignement religieux s'était à différentes reprises affirmée avec éclat dans diverses discussions relatives à la création du Lycée. Depuis 1878 et l'entrée au conseil de M. Hurard et des jeunes gens attachés à sa ligne politique, ces idées s'affirmèrent davantage ; mais, on doit le reconnaître, soit qu'ils craignissent de heurter le sentiment public, trop prononcé pour qu'on pût en douter, soit qu'ils ne crussent pas prudent de transformer en même temps et du même coup l'instruction primaire et l'instruction secondaire, les chefs du parti n'essayèrent rien contre les frères, quoique, en différentes circonstances, plus d'un membre eût déjà trouvé l'occasion de signaler l'instruction laïque comme une nécessité des temps. L'occasion qui avait manqué jusques là au Conseil général allait lui être fournie par le ministre de la marine et des colonies. Au mois de mars 1880, en dehors de toute session du conseil, l'amiral Jauréguiberry adressait aux gouverneurs des colonies une dépêche où se lisaient ces principaux passages. « L'enseignement primaire est actuellement donné dans la plupart de nos colonies par des maîtres congréganistes, concurremment avec quelques instituteurs laïques. *Sans vouloir méconnaître le mérite de l'éducation donnée dans les écoles des frères*, il est incontestable qu'aujourd'hui les écoles laïques sont devenues indispensables, comme répondant à des besoins spéciaux auxquels les congrégations ne peuvent satisfaire. C'est surtout en matière d'instruction de la jeunesse que tous les intérêts sociaux ont droit à une égale protection ; et, à ce point de vue, le développement de l'instruction laïque est la conséquence nécessaire des principes libéraux dont s'inspire le gouvernement de la République.

« *Les administrations coloniales ont donc le devoir* de se préoccuper d'établir des écoles laïques et d'en favoriser le développement : en même temps, il importe de nous attacher à tout ce qui peut contribuer à l'amélioration graduelle de l'enseignement dans ces écoles, et pour atteindre ce résultat le premier soin à prendre serait de former des maîtres instruits, possédant d'excellentes méthodes pédagogiques et d'assurer le recrutement.

........................................

« Je ne puis qu'appeler votre attention et celle du Conseil général de la colonie sur l'utilité que pourrait avoir une création semblable à la Martinique et sur les conditions dans lesquelles il serait possible de la réaliser. *Quant à moi, je serais, je l'espère, en mesure de mettre à votre disposition, dès que vous en feriez la demande, le personnel enseignant dont vous pourriez* avoir besoin pour la période d'organisation. »

Le Gouverneur ne pouvait que se conformer aux instructions ministérielles. Il convoqua le Conseil général en session extraordinaire pour lui donner communication de la dépêche du 20 mars, écrite quelques jours seulement avant les fameux décrets d'expulsion des congrégations et sous l'influence des mêmes idées. L'offre était tentante. Le Conseil général qui, en cette matière, n'avait pas besoin d'excitations, n'osa pas cependant décider la transformation ; il adopta un moyen terme, et, tout en satisfaisant aux désirs du ministre, il ne voulut pas laisse au compte de l'Assemblée locale la responsabilité entière de cette grave modification. Par une motion votée à la séance du 23 juillet on décida que, « d'ores et déjà, et avant l'établissement de l'instruction laïque, *établissement qui ne pouvait d'ailleurs tarder*, les communes qui demanderaient à remplacer leurs instituteurs ou institutrices congréganistes par des instituteurs ou institutrices laïques, jouiraient des mêmes allocations que celles qui leur étaient faites actuellement pour l'entretien et le payement de ces premiers. »

Cette décision surprit le pays qui n'avait pas été averti. Aussi produisit-elle une impression très-vive. « Dans les précédentes sessions, dit l'amiral Aube, » dans le travail auquel nous avons déjà beaucoup emprunté, « l'assemblée locale avait décidé l'érection d'un Lycée destiné à lutter contre le Séminaire-Collége de Saint-Pierre. Par le refus de renouveler la subvention jusqu'alors accordée à celui de Fort-de-France, elle avait rendu nécessaire la fermeture de cet établissement. Ces deux votes n'avaient été sensibles qu'à une faible partie de la population : les familles chez lesquelles l'esprit religieux dominait toutes les autres considérations et surtout celles du chef-lieu qui, peu aisées, et ne pouvant supporter les frais du Collége de Saint-Pierre, trouvaient dans la succursale de Fort-de-France les moyens d'élever dans les premières années d'étude, ceux de leurs fils qui se destinaient aux carrières libérales. La dernière décision touchait, elle, aux intérêts du pays tout entier, sans distinction de classe, de position sociale, de fortune. L'émotion fut générale et plus vive, plus marquée dans les humbles familles du peuple qui se sentirent menacées dans leurs plus ardentes et leurs plus légitimes aspirations. »

Il faut étudier de près et sur pièces la physionomie exacte de nos législateurs dans la grave question du renvoi des Frères de Ploërmel, pour avoir idée du contraste entre l'ingratitude d'une secte audacieuse et le cri de la justice, de la vérité, imposant le respect du mérite et des services rendus par ces respectables religieux. On verra le Conseil général reconnaître qu'il obéit à des passions anti-catholiques, quand l'unanimité des éloges adressés à la congrégation ne permet qu'un reproche banal et, en tous cas, injuste, car les méthodes suivies par les Frères de Ploërmel n'étaient pas les leurs, celles de leur choix; elles étaient, nous l'avons déjà dit, la conséquence d'un programme imposé, du programme de l'université dont l'absorbant monopole a toujours tendu à une uniformité condamnée partout ailleurs qu'en France. Résumons les détails principaux de cette discussion. Le Président à la parole :

« Passons maintenant, Messieurs, dit le chef de l'assemblée, à la discussion de la proposition faite par le ministre au sujet de l'instruction primaire laïque. »

La dépêche ministérielle est lue à la séance, et un membre, prend la parole; c'est M. Deproge, de sang-mêlé.

« Il est certain, Messieurs, que le Conseil doit remercier du fond du cœur, le ministre de la bonne idée émise par lui cette fois. Mais je pense que la question doit être renvoyée à plus tard pour être définitivement étudiée. Mais d'ores et déjà, nous pourrons faire quelque chose d'utile; je désirerais que le Conseil chargeât son président, auquel seraient adjoints deux ou trois de nos collègues, de se mettre en relations avec les présidents des conseils généraux de la Guadeloupe et de la Guyane, afin de rechercher une base pour la création d'une école normale primaire intercoloniale.

......................................................

Nous verrons avec regret partir les Frères de Ploërmel *dont nous avons su apprécier le dévouement et qui ont droit à notre reconnaissance pour le zèle* avec lequel ils ont donné la première instruction à nos enfants. Mais s'il est vrai que *leur dévouement n'a pas de bornes*, il est non moins vrai que leur méthode d'instruction est détestable.

A ce moment, un membre appartenant à la race européenne, M. St-Félix, déclare se rallier à la proposition de M. Deproge. « L'opinion unanime », dit-il contrairement au sentiment général manifesté quelque temps après par la population, « l'opinion unanime est qu'il nous faut des écoles laïques. » Mais avant de voter la proposition, il demande à savoir si la colonie n'a pas d'engagement envers les congrégations des frères et des sœurs. Un autre conseiller, M. Clavius Marius, homme de sang-mêlé, appuie cette idée et insiste pour la nomination d'une commission chargée d'examiner la question d'une école normale primaire et de l'enseignement laïque. Cette commission est nommée à la séance. Il semble que rien ne sera décidé cette fois, puisque le travail et les conclusions de la commission ne pourront être achevés qu'après un certain espace de temps. Mais la même assemblée qui vient de subordonner au travail d'une commission la décision attendue de l'invitation du Ministre, va renverser le vote formulé un instant auparavant. M. O. Duquesnay, un des jeunes membres de l'Assemblée, de race mixte, propose d'appeler les communes à se prononcer sur la question du remplacement des instituteurs congréganistes par des laïques, et même à demander immédiatement ce remplacement. « Nous leur donnerions alors les mêmes émoluments que ceux que nous votons chaque année pour les Congréganistes. » Un conseiller de race européenne, M. Desrivaux, va plus loin, il pense que l'Assemblée pourrait décider que l'Administration donnera congé aux instituteurs congréganistes pour le délai que le Conseil général jugerait utile. M. Deproge combat cette proposition, ne voulant pas laisser à l'Administration le soin de déterminer elle-même le délai qui pourrait être trop long, et il appuie la proposition de M. Duquesnay. « Les Frères *seraient ainsi éliminés graduellement* et nous serions heureux, dit-il, de voir quelques vieux Frères finir au milieu de nous des existences *qu'ils nous ont presque toutes entières consacrées.* » M. Cadeau, de sang-mêlé, demande la clôture et veut qu'on laisse à la commission le soin d'examiner ces questions. M. Desrivaux s'oppose à la clôture. « *Nous voulons formuler, dit-il, un congé aux institutions congréganistes* existantes, et la commission ne peut pas le faire, le Conseil seul en ayant le droit. » Le Président trouve ce congé prématuré, dans la crainte, si les Frères se retirent, qu'on n'ait pas de professeurs laïques pour les remplacer. » Alors, à l'honneur des vieux colons de la Martinique, au milieu de ces propositions contradictoires où se trahit l'incohérence de l'assemblée, un blanc, M. de Thoré, qui a vu clair dans la discussion, s'exprime ainsi : « Deux mots seulement, messieurs, et je n'embarrasserai pas la question ; mais au moment où on nous sépare de ces malheureux et braves Frères qui ont tout abandonné, pays et famille, pour venir répandre l'instruction dans notre pays, je me fais un devoir de leur payer ici le tribut de ma reconnaissance pour le bien qu'ils ont fait au pays. » « Nous pensons comme vous, mon collègue, s'écrie M. Deproge, et pour ma part, je n'ai pas connu de ma vie un homme plus respectable que le frère Arthur (1) ». « Evidemment nous sommes tous d'accord pour reconnaître les services rendus à notre pays par les Frères », ajoute M. Clavius Marius, « mais, somme toute, chaque temps a de nouveaux besoins. Ce qui pêche, c'est leur méthode d'enseignement, et c'est à quoi nous voulons obvier en propageant l'instruction laïque. » Ce conseiller continue en proférant un blasphème que nous ne reproduirons pas, et il termine en combattant la proposition de

---

(1) C'est le vénérable supérieur des Frères à La Martinique.

M. Duquesnay qui la retire. M. Duquesnay veut bien faire l'éloge des Frères, comme le « malheureux bénit la main qui lui tend l'aumône, mais il veut quelque chose de mieux qu'un enseignement qui ne donne que le *catéchisme en pâture*. »

On peut croire la discussion terminée, quand M. Deproge reprend la proposition de M. Duquesnay. Au début de la séance, il demandait le renvoi de la question pour laisser le temps de l'étudier définitivement. Tout ce qu'il croyait alors possible, c'était que le Président de l'Assemblée se concertât avec ses collègues de la Guadeloupe et de la Guyane, afin de rechercher les bases d'une école normale primaire intercoloniale. Or, en reprenant dans le cours de la discussion la proposition de M. Duquesnay, il appelle l'assemblée à statuer immédiatement là où il a demandé d'abord d'examiner avec soin et de renvoyer le vote à une autre époque. Mais les contradictions ne manquent pas dans cette séance où chacun semble ne pas vouloir dire toute sa pensée qui est le renvoi des Frères, parce que ce sont des Religieux. M. Deproge va plus loin même que M. Duquesnay: « Remarquez bien, dit-il, que nous ne disons pas aux communes : vous *aurez le droit de choisir l'instituteur* qui vous conviendra; là, ce serait un danger, puisque c'est nous qui payons et qu'il est juste que nous donnions l'instituteur qui nous plaît. » « La proposition, explique M. Deproge, doit être temporaire, en attendant que le Conseil général prenne une mesure générale, chacun de nous partage les regrets exprimés par M. de Thoré ; *il est certain que les Frères ont rendu de grands services à notre pays* et nous reconnaissons le dévouement dont ils ont fait preuve ; mais nos regrets ne peuvent pas nous empêcher d'agir, car nous savons que les laïques, s'ils n'apportent pas plus de dévouement, apporteront du moins une méthode d'instruction plus sérieuse et plus en harmonie surtout avec les idées du siècle. »

La discussion continue entre M. Desrivaux qui accable de fleurs les Frères de Ploërmel en les raillant, et M. de Thoré qui ne peut cacher sa profonde tristesse après avoir entendu son collègue. Rien n'est décidé. L'Assemblée a évidemment perdu le fil de la discussion, et le Président ne paraît pas s'en apercevoir. Un membre de sang-mêlé, M. Waddy, constate l'embarras. « Jusqu'ici, dit-il, nous ne savons pas dans quelle limite nous pouvons agir ; ce qu'il y a de mieux à faire, à mon avis, c'est de mettre les Frères en demeure de produire leur contrat et nous saurons de cette manière, si nous sommes engagés ou non. »

« Si le contrat n'existe pas, ils pourront éluder et ils le diront ; s'il existe, nous saurons quel est le délai que nous devons fixer et après lequel ils perdraient tous leurs droits. L'administration mettra les Frères en demeure de produire le contrat qui lie la colonie à leur Congrégation, de façon qu'à bref délai nous soyons en mesure de prendre une décision à ce sujet. »

On peut croire qu'à ce point de la discussion, l'Assemblée va prendre un parti, renvoyer la question à la commission déjà nommée ou voter le remplacement des Frères, ou surseoir jusqu'après la communication du traité qu'elle suppose devoir exister. Il n'en est rien; il ne s'agit que du remplacement des Frères, l'Assemblée est haletante; une note détonnante se fait entendre; c'est M. Duquesnay, docteur-médecin, qui interpelle l'Administration :

« Je désirerai savoir de l'Administration, dit-il, pourquoi la loi de ventôse sur la médecine, quoique votée et promulguée dans les colonies, n'a pas encore été publiée. » (1)

À ce moment, l'Assemblée n'y est plus. Le Directeur de l'intérieur explique que l'ordre de promulgation n'est pas encore venu du Ministère. « C'est quelque chose de curieux, s'écrie M. Clavius. » Le *Moniteur officiel* de la France contient un décret qui ordonne de publier cette loi, et signé du Ministre de la marine lui-même; comment se fait-il qu'il faille encore que l'Administration attende des ordres du Ministère. »

Il n'est plus question de Frères ni d'instruction primaire. Evidemment, il y a eu déraillement. Alors M. Desrivaux dépose sur le bureau du Président une motion tendant à la

---

(1) Il y avait une erreur dans l'énoncé de cette observation : si la loi n'avait pas été publiée, elle ne pouvait avoir été promulguée. M. Duquesnay voulait dire sans doute que la Chambre en avait ordonné la promulgation aux colonies.

communication du traité qui peut lier la colonie envers les Frères. Puis le Conseil adopte la proposition suivante déposée par MM. Déproge, Clavius Marius, Duquesnay, ce dernier qui l'avait faite d'abord, puis l'avait retirée, et qui y revient.

« Le Conseil général décide que d'ores et déjà, et avant l'établissement général de l'instruction primaire laïque, établissement qui ne peut d'ailleurs pas tarder, les Communes qui demanderont à remplacer les instituteurs ou institutrices congréganistes par des instituteurs ou institutrices laïques, jouiront des mêmes allocations que celles qui leur sont faites actuellement pour l'entretien et le paiement de ces premiers .(1) »

Dix-neuf membres seulement assistaient à cette séance d'une Assemblée qui en compte trente-six. Mais les ardents n'y manquaient pas. La secte impie et haineuse qui s'est emparée de l'Administration du pays comptait ce jour-là ses principaux fanatiques. On n'osa pas aborder de front cette grande iniquité, et décider que les plus vertueux, les plus bienfaisants parmi les amis du peuple seraient expulsés comme des malfaiteurs. En attendant *l'établissement* de l'instruction laïque obligatoire, on laissait aux communes le choix entre les Frères et les laïques. C'est là ce qu'il faut préciser, Les termes de la délibération sont formels. Si, dès le lendemain,

---

(1) Tout ce que nous avons reproduit de cette séance a été extrait des procès-verbaux de la session extraordinaire du Conseil général de la Martinique, de juillet 1880, pages 71 à 81.

toutes les communes avaient demandé des instituteurs laïques, le Conseil général était obligé d'accepter et d'accomplir la transformation.

Une émotion générale répondit dans la colonie à ce vote où l'hypocrisie s'alliait à la plus flagrante ingratitude. Suivant l'intelligence individuelle les sentiments furent très-divers quoique identiques dans leur cause. Chez les esprits cultivés, capables de justice et de reconnaissance, l'indignation déborda contre le parti dont quelques coryphées donnaient ainsi libre carrière à leurs haines et à leurs préjugés. Chez le grand nombre la consternation étouffa tout autre sentiment. Les hommes du peuple, les cultivateurs, les ouvriers, les pères et mères ne virent que ce qui les frappait le plus : l'expulsion de leurs vieux amis, de leurs instituteurs, de ceux-là mêmes qui les avaient élevés. La conscience populaire, celle des foules, n'a pas les scrupules habituels aux natures délicates; aussi, en général, dans ces populations moins cultivées les impressions se traduisent elles, aux Antilles comme partout, par une effervescence moins contenue. De toutes parts, dans le pays, affluèrent au Conseil général de nombreuses pétitions réclamant énergiquement le maintien des Frères. Nous avons relevé plus 7,000 signatures, chiffre facile à tripler, à décupler même, si l'on observe que le grand nombre, dans la population, ne sait pas écrire, et que chaque signature représentait le père et la mère, les enfants, la famille entière.

Sous le régime du suffrage universel, cette imposante manifestation des sentiments et des vœux d'un pays aurait dû compter ; mais la souveraineté populaire, aux Antilles comme en France, est le tréteau ordinaire autour duquel les charlatans de la politique assemblent les badauds, pour se décerner à eux-mêmes le pouvoir devenu entre leurs mains la tyrannie odieuse de l'ignorance et des mauvaises passions.

Au milieu du trouble où la décision du Conseil général avait jeté la colonie, un Conseil municipal, celui de la Rivière-Pilote, formulait un vœu pour la transformation de l'école des Frères en école laïque. C'était le premier acte, et dans l'ordre du mal c'est ce premier pas qui coûte. Les respectables Frères de Ploërmel, sûrs de leur conscience, voyant clairement que ce n'était pas à leurs personnes, à leur méthode même que la guerre était déclarée, mais aux doctrines religieuses dont ils étaient pour le peuple les premiers initiateurs, voulurent répondre par un acte de virilité digne à l'audace et à l'ingratitude de leurs ennemis. Pour ne pas être sacrifiés un à un, et subir chaque jour l'humiliation d'une injustice consommée contre le droit et l'intérêt de la colonie, ils se résignèrent à devancer d'eux-mêmes le moment de leur expulsion. Le F. Arthur, supérieur général aux Antilles adressa au gouverneur une lettre noble et touchante, où s'exhalent dans une protestation pleine de dignité les sentiments de sa pieuse congrégation pour les enfants du peuple. Ce document a eu trop d'importance au moment où il a été publié pour que nous ne le rappelions pas en son entier.

Fort-de-France, le 7 octobre 1880.

Monsieur le Gouverneur,

Depuis 43 ans, les Frères de Ploërmel, venus à la Martinique sur la demande du Ministre de la marine et des colonies et du gouvernement local, se vouent à l'instruction et à l'éducation des enfants du peuple. Chargés de toutes les écoles primaires communales, nous n'avons jamais manqué à notre mission, et aux époques où sévissaient les fléaux les plus désastreux, de nouveaux Frères sont venus sans délai occuper courageusement la place laissée par ceux qui avaient succombé au champ d'honneur et du devoir.

Les divers gouvernements qui se sont succédé en France, monarchie, empire république, et aussi Monsieur le Gouverneur, chacun de vos prédécesseurs à la Martinique, m'ont adressé pour mes Frères des éloges dont le souvenir est un titre de gloire pour notre Congrégation.

Subitement et sans qu'il y ait eu de notre part aucune modification à notre conduite précédente envers la jeunesse, le conseil général de la colonie, réuni au mois de juillet dernier en session extraordinaire, a exprimé, par un vote unanime, le désir et la volonté formelle de nous voir disparaître, au plus tôt, de toutes les écoles primaires communales, sans aucune exception.

Non content de ce vote, si humiliant pour nous, il a invité et encouragé tous ceux des conseils municipaux qui auraient un personnel laïque à leur disposition à prononcer immédiatement notre renvoi.

Or, voici que ces jours derniers, le conseil municipal de la Rivière-Pilote, l'une des principales communes de la Martinique, vient de décider, conformément à ce vœu du conseil général, que l'école communale serait enlevée à notre direction à la fin de cette année. D'autres conseils municipaux, oublieux de tout ce que nous avons fait pour le pays, prendront la même décision à des échéances plus ou moins rapprochées, et selon qu'ils trouveront ou non des instituteurs laïques ; le mot d'ordre que l'on fait circuler sourdement partout, en l'enveloppant de spécieux prétextes pour donner le change à la population, les indignes injures à l'égard de l'enseignement congréganiste et de mes Frères dont un journal local se fait l'organe, ne me permettent aucune illusion.

Ce n'est pas tout le pays sans doute qui nous chasse ; mais je dois le reconnaître, c'est le pays légal, ce sont ceux qui ont le droit légal, en vertu de nos institutions, de parler et d'ordonner au nom du Pays qui leur a donné ses suffrages aux élections générales ou communales.

L'expulsion a été prononcée contre nous ; son exécution doit se faire par terme et à l'arbitraire de chaque conseil municipal. C'est la mort lente, la mort la plus douloureuse, à laquelle nous condamnent les représentants de la population de la Martinique.

Cette situation humiliante et honteuse au dernier degré, pour ma congrégation, cette situation qui rend le bien impossible et qui est pleine de difficultés sans nombre et d'anxiétés journalières, est inacceptable. Je ne me sens ni la force de m'y résigner personnellement, ni le courage de l'imposer à mes Frères, et voici la résolution que j'ai prise après avoir consulté mon conseil, et que j'ai l'honneur de vous communiquer :

A la fin de cette année scolaire 1880, je remettrai entre vos mains la direction des écoles communales que le Gouvernement nous avait confiées.

Les conditions étant ce qu'elles sont de la part du conseil général, les Frères de Ploërmel n'accepteront pour l'année 1881 la direction d'aucune école primaire communale, soit en ville, soit à la campagne.

Jamais je n'aurais pu imaginer, Monsieur le Gouverneur, que de telles amertumes m'étaint réservées pour mes vieux jours, de la part de ceux que j'ai tant aimés, ils le savent bien.

Lorsqu'après avoir réuni mes Frères, je traverserai une dernière fois les rues de la ville pour aller sur le navire qui m'emportera, moi et les miens, loin de la Martinique, j'aurai la mort dans le cœur. Mais j'emporterai avec moi la conscience du devoir accompli et l'honneur intact de ma congrégation.

Daignez agréer l'assurance du profond respect avec lequel j'ai l'honneur d'être,

Monsieur le Gouverneur,
Votre très humble serviteur.
Signé GREFFIER, Fr. ARTHUR.

C'est sous l'empire de ces graves préoccupations, du remplacement des Frères décidé en principe, de leur départ immédiat annoncé par leur Supérieur, que s'ouvrit en octobre 1880 la session ordinaire du Conseil général. L'amiral Aube, gouverneur, lui donna pour préface une allocution brève où perçait dans l'ironie la protestation contenue de la France contre l'omnipotence envahissante de cette Assemblée. « Au cours de vos délibérations », disait le gouverneur, « deux questions d'une importance supérieure entre toutes, appelleront votre sollicitude et votre sagesse éclairée :

« La première est celle des chemins de fer. La lettre que j'ai reçue du chef de la maison Lescanne et C$^{ie}$ demande une réponse décisive.

« La seconde est plus importante. C'est celle de la reconstitution de l'instruction primaire en prévision soit du départ des Frères de Ploërmel, départ qui m'a été annoncé officiellement par une lettre du Frère supérieur en date du 7 de ce mois, soit de leur maintien dans la direction des écoles, en vertu d'un contrat passé entre le supérieur général et M. le Ministre de la marine et des colonies. »

Dans ces quelques mots, il y avait déjà le grondement d'un orage. Entre le vote du Conseil général du 21 juillet et l'ouverture de la session ordinaire, deux circonstances, l'une déjà connue, la retraite générale des Frères, l'autre révélée seulement à la session, devaient jeter l'Assemblée locale dans le désarroi. En conséquence de la proposition votée en juillet et de la lettre du F. Arthur, le Gouverneur avait télégraphié, le 16 octobre, au Ministre des colonies :

« Frères Ploërmel, devant vote du Conseil général 21 juillet et décision municipale Rivière-Pilote, abandonnent écoles primaires le 1er janvier 1881. Commission spéciale du Conseil demande conformément dépêche 20 mars dernier, envoi pour 1er janvier 1881 : 15 instituteurs à 3.000 fr.; 42 à 2.400 fr.; 43 à 1.800 fr. par an. Commission compte sur réponse télégraphique avant réunion Conseil général 28 octobre. »

Que s'était-il passé ? La commission permanente du Conseil général, sorte de comité de salut public local, institué à l'imitation de la métropole, avait compris que la colonie allait se trouver sans instituteurs congréganistes en 1881, avant d'avoir recruté un personnel laïque. La difficulté était pressante : elle pouvait amener la suppression de l'instruction primaire pendant un temps plus ou moins long, et les meneurs du parti comprenaient bien, en présence du sentiment public, qu'une telle extrémité était la ruine du Conseil général. Aussi l'anxiété était vive au sein de cette Assemblée, et le rapporteur de la commission d'instruction laïque, M. Clavius Marius, laissait-il clairement voir son trouble et celui de ses collègues. Il rappelait avec raison que l'initiative de la transformation était partie de l'amiral Jauréguiberry, dont la dépêche de mars 1880 avait précipité le conflit; mais, décidé à mettre avec raison au compte du ministre la responsabilité première, le rapporteur n'entendait pas en accepter la plus légère part pour le Conseil général. Le ministre avait sollicité le zèle laïque de l'Assemblée, cela n'était que trop vrai ; mais le Conseil avait-il consulté les sentiments du pays ? Avait-il écouté la voix de ses véritables intérêts ? N'avait-il pas plutôt obéi à cette passion anti-religieuse de laïcisation dont la métropole lui donnait le triste exemple et à laquelle la plupart, dans le Conseil, étaient très-heureux de se conformer. Le rapporteur n'entrait pas dans cette voie repentante. Après le Ministre, c'étaient les Frères qui avaient fait le mal :

« Vous le savez, » Messieurs, disait M. Clavius Marius, « depuis longtemps, en France, et dans beaucoup d'états européens, l'enseignement laïque, d'abord combattu avec passion par tous ceux qui craignaient que son établissement ne fût le prélude de la disparition d'une influence plusieurs fois séculai

s'est imposé partout, et a partout donné d'admirables résultats.

........................................

« A la suite de l'invitation du Ministre, M. le Gouverneur de la Martinique convoqua le Conseil général en session extraordinaire pour l'examen des propositions faites. »

« Certes, il existe parmi nous plusieurs membres qui, bien avant la circulaire ministérielle, avaient leur opinion faite sur la question et *appelaient de tous leurs vœux une réforme complète de l'enseignement donné aux colonies*. Ils avaient pu constater, en effet, combien les résultats obtenus avaient été peu en rapport avec les sacrifices considérables faits par ce pays pour son instruction. Ils avaient compris surtout que chaque époque a ses besoins et ses tendances, et que l'enseignement d'une population républicaine ne pouvait être laissé dans les mains de ceux qui sont dirigés par des principes en opposition avec toutes les idées les plus chères à la nation affranchie par la grande Révolution de 1789. »

« Les résolutions prises par vous dans votre session extraordinaire de juillet dernier établissent que le conseil, partisan en principe de l'instruction laïque, tout en acceptant la proposition du ministre, croyait devoir attendre du temps la réalisation de ses plus ardents désirs. »

« Cette résolution indiquait, à n'en pouvoir douter, que vous vouliez arriver à une élimination graduelle. Mais si vous avez eu la prudence de vouloir opérer sans secousse la substitution d'un système à l'autre, il n'en a pas été de même des frères de Ploërmel qui, obéissant à des raisons que nous n'avons pas à pénétrer, ont brusquement déclaré, par l'organe de leur supérieur, « qu'à la fin de « l'année scolaire 1880, ils remettront la di-« rection des écoles communales que le gou-« vernement leur avait confiées, et qu'ils « n'accepteront, pour l'année 1881, la direc-« tion d'aucune école primaire communale, « soit à la ville, soit à la campagne. »

Tous les torts rejetés sur le Ministre et sur les frères, le rapporteur abordait la question délicate, celle des dépenses à prévoir du remplacement des congréganistes. L'argent n'y manquait pas : 15 instituteurs à 3,000 francs, 45,000 fr. ; 42 à 2,400 fr. 100,800 fr ; 43 à 1,800 fr. 77,400 fr. ; et enfin 10 à 1,200 fr. 12,000 fr ; au total 235,200 fr pour le personnel seulement : tel était le premier profit que la colonie devait retirer de la substitution de l'enseignement laïque à l'enseignement donné par les Frères. Ces humbles religieux ne coûtaient que 1600 francs et on leur refusait quelque temps auparavant une légère augmentation. Mais on ne pouvait payer trop cher des *méthodes plus en harmonie avec les progrès du siècle, et le renvoi de ceux qui sont dirigés par des principes « en opposition avec toutes les idées les plus chères à la nation affranchie par la grande révolution de 1789 »* (1). Le budget de 1881 prévoyait

---

(2) Procès-verbaux du Conseil général de la Martinique, pages 20 à 25.

déjà une dépense de 265,000 francs pour le Lycée ; c'était donc un total de 500,000 fr. pour l'instruction primaire et secondaire, sans compter les dépenses d'appropriation, de location, le personnel des Sœurs de Saint-Joseph chargées des écoles de filles, auxquelles il fallait ajouter les bourses, les subventions à diverses institutions privées. Rien, dans les préoccupations du Conseil général, ne se rattachait à l'exagération de ces folies budgétaires : le trouble de l'Assemblée, à la session de 1880, venait de l'impossibilité de pourvoir au remplacement immédiat des Frères, si la décision de leur supérieur était maintenue. Or, en conformité du vote du 21 juillet, l'Administration avait appelé tous les Conseils municipaux à délibérer sur le remplacement ou le maintien des Frères. Quelques Conseils seulement avaient répondu, on ignorait la détermination que prendraient les autres : la délibération devenait inutile si les Frères se retiraient.

L'émotion causée dans le pays par la décision du 21 juillet ne s'était pas calmée. Avant la réunion du Conseil général, le ministre, avisé de cette décision, avait fait connaître l'impossibilité de recruter immédiatement un personnel enseignant pour toute la colonie. Les dépêches de l'amiral Cloué qui avait succédé à l'amiral Jauréguiberry ne laissaient aucun doute à cet égard : « Pas d'instituteurs possibles à 1,800 francs », « ministre de l'instruction publique ne peut donner instituteurs ; besoins de la métropole trop considérables. Frères Ploërmel doivent

continuer service jusqu'à ordre du département concerté avec Supérieur général. »
Cette dernière dépêche qui sauvait le Conseil ne fut pas d'abord comprise. A Fort-de-France, dès qu'elle fut connue, la population y vit le maintien des Frères, et la joie fut générale. Les femmes du peuple s'attroupèrent et allèrent en foule acclamer ces religieux en face de leur école; les maisons furent pavoisées, une véritable allégresse se traduisit en chants, en scènes bruyantes, fréquentes dans les populations coloniales. Comme il arrive presque toujours dans les questions où l'intérêt et les passions des foules sont en jeu, une partie de la population crut voir dans un des membres du Conseil général plus particulièrement l'adversaire des Frères, et elle se porta chez M. Waddy dont l'attitude à cette occasion avait été cependant moins prononcée que celle de la plupart de ses collègues. Mais les foules ne raisonnent pas. M. Waddy fut sommé de paraître devant la population exaltée et de lui donner nous ne savons plus quelle satisfaction. Les radicaux du Conseil et de la presse jetèrent de hauts cris et semblèrent accuser l'Autorité et les blancs d'avoir provoqué cette manifestation contre un homme de sang-mêlé. O pudeur de la Révolution ! Elle exalte à tous propos le peuple, sa souveraineté, son suffrage ; elle est prête à l'innocenter des dernières violences, quand les réactionnaires, les blancs sont les victimes ; mais que la roue tourne et que les passions populaires s'attaquent à un républicain, à un homme de couleur, ce peuple

n'est plus que la canaille poussée par la réaction!

La scène de Fort-de-France et la fermeture éventuelle des écoles primaires troublaient le sommeil des conseillers généraux. Les procès-verbaux de la session de 1880 reproduisent fidèlement leurs préoccupations. Une longue et oiseuse discussion a lieu entre M. Duquesnay et l'administration avec plusieurs membres du Conseil à l'occasion de la dernière dépêche du Ministre des colonies. M. Duquesnay veut absolument y voir le mot *contesté* pour concerté. On propose de déléguer le président de l'Assemblée auprès du Ministre pour traiter de *cette grave affaire*. M. Hurard, toujours prêt à *se rendre utile à son pays toutes les fois qu'il le pourra*, accepte à la condition essentielle que tous les frais du voyage resteront à sa charge. On fait observer avec raison que pendant le voyage du Président de l'Assemblée, une dépêche écrite du Ministre pourra éclaircir la situation et rendre ce départ inutile. « Nous serons privés de notre Président, » dit M. Desrivaux, « nous regretterons amèrement son absence, les fatigues et les frais que nous lui aurons occasionnés, mais il sera impossible de réparer ce qui aura été fait. »
M. Duquesnay ne veut ni du voyage ni de l'attente : « Tachons vite de nous procurer dans le pays ce que la Métropole ne peut nous offrir. Si nous ne pouvons trouver en France des instituteurs, ouvrons un concours ici. »
M. Lacourné fait observer avec raison que c'est le cas plus que jamais d'attendre la dé-

pêche du Ministre. L'accord ne se fait pas. C'est alors que M. Deproge prend la parole : « Messieurs », dit ce jeune conseiller, « la situation dans laquelle nous nous trouvons est très-grave, mais il faut ajouter qu'elle est encore plus anormale. Vous savez comment les choses se sont passées. A notre dernière session, l'Administration nous a transmis une dépêche de M. l'amiral Jaureguiberry, alors Ministre de la marine et des colonies. Une discussion s'est ouverte sur les propositions du Ministre, et après les avoir sérieusement examinées, le Conseil général a *émis un vote dans le sens* des propositions contenues dans la dépêche ministérielle ».

« Il faut bien le dire, messieurs, cette délibération du Conseil général est une de celles qui ont été le plus calmes et le plus dignes. On a discuté comme il convenait cette grave question qui nous était soumise ; on a rendu aux Frères de Ploërmel le juste hommage qui leur était dû, et on a statué sur une question de principe sans vouloir offenser personne. »

Tout le reste, dit sur ce ton, est une apologie du vote du 21 juillet, et l'orateur termine en questionnant l'Administration sur ses projets. En fin de compte, l'Assemblée n'a plus les Frères, elle n'aura pas les laïques, elle se retourne vers le Directeur de l'intérieur pour lui demander ce qu'il compte faire. M. Duquesnay précise l'interpellation: « Sur cette question de dépêches, dit-il, l'Administration toujours jalouse de prendre l'initiative, doit avoir une opinion arrêtée. Les Frères ont donné congé. Le congé n'a point de condition, il est absolu, ils partent. Donc l'Administration doit pourvoir à cela. Je suppose que les Frères restent. A quelles conditions resteront-ils ? S'ils partent que ferons-nous ? Que l'Administration nous propose un projet, nous l'amenderons, s'il est possible, nous fournirons les ressources pécuniaires, mais qu'elle nous le propose. » A ce moment M. Binet revient sur le projet *d'expédier*, ce sont ses expressions, le Président de l'Assemblée en France pour voir le Ministre. M. Deproge ne comprend pas que l'Administration n'ait pas une solution à proposer. Il oublie que l'Assemblée a voté le remplacement en principe des Frères de Ploërmel et appelé les Conseils municipaux à délibérer sur la transformation immédiate ou le maintien des Congréganistes. Il ne se rappelle plus qu'à la suite de ce vote, un Conseil municipal ayant demandé la transformation, les Frères ont fait connaître l'intention de renoncer à l'enseignement. La situation pouvait être difficile, mais en bonne justice, on ne pouvait en faire reproche ni à l'Administration qui n'avait rien décidé, ni aux Frères pour avoir été au devant des désirs manifestes du Conseil général. Le Directeur de l'Intérieur se déclare aussi embarrassé que le Conseil. « Mais, » reprend M. Deproge, « le Directeur de l'intérieur doit comprendre comme nous que c'est l'honneur du pays qui est ici en jeu. Il ne s'agit plus maintenant de discuter si les Congréganistes valent mieux que les laïques, la question ne peut plus être soulevée. Les Frères ont déclaré qu'ils s'en vont, et l'Administration ne nous dit rien qui soit de nature à nous faire croire que cette résolution n'est pas définitive. Eh bien ! je trouve excessivement grave que l'Administration vienne à nous les mains vides et qu'elle ait l'air de nous dire d'une façon vulgaire et brutale : Débrouillez-vous ! Eh bien ! nous nous débrouillerons ! » Très bien, crie M. Waddy, et une acclamation qui se propage jusque dans l'auditoire répond à M. Deproge.

Les Conseillers généraux sont muets. Ils geignent, 'on le voit bien, et appellent au secours. Si quelqu'un ne leur tend pas la main, c'en est fait de leur omnipotence. « Nous pouvons commettre des fautes, » dit M. Deproge, « nous pouvons succomber à la tâche, mais nous aurons du moins montré que nous avons à cœur l'honneur du pays que nous représentons, et si nous succombons, ce ne sera pas au moins sans avoir fait notre devoir, et nous tomberons en tenant encore à la main le drapeau de la démocratie que nous aurons été seuls à défendre ; mais il fallait que cela fut dit tout haut, il faut que la France sache que, suivant les conseils d'un Ministre, une Assemblée, *composée presque exclusivement de jeunes gens*, a été abandonnée à elle-même par l'Administration qui devait s'inspirer des vues du Ministre, et que cette Assemblée a su supporter le poids de la situation la plus difficile qui ait jamais été imposée dans ce pays à aucune génération d'hommes ! » Après cette discussion bruyante, l'Assemblée charge le

Président de se rendre en France pour s'entendre avec le Ministre.

A la séance suivante la question revient incidemment. M. Deproge demande à connaître le résultat du vote des communes au sujet de l'instruction primaire. L'Administration n'est pas informée. « Il est d'une grande importance, » dit M. H. Thaly, « que notre Président connaisse les communes qui ont voté le remplacement des Frères. C'est un principe de liberté de laisser aux communes qui veulent de l'instruction congréganiste le soin de s'entendre avec les Frères. Il serait excellent pour nos enfants que nous ayons les deux éléments pour pouvoir faire la comparaison. En France, les aspirations sont plutôt portées vers l'enseignement laïque ; mais il faut aussi tenir compte des mœurs et des habitudes de notre pays ; ayant les deux éléments, nous nous livrerons pour ainsi dire à des essais comparatifs, et nous pourrons même plus tard ouvrir des concours généraux où nous jugerons de la valeur de chacun de ces éléments. »

Mais l'Assemblée n'était pas rassurée. Le secours lui vint de l'amiral Cloué dont une dépêche, datée du 23 octobre, faisait savoir que les frères de Ploërmel n'avaient pas le droit de s'en aller librement, et qu'ils devaient attendre les convenances du Conseil général. En même temps l'Amiral reconnaissait que l'assemblée locale n'avait jamais songé à remplacer les frères, qu'elle n'avait eu qu'une pensée, d'accord avec le département : développer progressivement l'enseignement laïque par la formation d'instituteurs primaires recrutés dans la population elle-même. »

On n'a pas oublié la dépêche du 20 mars de l'amiral Jauréguiberry. « Il est incontestable, disait le ministre, que les écoles laïques sont devenues indispensables, le département pourrait, grâce aux demandes d'emploi aux colonies dont il est saisi, *aider votre administration à constituer un personnel d'instituteurs laïques pour les écoles dont la formation serait immédiatement décrétée.* »

Pour le Conseil général, pour tout le monde, c'était assurer le remplacement des frères si le Conseil général se prononçait pour l'enseignement laïque. On reste donc confondu en lisant dans la dépêche de l'amiral Cloué du 23 octobre cette affirmation étrange où le Ministre des colonies, désireux de sauvegarder la responsabilité du ministère et de justifier le Conseil général compromis avec lui, essaie de donner le change et, finalement, pour sortir d'embarras promet d'user d'autorité afin de forcer les Frères de Ploërmel à attendre leur expulsion un à un, selon les facilités de remplacement.

La situation était ainsi sauvée. Grâce à l'acte de l'amiral Cloué, la plus éclatante impéritie n'a pu recevoir son châtiment. Les écoles primaires allaient être ouvertes en 1881, et M. Deproge, le porte voix du Conseil général, a pu chanter les louanges de l'assemblée et du ministre, dans une de ces harangues où le jeune orateur donnait habituellement cours à sa facilité. Mais l'opinion publique n'a pas été dupe. Assurément dans la suppression de l'enseignement des frères, le ministre de 1880, par la dépêche du 20 mars, a les premiers torts. C'est du ministère qu'est parti cet appel aux sentiments de l'assemblée locale. Mais celle-ci ne demandait pas mieux que de paraître obéir là où elle avait le regret de ne pouvoir commander. Le Conseil général appelé à se prononcer sur la transformation de l'enseignement primaire a essayé de détourner de lui la responsabilité de cette grave mesure, pour la laisser aux communes : ce biais ne change pas les rôles. C'est la colonie qui devait faire les frais de cette transformation ; au Conseil général, par conséquent, devait appartenir le dernier mot. Si l'assemblée locale avait été moins imbue de passion anti-religieuse, si elle avait écouté, avec la voix de la raison et de la justice, a voix du pays qui demandait le maintien des frères, le vote du 21 juillet n'aurait pas eu lieu. A M. Deproge moins qu'à tout autre il appartenait de disculper l'Assemblée et d'accuser vaguement des coupables inconnus, car c'est lui qui, en reprenant la proposition de M. Duquesnay d'abord retirée par son auteur, a appelé le Conseil général à voter la délibération d'où est sorti le vote des communes. Et il a pris soin de préciser sa proposition, en rappelant qu'elle était temporaire, que les communes n'auraient pas le droit pour cela de choisir tels ou tels instituteurs, parce que, le Conseil général faisant les fonds, c'était à lui de déterminer le caractère de l'enseignement. La vérité qui ressort des nombreuses discussions auxquelles a donné lieu l'instruction primaire, c'est que la majorité du Conseil, emportée par la folle imitation du jacobinisme métropolitain, voulait détruire l'enseignement congréganiste à tous les degrés. Les adulations prodiguées aux Frères de Ploërmel n'enlèvent rien à l'odieux de leur expulsion, au contraire : il n'est pas possible que des professeurs qui avaient su inspirer de tels regrets fussent devenus tout à coup indignes de leur mission. Le parti pris d'une secte impie et audacieuse est le vrai motif du vote du 21 juillet. A la Guadeloupe, où le Ministre a également appelé le Conseil général à délibérer sur l'instruction primaire, le Conseil général s'est inspiré d'autres sentiments. Trente-quatre voix sur trente-six ont demandé le maintien des Frères. Comment un système d'enseignement si apprécié dans une colonie voisine et par une population identique à la nôtre, était-il devenu si mauvais pour la Martinique ? La passion antireligieuse, la substitution ont seules eu part à une iniquité qui a privé des milliers d'enfants chrétiens de l'instruction conforme à la foi de leurs parents. En attendant le jugement de l'histoire, la conscience publique doit protester contre cet attentat.

Depuis 1880 il n'a plus été question de l'enseignement primaire. Vers la fin de 1881 commencèrent d'arriver à la Martinique les premiers instituteurs laïques suivis de beaucoup d'autres. Aujourd'hui, à part quelques rares communes où le maintien de l'enseignement congréganiste a été voté, les

Frères ont été partout expulsés. L'absence de tout ménagement a aggravé pour ces religieux la rigueur d'une séparation douloureuse. A Fort-de-France on leur a donné vingt-quatre heures pour quitter leur demeure, et ils ont dû chercher asile à l'école primaire supérieure fondée par l'Evêque du diocèse dans les bâtiments de l'ancienne succursale du Séminaire. A Saint-Pierre le spectacle était déchirant. Il y a quelques mois, un matin à six heures, on a pu voir une vingtaine de Frères, la veille encore au milieu de leurs élèves, traverser comme des proscrits les rues de la ville et se rendre au rivage pour s'embarquer sur le bâteau qui fait le service entre St-Pierre et le chef-lieu. Ils allaient prendre le paquebot transatlantique et rentrer en France. Ainsi s'est consommée une des iniquités les plus honteuses qui puissent déshonorer une population. Les remplaçants des Frères sont à l'œuvre, ont-ils changé quelque chose à leurs méthodes ? Le mensonge ou l'illusion faisait briller aux yeux des simples on ne sait quel perfectionnement nouveau dans les procédés pédagogiques des instituteurs laïques. Il n'en a rien été, et les coryphées de la libre pensée le savaient bien. C'est toujours, avec les éléments de la grammaire, la lecture, l'arithmétique, l'écriture, l'instruction rudimentaire en d'autres termes. Mais le catéchisme a été proscrit de l'enseignement. De nos écoles chrétiennes où la foi du pays voyait moraliser une jeunesse élevée souvent dans un milieu dangereux, on a arraché la croix ; la classe, ouverte et close autrefois par la prière, commence et s'achève, peut-être, par la *Marseillaise* ou le *Champ du Départ*; les enfants ne sont plus conduits à l'Eglise le dimanche et les jours de fête; l'instruction religieuse est bannie. Mais deux fois la semaine, dans les bourgs, on assemble les plus grands parmi les élèves, sur une place ou dans la rue, et là, un bâton à la main, ils se préparent à l'exercice du fusil. Voilà l'éducation civique, celle là que les Conseillers généraux ont appelée de leurs vœux et réalisée avec les finances du pays : *une éducation en harmonie avec les progrès du siècle* !

Le Lycée, soutenu par le budget, ouvrira ses portes à de nombreux élèves dont la colonie paiera l'éducation. Dans quelques années, la race de sang-mêlé, fournie de jeunes gens pourvus d'une instruction suffisante, pourra envahir toutes les carrières et remplacer aux fonctions où on les compte encore aujourd'hui les sujets de race européenne. Dans le même temps les écoles primaires passeront aux mains de la race. Cette réforme abusive, entreprise sous le prétexte du progrès des méthodes et du développement de l'instruction, n'aura, en réalité, d'autre résultat que d'assurer des places lucratives à de nouvelles générations de déclassés.

La gratuité et la laïcisation de l'enseignement primaire, la création du Lycée, rapprochées de la suppression de l'impôt personnel, ont déjà mis à la charge de la Colonie une dépense de près d'un million en regard de laquelle aucune contribution ne peut être opposée. Le budget de 1882 a porté à 844,500 francs les prévisions pour l'instruction publique, sans compter les frais de justice, les frais d'hospice et d'autres que la masse populaire seule occasionne. Le budget de cette dernière année atteint, moins 1,500 francs, la somme énorme de quatre millions, et de ce chiffre un quart est employé à l'éducation d'une population exempte de tout impôt direct. Par contre, beaucoup de services ont été incomplètement pourvus, des réductions nombreuses ont été opérées. Nous sommes loin des 2,500,000 francs qui suffisaient à l'amiral de Gueydon pour créer les routes, organiser l'école des Arts et métiers, la Compagnie des sapeurs mineurs et conduire à Fort-de-France, par un travail justement admiré, l'eau pure d'une de nos plus belles rivières. Nous sommes loin encore du budget de 1870 et d'avant, ou trois millions suffisaient à des travaux comme le bassin de radoub et le port des transatlantiques. La vérité est que depuis 1870, rien de comparable n'a été fait dans la Colonie. Le pays surmené a vu élever ses impôts ; il a fallu créer de nouvelles ressources, on a frappé l'industrie des usines sans s'occuper de la légalité de la mesure; on a surchargé les droits d'enregistrement déjà si lourds, on a eu recours à des taxes créées dans la Métropole dans une nécessité pressante, après la guerre de 1870. Le timbre, tarifé d'abord au-dessous du taux métropolitain, a atteint le chiffre et les décimes imposés en France depuis le traité de paix. En d'autres termes un pays qui n'a connu aucun des malheurs de la guerre, en subit aujourd'hui toutes les conséquences financières, et c'est la propriété, c'est le sol, c'est l'industrie et le commerce qui paient ces folies ; l'immense population agricole et ouvrière en est affranchie. Que sera-ce quand les mécomptes commenceront ? Le Lycée aura son arriéré, les écoles primaires verront accroître le nombre des professeurs. Un million ne suffira pas pour équilibrer au budget des extravagances dictées par le parti pris et l'inexpérience. La caisse de réserve a déjà presque disparu, les communes, en grand nombre, ne couvrent pas leurs dépenses ; quelques-unes sont grevées et ont eu recours à l'emprunt, et en face de ce gaspillage général dans lequel on relève, dit-on, 45,000 fr. dépensés en deux ans à St-Pierre pour la fête du 14 juillet, on ne peut montrer ni une œuvre ni une création, à part le Lycée. Mais dans un pays où vivaient en paix, presque unies, trois races entre lesquelles les institutions du passé avaient élevé des barrières détruites peu à peu par le temps, l'influence d'un parti a ravivé des souvenirs effacés, et la haine de race, éteinte dans le commerce amical de vingt années de paix sociale, a éclaté terrible, plus vivace, plus enracinée que jamais. L'ordre public a été troublé ; l'injure et l'outrage sont devenus habituels dans les discussions de la presse où, des deux parts aujourd'hui, on semble faire assaut de violence. Toutes les âmes honnêtes sont affligées, car ce trouble, pour unique résultat, a fait monter quelques ambitieux ; les hommes de sang mêlé le voient bien, mais dans le grand nombre bien peu ont assez d'indépendance pour se séparer d'un parti dont le triomphe, si funeste qu'il soit, leur semble être encore le triomphe de leur race et la marque de leur domination !

Dans le temps même où il portait sur les finances locales une main imprudente, le Conseil général ne cessait de demander l'application de toutes les lois métropolitaines. Dans cet ordre d'idées qui a pour formule l'assimilation à la France, la loi militaire sortie des désastres de 1870 et le jury ont eu une large place dans les aspirations de cette assemblée. La puissance des mots a toujours été irrésistible. Combien, au Conseil général, ont demandé la conformité de nos lois à celles de la France, qui ignorent ces lois elles-mêmes, leurs dissemblances, les causes par où ces dissemblances s'expliquent et se justifient! Il y a plus : parmi ceux qui croient à l'assimilation comme à un bienfait, combien en voit on qui revendiquent en même temps pour les Antilles le droit au self-gouvernement, à l'autonomie! Assimilation et indépendance locale, telles sont les deux formules contradictoires mais radicales, accouplées par la plupart de nos politiciens dans des vœux insensés où apparaissent l'inexpérience et ce besoin vague de changer pour le changement !

Soumises dès l'origine à des lois particulières, contraires au droit public métropolitain, les colonies ont vécu près de deux siècles sous l'empire d'une législation exceptionnelle nécessitée à la fois par leur condition naturelle, par leur isolement et surtout par l'esclavage. Déjà, cependant, bien avant 1848, les Antilles, la Réunion et la Guyane avaient été l'objet de modifications importantes dans leur administration et dans la législation. A l'organisation primitive conservée jusqu'à 1789, avait succédé celle de l'Empire où les choses avaient changé de nom seulement. En 1825, en 1827 et en 1828, ont été rendues les belles ordonnances qui donnaient à nos colonies une organisation administrative et judiciaire calquée sur celle de la France. D'autres ordonnances réglant des matières spéciales, assimilaient, autant que le permettaient les circonstances, la Martinique, la Guadeloupe et la Réunion à leur Métropole. Après la Révolution de juillet et l'admission des hommes libres de race noire et de sang mêlé à la vie civile et politique, de nouvelles dispositions conçues dans un esprit toujours progressif ont été appliquées à ces pays. Un Conseil électif chargé de voter les dépenses publiques locales a été accordé à chacune des grandes colonies. L'administration de la Martinique était à ce moment comme un fac-simile de celle de la France. Le Gouverneur y représentait le pouvoir Royal. Des chefs d'administration responsables dirigeaient sous l'autorité du Gouverneur toutes les branches du service public, comme les Ministres dans la Métropole. Le Conseil colonial imité des Conseils généraux des départements, mais avec des attributions bien plus étendues, figurait en petit la Chambre des députés. Un Conseil privé, composé des chefs d'administration et de deux membres choisis par le Gouverneur, faisait fonctions de Conseil des ministres et se transformait en certains cas en une sorte de Conseil de préfecture, par l'adjonction de deux magistrats de la Cour d'Appel, lors qu'il y avait à juger les questions réservées au contentieux administratif. De nombreuses lois dont le temps avait rendu l'application utile et possible, avaient été promulguées dans ces pays; et, de la plupart des restrictions imposées par la situation exceptionnelle des colonies, chaque jour emportait quelques lambeaux. L'abolition de l'esclavage en 1848 devait permettre de plus larges modifications auxquelles ne faisait plus obstacle un état social anormal et contraire aux bases mêmes du droit public métropolitain. Dès 1854, sous l'Empire, le sénatus-consulte organique des colonies de la Martinique, de la Guadeloupe et de la Réunion, donnait à ces pays une constitution politique et administrative aussi libérale que le comportaient le régime impérial et la transformation profonde accomplie, six ans auparavant, dans leur état social par l'émancipation des esclaves. Depuis lors, le Gouvernement impérial n'a cessé de modifier la législation en la rapprochant de celle de la France, partout où une raison supérieure d'équilibre ou d'intérêt ne commandait pas une exception. Les différences, d'ailleurs, ne touchaient en rien au fond de la législation elle-même. En 1866, un dernier Sénatus-Consulte, encore en pleine vigueur aujourd'hui, étendait dans une mesure si large les attributions des assemblées locales, devenues depuis 1854 les Conseils généraux des colonies, que les Antilles et la Réunion ont acquis et conservent, en matière financière surtout, des prérogatives qui touchent presque à l'autonomie. Sous l'Empire, le droit de suffrage, la représentation au Corps législatif et la liberté de la presse, leur avaient été enlevés. Aucun esprit sérieux, au courant des choses coloniales et de l'esprit de nos populations, n'a jamais songé à en faire un grief contre la Métropole. Le Pouvoir issu du 4 septembre, légiférant avec l'étourderie qui a marqué tous les actes du gouvernement de la Défense nationale, s'est empressé de rétablir la représentation directe et le suffrage universel, et de fournir ainsi à des populations mal réconciliées des éléments de rivalité et de discorde. Les dispositions libérales du Sénatus consulte de 1866 avaient donné aux colonies, nous avons déjà eu l'occasion de le faire observer, une véritable autonomie dont l'étendue allait jusqu'au vote du tarif d'Octroi de mer sur les objets de toute provenance, et des tarifs de douanes sur les produits étrangers, naturels ou fabriqués, importés par tous pavillons. Le nombre des conseillers généraux était fixé à vingt-quatre. Le gouvernement impérial, en édictant cette constitution, avait créé à côté d'elle un correctif dont l'expérience a démontré la nécessité. Avant la création des Conseils coloniaux, sous la Restauration, les budgets locaux étaient votés par les Chambres ou décrétés par le Roi. Dès 1833, ces budgets formés en partie des taxes prélevées sur le pays, en partie des subventions de la Métropole, étaient votés par les Conseils coloniaux, mais soumis, en outre, à l'approbation du Roi. Ce contrôle s'expliquait par la part, importante alors, à la charge de la France dans les dépenses coloniales, et par le droit souverain de toute métropole sur des possessions créées par elle, avec son argent, ses ressources, les sueurs et le sang de ses enfants. Le Sénatus-Consulte de 1866 laissait les dépenses facultatives à la discrétion des Conseils généraux dont les attributions étaient en même temps fort étendues. De telles prérogatives nécessitaient un contre poids dans l'intérêt de la Métropole et des populations coloniales elles-mêmes. Il existait dans le mode de composition du Conseil général dont la moitié des membres était nommée par le gouverneur, l'autre moitié laissée au choix des Conseils municipaux; mais les membres de ces assemblées secondaires étant eux-mêmes désignés par le gouverneur, on peut dire que, dans le système impérial, le Chef de la Colonie était réellement le grand électeur. Indépendamment de cette part dans la composition du Conseil général, le gouverneur avait la faculté de se pourvoir en annulation, dans le délai d'un mois à partir de la clôture de la session de l'Assemblée, contre toute délibération contraire au Sénatus-Consulte, à une loi ou à un règlement d'administration publique. Ce n'était pas assurément le dernier mot du système parlementaire, et les fanatiques de la liberté pure pouvaient regretter ce contre poids nécessaire à des privautés si importantes ; mais les esprits sages et éclairés comprenaient facilement que la meilleure initiation à la liberté n'est pas dans la licence sans frein. Le Sénatus-consulte de 1866 a été, à la Martinique tout au moins, une application heureuse de l'autonomie, et si l'on peut avec raison relever quelques faiblesses à la charge du Conseil général de l'époque, notamment l'abandon de M. de Lareinty, délégué de la colonie en 1868, il serait injuste de ne pas lui reconnaitre une intelligence vraie des besoins et des intérêts du pays.

Quoiqu'il en soit, le suffrage universel a bouleversé de fond en comble l'économie de la constitution de 1866. Par le choix des Conseillers, le gouverneur conservait l'ascendant sur l'Assemblée coloniale, sans annuler son indépendance. Cette influence pondératrice du représentant de la France sur un corps délibérant dont les décisions peuvent affecter les intérêts supérieurs de la Métropole, réalisait l'équilibre entre l'autonomie locale et le droit souverain de la France toujours maîtresse des colonies. En l'état actuel des choses, ce qui serait incompréhensible si l'on ne connaissait la faiblesse politique de l'opinion démocratique et la complète insuffisance de la plupart des démocrates locaux, c'est de voir une assemblée armée de prérogatives si larges, aujourd'hui sans correctif autoritaire, se consumer à réclamer comme une extension de la liberté, l'assimilation à la France. Pour faire toucher du doigt l'imprévoyance qui a dicté de semblables vœux, il est nécessaire de mettre en regard sur quelques points spéciaux, le régime colonial tel que nos lois particulières l'ont établi et le régime qui résulterait pour les colonies d'une adaptation immédiate et complète des lois politiques, administratives et financières de la Métropole.

Assurément, l'assimilation à la Métropole ne veut rien dire si elle ne signifie pas d'abord que les divers services centralisés dans une direction unique au Ministère de la Marine et des Colonies, ressortiront, comme pour les départements continentaux, à leur ministère respectif. Sans rechercher si un tel éparpillement de l'action directrice peut convenir à des pays lointains, où l'œil et la pensée de la France doivent être toujours présents, on doit se demander d'abord comment pourrait-être organisée une administration dont chaque branche relèverait d'un chef différent. Quel serait le point de jonction, dans le gouvernement colonial, entre le gouverneur et le ministère de la guerre pour les troupes, celui de la marine pour les services relevant du commissariat, le ministère de la justice pour les choses judiciaires, le ministère des finances pour le budget et ainsi de tous les autres points? Le gouverneur serait-il en correspondance avec chaque ministre sur les points ressortant de son ministère, subordonné par suite à ce fonctionnaire et obligé de se conformer à ses ordres? Quel homme assez heureusement doué pourrait réunir en lui tous les fils d'une direction ainsi diversifiée et les accorder en cas d'antagonisme ou tout au moins de contradiction ? Que deviendrait, en tous cas, à distance, une administration ainsi tirée à droite et à gauche ? Il suffit de supposer une telle confusion pour reconnaître la nécessité où a pris naissance un ministère spécial aux colonies, ajusté à la marine à laquelle elles doivent leur création et qu'elles entretiennent à leur tour. Mais l'unité de direction a eu pour effet naturel d'amener la centralisation des services dans un ensemble de corps spéciaux, modelés sur ceux de la Métropole et dépendant du ministère des colonies. A part le génie, la gendarmerie, l'enregistrement et la douane, presque tous les services appartiennent au personnel colonial affecté exclusivement aux pays d'Outre-Mer, et même, dans la plupart des corps que nous venons de citer comme exception, si le personnel se rattache par la hiérarchie au cadre métropolitain, il s'en détache d'une certaine manière, en devenant le cadre colonial de leurs services respectifs. Ainsi déjà, au point de vue de l'unité de direction, l'assimilation à la Métropole constitue une impossibilité inaperçue seulement de ceux qui parlent sans connaître la question ou sans prévoir les résultats immédiats de leurs vœux. A un autre point de vue quels avantages recueilleraient les colonies de cette transformation, si elle était réalisable ; et pour les avantages qu'elles pourraient y rencontrer s'il en existait, quels inconvénients certains, à toucher du doigt, ne sont-elles pas assurées de subir ? Il est étonnant que le Conseil général où ces vœux pour l'assimilation ont été si souvent formulés, n'ait pas compris que l'assimilation emporterait du premier coup cette assemblée elle-même telle qu'elle existe avec ses prérogatives. Evidemment, le budget local deviendrait, comme celui d'un département, partie intégrante du budget métropolitain ; nos contributions seraient votées par la Chambre des députés, et les conseils généraux, réduits à un rôle effacé, n'auraient plus à leur disposition, pour des travaux circonscrits, que le droit modeste de prélever sur les principales contributions des centimes additionnels. Les démocrates locaux y ont-ils bien songé ? En fin de compte, assimiler c'est rendre semblable à une autre chose prise pour modèle, et si notre organisation doit être exactement celle de la France, si les colonies doivent être administrées comme départements français, il faut qu'elles se résignent à n'être plus autre chose. Quoique les impôts depuis dix ans surtout, aient toujours été en augmentant à la Martinique, sera-ce un bienfait qu'il faille envier, quand les successions, les mutations de propriétés par vente, donation ou testament, les actes judiciaires, les contrats de toute nature, supporteront les lourds prélèvements auxquels ils sont assujettis en France, au lieu de payer les redevances déjà bien pesantes du tarif colonial, mais si éloignées encore de celui de la Métropole ? Et notre régime douanier, que deviendrait-il avec l'assimilation ? Imagine-t-on ce qui se passerait à la Martinique avec des lois de douane qui éloigneraient la plupart des marchandises étrangères soumises en France à des taxes encore protectrices, quoique bien réduites, tandis qu'elles sont reçues dans l'Ile à égalité de droit avec les provenances nationales? Les navires étrangers sur lesquels sont embarquées de si riches cargaisons de sucre expédiés en Amérique afflueraient-ils dans nos ports, quands ils auraient à payer au fisc une surtaxe de pavillon ou un droit spécial de tonnage? Si tout cela n'a pas été aperçu par le Conseil général, quelle est donc la portée politique d'une assemblée où des vœux si manifestement contraires aux libertés locales et à l'intérêt du pays ont pu cependant être répétés comme une marche en avant dans la voie de la liberté! Tout le monde à la Martinique se récrie contre l'application de l'affermage comme mode de perception de l'impôt des spiritueux, et on a raison ; mais quels cris ne pousserait-on pas, avec plus de raison encore, si, à ce mode renouvelé d'un régime disparu, on allait substituer le régime des contributions indirectes, c'est-à-dire tout l'appareil de la législation métropolitaine sur la consommation et la circulation des spiritueux : l'exercice, les acquits à caution, les laissez-passer, les passe debout, les visites domiciliaires ?

Tels seraient, très sommairement cependant, les inconvénients, les aggravations de charges qui résulteraient pour les colonies d'une transformation aussi contraire à leurs conditions d'existence qu'à leurs intérêts. Et ce ne serait pas tout. Les Antilles et en particulier la Martinique ont conservé, par dérogation spéciale, certaines lois, des institutions datant de l'ancien régime, mais qui avaient devancé le code civil et que ce code a respectées lors de sa promulgation, en raison de leur incontestable mérite. L'assimilation complète ne serait rien, ou elle devrait emporter ces créations d'un autre temps auquel le temps actuel, si fier de ses institutions, n'a pu rien opposer de comparable. Serait-ce, par exemple, un grand avantage pour la Martinique que l'abrogation des édits de 1781 sur les chemins d'exploitation et la curatelle aux biens vacants ? A l'égard des chemins d'exploitation, bien longtemps avant le code et mieux que lui, l'édit de 1781 avait donné sur la matière des règlements tellement sages que le législateur de 1804 a effacé devant eux une partie de son œuvre. Quant aux biens vacants, tandis que dans la Métropole il faut une décision judiciaire, c'est-à-dire la mise en action du droit d'un créancier, pour qu'une succession vacante soit appréhendée par un curateur commis, à la Martinique, l'édit de 1781, complété par le décret de 1852, a organisé de toutes pièces l'administration des successions vacantes par la curatelle en titre d'office. Ici point de retards ni de formalités dispendieuses. A défaut d'héritiers ou en leur absence, un fonctionaire, le conservateur des hypothèques, recueille, administre et réalise la succession. Rien n'est plus simple que ce service qui assure aux absents ou à l'Etat le bénéfice des successions auxquelles manque, accidentellement, la présence de l'héritier ou que personne n'a réclamées après cinq ans. Ces dispositions locales, fruit d'une sagesse que toutes les vanteries de l'école moderne n'ont pu faire oublier, disparaîtraient-elles sans inconvénient ?

Dans l'ordre des transformations attendues de l'assimilation, il faut citer en première ligne l'application de la loi militaire, l'obligation du service pour les populations nées et résidant aux colonies. Ici la question touche à des points divers et délicats qui exigeraient un long examen. On comprendrait cette tendance à s'assimiler à la Métropole, si nos lois, en nous faisant un régime exceptionnel, nous enlevaient les avantages accordés aux français du continent. Mais lorsqu'une exception a pour effet, au contraire, de nous exempter d'une charge lourde et pénible, lorsqu'elle nous fait, à nous créoles, une situation plus favorable que le droit commun métropolitain, est-ce par fanatisme de l'unification, par passion de l'égalité ou par ignorance qu'on poursuit, contre l'intérêt évident du pays, la recherche d'un régime où nous échangerions des avantages, des priviléges, des immunités séculaires contre un assujettissetrop évident ? Certes, nous ne voudrions pas nous inscrire contre le patriotisme de quiconque, à la Martinique, revendiquerait pour nos populations, le droit de servir dans les armées de la France et de combattre à côté de ses soldats. Mais en demandant l'application de la loi militaire aux colonies, le Conseil général réclame-t-il contre une exception qui exclurait de l'armée française les Français d'Outre-Mer ? Les enrôlements volontaires ne sont-ils pas libres pour tous les jeunes gens à qui l'aptitude peut conseiller cette première initiation au métier des armes ? Les écoles spéciales sont-elles fermées aux sujets des colonies ? A quoi bon, dès lors, si chacun, aux Antilles, a le droit de servir, solliciter comme un bienfait, comme une mesure d'égalité, l'obligation forcée du service militaire pendant cinq années d'abord, suivies d'une période de quatre nouvelles années durant lesquelles le réserviste peut être rappelé sous les drapeaux ? Noble tache, assurément, que celle de verser son sang pour son pays, de donner au besoin sa vie pour le défendre ! Mais de tous ceux qui exaltent dans un patriotisme commode l'honneur du service militaire, combien compte-t-on qui aient quitté les douceurs de la vie familiale, la tranquillité du foyer pour les rudes exercices et les dangers de l'existence du soldat ! Ils ont la bouche pleine de grands mots. A les entendre, il y a comme une humiliation pour les Antilles dans l'inapplication de la loi militaire. La dette du sang est la plus sacrée, aucun ne peut se refuser à l'acquitter ! Nobles paroles ! Langage bien digne ! mais dans ce chauvinisme si facile, on voit que les fanatiques de la loi militaire la demandent pour les autres. Aucun, croyons-nous, n'a montré une cicatrice reçue en défendant la patrie ou n'a exhibé une feuille attestant la gloire et la durée de ses services.

Le patriotisme des colons, leur aptitude

pour la carrière des armes n'ont pas besoin de stimulants. Les fondateurs de la Colonie et après eux, leurs successeurs, étaient pour la plus grande partie des gens d'épée. L'histoire des Antilles est remplie du souvenir de leur courage et de leurs exploits dans les longues guerres du règne de Louis XIV et dans celles du dix-huitième siècle. Le colon était soldat et considéré tel, de là vint l'immunité qui, dès l'origine, le dispensait du service effectif. Il défendait son île. Quittant souvent la culture pour le combat, il réalisait la mâle devise du maréchal Bugeaud : *Ense et aratro*. C'est ainsi qu'ils ont défriché et défendu la Martinique et qu'ils l'ont transmise à leurs héritiers, riche des souvenirs de leur vie et de leurs travaux. De nos jours les traditions militaires ne se sont pas éteintes aux colonies. Quelle liste nous pourrions fournir s'il fallait énumérer tous ceux qui, depuis quarante ans, ont continué et continuent encore, dans l'armée, dans la marine, le renom des anciens colons ! Et dans ce nombre, les descendants des vieilles familles se mêlent aux fils des races autrefois asservies. N'est-ce pas avec orgueil que les colonies peuvent nommer les généraux de Sonis, de Vassoigne, Reboul, d'Arbaud, Virgile, Levassor Sorval, Féréol de Leyritz, de Laguigneraye, de Percin, de Lajaille, Bossant, Brière de l'Isle ; dans la Marine les amiraux Dubourdieu, Février Despointes, Pothuau, Miot, Lafont. Les premiers ils ont gravi les sommets de la hiérarchie, et au-dessous d'eux combien d'officiers, dans toutes les armes, ont donné leur vie ou versé leur sang sur nos champs de bataille : Le Camus, Sasias, Pelet de Lautrec, un des héros de Gaëte, les frères Tanon, Tascher de Lapagerie, Perrinon, de Leyritz, Senez, Laurens de Choisy, Cren, Huyghes Beaufond, Lemerle de Beaufond, Noyer, Jusselain, Lasalle Seguin, les de Perrinelle, Jorna de Lacale, de Latuillerie, Bovis, les Didier, Parfaitte, Rebours, Bénech, Mackintosh, Fouché, Martial, Baudin, Bouvier, de Fougainville, Norlain, Fleury, Lacourné, Albert, Ariès, Pornain, de Percin, Du Quesne, Lejeune de Lamotte, de Marolles, Monvert, Dulieu, Daney de Marcillac, de Pellerin Latouche !

L'application de la loi militaire aux Antilles a occupé pour la première fois le Conseil général de la Martinique à la séance du 16 octobre 1872. Une pétition venait d'être adressée à cette assemblée par un groupe de jeunes étudiants de sang-mêlé, alors à Paris. Ecoutons leur langage.

« Nos représentants, interprètes fidèles de nos sentiments, ont demandé l'application, aux colonies françaises, de la loi sur le service militaire obligatoire et personnel.

M. le Ministre de la marine a voulu nous soumettre la question avant de la porter à la tribune de l'Assemblée nationale. Vous allez être, Messieurs les conseillers généraux, appelés à vous prononcer. Nous avons foi en votre attachement sincère aux vrais intérêts du pays, et nous ne doutons pas que votre décision ne soit dictée par la sagesse politique.

Cependant, désireux d'affirmer nos sentiments patriotiques, nous avons l'honneur de vous adresser la pétition suivante :

Considérant que nous acceptons dans toutes ses

conséquences le principe du service militaire obligatoire et personnel;

Considérant que l'impôt du sang est le premier que doit payer tout citoyen d'un pays libre;

Considérant que la France, notre mère, a besoin de tous ses enfants, et que nous voulons, comme Français, revendiquer l'honneur de travailler à sa régénération morale et politique;

Considérant que tout droit implique un devoir, et que le suffrage universel qui nous permet d'intervenir, comme citoyens, dans les destinées de la mère patrie, nous impose l'obligation de la défendre comme soldats;

Considérant que, dans nos pays en particulier, le service militaire obligatoire et personnel aurait pour conséquence immédiate la fusion patriotique de toutes les classes, unies par la fraternité du drapeau;

Nous, soussignés, nés dans les colonies françaises et les premiers, appelés à supporter les charges que la nouvelle loi nous imposera, émettons le vœu que la proposition de nos représentants soit acceptée, et nous prions Messieurs les conseillers généraux de prendre en considération la présente pétition comme étant l'expression fidèle de notre attachement inaltérable à la France. »

Cherchez parmi les signataires de cette pétition; pas un, à notre connaissance, n'a déserté la chaire du professeur pour s'enrôler dans les rangs de l'armée! Ne disaient-ils pas cependant *qu'ils acceptaient dans toutes ses conséquences* le principe du service militaire et que l'impôt du sang est le premier que tout citoyen doit payer? Avaient-ils besoin d'être contraints pour donner satisfaction à leurs goûts belliqueux et à leur patriotisme, ou bien leur était-il interdit de faire partie de l'armée française? Ce qui ressort de cette pétition et de la suite que lui ont donnée ses auteurs, c'est que le service militaire était un thème à l'usage de la race de sang mêlé. De ceux qui ont signé cette pièce où il serait puéril de relever l'enthousiasme toujours exalté de la jeunesse, quelques uns sont députés, d'autres médecins ou avocats, ceux-là journalistes ou autre chose. On en compte qui sont assis aujourd'hui dans les premières fonctions administratives. Les anciens colons, pour servir leur pays, ne faisaient pas tant d'éclat, et ceux dont nous avons rappelé les noms dans notre récit n'ont pas eu besoin de la coercition de la loi pour porter les armes.

L'application de la loi militaire aux colonies se heurte à une première impossibilité devant laquelle le gouvernement métropolitain a toujours sagement reculé. Le système suivi en France dans la composition des régiments consiste dans un recrutement opéré sur la masse des jeunes conscrits. Chacun des régiments reproduit ainsi une réduction de la population du pays, et l'esprit local ne trouve pas place dans des corps où toutes les provinces de la France sont représentées. Pour répartir selon ce système les recrues des colonies dans tous les corps de l'armée, il faudrait, chaque année, transporter des divers points du globe où la France a des établissements les jeunes gens appelés au service, dépense effrayante et inutile pour un pays où l'application de la loi de 1872 n'a pu avoir lieu sans tempérament. Personne n'ignore que dans l'impossibilité d'incorporer annuellement les cent soixante mille conscrits, la loi a dû distinguer : de cette foule une moitié seulement est appelée sous les drapeaux et y demeure cinq années ; l'autre moitié, ne sert que durant six mois ou un an et est renvoyée après ce temps dans ses foyers. Comprendrait-on l'État, embarrassé déjà par le trop grand nombre de recrues et faisant voyager à grands frais quelques centaines de colons arrachés aux extrémités du monde ! Mais la difficulté n'a pas arrêté ceux qui, dans l'application du service militaire aux colonies, cherchent peut-être autre chose que l'acquittement de l'impôt du sang par le français d'Outre-Mer. M. Schœlcher qui pousse à cette innovation ne s'est jamais rebuté devant l'obstacle. Pour lui l'idéal, c'est de confondre dans la même caserne ou sur le même lit de camp le descendant des colons, le sang-mêlé, son parent, et le noir, son ancien esclave. Nous ne combattons pas l'idée, mais vaut-elle bien le mal qu'on se donnerait pour la réaliser ?

Dans l'impossibilité de transporter en France le contingent des colonies, on a imaginé depuis peu, sous le nom d'armée coloniale, une nouvelle combinaison. Les recrues coloniales seraient enrégimentées sur place et serviraient dans leurs colonies respectives. Outre les inconvénients attachés à ces corps où se refléteraient inévitablement les mille nuances de l'esprit local, a-t-on bien songé aux conséquences possibles d'une pareille création ? Loin de nous la pensée de contester le patriotisme d'aucun de nos concitoyens ; mais en pareille matière l'adulation fanatique prodiguée à telle ou telle race ne peut être admise. La France est maîtresse de ses colonies. Elle y exerce l'autorité souveraine, et cette domination ne doit jamais faiblir entre ses mains. A l'intérêt commercial qui s'attache aux établissements d'outre-mer s'ajoute un intérêt politique de premier ordre. La France remettra-t-elle la garde de ces territoires lointains à des populations divisées par les souvenirs de deux siècles d'inégalité sociale? L'ordre public, la sécurité, l'indépendance des colonies en cas de guerre auront-ils pour protecteurs et pour défenseurs des français tard-venus dans la grande famille nationale et qui, s'ils en revendiquent les droits, n'en ont encore ni les traditions ni les aptitudes? Ecartons de notre pensée les générations actuelles; qui peut répondre des générations à venir, étant données telles circonstances encore inaperçues, mais toujours faciles à supposer? L'histoire n'enseignera-t-elle rien dans une suite d'événements où l'avenir peut être préjugé dans le présent? Celle de Saint-Domingue éclaire d'une lueur sinistre les annales des Antilles françaises. Pour nous, si nous voulions qualifier une telle conception, celle qui consiste à créer avec les éléments indigènes des forces locales appelées à défendre le drapeau de la France dans ses colonies, nous dirions qu'elle constitue une haute trahison au premier chef. Les anglais, nous dira-t-on, ont des troupes noires; nous le savons, et notre réponse à l'occasion est prête. Les troupes noires anglaises sont en petit nombre et toujours encadrées au milieu de corps européens. Mais ce qui ne permet pas d'invoquer l'exemple des Anglais, c'est la situation même de l'Angleterre et de ses colonies. Ce grand pays vit à l'abri de lois libérales, protectrices de tous les droits. Aucun sujet de discorde ne sépare dans la métropole ou dans ses vastes colonies, les nombreuses populations britanniques. Aux Antilles anglaises, l'antagonisme de race est inconnu, du moins tel qu'il existe chez nous. C'est que l'Angleterre est restée un pays d'autorité où les traditions ont conservé leur empire. La liberté y a des prérogatives incontestables, mais l'usage en est tempéré par ce respect traditionnel de la loi qui distingue ce grand peuple. En d'autres termes l'Angleterre n'a pas eu la révolution sociale qui depuis 1789 a mis chez nous aux prises toutes les classes et tous les rangs. Réclamer l'organisation d'une armée coloniale en invoquant l'exemple de l'Angleterre, c'est méconnaître volontairement la dissemblance des milieux, de l'esprit public, des circonstances. L'Angleterre, d'ailleurs, a failli payer cher ses pratiques coloniales. En organisant les cipayes elle n'a songé qu'à la conquête de l'Inde, et ces troupes, disciplinées par des officiers européens, ont été pendant longtemps ses plus puissants auxiliaires. Aurait-on oublié la révolte des cipayes et la guerre terrible où l'Angleterre fut à la veille de perdre l'Inde? Que de tels exemples ne soient pas sans profit pour la France.

L'assimilation à la Métropole étant une folie irréalisable, l'autonomie, en tant qu'elle signifierait l'administration de la colonie par elle-même, sous le protectorat de la France, ne serait pas moins chimérique. La vérité est que la France possède et qu'elle doit conserver la souveraineté sur ses colonies. Si les colons ont la propriété du sol, de tous les biens industriels qui composent les fortunes individuelles, la Métropole a le domaine éminent, c'est-à-dire le droit supérieur de régir et d'administrer. Une longue domination, son intérêt commercial et politique ont fait des colonies autant de territoires utiles à sa grandeur nationale, et le temps y a accumulé sous des formes diverses, arsenaux, ports, casernes, fortifications, une propriété domaniale considérable et inaliénable. L'autonomie serait l'abandon du lien séculaire qui attache les Antilles à la Mère patrie, et aucun, parmi les véritables français, ne voudrait d'une indépendance payée si cher. Le seul système praticable à l'égard des pays d'Outre-Mer, est donc celui que le temps, dans sa marche incessante, a rendu possible, un régime où l'intérêt supérieur de la Métropole puisse se concilier avec les franchises locales. A vrai dire, on ne trouvera rien de mieux que l'état de choses où cette action du temps et l'expérience de chaque jour ont apporté de continuelles améliorations. Les ordonnances de 1827 et 1828 ont assis les fondements de cette constitution; le Sénatus-Consulte de 1866 en a à peu près complété l'ensemble. Bouleversé depuis 1870 par la révolution, le régime constitutionnel des colonies redeviendra, tôt ou tard, ce qu'il doit être, un équilibre entre la souveraineté de la France dans le gouvernement et l'indépendance de chaque territoire, dans la gestion de ses finances, sous le contrôle de l'autorité locale.

## XII

C'était assez de l'exclusion de la race européenne, de ses représentants autorisés, dans la composition des assemblées locales, pour raviver à Martinique l'antagonisme des races. L'attitude du Conseil général, ses décisions radicales dans la plupart des questions où les blancs voient avec raison l'avenir de la colonie, éloignaient pour longtemps le rapprochement dont la race de sang-mêlé semble faire le but constant de ses efforts. L'atteinte profonde portée aux croyances, le gaspillage des deniers publics, les délibérations prises sur tant de points graves intéressant à un haut degré la fortune, la sécurité de la race européenne, notamment les vœux émis pour l'assimilation, pour le jury, pour l'application de la loi militaire, ajoutaient aux blessures faites par le parti de la substitution. Les blancs comprenaient que la race de sang-mêlé semblait leur permettre, pour tout droit, de résider et de vivre sur le sol conquis et fécondé par leurs pères. Le drapeau de la France ne protégerait plus ainsi diverses familles de français appelés aux mêmes prérogatives, mais un parti triomphant, assez inconséquent pour signifier aux descendants des premiers colons et aux enfants de la métropole une domination arrogante et exclusive. Et cependant, à tant d'illusions orgueilleuses, caressées par la race de sang-mêlé, manquait une satisfaction.

Il ne lui suffisait pas de dominer dans les assemblées locales, d'imposer partout ses créatures, de disposer sans scrupule des fonds publics : la race européenne écartée ou annihilée, il fallait encore l'humilier chaque jour, la provoquer et essayer de la déshonorer. La presse, cet instrument puissant de discussion, arme si dangereuse aux mains des factions, devait avoir pour objectif de harceler les blancs, d'opposer partout à leurs droits, à leurs doléances, la constatation brutale de leur effacement actuel, et d'éveiller contre eux, par les souvenirs d'un passé disparu, les passions ou les antipathies d'une population entretenue dans l'espérance des représailles. On a vu dans le cours de notre récit que la race de sang-mêlé n'avait pas su se refuser en 1848 cette satisfaction un moment assouvie, mais interrompue brusquement par les événements de 1852. Comme en 1848, pour annuler la race européenne le suffrage universel avait suffi ; pour l'insulter un journal était nécessaire et une feuille publique, organe de la race de sang-mêlé, fut fondée à St-Pierre à l'aide de souscriptions. Ce premier essai n'eut pas un succès durable, car après 1870, la presse coloniale était encore contenue par une législation préventive ; cependant le *Bien public*, feuille radicale, eut le temps, dans une existence de quelques années, d'affriander la population de cette littérature malsaine où les récriminations de l'esprit de race marchaient de front avec l'outrage et la dérision prodigués aux croyances catholiques. Mais le souffle faisait défaut à la rédaction où collaboraient quelques brouillons locaux. Le *Bien public*, déjà discrédité chez ses soutiens, cessa un jour de paraître, écrasé par l'amende et les dommages-intérêts. Devenu la propriété d'un ecclésiastique de haute intelligence et de grand caractère, qui dirigeait alors une feuille exclusivement religieuse, le journal vendu aux enchères ne changea pas de nom en changeant d'esprit. Dans sa carrière radicale le *Bien public* n'avait jamais perdu l'occasion de faire entendre l'injure et la menace. Profondément irréligieux, il s'attaquait à tout avec violence : les croyances, les personnes, les actes, les opinions passaient également par le crible d'une critique faite souvent d'invectives. La tête tournait déjà au parti aujourd'hui victorieux et complètement enivré de son succès. De tous les écarts où s'emporta trop souvent le *Bien public*, nous ne pouvons oublier celui qui signala les premiers mois de l'année 1872. Une feuille conservatrice s'étant permis la discussion de quelques actes du Conseil général, la feuille radicale prit feu et perdit toute mesure en jetant à la face des européens une de ces fanfaronnades où, grâce à nos temps troublés, le ridicule de l'exagération n'enlevait rien à la criminalité des espérances ou des intentions. La race européenne n'avait rien à dire, selon *le Bien public*, dans un pays où malgré sa prévoyance, elle n'avait pas su *se réserver un simple canot, son seul espoir et son salut*. La menace était évidente, et telle a pu être à ce moment, telle peut être encore aujourd'hui la pensée de quelques fanatiques, mais non de la généralité des hommes de sang-mêlé qu'on ne saurait sans injustice et quelles que soient leurs fautes, confondre avec un groupe violent dont l'orgueil, paraît-il, ne s'accommode pas de la présence de la France dans la colonie où ils rêvent d'être seuls les maîtres.

*Les Antilles* ne pouvaient répondre directement à cette provocation insensée sans paraître relever le gant. Ce journal se borna à publier en tête de ses colonnes, sous forme de lettre adressée au gouverneur, un appel à l'autorité de la France. La lettre était ainsi conçue :

Saint-Pierre-Martinique, 26 octobre 1872.

*A Monsieur le Contre-Amiral Gouverneur de la Martinique.*

Amiral,

En commentant votre discours d'ouverture au Conseil général, nous disions que le calme politique dont jouit la colonie n'était qu'apparent et que vous aviez trop de perspicacité pour ne pas voir à travers le calme et la limpidité de la superficie, le fond trouble et fangeux que la moindre agitation pouvait soulever à la surface.

Nous ne pensions pas avoir autant et si tôt raison. — Nous avons entrepris la discussion froide et raisonnée des affaires du pays. Comme citoyen, c'est notre droit; c'est notre devoir comme publiciste. Dans un premier article, nous avons avancé que pour juger de la situation coloniale, il ne fallait pas s'arrêter aux apparences, et qu'il était nécessaire de pénétrer au fond et dans la réalité des choses.

Dans un second article, en étudiant la composition du Conseil général, nous avons rappelé que

Martinique, colonie agricole, commerciale et industrielle, doit être représentée surtout par les notabilités de l'industrie, du commerce et de l'agriculture ; et passant en revue, dans une discussion qui sauvegarde l'honorabilité individuelle des Conseillers généraux actuels, la composition de notre législature locale, nous avons démontré avec une évidence incontestable que cette Assemblée délibérante, à part quelques exceptions que la courtoisie nous défendait de signaler, ne comptait aucune des personnalités brillantes et distinguées que la notoriété publique désigne comme les notabilités de nos trois grandes sources de travail et de prospérité.

Cette démonstration n'a pas été du goût de la démocratie locale. En France, de tout temps, et sous le régime actuel plus particulièrement, on a toujours pu discuter les titres d'un homme public. Les plus grands noms, les plus hautes positions subissent ou acceptent ces épreuves par lesquelles grandissent le mérite et le talent. Le Général Trochu, M. Jules Favre, M. Gambetta, M. Thiers, lui-même, l'Assemblée nationale tout entière sont chaque jour l'objet d'appréciation variables comme les parties qui divisent notre malheureuse patrie. Ni ces hommes ni leurs partisans ou leurs amis ne s'avisent de contester ce droit imprescriptible et de placer au-dessus de toute discussion une personnalité quelconque.

Ici même, M. le Gouverneur, nous pouvons librement, sans toucher à votre caractère, sans affaiblir votre légitime autorité, examiner, discuter même les actes de votre administration.

Nos adversaires ne veulent pas qu'il en soit ainsi pour ceux qui ont mission de représenter le pays dans la gestion de ses affaires. Ces partisans de la liberté de tout dire quand ce sont eux qui parlent, arrêtent tout examen au début et ne pouvant souffrir une discussion qui les met à jour, ils répondent par des menaces.

Des menaces ! si elles ne s'adressaient qu'à notre personne nous les dédaignerions, mais nous nous rappelons qu'en d'autres temps, des publicistes coloniaux ayant aussi voulu discuter le mérite d'un candidat à la députation, on essaya d'étouffer, par l'épouvante, l'indépendance de la discussion. Cette menace insensée ne fit du tort qu'à ses auteurs. — Il en sera de même aujourd'hui.

Aujourd'hui encore on s'adresse en réalité à la population européenne; on lui dit: « Qu'elle est seule « et isolée sur une plage où, avec tous les appareils « mécaniques désirables, elle n'a pas su mettre à « l'abri par les moyens mathématiques mis à sa « disposition, une seule pirogue, son espoir et son « salut. »

Cette phrase amphigourique dont nous ne voulons rendre responsable que son auteur et que le sentiment public désavouera, nous en avons l'espoir, c'est la torche et le coutelas qu'on essaie de nous montrer encore pour nous fermer la bouche.

Nous ne nous tairons pas. Nous continuerons avec la même modération, mais avec la même fermeté, une discussion qui est la sauvegarde de nos droits et des intérêts les plus légitimes du pays.

Mais nous prenons, en votre présence, Monsieur le Gouverneur, acte des menaces audacieuses qu'on ne craint pas de faire entendre.

La France saura qu'à l'ombre de son drapeau et malgré la protection de son épée qu'elle a confiée à votre courage à votre honneur, il y a encore, à la Martinique, contre l'exercice de la plus légitime liberté, quelques hommes qui, las d'en rêver, signifient à trente huit millions de français leur expulsion du sol colonial.

Nous vous prions Monsieur le Gouverneur, d'agréer l'assurance de notre profond respect.

(Signé): CH. DE CATALOGNE.

Après la transformation du *Bien Public* le parti de la substitution n'avait plus d'organe à la Martinique. Une sorte de trêve intervint ainsi entre les races coloniales. Les questions locales les divisaient certainement encore, mais dans le silence où la chute de la feuille radicale laissait les passions, il y avait comme un apaisement général dont tous les gens de bien se réjouissaient. A ce moment la presse comptait trois journaux à Saint-Pierre : le *Bien Public*, devenu organe religieux, voué aux intérêts catholiques, mais qui trouvait place pour les faits de la politique européenne et les questions d'intérêt local. Les deux autres feuilles, *les Antilles* et *le Propagateur*, sans couleur politique, représentaient simplement l'opinion conservatrice. Aucune polémique, politique ou locale, ne signalait ces journaux qu'un même courant dirigeait. Avec la discussion souvent incolore des questions coloniales, leurs colonnes ne contenaient que la reproduction des événements européens. C'était le journalisme tranquille, réservé. En 1878, M. Marius Hurard fonda un nouveau journal avec l'appui de la race de sang-mêlé et de quelques européens égarés dans la libre-pensée. Le premier numéro de cette publication parut avec le premier jour de l'année 1878. Un programme modéré de forme, promettant au fond une égale modération, occupait la tête du journal dont le titre était : *les Colonies*.

« Ce journal était une nécessité, » lisait-on, « nous l'avons fondé.

« Nous faisions à la République la sanglante injure de la laisser sans défenseur. C'était une désertion.

« La fondation du journal a fait naître quelques appréhensions dans les rangs de ceux qui, pour vivre, ont besoin d'avoir peur, qui estiment que c'est assez d'avoir la majorité au scrutin, sans qu'il soit pas besoin de pousser aux urnes nos nombreux partisans ; qu'un journal entre nos mains ne manquerait pas de devenir un brandon de discorde, en attisant les anciens préjugés et les malentendus de chaque jour. »

« Aux attaques des journaux réactionnaires nous répondrons fermement si ces attaques continuent ; mais nous répondrons avec la mesure et le tact qu'on doit apporter dans toute polémique, ne perdant jamais de vue que la *violence* et *les gros mots* sont le lot ordinaire de ceux qui ont tort ou qui désespèrent de convaincre.

« Nous arrivons donc sans parti pris contre les individus. Ce journal est une œuvre de réparation, d'utilité, non d'hostilité. »

Tel était, en raccourci, le programme de la nouvelle feuille. Le rôle joué depuis dans le pays par cette publication, l'influence qu'elle a eue sur les relations des diverses races et dans les événements dont l'année 1881 a été si tristement marquée ; la part prise par M. Hurard à ces événements, son attitude nous obligent à un travail de recomposition où nous allons essayer de représenter la physionomie des *Colonies*. Il importe de suivre la marche envahissante de cette feuille dans une agression persistante, qui se faisait d'autant plus vive que les autres organes de la presse gardaient le silence, afin d'éviter au pays le spectacle des passions de race aux prises dans des polémiques irritantes et sans utilité.

Le journal *les Colonies* a été dès sa création un journal de haine violente contre la Religion. Le côté politique local, la question de races n'y a pas fait tout d'abord l'objet principal de la rédaction. Ridiculiser toutes les croyances catholiques, déverser sur le prêtre toutes les calomnies de l'ignorance et de la mauvaise foi, l'insulter, tel a été le but certain, ostensible, telle a été aussi l'occupation habituelle de cette feuille qui rivalisait par son impiété avec les journaux les plus exagérés de la libre pensée et des survivants de la commune. Après une première page, souvent incolore, dans les débuts surtout, mais devenue peu à peu passionnée et débordant finalement en injures contre la race blanche et contre toute supériorité locale, on voyait s'étaler dans ses colonnes des reproductions anti-religieuses puisées aux feuilles de la Métropole. *Le Rappel*, *Le XIX^me Siècle*, le *Temps*, le *Voltaire*, d'autres journaux de mêmes nuances fournissaient la matière d'une démoralisation bi-heddomadaire, semée avec persistance dans le pays. Toutes les histoires scandaleuses où le clergé, les frères, les religieuses étaient voués à l'infamie, en même temps que les dogmes sacrés du catholicisme étaient l'objet d'une dérision blasphématoire, avaient leur place dans cette feuille créée évidemment avec le parti-pris et le dessein de ruiner dans nos populations si croyantes le respect de la Religion. Et pour donner plus de force à cette œuvre destructrice, on rattachait les vérités sublimes de la Foi, les pratiques religieuses à l'idée de la domination des anciens colons et du clergé, représentés comme des maîtres auxquels l'ignorance et l'abrutissement des populations étaient nécessaires pour leur influence.

Pour apprécier l'effet que ce débordement d'insanités devait produire sur la population en général, il faut se rappeler que la Martinique, entre toutes les colonies françaises, a toujours gardé et montré une foi vive, un attachement fervent aux vérités chrétiennes. Non pas que tout le monde y soit exactement religieux, même dans la partie élevée de la population ; mais si l'on peut avec raison remarquer le contraste malheureusement trop fréquent entre les doctrines professées et la vie extérieure, du moins ne peut-on pas faire reproche à notre pays d'avoir jamais accepté ou propagé les idées d'irreligion. C'est cet universel accord des âmes sur le terrain religieux qui a maintenu à la Martinique, à travers les vicissitudes d'une législation abusive, cette aménité dans les relations, cette tendance à secourir la pauvreté, cette sympathie pour toutes les infortunes, par où nos populations, séparées par tant de lois ou d'habitudes, ont toujours formé cependant un peuple uni. L'honneur en revient certainement au clergé qui, dès l'origine de la colonie, a constamment évangélisé les habitants et jeté ainsi, au milieu de nos sociétés divisées par des nécessités humaines destinées à disparaître, le germe fécond de la solidarité chrétienne. Aussi les vérités religieuses ont-elles un grand empire dans notre société, et le prêtre y a-t-il toujours été considéré, en dehors de son individualité humaine, sous l'aspect que lui donne son caractère sacré. Dans nos populations ouvrières, dans les rangs même de ceux qui ne conforment pas leur vie à leur foi, le prêtre a toujours été l'objet d'un respect particulier. Avant le *Bien Public* et le journal de M. Hurard l'idée ne serait venue à personne de ridiculiser ou d'injurier un ministre catholique, et encore moins de jeter la dérision sur la foi. Il est facile de comprendre comment furent accueillies à la Martinique les blasphèmes et les impiétés d'un journal qui renouvelait en les aggravant les attaques antireligieuses de l'ancien *Bien public*.

Au point de vue politique *les Colonies* se donnaient pour une feuille républicaine, fondée pour défendre à la Martinique les doctrines et le gouvernement de la République. Personne n'attaquait ni ne songeait à attaquer la République, à moins qu'on ne confonde avec cette forme gouvernementale les ambitieux de tous rangs dont l'élévation a commencé et se continue à la faveur d'une formule où la nation étant souveraine, ce sont eux, en réalité, qui exercent toute la souveraineté, et l'on sait de quelle façon. Mais si les journaux et les personnes n'avaient pas à quereller la République, que les Antilles subissent comme elles subiront tous les gouvernements créés dans la Métropole, c'est-à-dire avec le sentiment vrai de leur impuissance à y rien changer, cependant les vœux et les espérances pouvaient être de voir la France, après un essai si cher payé, renoncer à une utopie préconisée seulement par quelques factieux, avec l'appui d'une foule ignorante ou crédule, dans l'intérêt de leur domination. La tentative de M. Hurard fondant un journal républicain, mais en réalité révolté contre toute pensée religieuse, confirmait une fois de plus la majorité de la population intelligente et instruite, de la population européenne surtout, dans cette opinion à laquelle tant de faits sont venus donner raison depuis dans la Métropole : à savoir que la République, pour certains républicains, est le gouvernement d'une secte insensée, dont l'objectif est la destruction du catholicisme. La feuille de M. Hurard était ouvertement, fanatiquement irréligieuse de doctrines et d'opinions, et bien avant de se jeter dans les attaques personnelles où elle a compromis la paix publique en envenimant l'antagonisme des races, elle s'est posée avec une sorte d'emphase en adversaire, en juge du clergé et de toute personnalité religieuse. Avec de grandes précautions oratoires, dans son numéro du 23 mars 1878, *les Colonies* ouvraient le feu contre une des personnalités les plus éminentes de la Martinique, une vénérable Religieuse dont une existence de cinquante années écoulée dans la colonie a rendu le nom cher à toute la population : la Rév. Sœur Onézime, supérieure des Sœurs de Saint-Joseph de Cluny. Sous le titre « PRÉJUGÉ DE COULEUR » *les Colonies* écrivaient: « Il est de ces questions que nous répugnons à traiter car elles blessent tout à la fois notre dignité et notre esprit de conciliation. Le préjugé de couleur est de celles-là. »

..............................

« Nous n'avons pas l'intention de relever ici des froissements qui se produisent dans les relations ordinaires de la vie. Nous n'insisterons pas sur le ridicule de ceux qui, même sur un terrain aussi neutre que l'est le salon de M. le Gouverneur, viennent avec leur esprit de démarcation manquer aux règles de la plus élémentaire bienséance, semblant oublier que l'insulte n'atteint pas seulement ceux à qui on l'adresse, mais encore celui chez qui on la fait. »

Cette tirade était à l'adresse de la population européenne de Saint-Pierre, qui avait assisté à plusieurs bals chez l'amiral Grasset et s'était abstenue de danser avec les personnes de sang-mêlé (1). Le journal continuait :

« Nous n'insisterons pas davantage sur des sottises qui peuvent être relevées et stigmatisées par tout individu qui a sa liberté d'appréciation et d'action. Mais que penser de ceux qui, sans respect pour la jeunesse, *souillent un esprit innocent au cœur vierge*, en *s'ingéniant à détruire* ce doux instinct de fraternité dont le jeune âge est tellement envahi qu'il faut des efforts assidus pour entamer

---

(1) On doit certainement regretter que les mœurs n'aient pas encore effacé des habitudes nées à une autre époque ; mais pour l'observateur impartial, n'était-ce pas plutôt le cas de constater ce premier pas si contraire aux façons du passé, et voir dans

même légèrement cet instinct ? Cela est absurde. »

« Si ceux-là mêmes qui sont chargés de l'éducation de ces chers petits êtres, c'est-à-dire de développer leurs jeunes facultés dans le sens du vrai, du beau, du bien, de leur inspirer l'amour de tout ce qui est généreux, si ceux-là, tronquant leur mission, *mentant* à tout ce que vous espériez d'eux, sont des premiers à fausser l'intelligence de vos fils et de vos filles, en leur inspirant la haine de leurs compagnes que l'on *ravale à dessein*, ne desservent-ils pas ainsi et les uns et les autres, les uns par le dédain et le mépris qu'on fait germer dans leurs cœurs, les autres par la haine qu'on fait naître en retour ? »

« Cela ne s'appelle plus absurdité, cela est plus qu'une forfaiture. Voilà pourtant ce qu'en l'an de grâce 1878 on peut voir au Couvent des Dames de Saint-Joseph de Cluny à St-Pierre, ce qui existe depuis fort longtemps, avant même qu'on ne songeât à décorer sœur Onézime. Une fois déjà nous avons parlé de catégories établies parmi les élèves de cet établissement qui *sont conduites au bain groupe par groupe selon qu'elles sont de la nuance lait d'Iris ou de l'autre*. (1) »

---

la présence des blancs à un bal partagé par la société de sang-mêlé le point de départ d'une nouvelle ère sociale que le temps doit développer ? M. Hurard et d'autres avec lui n'entendent pas ainsi la liberté : la race de sang-mêlé a droit à tout.

(1) Pour le journal le lait d'iris, c'est la race européenne.

« Il y a mieux. Les élèves de la ceinture jaune sont, même en classe, partagées selon les deux nuances. En classe les demoiselles de nuance lait d'iris sont des « demoiselles », quant aux autres, ce ne sont que « des petites filles ». Telle est l'expression dédaigneuse dont on se sert à l'endroit de ces dernières. »

« Ces demoiselles iront d'abord au bain, les petites filles ensuite..... » Tout cela se répète dans nos familles, tout cela se dit en ville, et l'Administration semble être la première à ignorer des faits qui sont une *insulte* à notre considération et à la dignité du Conseil général. (1) »

. . . . . . . . . . . . . . . . . . . . . . . . . . . . . . . . . .

« Quand donc les républicains de nos pays comprendront-ils qu'ils n'ont rien à gagner pas plus du côté des Sœurs que du côté des Pères ! (2) Quand comprendront-ils que nous devons faire les plus grands sacrifices pour nous soustraire à une sorte de tutelle dégradante. »

Cette sortie était aussi injuste que déplacée. Le pensionnat des Dames de St-Joseph n'a pas été institué pour mélanger au bain les enfants des diverses races coloniales. Il fallait une outrecuidante prétention et l'absence de tact dont le journal a fait souvent preuve, pour jeter dans la publicité une question de cette nature, où l'orgueil démesuré d'une race ne craignait pas de pénétrer des

---

(1) On ne voit pas ce que la dignité du Conseil général avait à faire là.

(2) Les Pères qui dirigent le Séminaire-Collége.

détails d'intérieur réservés à la prudence et à l'autorité d'une sainte femme. Une telle attaque manquait par la base, car où prendre le droit d'ériger comme règle l'obligation pour les familles blanches de faire baigner leurs enfants avec les enfants des autres races ? Où s'arrêteraient de telles exigences ? Faudrait-il aussi appeler toutes les élèves à manger dans le même plat et à boire dans le même verre ? Et le droit des familles européennes, qu'en faisait donc M. Hurard ? Si, à son avis, la race de sang-mêlé croyait pouvoir demander que les enfants allassent au bain, non pas selon les groupements particuliers de la famille, de l'intimité ou de la camaraderie, la race blanche n'avait-elle pas le droit, elle, de désirer et de vouloir que ses filles soient associées plutôt aux compagnes de leur enfance ? Et qui soulevait si imprudemment cette maladroite réclamation ? Un journaliste qui se révolterait certainement avec sa race à l'idée que l'on conduirait au bain des jeunes filles de sang-mêlé avec des indiennes ou des chinoises. Mais cette singulière contestation ne blessait pas moins la vérité que la justice et la liberté. Aucune distinction n'était faite au pensionnat de Saint-Joseph : ce sont des propos d'enfants envieux ou prévenus, qui donnaient occasion à la feuille radicale d'accuser si hautement une Religieuse vénérable et de blesser la population européenne. (1)

---

(1) L'établissement de Saint-Joseph a un bassin exigu. Six élèves seulement peuvent s'y baigner à la fois. On comprend que pour l'accomplissement

En professant dans son journal les doctrines de la libre pensée, le directeur de la feuille pouvait se croire dans l'exercice de sa liberté, mais il ne pouvait pas trouver mauvais que des feuilles d'opinions opposées, le *Bien public* surtout, combattissent la propagande irréligieuse entreprise dans le pays. M. Hurard ne l'entendait pas ainsi. On peut consulter la collection des *Colonies* depuis sa création on y trouvera difficilement le respect des personnes, des opinions adverses. Une morgue hautaine où l'injure transudait de la leçon faite impérieusement, tel était en général le ton du journal dans ses réponses ou dans ses attaques. On sentait dans ces articles pleins de fiel, percer l'orgueil d'un mécontent, assez audacieux pour vouloir imposer ses vues et ses corrections. Le *Bien public*, on ne pourra lui en faire un crime comme journal religieux, avait commencé une série d'observations sur la lecture des mauvais livres et des mauvais journaux. Feuille catholique, c'était son droit, son devoir, et certainement, dans la rédaction des *Colonies* on aurait été étonné de son silence. Le premier article, d'une modération remarquable, ne renfermait aucune allusion directe; mais il n'était pas possible que les *Colonies* s'y trompassent: en mettant la population en garde contre les lectures antireligieuses, on n'avait pu avoir la pensée de les excepter de cette exclusion. A ce moment le Directeur du *Bien public* venait de partir pour

---

d'un devoir d'hygiène qui est en même temps un attrait pour les enfants, la Direction laisse aux élèves le soin de composer elles-mêmes leurs groupes.

la France et, pendant son absence, la feuille devait être rédigée et dirigée par le docteur Lota, selon les recommandations laissées par Monsieur l'abbé Gosse dont la prudence a toujours égalé le talent. Le premier article du docteur Lota ne contenait que des généralités où l'on peut rencontrer la contradiction, mais non l'inimitié. Les Colonies ne pouvaient manquer une si belle occasion d'entrer en lutte avec une feuille locale. Il y avait un attrait de plus dans cette polémique inopinément offerte à leur désir de faire du bruit. Personne n'ignorait l'assistance promise temporairement à la feuille catholique par le docteur Lota ; c'était le moment de se mesurer avec celui que la haine environnait déjà de ses calomnies, en attendant qu'elle attentât ouvertement à ses jours. L'article des Colonies avait pour titre ces mots dont l'esprit se révèle immédiatement : « *A Monsieur de Bethléem.* (1)

Aux observations mesurées du *Bien public* la feuille de M. Hurard répondait :

« L'Eglise a toujours montré son peu de goût pour la contradiction et la discussion (2). Elle ne s'est pas contentée de brûler les livres

---

(1) Le *Bien public* avait son imprimerie dans une partie vide du vaste asile fondé par M. l'abbé Gosse sous le titre : *Asile de Bethléem.*

(2) Cherchez donc à côté des canonistes et des théologiens une école de discussion comparable aux controverses catholiques.

de ceux qui ne pensaient pas comme elle, mais ces auteurs eux-mêmes ont été très-souvent grillés pour la plus grande gloire de ses dogmes, prouvant ainsi l'incompatibilité absolue qui existe entre la science et elle.

..............................................

« Et pourtant nous ne pouvons nous empêcher de voir en vous et en ceux qui font chorus avec vous les pires ennemis de la société. Vous avez résolu de mettre la main sur la société civile. Au lieu de vous contenter de prier Dieu et tous vos saints dans vos temples et d'appuyer par une conduite irréprochable les préceptes évangéliques que vous avez sans cesse à la bouche, vous sortez de vos églises armés en guerre, vous vous faites journalistes, pamphlétaires, pour mieux prêcher la croisade contre l'impiété. Ce que vous voulez, c'est abêtir tellement l'esprit humain qu'il n'y ait au monde qu'une seule ville, Rome, qu'un seul code le syllabus. »

..............................................

« Eh! quoi, vous descendez dans l'arène politique, vous nous jetez des pierres et vous ne voulez pas que nous nous défendions. Vous prétendez accaparer nos droits, accaparer l'âme de nos femmes et de nos filles; vous vous glissez chaque jour dans vos confessionnaux pour les entendre et leur demander, quand elles ne sont pas suffisamment expansives, ce qu'il y a de plus intime en elles, ce que nous maris, nous frères, nous ignorons, car vous êtes là, toujours vous interposant entre elles et nous. Nous entrons à nos foyers, le soir, tout pleins de l'esprit généreux du siècle, de cet amour pour la liberté que tout homme qui a le sentiment de sa dignité cultive avec une passion jalouse au fond du cœur, et nous trouvons vos préjugés, vos superstitions : nos enfants balbutiant les absurdités sacro-saintes de vos livres, et nos femmes nous disant sur l'oreiller des leçons que vous leur avez apprises, de là la plupart de nos difficultés de ménage. Conseiller la femme, vous qui avez rompu avec vos familles et qui, quatre-vingts fois sur cent, élevés dans les terres chaudes des séminaires, ignorez ce que c'est que la famille ; conseiller nos enfants, vous, les aimer, les chérir, vous qui avez juré de n'avoir jamais d'enfant. Allons donc. »

Ce n'était pas assez. Après avoir reproduit quelques passages du *Bien public* qui présentaient les prêtres comme des hommes faibles comme les autres et non des saints, il reprenait :

« Vous des saints ! Est-ce que les faits ne viennent pas tous les jours accuser chez vous les faiblesses communes à tous les mortels. Qui d'ailleurs relèvera ces fautes, ces défaillances des prêtres, si nous ne les relevons, nous ? Qui flétrira ces abus de confiance quand ils se produisent, qui vengera ces familles outragées, qui stigmatisera ces bonnes fois surprises, sinon cette société au milieu de laquelle vous vivez ?

« Nous comprenons votre rage ; nous comprenons vos gros mots. Nous sommes, en effet, les *roquets de la meute impie et nous jappons contre les robes noires et les robes violettes* (1), chacun défend son bien à sa façon. » (2)

C'est ainsi que se posa à son début comme polémiste celui qui était à ce moment le représentant de sa ville au Conseil municipal et au Conseil général qu'il ne devait pas tarder à présider. Cette violente diatribe s'adressait évidemment à M. l'abbé Gosse ; on ignorait à ce moment aux *Colonies* son départ pour la France. Pour apprécier cette prose faite d'invectives, il est utile d'en rapprocher l'article du *Bien public*. Ce rapprochement dispense de commentaires. Voici l'article du journal catholique :

### Sur la lecture des mauvais livres.

L'Église défend la lecture des mauvais livres, sous peine de péché grave. Par livre, il faut entendre toute espèce d'ouvrage écrit, y compris, bien entendu, les journaux qui, lorsqu'ils sont mauvais sont les pires des livres.

A cette époque de perturbation profonde, où l'esprit humain déchaîné rejette tout frein et toute autorité, l'Église subit des attaques incessantes, parce qu'immuable dans ses principes, elle parle au nom de Dieu, commande la soumission à ses lois éternelles qu'elle proclame indépendantes et au dessus des décisions changeantes des hommes. Mais, rendant à César ce qui est à César, dans le gouvernement temporel des peuples, elle n'a aucune préférence marquée pour telle ou telle forme de gouvernement; elle les reconnaît et les accepte toutes, royauté, empire, république, pourvu qu'elle

---

(1) Les mots soulignés sont tirés de l'article du *Bien public*.

(2) Numéro des *Colonies* du 15 mai 1878.

y trouve la tranquillité, la sécurité et la liberté nécessaires à la propagation de ses doctrines ; elle les repousse toutes, la monarchie aussi bien que la démocratie, du moment qu'elle est opprimée et captive dans l'exercice de son saint ministère.

Inébranlable sur le roc de Pierre, contre lequel les desseins des méchants ne prévaudront point, elle enseigne aux nations la voie de la vérité et de la justice divine, ainsi que les subordinations nécessaires de tout édifice social.

Elle dénonce les voies ténébreuses suivies par l'impiété et l'athéisme, pour séduire les masses, les corrompre, et les insurger contre Dieu et l'Église de Dieu. Aussi, est-elle assaillie de toutes parts, sans repos ni trêve, dans sa doctrine, dans son culte, dans ses ministres ; toutes les armes sont bonnes, tous les engins permis, toutes les machinations autorisées pour la combattre, l'asservir et la réduire au silence. De toutes ces armes, la plus formidable est la presse, sur tout la presse périodique, qui, en faisant miroiter le tableau d'utopies séduisantes, aveugle les peuples que l'Église a pour mission d'éclairer. Dans cette lutte de tous les jours contre l'Eglise et ses ministres, les plus petits ne sont pas les moins acharnés ; ils jappent contre les robes noires et les robes violettes, essayant de les déchirer, ne pouvant pas encore mordre la chair, obéissant en cela à la consigne reçue de plus haut, qui est de manger du prêtre, et, quand c'est possible de l'Evêque. Tous les ecclésiastiques ne sont pas des saints ni tous les catholiques des justes. Nous sommes des hommes, et comme tels, soumis à toutes les imperfections de la nature humaine, faisant des efforts constants et plus ou moins heureux pour suivre en son entier, la loi de J. C. Les limiers de la basse presse sont là, à l'affût du moindre petit fait qui peut leur fournir un sujet de scandale.

A la moindre faute d'un chrétien, à la moindre défaillance d'un prêtre, ils se jettent dessus : le fait est saisi grossi, amplifié, dénaturé, et si la médisance ne suffit pas, la calomnie vient en aide.

C'est le petit côté de l'attaque contre l'Eglise, lequel, pour n'être pas bien redoutable, ne manque pas de produire quelque effet sur les esprits crédules ou prévenus. C'est pour nous un devoir de mettre nos lecteurs en garde contre les agissements de cette impiété subalterne, qui travaille à détacher les cœurs du culte de Dieu, en essayant d'amoindrir ses ministres ; c'est un devoir pour eux de repousser des suggestions malsaines qui veulent déverser le ridicule et la haine sur des personnes vénérées, dignes à tous égards de leur respect et de leurs hommages ; et, le meilleur moyen d'accomplir ce devoir, c'est d'abandonner ces feuilles impies aux adeptes de l'irréligion et de l'athéisme, de s'en interdire la lecture et de les proscrire de nos familles. Alors vous entendrez leurs auteurs crier à l'aveuglement, à l'intolérance : vous les verrez redoubler d'invectives contre ceux qui auront signalé leurs méfaits et mis leurs écrits au ban de l'opinion catholique. Alors, chrétiens, vous vous réjouirez, car vous aurez la preuve que vous avez fait une œuvre méritoire, aux yeux de Dieu et de notre Ste-Mère l'Eglise.

Il était utile de reproduire les premiers éléments de la polémique où le docteur Lota, soulevant contre sa personne et ses opinions les colères de la feuille de M. Hurard, préparait sans le savoir et sans le vouloir certainement le crime dont il devait être plus tard victime. Ce qui ressort à première vue de la discussion, c'est que la feuille catholique avait usé prudemment d'un droit naturel, sans nommer *les Colonies*, sans les désigner, si ce n'est dans l'appellation générale de mauvaises lectures, où un journal irréligieux devait évidemment se comprendre. C'est de la feuille radicale que partit la première attaque directe et personnelle. On en a vu les termes et l'on a pu apprécier l'esprit et le ton avec lesquels cette polémique devait être inévitablement suivie si elle venait à se continuer. Elle s'est continuée du côté du docteur Lota par une réponse où tout peut donner à comprendre que, parmi les mauvais journaux, la population doit compter *les Colonies*, mais où rien cependant ne trahit une pensée personnelle contre leur rédacteur. L'article se terminait par cette recommandation naturelle et logique. « Le moyen de se débarrasser des ennemis de Dieu est bien facile : il s'agit de faire le vide autour de ces œuvres, et de ne leur fournir soit directement, soit indirectement aucun moyen d'extension, en un mot, il s'agit de faire le vide autour d'elles, de leur couper les vivres, de les circonscrire dans le cercle étroit de leur clientèle où elles ne tarderont pas à mourir d'inanition » (1).

Assurément un journal religieux ne pouvait parler autrement à des catholiques, et il fallait tout l'orgueil d'un tribun ou une illusion inexplicable pour espérer que le *Bien public* pût s'abstenir. Aucune injure, aucune personnalité ne signalaient ces recommandations générales, qui empruntaient d'ailleurs au caractère du directeur de la feuille la valeur de conseils autorisés. Mais le journal de M. Hurard entendait être seul à conseiller et diriger le peuple. Écoutez sa réplique dans sa « *Deuxième aux Pharisiens :* »

---

(1) *Bien public* du 18 mai 1878.

« A qui prétendez-vous en imposer ? Sans doute à cette population encore superstitieuse et que le prêtre retient dans ses griffes de fer. Ce jeu enfantin et grotesque ne réussira qu'auprès des âmes plus que timorées et abruties par les exagérations des croyances et des pratiques dévotieuses, mais non auprès de ceux chez qui le bon sens n'a pas tout à fait abdiqué ses droits. Tout le monde devinera que la véritable question pour vous est de vous débarrasser d'un journal nouvellement fondé, qui n'a rien de commun avec vos principes surannés et qui a solidement planté son drapeau au milieu d'une population avide d'instruction et d'indépendance d'esprit. »

La suite était une série d'outrages et de blasphèmes où la Religion était tournée en dérision et le ministère du prêtre calomnié. La fin était dans ces termes :

Oh ! misères du temps, les scapulaires ne se vendent plus, on a beau célébrer les miracles de Pie IX, de notre dame de Lourdes et de mille autres lieux, pas même l'apparition d'un rien sur quoi l'on puisse asseoir un simili-miracle à la Martinique pour faire accourir les badauds de nos campagnes et les vieilles dévotes de nos villes. Allons, mes dames et messieurs, un beau mouvement, pour calmer la fureur du journal de Béthléem, le seul bon journal. C'est 25 francs, c'est 25 francs comptant (sur l'air en vogue) que cela coûte, mais aussi que d'indulgences en retour !

Il n'y avait pas à en douter. La feuille radicale cherchait une polémique personnelle où son rédacteur pût rencontrer une popularité jusques-là indécise. Il fallait donner le change au public, transformer la nature de cette discussion, et de la lutte entre une feuille impie et un journal catholique faire une querelle de race. Pour cela il fallait attirer le docteur Lota sur le terrain des personnalités et le compromettre. Des amis peu écoutés lui conseillèrent, le supplièrent même de fuir le débat, de se renfermer dans le caractère général de ses premières observations et d'éviter un conflit personnel. Le docteur Lota le sentait peut-être bien, mais sa nature impétueuse répugnait à céder devant les objurgations de la feuille radicale. Il ne comprit pas assez que la discussion en s'égarant allait cesser d'être religieuse, pour devenir une querelle de race où, finalement, elle ne pouvait avoir d'autre résultat que de mettre en présence les blancs et les hommes de sang-mêlé. Toutefois son troisième article, plus vif, ne laissait percer sur aucun point les préoccupations d'origine ou de race. C'était une verte réponse, comme on en a lu cent fois dans les feuilles catholiques de la Métropole. Le docteur prenait soin d'ailleurs de rassurer le pays : « Donc, hommes de peu de foi, » disait-il, « rassurez-vous, esprits timorés que le combat effraie, cessez de craindre : la lutte que nous avons engagée n'a rien qui doive vous effrayer : elle sera menée avec assez de vigueur et de fermeté pour tenir en échec et mâter les ennemis de notre religion, mais nous saurons garder la retenue et la réserve que commande la dignité de notre cause » (1).

---

(1) *Bien public*, n° du 21 mai 1878.

La polémique ne tarda pas à dégénérer en invectives. Après plusieurs articles où la personne du docteur Lota était désignée sans que son nom fût prononcé, *Le Bien Public* déclara franchement à son adversaire que son but était de le combattre, mais non de discuter avec des gens pour lesquels il n'avait ni estime ni considération. Cet article est du 5 juin. C'est la première personnalité par laquelle le journal catholique sortait de la ligne générale de ses observations; mais, déjà, *Les Colonies*, dans un précédent numéro, avaient essayé de déverser le ridicule sur le docteur, en le désignant par un sobriquet venu on ne sait d'où, mais que les fanges populaires ont depuis roulé, jusqu'au jour où il devînt le cri de guerre contre l'adversaire de M. Hurard. Après la riposte du 5 juin, ce dernier ne se contint plus. Parlant du D<sup>r</sup> Lota: « Singulier moyen », écrivait-il, « de faire aimer la religion que d'en confier la défense à celui qui *salit de sa bave* tout ce qu'il approche. Qui donc dans de telles conditions pourrait se flatter d'avoir en vous un adversaire tant soit peu convenable? Qui donc après quelques lignes de vous pourrait s'empêcher d'avoir pour vous le plus profond dédain, le plus souverain mépris? L'estime et la considération, vous en parlez bien à votre aise, Monsieur *Coco-Girouette*, vous qui n'avez plus de prestige même dans votre classe, vous que l'on accepte encore dans la société parce que vous êtes cocasse, vous qui, ne pouvant trouver un journal qui voulût accepter vos malsaines élucubrations, avez dû vous réfugier dans *l'étable* de Bethléem pour combler *une fosse laissée vide.* »

Le reste allait grandissant dans l'insulte. La réplique ne fut pas moins vive, mais pour expliquer son attitude, *Le Bien public* reprochait aux *Colonies* la reproduction d'un des plus horribles blasphèmes osés dans ces derniers temps. La lutte n'eut plus le caractère d'une discussion, mais d'une bataille de plume où les deux combattants se jetaient au visage les épithètes les plus outrageantes. Il n'était pas possible qu'une telle polémique continuât sans passionner de côté et d'autre les esprits déjà surexcités, et sans ranger en deux camps adverses les amis de M. Hurard, c'est-à-dire la race de sang-mêlé et les amis du Dr Lota. Les gens sages, qui ne se faisaient aucune illusion sur les conséquences d'une discussion destinée inévitablement à rester stérile, désiraient une issue par où la querelle pût être terminée avant que les passions publiques ne s'en mêlassent. L'amiral Grasset, gouverneur, interposa heureusement son autorité, et demanda aux deux feuilles de renoncer à une polémique dangereuse pour la paix publique. L'intervention du Chef de la colonie mit fin à la lutte extérieure, mais elle n'éteignit pas les passions déjà enflammées. Un double résultat, que les événements sont venus malheureusement confirmer depuis, sortit de ce déplorable incident: la popularité du journal *Les Colonies* et de son rédacteur en chef était définitivement fondée. La race de sang-mêlé, dont un représentant haut placé pour eux venait de se butter contre les blancs, avait trouvé son champion. La présidence du Conseil général ne devait pas tarder à récompenser une situation où M. Hurard prenait manifestement la tête du parti. Désormais rien n'était plus au-dessus de son ambition : insulteur d'une race haïe, M. Hurard pouvait considérer de loin sa place à la Chambre des députés où les suffrages de ses congénères ne devaient pas manquer de l'envoyer au premier jour. Le Docteur Lota, de son côté, devenu pour les hommes de couleur le chef de la réaction, c'est-à-dire de la race européenne, passait du même coup, on ne sait pourquoi, à l'honneur d'être l'ennemi déclaré de la race de sang-mêlé. Désigné déjà aux vengeances de l'avenir, il devait attendre trois ans avant que la haine des uns, la complicité des autres, la faute de tous pussent lui faire expier son courage et son indépendance. Son vrai crime contre la race, personne ne l'a avoué, fût d'avoir rappelé à M. Hurard son origine africaine. Lutter contre un homme de sang-mêlé, c'était déjà beaucoup ; lui parler de ses papiers de famille, c'était trop, et d'un mot malsonnant entre gens du même pays, la situation fit une injure pour toute la race.

En insistant sur un incident où, pour la première fois, le journal de M. Hurard et une feuille conservatrice se trouvèrent aux prises, nous avons voulu éclairer à l'avance le lecteur sur des événements plus récents, que nous raconterons bientôt, et où la rivalité des deux races s'est déplorablement accusée. Il n'y a rien à désavouer dans les premiers articles du docteur Lota. Il était dans le droit de tout c tholique, dans le devoir des honnêtes gens, en signalant à l'attention de ses lecteurs une feuille passionnément irréligieuse et radicale. Il avait au moins pour lui la théorie dont M. Hurard et son journal se disaient, à la Martinique, les plus zélés partisans: la théorie de la liberté de penser, de la liberté de discussion. En France, les journaux des diverses opinions se combattent, et les plus violents radicaux, en répondant aux feuilles catholiques, ne trouvent pas mauvais que celles-ci prémunissent leurs lecteurs contre des doctrines inconciliables avec leur foi. La discussion peut être ardente, et les adversaires ne s'épargnent pas les invectives, mais des deux côtés il y a deux opinions, non deux races, l'une avec le tort irréparable, il semble, d'avoir été la race dominante dans le passé, l'autre avec l'avantage d'avoir été la race assujettie. Il n'est donc pas possible, aux Antilles françaises, quand on juge au point de vue du résultat, de comparer la situation coloniale à celle faite en France à la presse conservatrice. Quoiqu'il arrive, tout homme de sang-mêlé, aux Antilles, a la race entière derrière lui, quels que soient son opinion, ses torts ou ses fautes. Dès lors se pose la question de savoir si, à notre époque troublée et grâce au milieu local, une polémique avec une feuille irréligieuse, mais rédigée par un homme de sang-mêlé, ne devait pas avoir pour conséquence inévitable, en se transformant en question de race, de produire l'effet contraire à celui de toute lutte soutenue pour convaincre ou pour confondre son adversaire. La faute du Docleur Lota, si nous pouvons appeler ainsi ce qui était l'exercice du plus noble devoir et d'un droit sacré, fut de ne pas tenir assez compte de ce point de vue. Le jour où, quittant le ton d'une discussion générale et de principe, il a ouvertement pris à partie *les Colonies* et son rédacteur en chef, à notre sens, il a commis une maladresse. Il n'a pas compris que M. Hurard, inconnu, cherchant le bruit et l'éclat, ne pouvait qu'être heureux de devenir le point de mire des critiques ou des sévérités de la presse conservatrice et de riposter par l'outrage. Il n'a pas deviné qu'à ce rôle, où la question de radicalisme et de liberté de penser restait secondaire, M. Hurard obtenait l'avantage de se poser en champion de sa race et en antagoniste des blancs, situation qu'il cherchait, que son journal, qui n'avait pas de raison d'être, avait pour but unique de lui créer, afin de lui préparer la popularité indispensable à la députation. Les trois journaux conservateurs de la Martinique, *le Bien public, les Antilles* et *le Propagateur*, sans s'être concertés, mais s'accordant dans une prudence qu'on a pu regretter depuis, que tout conseillait alors, avaient pris la résolution de rester sourds à toute provocation, de n'affronter aucune polémique, de ne pas nommer même la feuille radicale. Ce système, suivi avec persévérance, pouvait avoir des inconvénients, mais à la longue il devait inévitablement ruiner le journal de M. Hurard et mettre à néant l'ambition de son rédacteur. Il ne faut pas supprimer le passé pour donner raison à des opinions nées depuis, à la suite d'événements d'un autre ordre. A moins de nier ce que tout le monde savait, on ne contestera pas qu'au moment où se place la polémique que nous avons résumée, le public intelligent de sang-mêlé n'y tenait plus. Quatre colonnes de blasphèmes et d'invectives contre la religion et le clergé dégoutaient à la fin certaines gens qui, dans une feuille patronée par leur race, cherchaient autre chose que l'écho des insanités vociférées par les feuilles communardes de la métropole. Dans la race de sang-mêlé ceux qui, tout en désirant un organe spécial, entendaient qu'il eût au moins l'air de s'occuper de quelque chose de colonial et non d'impiétés abominables, se fatiguaient d'une rédaction où rien de local ne trouvait place. Les violents qui, dans une feuille radicale, voyaient surtout un organe d'agitation publique par l'antagonisme des races, commençaient à s'éloigner d'un journal dont le rédacteur battait inutilement les buissons de la presse conservatrice sans faire lever une seule réponse. Le désabonnement était au bout de la tentative et se faisait déjà sentir. La polémique du *Bien public*, en transformant la situation, eut pour premier effet d'appeler l'attention sur *les Colonies*. Quand les deux adversaires en furent venus aux personnalités, la race de sang-mêlé presque tout entière était ralliée derrière M. Hurard. La cause de la polémique, le rôle des deux feuilles furent oubliés, pour ne laisser place qu'à un seul point de vue où la passion et la haine tenaient lieu de justice et de raison : un blanc et un homme de sang-mêlé, c'est-à-dire les deux races avec leurs origines, leurs dissemblances, leurs souvenirs, aux prises dans leurs deux champions. De ce jour la fortune politique et la popularité des *Colonies* et de M. Hurard étaient définitivement fondées. L'insulteur de la Religion et de la race européenne n'a pas failli depuis à son rôle.

A ce compte, dira-t-on peut-être, fallait-il laisser le champ libre à M. Hurard et livrer aux fureurs de son journal la Religion, la foi de nos pères, la moralité de la population si facile à s'égarer et que les blancs plus civilisés avaient l'obligation de défendre? Fallait-il laisser, exposés à l'insulte et à la dérision, toutes ces choses sacrées, et avec elles, les personnes et notre clergé? Si la question devait être ainsi posée, la réponse ne pourrait être douteuse. Mais nous ne croyons pas que cet incident de nos discordes coloniales doive être envisagé à ce point de vue unique. Assurément, il était du devoir de la presse de combattre les doctrines désolantes dont M. Hurard se faisait l'ardent propagateur; il fallait avertir la population martiniquaise, catholique et fidèle, et la préserver de l'entraînement où les sympathies de race pouvaient l'entraîner ; il fallait défendre la foi, la vérité, la morale; mais cette tâche exigeait une grande prudence, un tact rare, le sang froid surtout; le talent et la vigueur n'y suffisaient pas. Dans ce combat de chaque jour où il eut été nécessaire de réfuter des sophismes et de ruiner les excitations anti-religieuses accumulées dans la feuille radicale, il y avait un péril à éviter;

c'était de prêter le flanc à une querelle de race, et de donner aux intérêts supérieurs de la Religion et de la foi la couleur ou l'apparence d'une question d'origine ou d'influence. L'ecclésiastique éminent qui dirigeait le *Bien public* y réussissait dans une publicité à bon marché, allant parfois jusqu'à quatorze cents et dix-huit cents exemplaires, tirage inusité dans une petite île où les journaux les plus accrédités n'ont jamais compté plus de six à sept cents abonnés aux époques d'influence pour la presse. Mais c'était, pour le *Bien public*, à la condition de fuir constamment le débat, d'éviter le piège où le journal de M. Hurard avait besoin d'attirer un antagoniste afin de se faire une popularité facile. Le caractère du docteur Lota, la nature de son talent, son genre d'esprit ne se prêtaient pas à cette temporisation où un prêtre pouvait effacer sa personne, mais où un laïque risquait plus de s'irriter. Le docteur Lota donna droit dans le piège. Si ce fut sa faute, au sens où nous lui en faisons le reproche, ce sera aussi son honneur d'avoir, le premier, donné l'éveil et averti l'opinion. Il devait lui en coûter plus tard la liberté, la fortune, le séjour au sol français, sur la terre de sa prédilection et de ses plus chers intérêts; mais à l'honneur de son nom il lui restera d'avoir, seul, osé démasquer un visage et attaquer une individualité chez laquelle les plus détestables enseignements de la révolution servaient d'enveloppe à la haine ambitieuse et à l'orgueil de l'esprit de race.

La polémique des deux journaux étouffée

par l'intervention d'un homme de bien, un moment chef de la colonie, M. Hurard put se vanter du résultat. La pensée de son antagoniste, le conseil qu'il donnait au public étaient de laisser périr le journal faute de lecteurs. *Les Colonies* étalaient triomphalement dans une suite de numéros le chiffre croissant de leurs abonnements. La puissance coloniale du journal bien établie, son rédacteur n'était pas homme à faire preuve de modestie ou d'humilité et à rentrer dans la voie de la modération. Son triomphe n'était même pas dissimulé sous les termes d'une courtoisie banale. Le 20 juillet, quelques semaines après la clôture autoritaire de la polémique, on fêtait à Saint-Pierre le 74me anniversaire de la naissance de M. Schœlcher. Dans son numéro du 24 juillet *les Colonies* rendaient compte de cette *solennité* où de nombreux orateurs avaient exalté à l'envi l'abolitioniste, trente ans après l'abolition de l'esclavage, sans rappeler que leurs pères, pour la plupart, malgré le malheur de leur race, avaient été aussi propriétaires d'esclaves. A ce banquet un jeune avocat, collaborateur alors et depuis de M. Hurard au barreau et dans la presse, trouvait le moyen de satisfaire son fanatisme antireligieux, en accumulant les blasphèmes les plus odieux à la louange du héros de la fête.

« L'Eglise a ses héros et ses saints, la démocratie, plus modeste, a des hommes, que guide le seul sentiment du devoir, que pousse la seule force de la conviction, et qui, *sans aspirer aux vains honneurs d'une béatification, aux joies problématiques promises dans un autre monde,* vont droit devant eux dans les champs de l'idée et de l'action et sont tantôt Washington, tantôt Lincoln, tantôt Wilberforce, tantôt Schœlcher. »

Cette élucubration antireligieuse se terminait par l'éloge de la presse où l'aveu échappait à l'inexpérience du jeune orateur :

« Messieurs », disait-il, « je bois à la liberté de la presse, parce que pour moi celle-là renferme toutes les autres, parce que *c'est l'arme avec laquelle nous pouvons emporter la place,* parce que, dans cette France, pays du suffrage universel, dans cette France où l'instruction primaire gratuitement donnée, grâce à la République, nous prépare des générations nouvelles plus instruites, où l'opinion publique est la souveraine maîtresse, dans ce pays qui a renversé Broglie et Fourtou et acclamé les représentants du droit, les libéraux des colonies sont certains d'obtenir raison et justice, lorsqu'il feront connaître leurs doléances pour le présent et le passé et leurs aspirations pour l'avenir. »

« Et puisque nous parlons de presse », ajoutait-il, « permettez-moi, messieurs, en terminant, de boire aussi à notre vaillant journal *les Colonies* qui vivra, quoiqu'on dise et quoiqu'on fasse, à notre ami commun Marius Hurard, son rédacteur en chef, dont on peut dire qu'il a su en bien peu de temps prouver *ce que l'on pouvait attendre de lui au jour de la lutte.* »

Et M. Hurard répondait : « Pour être dignes de Schœlcher, nous avons un double devoir à remplir : *soutenir le journal qui défend nos libertés conquises* (1). La réaction veut le faire disparaître, il faut que tous nous le soutenions, et de toute notre énergie. J'ai fait mon devoir contre *la réaction jésuitique*, comme vous l'auriez fait. Nous n'avons pas provoqué, nous demandions au contraire à vivre en bonne intelligence avec ceux qui ne devaient être que des adversaires et qui ont tenu à se poser en ennemis. Vous savez ce qui leur est arrivé (2). »

L'audace du journal ne s'arrêta plus devant aucune personnalité ; au contraire, plus élevé était le caractère de l'adversaire rencontré sur sa route, plus il affichait le mépris de toute supériorité, le dédain des formes respectueuses admises au moins comme usages sociaux. Son intolérance allait même jusqu'à se révolter contre les ecclésiastiques qui croyaient devoir défendre à leurs paroissiens la lecture de son journal ; un peu plus, il aurait trouvé mauvais que chaque prêtre ne se fît pas le propagateur de sa feuille. Un

---

(1). Ceci est le mot de passe pour les badauds. Défendre suppose l'attaque. Qui donc, aux Antilles, attaquait les *libertés acquises*, c'est-à-dire la liberté des anciens esclaves ? Mais avec ce mot, les sang-mêlés font ce qu'ils veulent de la population noire.

(2). Ce mot sera répété trois ans après, en d'autres termes, quand M. Lota aura eu sa maison saccagée, et qu'une foule furieuse aura le lendemain demandé la tête de M. Codé.

ecclésiastique respectable, mais devenu excentrique à la suite d'un accident, fut l'objet de ses premiers coups, et après lui *les Colonies* s'attaquaient au chef même du Diocèse, à Monseigneur Carméné, qui avait cru devoir approuver la conduite de son subordonné. La lettre du vénérable Prélat, écrite avec une prudence sage, évitait de confondre la question religieuse avec les querelles locales ; « En signalant à vos paroissiens, par tous les moyens possibles, les dangers qui menacent leur foi, le plus précieux de tous leurs biens, et en vous efforçant de les prémunir contre ces dangers, vous usez de votre droit et vous remplissez votre devoir de pasteur. Nous ne pouvons que vous féliciter du zèle que vous y apportez. Sans doute nous ne devons jamais oublier l'admirable maxime de saint Augustin : *Interficite errores, diligite errantes.* Toutefois la charité que nous ne devons pas cesser d'avoir pour ceux de nos frères qui combattent la vérité, le fissent-ils de mauvaise foi, ne doit jamais ralentir non plus le zèle que nous devons déployer pour combattre les erreurs qu'ils s'efforcent de propager. Amour pour les personnes, haine pour les erreurs et les mensonges. »

C'était un évêque qui parlait à l'un de ses prêtres dans un pays unanimement catholique. Il était difficile d'unir plus de mansuétude à plus de raison. M. Hurard trouvait pour la première fois un Pontife de l'Eglise sur son chemin ; en face d'une société chrétienne voici quel était son langage :
« *Prêtre et Evêque* », tel était le titre d'un

article imprimé immédiatement après la lettre du Prélat :

« Si nous n'étions habitué aux palinodies de Monseigneur, nous nous étonnerions de voir étaler dans les colonnes du journal de Bethléem la prose épiscopale envoyée tout exprès à ce journal pour exterminer les mécréants et faire courber la tête aux superbes. Mais, hélas ! Monseigneur n'en est pas à son coup d'essai. »

Suivaient quelques paragraphes relatifs à une loterie essayée par Monseigneur Fava, prédécesseur de Monseigneur Carméné, puis *les Colonies* continuaient sur le ton de l'apostrophe :

« Évêque, prenez rang, brandissez aussi votre bonne lame de Tolède, mais ne criez pas quand par hasard le *fouet de notre satire ira vous cingler jusqu'au fond de votre sacristie.* »

« Ainsi donc, *Monsieur*, vous qui vous dites Ministre de paix, vous autorisez un curé à dire à un de ces hommes qui d'après vous doivent être aimés alors même qu'on combat leurs erreurs, qu'il pousse au vol, à l'incendie et à l'assassinat. Certes nous avons entre mille *inepties* d'un curé *stupide*, dédaigné de relever celles qui pouvaient nous blesser, mais nous devons trouver plus étrange qu'un prélat vienne publiquement manifester sa satisfaction pour une aussi indigne accusation et une aussi *lâche* conduite. »

« Détrompez-vous, Monsieur, nous n'avons nulle idée de nous plaindre d'être signalés par vos gens comme partisans de la libre pensée. Oui, nous sommes libres penseurs, oui, nous rejetons vos dogmes qui sont une atteinte à notre raison et à notre bon sens, oui nous rejetons vos pratiques *surannées et absurdes*, car elles sont une atteinte aux idées franches et libérales de notre temps, parce que la Religion que vous arrangez à votre façon est de celles dont Jésus ne voudrait pas, tant vous l'avez *travestie* et rendue méconnaissable. »

« Débitez vos sornettes, Messieurs, soit du haut de la chaire, soit dans vos feuilles dévotes, ce n'est pas nous qui jamais demanderons qu'on vous interdise de parler ou d'écrire. » (1)

C'est sur ce ton, c'est avec cette allure que parlait devant une population catholique, la feuille de M. Hurard s'adressant à l'Évêque. Chacun des mots de cet odieux article tombait comme un outrage sur le pays si respectueux, si fervent, si dévoué surtout, sans acception d'origine, au chef du diocèse.

Et cet outrage, où s'exhalent la haine du sectaire avec l'orgueil de l'homme, ne s'arrêtait pas même devant une de ces infortunes qui ferment d'ordinaire la bouche aux plus cruels ennemis. L'honneur d'une famille qui n'était pas nommée, mais suffisamment désignée, était livrée en pâture aux indiscrétions de la foule.

Jusqu'à ce moment *les Colonies* n'avaient eu affaire qu'à la race européenne. De tous les nombreux fonctionnaires et employés de sang-mêlé qui remplissaient les bureaux de nos Administrations, de nos Mairies, aucun

---

(1) *Les Colonies*, numéro du 3 août 1878.

n'avait eu l'honneur des coups réservés par M. Hurard à une race privilégiée. Il est vrai que dans ses victimes, la feuille démagogue choisissait les sommets de toutes les hiérarchies. Il lui fallait des évêques, des prêtres, des religieuses; à quoi bon s'en prendre aux autres? Monseigneur Fava, ancien Evêque de la Martinique, fut accablé d'outrages à l'occasion d'une loterie. Le fait était bien simple cependant, et sans la passion folle d'insulter pour insulter, on ne comprend pas l'attaque dirigée en cette circonstance contre un Prélat. Mais Monseigneur Fava, comme Evêque, ne pouvait trouver grâce devant le journal des haines locales et de l'impiété. C'est inutilement qu'on eût rappelé la vie du vénérable Evêque, sa mission au milieu des noirs du Zanzibar, l'exil volontaire à 25 ans sur une côte sauvage, au milieu de populations abruties qu'il a évangélisées. Ces services rendus dans l'ordre religieux ne comptaient pas.

Monseigneur Fava avait eu le dessein de transformer la cathédrale de St-Pierre, de lui donner l'aspect d'un temple et de le couronner d'un clocher. S'adresser à la France épuisée par la guerre de 1870, c'était courir à un échec; solliciter les forces du budget colonial, c'était se faire éconduire. Il n'y avait plus qu'un moyen de réaliser les ressources nécessaires pour cette œuvre : c'était de faire appel à la charité publique. Pour intéresser les donateurs à cette œuvre de restauration, l'Evêque de la Martinique eut l'idée d'une grande loterie. Le Ministre des Colonies autorisa le projet et la loterie au capital de 400,000 billets du prix d'un franc fut ouverte. L'œuv e était difficile, impossible même à la Martinique seulement. Notre île trouve volontiers et facilement en quelques jours douze cent mille francs ou deux millions pour la création d'une usine, parce que l'intérêt personnel est vivement sollicité par la prévision des dividendes ou la hausse des actions. Mais dans l'ordre du sacrifice, l'empressement a besoin d'être poussé, activé chaque jour. La loterie avait réalisé environ dix huit mille francs quand Monseigneur Fava, déjà malade, dût partir pour la France. L'œuvre souffrit durant son absence. A peine était-il de retour qu'il fut appelé à l'évêché de Grenoble. Le projet échoua. Mais les dix huit mille francs recueillis n'avaient pas été gaspillés. Deux immeubles qui obstruaient la place de la Cathédrale avaient été achetés et payés à l'aide des premiers fonds. On ne pouvait faire mieux en attendant le jour du tirage des lots. La loterie étant abandonnée, personne parmi la très grande majorité des donateurs, ne songeait plus au franc versé par billet.

On comprenait que le but de l'œuvre étant l'achèvement de la Cathédrale et l'agrandissement de la place, une partie du but au moins avait été réalisée, puisque l'acquisition des immeubles payés avec les fonds souscrits permettait d'élargir les abords du monument. Mais il y a toujours partout des mécontents. La moindre irrégularité gêne souvent quelques uns de ces formalistes plus dévoués à l'apparence qu'à la réalité. L'occasion était belle, et dans une série d'articles où Monseigneur Fava était traité comme le dernier escroc, la feuille de M. Hurard se donna libre carrière. Dans le même moment, le vénérable successeur de Monseigneur Fava s'occupait de liquider cette opération. Le comité de l'œuvre, dont faisait partie le père de M. Hurard, fut appelé à délibérer à l'Evêché sur la suite à donner à l'entreprise. La proposition de rembourser immédiatement fut faite et adoptée par le comité, et le procès-verbal de la réunion, publié dans les journaux, appelait le public à se présenter jusqu'au 15 octobre 1878 à l'Evêché pour être payé. On ne pouvait agir plus honnêtement ni plus sagement. Le journal trouva moyen cependant de prendre à partie avec inconvenance l'honorable trésorier du comité, M° Jouque, l'un des hommes les plus respectés du pays. Revenant sur la question, il se vanta à plusieurs reprises d'avoir forcé le Chef du diocèse à rendre les fonds, comme si une pensée quelconque de détournement avait pu s'attacher à l'œuvre de la loterie. Six mois après, le 15 octobre, l'Evêché avait payé 1738 fr., aux porteurs de billets qui avaient réclamé : ce n'était pas le dixième des billets placés. Depuis, personne ne s'est présenté.

L'esprit du nouveau journal se dessinait déjà suffisamment. La suite allait accuser plus nettement encore ce caractère particulier de journal exclusif de la race de sang mêlé, et dans sa polémique avec le Docteur Lota, M. Hurard, qui avait découvert les cotés vulnérables de son adversaire, lui annonçait pour l'avenir des coups plus sûrs. « Nous vous connaissons bien, illustrissime Coco, » disait-il en terminant un de ses derniers articles, « et s'il vous plaît de continuer vos fanfaronnades et vos impertinences, *nous ne vous lâcherons point; nous savons que vous êtes rageur; quand vous ragez vous ne savez plus ce que vous faites et donnez ainsi stupidement beau jeu à vos adversaires.* Nous *saurons profiter* d'un tel avantage, dussiez vous en perdre la tête et, sous la risée publique, FUIR, comme vous l'avez fait une première fois, un pays où vous ne rencontrez ni estime ni considération. » (1)

Monsieur Hurard songeait-il à ce qui allait arriver trois ans plus tard, quand il écrivait ces lignes si criminellement prophétiques?

Cependant la véritable pensée du journal n'avait pas encore été formulée. Il était réservé à un homme de sang mêlé d'arracher à un de ses congénères l'aveu de ses haines accumulées et de son incurable orgueil. Une feuille coloniale de la Métropole, le *Journal d'Outre-Mer*, avait publié une correspondance de la Martinique. Les premières lignes racontaient un fait assez étrange dont la population, curieuse de tout ce qui fait scandale, s'était passionnément occupée, bien entendu avec des opinions et des sentiments divers. Un artiste dramatique, M. Maurice-Val, ancien militaire, disait-on, alors fort ténor en exercice à la Martinique, avait eu avec M. Hurard une querelle due aux appréciations, fort malveillantes selon l'artiste, des *Colonies* à son égard. Une rencontre avait été convenue une première fois, et les deux adversaires

---

(1) *Les Colonies*, numéro du 8 juin 1878.

étaient arrivés sur le terrain, mais la police les y avait précédés. Le duel avait été ajourné, et des mesures avaient été concertées pour déjouer la surveillance des agents. M. Hurard arriva au rendez-vous, mais on y attendit inutilement M. Val, quand il fit savoir qu'il était prisonnier dans un restaurant. Les précautions convenues rendaient cette explication difficile, et on commença, dans le public, les uns à dire que M. Hurard, secondé par un ami, avait eu le secret de faire arrêter son adversaire, les autres que M. Val, au lieu de se rendre sur le terrain, s'était fait conduire à l'hôtel où la police avertie le gardait à vue. (1) Le public colonial, toujours disposé à se partager en groupes rivaux, prit ainsi parti, qui pour M. Hurard, qui pour M. Maurice-Val. Les journaux étaient remplis de procès-verbaux, de récriminations émanés des deux camps. On chansonna dans plus d'un brocard le rédacteur des *Colonies*, coupable d'avoir méconnu le talent d'un artiste cher à la population. L'autorité supérieure craignant pour la paix publique, prit une mesure qui pouvait être décisive, mais qui péchait par l'illégalité. M. Maurice Val fut appelé à Fort-de-France, interné au Chef-lieu jusqu'au départ du premier paquebot, et finalement embarqué le 24 novembre et renvoyé en France. Cela pouvait certainement calmer

---

(1) Nous trouvons cette explication dans la plaidoirie de M. Martineau pour les pillards de la maison Lota, page 7 de l'impression. Dans l'autre version on disait que Me Martineau, adjoint au Maire, maître de la police et ami de M. Hurard, avait donné aux agents l'ordre d'empêcher la rencon

l'agitation et garantir l'existence de M. Hurard, et en cela on ne saurait blâmer le gouverneur; mais malheureusement aussi un tel acte donnait trop à croire déjà qu'il y avait danger à s'attaquer à ce personnage. Une immunité si exorbitante dût inévitablement enhardir M. Hurard et lui donner de lui-même, de son importance, une idée qui s'est trop développée dans la suite (1).

Le correspondant du *Journal d'Outre-Mer* rendait compte de cette expulsion autoritaire, sans nommer M. Hurard ni critiquer sa conduite. Passant à d'autres idées l'écrivain colonial faisait une excursion très avancée sur le terrain social et regrettait la tendance, trop générale dans les familles appartenant encore à la classe des ouvriers, à imiter les riches. Il signalait le tort de ceux qui ambitionnent d'envoyer en France leurs enfants pour leur donner, à coups d'efforts et de sacrifices, une éducation incomplète, dont les jeunes gens ainsi formés ne tirent qu'une conséquence : c'est qu'ils sont au-dessus du métier de leurs pères. Le correspondant reconnaissait qu'il y aurait mauvaise grâce à parler en thèse générale. Il attribuait à ce vice, au goût pour la parure, que les riches seuls peuvent satisfaire et qui distingue la société coloniale, le fonds d'orgueil, la tendance à l'aristocratie et les mécomptes de la population. Loin

---

(1) C'était encore un effet des passions coloniales. Si *les Colonies* avaient été rédigées par un blanc, les mêmes circonstances se produisant, la suite aurait été tout autre.

de vouloir maintenir les enfants dans l'ignorance ou l'insuffisance de leurs parents, il encourageait au contraire le sentiment instinctif qui porte tout homme à s'élever toujours plus haut que ses devanciers; mais il demandait que cette élévation fût le fruit du travail, du mérite éprouvé, du génie même quand il se révèle. C'étaient le bon sens, la raison, le sentiment vrai des besoins de la population qui avaient dicté ces observations, admises partout et faites d'ailleurs avec une remarquable retenue. Cette correspondance parut-elle à M. Hurard une critique de son rôle dans la société Martiniquaise? On pourrait le croire en lisant la réponse, amère dans les termes, hautaine dans la forme, où il faisait la leçon à l'écrivain anonyme du journal *d'Outre-Mer*. Pour tout dire, on savait à la Martinique que le correspondant de cette feuille était M. Verdet, conseiller général et conseiller municipal à St-Pierre. M. Verdet appartient à la race de sang-mêlé; c'est un homme convaincu, qui a pris part aux luttes de la presse en 1848 et chez lequel le temps a modifié sensiblement l'ardeur de la jeunesse et l'exaltation des premières impressions. Républicain sincère, humain, un peu philanthrope même, il a toujours été le défenseur des pauvres, des petits. Honnête et droit, il a depuis longtemps compris que les vestiges de l'ancien ordre de choses ne disparaîtront pas devant l'injure et la menace. Il croit et professe que l'accord des vues, l'intimité des relations, la confiance réciproque ne naîfront pas d'une inimitié à outrance où les ambitieux trouveront peut-être à s'élever, mais qui perpétuera, au détriment de la population en général, des discordes et des haines que rien ne provoque en réalité. En d'autres termes, M. Verdet reconnaît que si certains blancs ont besoin de détendre un peu les ressorts de leurs relations, de leur côté les hommes de sang-mêlé ne sont pas moins obligés à renoncer à l'exploitation des souvenirs du passé. Il s'est surtout occupé des classes ouvrières au milieu desquelles il a eu longtemps une grande popularité. La lettre au journal d'*Outre-Mer* n'était en partie que la répétition de ses conseils, de ses opinions exprimés dans le pays. Il devint immédiatement, au dire de M. Hurard, le traître, le flatteur de la race blanche, ce qui prouvait une fois de plus que les hommes de sang-mêlé, tout en criant contre le préjugé, contre la séparation des races, ne cherchent en réalité que la durée d'une animosité où les populations coloniales se déchireront longtemps encore à coups de représailles. A moins d'imaginer une réconciliation en masse, où tous les individus des deux races s'embrasseraient dans une étreinte générale, on ne comprend pas l'inconséquence de la race de sang-mêlé, en poursuivant de ses mépris ceux qui, de son côté, par leurs relations personnelles, par leurs actes, par leur attitude, ont su conquérir les sympathies des blancs. L'article de M. Hurard marque une étape trop avancée dans ses audaces contre la société coloniale pour que nous n'en rappelions pas les principaux passages.

« Arrière, » écrivait-il, « ouvriers qui disposez de votre temps comme bon vous semble, qui travaillez pour qui vous voulez, qui avez eu l'audace de devenir hommes libres afin d'être comme des grands. A bas ce mariage qui vous rend époux et pères quand vous ne devriez être que des mâles accouplés à des femelles pour avoir des petits ! Vite qu'on leur remette à ces rebuts de la société la chaîne de l'esclavage et qu'ils ne s'avisent jamais de vouloir franchir l'abîme qui les sépare d'avec les *grands*, leurs anciens maîtres ! »

Les *grands* c'étaient les blancs, tandis que depuis longtemps la population de sang-mêlé, peu-à-peu enrichie, ne se refuse, soit dans sa parure, soit dans son intérieur, aucun moyen de luxe ou de confort. L'article continuait plus loin.

« Quant à nos filles, à quoi bon les élever puisqu'elles sont fatalement destinées à vendre leurs amours et à vous rendre les pourvoyeurs de la prostitution ? Vos garçons, ce sont les bancs de la police correctionnelle et des assises qui les attendent ! »

« Voilà bien le triste bilan de notre situation qu'un homme sorti de nos rangs a eu l'impudence de dresser ? Voilà bien l'insulte qu'il ose nous jeter à la face ! »

« Qui êtes vous donc, Monsieur, et à quoi prétendez-vous ? Transfuge d'un parti dont vous vous faites l'insulteur, êtes-vous donc un de ces désabusés de la fortune politique qui, désespérant d'arriver par des moyens avouables dans leur propre parti, *se jettent dans le camp des ennemis d'hier* avec l'espoir de satisfaire leur appétit des honneurs. »

« Persévérez, Monsieur, et dans les hommages de nos adversaires vous trouverez la juste récompense de votre nouvelle attitude. Pour nous, tranquilles et sereins, nous assisterons stoïquement à l'échafaudage des honneurs qui vous sont destinés et stoïquement nous laisserons passer Judas. »

La mercuriale était sévère (1). Pour se l'attirer il avait suffit à M. Verdet de dire aux classes ouvrières, aux pauvres, que le luxe, que la parure sont faits pour les riches, et qu'à vouloir les imiter, les pauvres arrivent à vendre leurs amours ou à combler les bancs de la police correctionnelle ! Cela est vrai partout, mais combien plus vrai aux Antilles ! (2)

La question de race était donc vive déjà dans les colonnes des *Colonies*, moins d'une année après son apparition, et dans ce court intervalle, la feuille de M. Hurard avait trouvé moyen d'invectiver des blancs, d'insulter la plus haute personnalité religieuse du pays et de diffamer un homme de sang-mêlé coupable de n'être pas mulâtre avant tout. Le fonds réel de toute récrimination chez la race de sang-mêlé s'était laissé voir dans le numéro du 9 novembre. Au commencement de l'année 1878, l'Amiral Grasset avait ouvert ses salons à la société de St-Pierre. Un groupement naturel, invincible en l'état des esprits à ce moment, avait associé les blancs avec les blanches, les hommes de sang-mêlé avec les jeunes filles de leur race. A cela, à moins de méconnaître la liberté, il n'y avait rien à dire, tout en regrettant que les circonstances ne permissent pas un rapprochement. M. Hurard, loin de prendre acte d'un progrès où les deux races consentaient cependant à se rencontrer

---

(1) *Les Colonies*, 18 décembre 1878.
(2) Un duel eut lieu plus tard, entre M. Hurard et M. Verdet que *les Colonies* avaient mystifié. M. Hurard fut légèrement blessé dans cette rencontre.

pour la première fois dans une salle de bal, persiflait le rédacteur d'une feuille conservatrice, en affirmant l'existence du préjugé constatée dans les soirées de l'Amiral Grasset. « *Si* nous pouvions pour une demi heure, faire du rédacteur de l'article du *Propagateur* un mulâtre ou un noir, nous l'enverrions à l'hôtel du Gouverneur à St-Pierre, un soir de bal, faire certaines invitations, alors, mais alors seulement il commencerait à comprendre que nous ne voulons abuser personne. »

La pensée est claire. Dans un bal chacun choisit son partenaire ; mais aux Antilles les choix doivent être imposés si la réunion comprend les diverses races, sans quoi les blancs seront accusés de faire montre de leurs préjugés. Et la race de sang-mêlé a raison, car dans un salon, lorsque ses représentants sont exclus en masse de toutes danses avec la race européenne, ce ne peut être simplement l'effet de convenances individuelles ou du hasard. Cela est assurément triste et fait sourire l'homme intelligent ; mais pour associer sans distinction, dans les plaisirs mondains si rares aux Antilles, à la Martinique au moins, les deux races toujours suspectes l'une à l'autre, faut-il encore que les chefs de sang-mêlé évitent de se compromettre dans les luttes où la race européenne est vilipendée et calomniée !

Une année venait de passer sur la fondation des *Colonies*, et les diverses races coloniales en étaient arrivées à une séparation haineuse, indice de troubles prochains, car la surexcitation des esprits ne tarde pas à se traduire en émeutes ou en violences dans la rue. L'année 1879 s'ouvrait avec ces perspectives inquiétantes. Une race dominait en fait dans les Assemblées publiques et imposait ses choix, ses folies à l'administration impuissante en face du radicalisme métropolitain. Et dans la race triomphante, un homme inconnu la veille, sans services et sans titres, mais devenu tout à coup cher aux factions dirigeantes, résumait dans sa personne l'orgueil et l'esprit dominateur des siens. Il était déjà dangereux pour un blanc de lutter contre lui par la plume ou par l'épée, et l'autorité intervenait pour couvrir de sa protection le héros populaire. Quel homme eût résisté à une telle tentation ! M. Hurard, pris de vertige, se crut le maître et voulut l'être en réalité. Aussi dès 1879, l'un des premiers numéros des *Colonies* rendant compte des progrès et des luttes du journal, s'écriait-il avec une superbe justifiée malheureusement depuis : « Nous sommes une puissance et l'on compte avec nous. » Plus tard, en demandant l'application de la loi métropolitaine de la presse, le journal ne manquait pas de se targuer d'attaques laissées impunies par l'autorité. « Quant à ce qui nous concerne, n'avons-nous pas dit dans ces colonnes des choses que sous l'Empire jamais n'eut autorisées aucun Gouverneur? Qu'a fait M. Grasset? Bien que dans son entourage, à propos de notre réponse à M. Carmené, d'articles sur la haute magistrature (1), etc., on le sollicitât vivement à suspendre le journal *les Colonies*, M. Grasset a eu le bon esprit de résister. » Ces immunités dont bénéficiait si largement la feuille radicale, ne l'empêchaient pas plus tard de dénoncer aux sévérités du gouvernement républicain le journal le *Propagateur*, coupable d'avoir écrit des maîtres de la République ce que tous les journaux de France, les intransigeants les premiers, écrivent chaque jour dans leurs colonnes. Ses invectives impies et ses blasphèmes redoublaient. Dans un article du 13 Décembre 1879, intitulé : « *Leurs prières,* » il vociférait. « Vos prières, » lisait-on, « qu'est ce que nous en ferions? Nous ne demandons pas mieux que de nous en dispenser. A en (1) constater les mirifiques effets qu'elles produisent, nous sommes peu surpris que vous n'ayez pas encore rétabli sur le trône de ses pères celui qui meurt d'attendre que la Providence trop indifférente arme enfin son bras pour l'extermination des mécréants. Gardez donc pour vous et vos causes perdues ces patenôtres démodées dont la République n'a que faire, bien loin qu'elle les sollicite.

---

(1)-Il s'agissait de la mise à la retraite de deux Magistrats : M. Larougery, Procureur Général, et M. Bourgoin, conseiller. *Le Propagateur* avait fait leur éloge, *les Colonies* devaient leur jeter l'insulte : « Des quatre Journaux de Saint-Pierre, lisait on dans *les Colonies* du 5 mars 1879, un seul a parlé de ces illustres victimes, les autres ont fait autour d'eux le silence de l'indifférence ou du mépris.

(2) *Sic.*

Vos prières, en effet, on ne les réclame pas. Ce que nous demandons, c'est que, payés pour chanter, vos prêtres chantent. Le Concordat consenti entre l'Eglise et l'Etat impose à l'Etat et à l'Eglise des obligations respectives. Pourquoi donc l'État se soumettrait il à celles qui lui incombent tandis que l'église se déroberait aux siennes? Si un curé n'entonne pas à la messe l'antienne consacrée à la République, la République est volée. Qu'on nous donne au moins pour notre argent ! ».

Un tel style, de telles idées sont loin du programme où la feuille se disait créée *sans parti pris* contre personne, et dans le but unique de défendre et faire aimer la République. Deux ans après, la querelle de races, ravivée par la politique de substitution, s'était envenimée dans une suite de diatribes où la feuille de M. Hurard, sapant toutes les bases de la morale, menait de front le réveil des souvenirs du passé et la propagation de l'impiété. L'année 1880 en s'ouvrant fournissait aux *Colonies* l'occasion de jeter un regard en arrière sur son action. Par une illusion inexplicable chez tout autre, mais très compréhensible chez un homme qui ne répugnait pas à se glorifier lui-même dans son œuvre, il avouait « que ce n'était pas une de ses plus minces satisfactions en voyant venir à lui, à mesure qu'on apprenait à le mieux connaître, beaucoup de ceux qui par leur naissance, par des traditions de famille, croyaient devoir, dès le premier moment, protester de mille façons contre sa descente dans l'arène publique. »

« Nous le demandons à tout homme sincère, » ajoutait-il, « n'est-ce pas là un des signes palpables de l'apaisement des passions ? N'y-a-t-il pas là de quoi réconforter ceux qui luttent pour la destruction du préjugé de couleur, cette plaie sociale à laquelle notre pays doit de ne pas progresser davantage ? Ne peut on pas dans un avenir relativement rapproché, ne voit on pas disparaître cette monstruosité dont rougiront alors les descendants de ceux qui avaient eu la faiblesse de se laisser hanter par un si triste sentiment. C'est qu'en effet nous ne sommes pas un organe de haine ni de prévention. Organe de la démocratie, nous avons compris que les intérêts de cette démocratie étaient en souffrance, et nous sommes venu prendre notre place au soleil sans haine au cœur, ne voulant être l'esclave d'aucune passion mauvaise. » (1)

Malheureusement ce langage où débordait l'illusion d'un esprit prompt à s'enorgueillir, était contredit par deux années d'une publicité où la violence contre les personnes accusait des préoccupations de race et des préjugés très-vifs. Comment le journal de M. Hurard pouvait-il parler de l'apaisement des passions locales, après la polémique soutenue contre le docteur Lota, après les outrages prodigués à un prélat que sa douceur et son affabilité auraient dû protéger contre une agression audacieuse, si son caractère seul n'imposait déjà le respect à tout homme de bonne éducation ! (2) Mais ce qui étonne le plus

---

(1) *Les Colonies*, numéro du 3 janvier 1880.
(2) Dans le plaidoyer de Mᵉ Martineau, on trouve l'aveu de cette illusion. Selon le défenseur, M. Hurard, après la polémique Lota, croyait avoir créé un parti libéral et républicain pour soutenir *les Colonies*.

après avoir lu ces lignes que nous serions heureux de rappeler si elles étaient d'accord avec la réalité, c'est qu'immédiatement et sous la forme la plus inconvenante, les *Colonies* conspuaient les plus nobles idées, les usages les plus chers à la population catholique.

A la fin de 1879, un nouveau gouverneur avait débarqué à la Martinique. Après une tentative de gouvernement civil qui n'avait pas abouti, le Ministre de la marine et des colonies avait fait choix d'un officier supérieur très-apprécié dans la marine où de brillants états de service lui assuraient l'élévation aux premiers grades. La guerre de 1870, où le pays dut faire appel à tous les courages, avait mis en relief les hautes qualités guerrières du commandant Aube, déjà éprouvées au Sénégal. Des études intéressantes publiées dans un des plus importants recueils de la capitale, l'avaient révélé comme un écrivain de grande intelligence, inclinant, par l'influence de la première éducation et de lectures philosophiques, vers les idées politiques et sociales dont la *Revue des Deux Mondes* peut être considérée comme le principal organe. Le commandant Aube était républicain, mais à la façon du général Cavaignac, républicain de la république honnête, progressive, libérale, dans le sens honorable du mot; homme d'ordre et de discipline avant tout, habitué à tenir compte de l'autorité dans le long exercice du commandement à la mer, où la vie d'un équipage et la sécurité du navire dépendent de l'inflexible application de la règle. Avec ses goûts studieux, sa recherche philosophique de l'idéal en toutes choses, le nouveau Gouverneur arrivait peut-être à la Martinique avec des idées vagues de réformation sociale, mais avec le sentiment très-vif des droits de la France sur ses colonies dans lesquelles il voit le principal élément du commerce maritime et de la grandeur nationale (1). Obligé, peut-être contre son gré, à sacrifier aux circonstances, le commandant Aube, en prenant terre, ne s'était pas présenté avec l'uniforme et les insignes de son grade. On était engoué à ce moment des gouvernements civils. A ce premier sacrifice qui n'enlevait rien à la haute valeur de l'officier, le commandant Aube en ajouta un autre plus grave, qu'on regretterait pour son intelligence et devant les dispositions religieuses de sa nature, si sa carrière maritime et sa courte administration n'avaient plus d'une fois démontré le fond de ses croyances. Contrairement aux réglements suivis par tous ses prédécesseurs, il s'était dispensé d'aller d'abord à l'église en arrivant au chef-lieu, puis plus tard à St-Pierre. Avait-il obéi à des ordres, ou bien avait-il cru devoir donner satisfaction à l'opinion dirigeante alors? Que l'honorable chef qui a laissé au milieu de nous de si vifs souvenirs nous permette de le lui dire : quelque fût le motif, c'était une faute. On ne gagne jamais rien à abdiquer au profit des passions populaires et des maîtres du jour

---

(1) Voir le remarquable travail de l'amiral Aube : *La guerre maritime et les ports militaires de la France.* Berger Levrault, éditeurs, Paris.

l'indépendance de ses convictions ; on gagne encore moins à immoler les droits de sa conscience. Mais personne ne vit dans cette attitude un gage donné aux fureurs subversives qui s'attaquaient alors comme aujourd'hui aux idées chrétiennes. Le Gouverneur obéissait à des instructions, c'était la pensée générale.

A cette occasion *Les Colonies*, ne craignaient pas de déverser le ridicule sur les catholiques, de tourner en dérision leurs pratiques et de couvrir de plaisanteries qu'il essayait de rendre gaies, mais qui n'étaient que blasphématoires, les coutumes religieuses de l'Eglise. L'article portait ce titre burlesque : « *Jérémiade* ». Sur un mode répété s'alignait une série de paragraphes moqueurs :

« O désespoir ! ô deuil ! pourquoi ces préparatifs de fête, ces cierges allumés répandant dans la nef une douce lueur favorable aux dévotes inspirations, pourquoi ces enfants de chœur vêtus de rouge à l'instar des cardinaux et bourrés d'hermine comme des chanoines ou...... des lapins, pourquoi ce bedeau, galonné comme un général haïtien? ô désespoir ! ô deuil ! sacristain, dépouillez l'autel de ses beaux ornements, arrêtez les frais, éteignez les cierges, acolytes, cessez de verser à profusion dans les encensoirs ces parfums d'Arabie qui se développent en blanches spirales ; bedeau, gardez pour des jours plus heureux vos galons et votre panache, car le canon a déjà retenti et là-bas, dans le lointain, s'aperçoit le cortège montant à l'hôtel du gouvernement sans penser à s'arrêter à votre autel. O désespoir ! ô deuil ! ô Cathédrale, verse des pleurs de cet œil de cyclope qui s'ouvre sur ta façade nue, car le deuil est dans Sion et votre chagrin est si amer que, comme cette femme de l'Ecriture, vous pleurerez toujours, sans vouloir être consolée. »

La population catholique, la population européenne surtout, plus civilisée et si fière de tout ce qui lui rappelle le prestige et la grandeur de la France dévorait en frémissant ces outrages. De quels poids pouvaient peser, à ses yeux, les protestations de modérantisme dont la feuille radicale faisait parade ? Le journal de M. Hurard ne se bornait pas à ces invectives contre la foi du pays. En cette année 1880, il entrait dans le vif de toutes les questions irritantes. En même temps, il continuait contre le Gouverneur et contre le Directeur de l'Intérieur, M. Rougon, la guerre commencée contre le prédécesseur de ce dernier, M. de St-Phalle. Le Conseil général menait la bataille en haut lieu, le journal escarmouchait pour la population. La présence d'un Directeur de l'Intérieur de race européenne gênait depuis longtemps M. Schœlcher et ses séides. On ne pouvait songer à un gouverneur de sang-mêlé, car les sujets manquaient, mais, la part faite de ce côté à la France, il fallait que le pays fût administré par ceux là mêmes qui forment le grand nombre. La nomination d'un fonctionnaire de l'enregistrement, M. Isaac, au poste élevé de Directeur de l'Intérieur à la Guadeloupe, avait mis l'eau à la bouche des chefs du parti. M. Lacascade, député, nommé aux mêmes fonctions dans l'Inde, M. Charvein à la Guyane, la haute administration coloniale était certainement aux mains de la race, sauf à la Martinique. L'assaut recommença donc contre M. Rougon et contre le Gouverneur qui le soutenait. *Les Colonies*, se contredisant à peu de distance, prenaient soin de constater que le préjugé de race n'était presque plus représenté à la Martinique. « Aujourd'hui, » disaient-elles, « la race de couleur si souvent calomniée n'est attaquée que par quelques incorrigibles de plus en plus rares qui ne veulent pas voir, contrairement à l'évidence, dans la grande majorité de ses membres, des hommes soucieux de leur dignité, et fiers de la situation honorable qu'ils ont acquise par l'ordre et le travail. » (1) Et cependant le passé revenait souvent, rappelé dans des images forcées, au moins injustes, puisque M. Hurard ne rencontrait plus de regrets que dans une minorité insignifiante, au dire du journal : « S'il est des hommes qui entourent d'un respect pieux la famille, honneur des peuples civilisés, ce sont bien ceux qui naguère *repoussés de partout, traités comme des parias et des animaux, considérés comme une véritable propriété inanimée*, sont aujourd'hui pleins d'une ardente reconnaissance pour un régime qui leur a rendu justice. » Mais c'était surtout le clergé que l'on désignait comme le bouc émissaire de toutes les iniquités : « Dans les colonies surtout, le clergé, ou du moins la plus grande part de ce corps, dans les colonies, disons-nous, le clergé s'est inféodé à tous les anciens partis réunis dans une haine commune contre le progrès des masses. (2) » Et cependant c'est ce clergé qui, le premier,

---

(1) *Les Colonies* 10 janvier 1880.
(2) *Les Colonies* 28 janvi r 1880.

avait commencé l'éducation en commun de la jeunesse coloniale, et qui depuis, par lui-même et par ses amis, a fait élever peut-être la moitié des enfants dans les écoles publiques. Peu importait : il fallait jeter l'injure en passant; cette fois c'étaient les prêtres qui étaient voués aux haines. Le *Lycée*, cela va sans dire, était vivement appuyé. « Nous avons eu souvent l'occasion, dans ce journal, de traiter cette question vitale pour le pays, nous avons bien des fois déjà démontré comment les accusations lancées sont dénuées de fondement ; mais puisque les mêmes accusations se répètent avec une persistance qui ne se lasse jamais, puis qu'aujourd'hui ceux qui ont toujours représenté une infime minorité de la population bouffie d'absurdes préjugés, et pleine de prétentions irréalisables, semblent vouloir parler au nom du pays entier, il est de notre devoir de mettre en garde les gens de bonne foi. Nous soutenons que le Séminaire-Collège est un foyer de division ; que contrairement aux préceptes qu'ils prêchent avec tant de componction, ces ministres d'un Dieu de charité et d'amour sont loin de faire ce qu'ils pourraient pour détruire, dans l'esprit des enfants qui leur sont confiés, les germes pernicieux de préjugés puisés dans la famille. » (1) Quels étaient ces préjugés et de quels côtés se trouvaient-ils ? L'éducation en commun ne suffisait pas à M. Hurard. Il y avait peut-être des préventions chez les siens, s'il y avait des répugnances chez les autres. Il ne s'é-

---

(1) *Les Colonies*, 21 février 180.

tonnait pas devoir les unes résister à l'exemple
des professeurs du Séminaire-Collège, mais
il accusait ceux-ci d'entretenir les préjugés
chez les blancs. De toutes façons la race de
sang-mêlé à qui rien ne manque des droits
du Français, que personne n'attaque, se plaint
toujours cependant, et c'est la race européenne qui a toujours tort. A l'occasion d'une
interpellation faite par M. Schœlcher à la
Chambre des Députés, sur l'esclavage qui
dure chez les peuplades noires du Sénégal,
quoique aboli dans cette colonie comme
partout, une feuille conservatrice, *les Antilles*,
avait raillé le vieux philantrope. C'était bon
de lui répondre, mais *les Colonies* mêlaient
à leur réponse l'invective contre le clergé. Cela
faisait effet en passant. « Pour être un véritable
philantrope, » lisait-on, « il faut pratiquer la
charité et le désintéressement comme ces
bons prêtres et évêques si doux, si humbles,
si charitables avec l'argent des autres, si désintéressés qu'aujourd'hui ils ont changé la
croix de bois du Sauveur en une croix d'or
avec laquelle ils battent monnaie ». La feuille
feignait d'ignorer que M. Schœlcher a pu
dépenser une partie de sa fortune dans des
voyages d'agrément où il étudiait la question
de l'esclavage, mais qu'à part un enfant *libre*
conduit par lui en France, il n'a jamais directement fait, qu'on le sache du moins, aucun sacrifice pour le rachat des esclaves,
tandis qu'il y a des ordres religieux dont la
mission est d'aller en Afrique, au foyer même

---

(1) *Les Colonies* 27 mars 1880.

de l'esclavage, et de l'esclavage entre gens de même race, racheter les captifs, libérer les esclaves, et répandre la civilisation au milieu de ces pays sauvages. Ceux-là donnent plus que leur fortune : ils sacrifient leur jeunesse, leurs plaisirs, leurs familles, leur existence à l'œuvre civilisatrice. *Les Colonies* le savent, *mais s'il fallait le dire, que deviendrait à la Martinique* le parti qui vit sur le préjugé de race et les souvenirs de l'esclavage, ces deux sûrs moyens avec lesquels tout ambitieux se fait sans titre une place aux Antilles !

A ce moment éclatait entre l'administration locale et le Conseil Général un conflit relatif à diverses décisions prises par cette assemblée et déférées par le Gouverneur au Conseil d'Etat. Notre intention n'est pas de suivre le journal radical dans la longue suite d'articles où il prenait la défense de la législature locale, c'est-à-dire de M. Hurard lui-même. Dans notre travail nous relevons seulement tout ce qui, dans *les Colonies*, accusait le retour vers les souvenirs du passé et la soif de domination et de popularité qui dévorait son rédacteur. *Les Colonies* n'épargnèrent ni l'homme, ni l'officier, ni l'administrateur. Tantôt l'honorable Gouverneur de la Martinique, qu'on disait lié avec M. Gambetta, était opposé au célèbre tribun dont il aurait critiqué en 1871, dans la *Revue des deux Mondes*, l'ingérence absorbante et si désastreuse dans les opérations de nos armées (1); tantôt il était mis en scène

---

(1) *Les Colonies* 12 Avril 1880.

sous un titre ridicule : « AUBE Iᵉʳ, ROI DE LA MARTINIQUE. (1) » Quant à M. Hurard, il visait certainement à une royauté d'une autre nature, mais il ne pouvait souffrir un pouvoir partagé. *Les Colonies* ajoutaient : « Comme Louis XIV dont M. Aube descend peut-être (qui sait ?), il a horreur des Assemblées délibérantes ». « Si les lauriers de M. Mac-Mahon empêchent M. Aube de dormir, il n'a qu'à essayer d'aller, comme lui, *jusqu'au bout. Nous lui prédisons une chute aussi piteuse que celle du blessé de Sédan.* » ou bien il dénonçait « les conseillers occultes qui le renseignent et qui ont déjà égaré plusieurs de ses devanciers, eux qui sentent que la population les repousse avec énergie, parce qu'ils représentent un passé odieux. » (2) Il affectait même de croire que M. Aube a eu un moment l'idée de poursuivre son journal, mais cela lui fournissait l'occasion de donner formellement son congé au Gouverneur : « La situation actuelle de M. Aube vis-à-vis du pays ne peut se dénouer que par le retour en France de notre Gouverneur. « (3) Cette lutte où l'honorable Gouverneur était si malmené, n'était que le reflet de la lutte plus intense où le chef de la Colonie défendait les droits souverains de la France contre l'esprit de plus en plus envahisseur d'une Assemblée préoccupée de calculs personnels de race ou d'influence. Le Gouverneur de la Martinique eut raison tant

---

(1) *Les Colonies*, 12 mars 1880.
(2) *Ibid*, 1ᵉʳ mai 1880.
(3) *Ibid* 22 mai 1880.

que l'Amiral Jauréguiberry resta au ministère; « mais, » écrit l'amiral Aube, « combien durent aujourd'hui, sous l'action dissolvante d'une politique sans autres mobiles que l'intérêt personnel, les cabinets et même les ministres qui ne devraient être que des Ministres *d'affaires*, des organisateurs? M. l'Amiral Cloué a succédé en octobre 1880 à M. l'Amiral Jauréguiberry ; en quelques jours tout était changé ; plus de scrutin uninominal à la Guadeloupe, plus de doctrine du 20 décembre ; les votes du Conseil Général à la Martinique sur le service d'immigration, sur le personnel du service des ponts-et-chaussées, sur le mode d'entretien et de construction des routes, de celui du bassin de radoub, sur tant d'autres points essentiels, tous causes de conflit soumis au Conseil d'Etat, étaient rendus exécutoires avant que le Conseil se fût prononcé. L'omnipotence, l'omniscience de l'assemblée locale étaient implicitement reconnues par le ministre ; le gouverneur de la Martinique donnait sa démission ; une *ère nouvelle, administrative* du moins, commençait pour celles de nos Colonies que régit encore le Sénatus-Consulte de 1866 *modifié.* » (1)

Ainsi l'amiral Cloué, assis sur le banc de quart du gouvernement supérieur des Colonies, amenait son pavillon une seconde fois, sans même essayer une résistance, devant les injonctions du Conseil général de la Mar-

---

(1) *La Martinique.* — *Son présent et son avenir* par M. L'Amiral Aube, pages 102 & 103

tinique, du journal organe de cette assemblée, et surtout du chef du mouvement désorganisateur des Antilles, M. Schœlcher. Une première fois, dans la question du remplacement des Frères, nous avons vu l'ancien Gouverneur capituler et livrer ces religieux et avec eux leur droit le plus naturel, le droit de s'en aller quand on les chasse. On s'étonne à bon droit de ces défaillances chez un homme dont l'énergie n'a pas besoin d'être rappelée, mais en s'étonnant on oublie que ces défaillances sont la condition même de l'existence d'un gouvernement qui marche au jour le jour, livrant à ses adversaires, comme un os à ronger, une satisfaction quelconque, tantôt en France, tantôt aux Colonies, dans le but de prolonger de quelques semaines, de quelques jours peut-être, la durée du personnel dirigeant, c'est-à-dire du Ministère dont chacun guette la chûte. La feuille de M. Hurard ne triomphait pas moins que le Conseil général dont elle était à la fois, dans le public, l'écho et le porte-voix. « *Ce que nous voulons*, disaient *les Colonies*, dans un article écrit sous ce titre, c'est une répartition équitable des fonctions publiques : nous revendiquons les places pour le mérite, quel qu'il soit, de quelque côté qu'il se manifeste. Qu'on nous oppose des émules et non des privilégiés. (1) » Les privilégiés, c'étaient les blancs. Qu'on cherche donc dans la magistrature, dans l'armée, dans la marine, dans le commissariat, dans

---

(1) *Les Colonies*, 15 juin 1880.

des administrations financières, une loi, un règlement qui donnent les places, qui fassent monter aux grades supérieurs par la vertu de la naissance de race européenne. Si cela n'est pas, si les lois et les règlements sont aux colonies ce qu'ils sont dans la mémétropole, que veut dire ce reproche, si ce n'est que l'ambition insatiable de la race de sang mêlé veut tout envahir ou que le journal de M. Hurard, pour attiser les ressentiments, se servait de ce reproche comme d'un moyen de popularité. « Nous ne rêvons pas la substitution. L'envie et la haine n'habitent point dans nos cœurs. Ces sentiments odieux sont ceux de l'impuissance et de la faiblesse ; et aujourd'hui *nous nous sentons forts* : demain nous aurons en main la *puissance que l'orgueil et l'intérêt nous disputent encore*. Fortune, instruction, honorabilité, nous n'avons rien à envier à nos adversaires. Nous marchons leurs égaux en tout : nous avons même sur eux l'avantage du *nombre*, avantage dont nous n'avons jamais songé à abuser, quoi qu'ils en disent.» (1) Certes, si ces déclarations si péremptoires avaient été formulées en face d'un état de choses où l'européen eût conservé sinon des privilèges du moins des faveurs, on n'aurait pu qu'approuver le journal de revendiquer pour des français leur part d'emplois, d'autorité, d'influence dans les affaires du pays. Mais à quel moment M. Hurard semblait-il présenter sa race comme encore exclue, sinon par la loi,

---

(1) *Les Colonies*, 15 juin 1880.

tout au moins par le caprice des administrations coloniales, depuis le ministère jusqu'aux gouvernements locaux, d'une juste part dans la direction des affaires publiques? La situation du pays ne pouvait être méconnue : des lois égalitaires plaçaient toutes les races sur le même pied, ou plutôt l'abolition, déjà ancienne, de toutes les lois d'exception, ne faisait des populations coloniales qu'une classe de français admissibles, sans distinction d'aucune sorte, à toutes les charges, à tous les honneurs. Il n'aurait pas été étonnant que les européens ou leurs descendants, en plus petit nombre il est vrai, mais plus civilisés, plus riches, et de tout temps appelés aux fonctions publiques, eussent compté en majorité dans les emplois; mais c'est le contraire qui était vrai : en réalité, aussi bien par la force des choses qui oblige à recruter la plupart des fonctionnaires, au moins les subalternes, dans le milieu colonial, que par le suffrage universel, qui exclut les blancs, c'était la race de sang mêlé et la race noire qui, du Conseil général aux dernières charges de police rurale, occupaient la plus grande partie des fonctions électives ou administratives. Ce que semblaient demander la feuille radicale, et, avec elle, la plupart des Conseillers généraux, ce n'était donc pas le partage équitable des honneurs et des emplois, c'était réellement la substitution, inavouée en public, mais ardemment convoitée dans le secret. Le moyen dont se servaient *les Colonies*, sous l'influence de M. Schœlcher, c'était de représenter les deux races noire et de sang-mêlé comme le grand nombre dans les populations coloniales. Le nombre était tout ; il était le droit, il était la force, il était le mérite. Il était donc juste qu'on lui fît la première place partout. C'est à cette théorie du nombre que répondait indirectement *le Propagateur*, dans son numéro du 15 juin.

L'ancien régime, le nombre, mots creux et sonores qui ne disent rien qu'aux ignorants ou aux niais. Les sociétés sont progressives et perfectibles comme les individus, et chaque jour de l'ancien régime a marqué un pas vers le progrès et le perfectionnement de nos lois. On a beau dire, la France maritime commerciale et industrielle a été faite par Louis XIV dont tous les ministres, à peu d'exceptions près, furent des bourgeois, et le développement de la richesse nationale à cette époque a eu pour cortège toutes les gloires littéraires, artistiques et militaires. Nos lois actuelles dont on fait honneur aux idées modernes sont toutes tirées mot pour mot des ordonnances de Louis XIV ou de Louis XV, de Pothier et même de plus loin. Il n'y a de nouveau que les Droits de l'homme et la théorie du nombre. Nous en faisons peu de cas et nous ne sommes pas seul. Le nombre peut-être quelque chose en arithmétique ; en politique, cela signifie l'ignorance qui gouverne ou la violence qui opprime. Demandez donc à la France, aujourd'hui, à cette date du 30 juin, ce que signifient les Droits de l'homme et la théorie du nombre !

Pour nous ici, il se peut qu'on veuille en faire une manière de nous effrayer. Peine perdue. Le nombre n'effraie pas. D'abord le nombre ici n'est qu'un déplacement de mots qui voile une pensée anti-française. De quelque race que nous soyons issus, les uns et les autres, nous sommes tous Français, égaux devant la loi, jouissant des mêmes libertés. En parlant de nombre, on crée donc, à côté de la qualité de Français, une autre qualité qui la prime. Nous ne connaissons pas cette distinction ; il n'y a qu'un drapeau à la Martinique, et il est tenu par un vaillant soldat. Cela nous suffit, on sait qu'il n'amènera pas le pavillon qui lui est confié. Croire autre chose, c'est faire une théorie de l'Etat dans l'Etat; c'est être factieux.

Le nombre n'a pas d'illustration dans l'histoire. Les soldats de Xercès étaient le nombre, et les 300 Spartiates de Léonidas en ont eu raison de même qu'à Marathon, les six mille grecs étaient victorieux. En Algérie, à Mazagran, au Mexique, à Orizaba, dans la Nouvelle-Calédonie, en face des Canaques, la valeur morale, la discipline, le but noble, la civilisation ont triomphé du nombre brutal Dans l'ordre moral, c'est la même chose, et tel qui nous contredira, agira à l'encontre de son opinion.

Dix ignorants n'annuleront jamais un homme instruit; cent mauvais sujets ne renverseront pas la morale et ne seront pas préférés à un honnête homme. Ainsi du reste, L'intelligence, le savoir, le mérite, les services rendus, les vertus compteront toujours plus que le nombre dont on se fait un pavois et que l'on dirige au gré des passions.

D'ailleurs, et en ce qui nous concerne, il faut reconnaître que le nombre fait défaut. Il n'y a pas longtemps qu'on se plaignait de l'indifférence des électeurs qui ne votent pas. Ils n'ont pas plus de zèle depuis lors. On n'a qu'à compter les suffrages acquis à chaque élection et à les comparer au chiffre des électeurs inscrits, pour être convaincu que ce qu'on appelle ici le nombre, c'est le petit nombre. L'immense majorité est indifférente à ces jeux de la politique où l'on fait l'affaire de quelques ambitieux en agitant inutilement des questions qui n'ont plus de raisons d'être aujourd'hui.

Pour nous, qui ne partageons pas nos concitoyens en races, qui ne connaissons et ne voyons ici que des Français, nous avons confiance dans le nombre d'hommes de toute origine dont le travail donne à notre beau pays les riches cultures, l'industrie, la prospérité qui profitent à tous. Dans la situation où chacun se trouve il contribue à cette prospérité;

cela crée entre nous une solidarité qui devrait suffire à éloigner toute division.

Au moment où arrive notre récit, la fête du 14 juillet, récemment décrétée, venait d'être célébrée à Saint-Pierre. Sans qu'il y eut eu trouble grave, on avait pu signaler des désordres nocturnes, assez habituels d'ailleurs dans la population. Quelques citoyens honorés d'une impopularité particulière avaient été l'objet de chansons plus ou moins provocantes ; des groupes mêmes avaient à plusieurs reprises passé devant la maison du docteur Lota, en affectant de s'arrêter et de hurler l'épithète accolée par M. Hurard à son nom ; mais, chose plus sérieuse, on avait pu voir d'autres groupes d'hommes armés de fusils, parcourir la ville, et sans souci de la sécurité et de la tranquillité, marquer par des salves bruyantes et répétées les jours affectés aux réjouissances publiques. Le Commandant de la place, probablement sur l'ordre de l'autorité supérieure, avait consigné la garnison. Cette précaution se justifiait soit par la crainte de troubles toujours possibles dans une population surexcitée, soit par une prudence légitime à l'égard des militaires qu'une rixe facile dans des jours de libations pouvait compromettre. L'attitude du commandant de la place n'eut pas le bonheur de plaire à M. Hurard. Il s'en prit au digne officier et à la population européenne tout ensemble. Ecoutez l'article du 21 juillet, sous ce titre : UN EMULE DE LAMBERT. (1)

« Les lauriers du commandant Lambert empê-

---

(1) M. Lambert était le vaillant chef de bataillon qui fit arrêter Lagrange condamné en 1872 par la justice, mais qu'on n'osait pas emprisonner.

chaient sans doute de dormir M. le Commandant de notre place. M. Dubeux n'est pas sans avoir entendu vanter les prouesses de ce trop fameux M. Lambert, qui, un beau jour, imagina de mettre la ville de St-Pierre en état de siège; on sait ce qui advint de cette mauvaise action qui était de plus une souveraine maladresse.

........................................................

Nous avions dit que la troupe avait été consignée les 14 et 15 juillet; on nous répond que cela est faux. Soit. Quoi qu'il en soit, dans la journée du 14 le bruit se répandit que la troupe était consignée ; par un singulier hasard les soldats brillaient dans les rues par leur absence. Les uns se demandaient pourquoi cette précaution exagérée. Les autres l'expliquaient en disant que c'était parce qu'il avait plu à notre commandant de place de réserver la force, l'énergie, le sang froid de la troupe pour la grande attaque qui indubitablement allait se livrer le soir et les jours suivants. Il était en effet arrêté par la *canaille* républicaine que toutes les maisons qui ne seraient pas décorées du drapeau national seraient saccagées et leurs habitants massacrés. Or, comme les *blancs réactionnaires* sont les seuls habitants qui ne consentiraient certainement point à souiller leurs fenêtres de cette loque avilie aux trois couleurs, on voit par là quel devait être le caractère, quelles devaient être les proportions de la sanglante manifestation préparée dans l'ombre et le silence.

« Pour qui connaît tant soit peu St-Pierre, il était visible que presque toute la population blanche avait gagné la campagne, les femmes particulièrement. Dans plusieurs maisons, on avait eu soin de poster une vieille domestique de couleur. Dans d'autres on voyait timidement se lever et se baisser les persiennes à travers lesquelles se dissimulaient fort mal des individus, qui, selon le poëte,

Tremblaient dans leur peau,<br>
Pales, *suant la peur*, et la main aux oreilles,<br>
Accroupis derrière un rideau.

Nous continuons la reproduction de l'article. Au début, le commandant Dubeux, coupable pour avoir consigné ses soldats, était vilipendé comme on vient de le voir, mais à la fin il était menacé comme on le verra encore pour avoir fait sortir la troupe. Le rédacteur est bien le même homme qui, un an plus tard, presque jour pour jour, en face d'une émeute où ses amis auront saccagé la maison d'un adversaire, faute de pouvoir le tuer, imposera d'abord au Gouverneur intérimaire, assez faible pour lui obéir, l'obligation de consigner la garnison afin d'apaiser le peuple.

« Eh bien ! nous supposons, » ajoutait l'article des *Colonies*, « pour un moment qu'un coup de baïonnette aurait été reçu par un citoyen quelconque de la ville au milieu de cette effervescence provoquée par la fête, M. le Commandant peut-il *s'imaginer que les quelques militaires casernés en cette ville pourraient arrêter* LES REPRÉSAILLES SANGLANTES qui en seraient la conséquence ? S'imagine-t-il que *ceux là*, oui, CEUX LA MÊMES dont il épouse les craintes ou les rancunes, seraient assez AUDACIEUX ou *assez forts* pour rétablir l'ordre et la sécurité publics qu'il avait si maladroitement compromis ?

« Avant de se lancer aussi aveuglément dans les aventures que lui offre son entourage politique que tout le monde connaît, M. le Commandant d'armes devrait ne point oublier que nous sommes en République, que c'est la république qui le paie et que les tentations malsaines auxquelles il se livre sous l'inspiration sans doute de ceux qui, sous prétexte de *littérature* (1) ne font du matin au soir que de la politique locale de rancunes, que ces tentatives *pourront le mener plus loin qu'il ne voudrait.* »

« Nous sommes républicains et nous voulons

---

(1) Nous n'avons pas compris et personne, sans doute, n'a compris ce mot aussi souligné dans l'article.

que comme tels nous soyons respectés dans nos manifestations républicaines. (1) Libre à M. le Commandant d'armes d'être bonapartiste et de rêver comme son patron politique de criminelle mémoire quelque coup d'état considérable ou de médiocre importance. Dans tous les cas nous lui gageons qu'avant longtemps il perdrait à ses fâcheux instincts et qu'il apprendrait à ses dépens comment, avec un dossier en bonne et due forme, *nous savons faire parvenir* jusqu'au ministre, les plaintes les mieux fondées et les griefs les plus accablants. »

Il n'y avait plus à se le dissimuler : le contempteur de la race européenne se posait hardiment en insulteur de l'armée, en maître du pays, imposant à tout le monde, même au ministre, ses volontés impérieuses ! Les soldats de Mazagran, de Sidi Brahim, d'Orizaba et de Bazeilles l'ont entendu : en vain l'histoire a-t-elle buriné leurs glorieux faits d'armes et le récit de leur courage devant le nombre : M. Hurard leur signifiait que la légende avait pris fin : quelques Messalines de cabaret et leurs suivants devaient avoir raison de l'armée française, si l'autorité avait voulu défendre contre eux la loi, la patrie et le drapeau !

Cet article si peu provoqué, mais où M. Hurard accusait davantage son rôle de tribun, produisit partout une douloureuse et profonde impression. L'auteur en convenait lui-même dans la feuille du 24 juillet, mais loin de s'en défendre il redoublait d'invectives, et cette fois, sur le simple bruit, reconnaît-il, qu'un homme de race européenne avait eu

---

(1) Même les coups de fusil, les salves en pleine rue.

l'intention de lui demander une réparation par les armes, mais avant toute démarche, tout acte quelconque de cet adversaire supposé, il insultait de la façon la plus hardie, sans le nommer toutefois, une personnalité voilée, où l'on a pu reconnaître un des plus valeureux parmi les volontaires de la campagne du sud en 1870.

En face d'agressions où tout le monde pouvait voir un pas de plus fait par M. Hurard dans la menace appuyée sur la foule, les trois feuilles conservatrices de la ville, *Le Bien-public, les Antilles et le Propagateur* s'entendirent, non pour répondre mais pour publier une note collective qui rappelait le rôle de la race européenne, insultée et vouée aux fureurs de la populace. Cette note précisait la situation et annonçait à l'avance, avec une remarquable clairvoyance, les événements dont l'année suivante devait voir l'explosion.

« On voudrait vainement se le dissimuler, la colonie est aujourd'hui divisée en deux fractions.

« L'une composée de tous les hommes raisonnables des villes et de la campagne qui, ne s'occupant de la politique que pour accepter les décisions de la métropole, se consacre au travail et veut le calme, l'apaisement et la concorde pour se livrer aux affaires, ou assurer honorablement le bien-être de la famille.

L'autre composée d'hommes qui font de la politique locale leur occupation quotidienne, s'efforce par tous les moyens possibles de reproduire dans notre petit pays les luttes des différents partis qui se disputent le pouvoir en France, surexcite sans cesse les passions et crée par conséquent du trouble et des inquiétudes qui nuisent au travail et aux relations commerciales et sociales.

« On comprend ces luttes, ces discussions, ces

rivalités de partis dans la métropole: là elles ont leur raison d'être, elles sont les conditions inévitables de la vie publique dans une grande nation, travaillée par de continuelles révolutions: dans une colonie qui n'a d'existence que par le travail, l'agriculture et le commerce, qui ne pèse d'aucun poids dans la balance politique, elles sont inutiles, et ne peuvent que conduire à la division et au désordre.

« Sans doute à la Martinique comme en France, il y a des hommes d'opinions diverses, des partisans ardents du gouvernement actuel et d'anciens amis des gouvernements déchus ; mais il est absolument faux, et il est plus grotesque encore de prétendre qu'une portion de la population, qu'on prend soin de qualifier, *sue la peur :* faux et grotesque, car proclamer que celle-ci tremble, c'est reconnaître que l'autre est prête au crime même.

« Jusqu'ici cette première fraction de la population, en s'abstenant de toute politique intérieure, a supporté avec patience les incitations, les provocations, les attaques que l'on s'est attaché à diriger contre elle ; elle l'a fait dans le but d'aider l'Administration dans son œuvre d'apaisement, et pour ne fournir aucun prétexte aux passions surexcitées par de continuelles déclamations.

« Elle serait prête encore à remplir jusqu'au bout ce grand devoir de patriotisme et de civisme qu'elle s'est imposé, si elle ne voyait les choses prendre, chaque jour, et de plus en plus, un caractère tel, qu'elle peut à bon droit redouter des dangers pour la tranquillité publique en cas d'événements majeurs dans la métropole.

« Aujourd'hui, dépassant toute mesure, on veut par aveuglement ou fanatisme politique la rendre responsable des décisions de l'autorité et on la menace de vengeance en raison de ces décisions.

« Tous les hommes raisonnables, sans distinction de partis et d'opinion, réprouvent ces excitations passionnées qui, sous l'influence de certaines causes accidentelles, peuvent produire un jour ou l'autre de déplorables résultats. — Il n'est donc ni patriotique, ni prudent de mettre en présence, sans motifs ni espérance avouables, deux populations appelées à vivre en paix, et de menacer les uns de la nécessité où ils pourraient être contraints, et à laquelle on doit les croire résolus, de se défendre homme contre homme, et homme contre foule. »

Cet appel à la concorde et à la vérité eut certainement fait impression sur une nature généreuse, emportée peut-être par la passion de la lutte, mais sensible et capable d'un retour. Le Rédacteur *des Colonies* ne comprit pas ainsi son rôle. Dans une longue réponse où il s'essayait en vain à être plaisant et à se défendre, il réussissait seulement à aggraver l'offense. L'article du 28 juillet mêlait à de nouvelles invectives les souvenirs du passé, rappelés comme contraste, mais évidemment comme témoignage des sentiments du journaliste. On y lisait :

Eh ! bien ils n'ont trouvé que cela pour répondre à notre article de mercredi dernier. Ils se sont mis trois têtes dans un même bonnet pour accoucher de ce ramassis de lieux communs auxquels on chercherait vainement une conclusion.

Nous invitons sérieusement nos concitoyens à bien ouvrir les yeux sur le grand péril nouveau qui les menace. On a beau vouloir écarter de son oreille le grand cauchemar qui nous obsède ; on a beau vouloir cacher le mal terrible qui nous mine ; il n'y a pas à se le dissimuler : *La colonie est aujourd'hui divisée en deux fractions.* L'ombre de Joseph Prudhomme a dû tressaillir d'aise à cette déclaration. Ceux qui lancent de telles affirmations devraient aussi ne pas oublier de nous déclarer qu'aujourd'hui la nuit et le jour sont les deux grands diviseurs du temps ; cela n'eût pas davantage entamé leur réputation d'hommes d'esprit ; il est vrai que cela n'eût en rien ajouté à leur gloire.

Mais entrons dans les faits, car il est bon de

les rappeler pour mieux mettre en lumière *la mauvaise foi* de nos adversaires.

Bien avant la fête nationale le bruit s'est répandu ici que les monarchistes qui n'arboreraient pas les couleurs nationales seraient massacrés et leurs maisons incendiées. Voilà le bruit sinistre qui courait nos rues et dont nul au monde ne peut nier l'existence. Ceux qui s'étaient faits les propagateurs de cette calomnie sont allés trouver le commandant d'armes et lui ont exprimé leurs craintes que celui-ci a, à son tour, traduites dans une conversation avec le maire de notre ville. Bref, des mesures militaires que la foule a aussitôt connues ont été prises pour une répression immédiate.

Nous avons à cette occasion flétri les quelques individus qui s'étaient faits les colporteurs de cette criminelle invention grâce à laquelle une partie considérable de la population blanche avait gagné la campagne, les femmes particulièrement, et nous avons parlé de certains individus qui, selon l'expression du poëte, suaient la peur.

L'article est là, on n'en saurait modifier les termes ni en exagérer la portée.

Qu'est-ce qu'on nous répond ?

On nous répond qu'il est faux et grotesque, qu'une portion de la population sue la peur, car proclamer que celle-ci tremble, c'est reconnaître que l'autre est prête au désordre ! Voilà certes le comble de la logique.

Vous prétendez aujourd'hui que nous *reconnaissons* que les républicains étaient prêts au désordre et au crime, alors que nous n'avons cessé de démontrer que vos craintes étaient vaines et qu'on avait calomnié la population. Venger la population contre vos calomnies et les provocations dont elle a été l'objet, est-ce donc partager vos craintes ridicules ? En vérité nous comprenons la discussion, mais à condition qu'il y entre au moins un peu de bonne foi. Eh ! bien, nous avons le regret de le dire la note que vous publiez est la preuve la plus évidente qu'il n'y avait au fond du satisfecit que vous accordiez à la population pour l'esprit d'ordre dont elle avait fait preuve, qu'une souveraine hypocrisie.

Aujourd'hui nous comprenons mieux que si le satisfecit que l'on sait a été accordé à la population pour son respect de l'ordre, ç'a été moins pour rendre un témoignage qui partît du cœur que pour se féliciter d'être sorti d'une chaude alarme. Voilà la vérité.

Ainsi donc vous n'avez pas un mot pour blâmer les semeurs de panique, pas un mot pour laver vos concitoyens d'une injure sanglante et d'une basse calomnie. « Ils vont fêter leur République avec le feu et le sang » voilà ce que l'on va se chuchotant à l'oreille, et cela vous laisse froids, vous qui connaissez cette population, ses dispositions pacifiques, ou plutôt vous n'avez d'émotion que celles que provoque la crainte.

Et puis, vous vous plaignez qu'on *vous* rende responsables des décisions de l'autorité, et qu'on vous menace de vengeance en raison de ces décisions ! Pourquoi *vous* ? C'est donc vous qui avez poussé l'autorité à prendre les mesures que l'on sait ? Nous avons parlé de *l'entourage politique de M. le commandant d'armes;* c'est donc vous tous qui le composez, cet entourage politique ?

Eh ! bien nous n'avions pas généralisé, nous, car nous ne pouvions supposer qu'il n'y eût pas au moins quelques-uns parmi vous qui rendissent justice à leurs concitoyens, qui ne cédassent point à de sottes rancunes politiques et ne fussent point disposés à faire comprendre à une autorité ignorante de nos sentiments et de nos tendances que sous une apparence de modération et de douceur nous cachons les idées les plus criminelles.

Quant à ces menaces de vengeance en raison de décisions de l'autorité, vous savez bien que cela n'est pas et vous nous obligez à relever de votre part une falsification patente d'un texte cependant fort clair. Parlant d'un coup de baïonnette que nous supposions accidentellement donné par un soldat en ce jour d'effervescence générale et, après avoir blâmé ce choc qu'on rendait imminent entre des soldats et la foule, nous ajoutions: « M. le commandant peut-il s'imaginer que les quelques militaires casernés en cette ville pourraient arrêter les représailles sanglantes qui en seraient la conséquence ? S'imagine-t-il que ceux-là, oui, ceux-là mêmes dont il épouse les craintes ou les rancunes, seraient assez forts pour rétablir l'ordre et la sécurité publics qu'il aurait si maladroitement compromis. » Evidemment ces représailles malheureusement possibles se seraient exercées contre l'auteur de la blessure supposée puis contre le reste des soldats qui seraient venus prendre part à la bagarre et qui, en si petit nombre qu'ils sont, auraient pu ne pas arriver à rétablir l'ordre.

Eh ! bien, non ; il vous convient de vous poser en victimes et de vous représenter comme n'ayant jamais souillé vos mains aux sources impures de la politique ; vous avez supporté avec patience, dans le but d'aider l'administration dans son œuvre d'apaisement, les incitations, les provocations et les attaques qu'on s'est attaché à diriger contre vous.

Et vous espérez convaincre la galerie qui vous comtemple, en falsifiant ainsi l'histoire ! Hélas, nous n'avons pas encore, il s'en faut, perdu la trace de vos actes passés. La funeste période qui a suivi l'abolition de l'esclavage est là pour vous infliger un éclatant démenti. Et depuis, que de faits ne sont pas venus marquer que vous n'avez jamais été en face de la politique les désintéressés et les agneaux que vous prétendez être !

Qui donc ameutait la foule contre le Directeur de l'intérieur M. Jouannet et, se joignant à elle, allait briser à coups de pierres les fenêtres de l'hôtel du Gouvernement où était logé ce représentant du pouvoir local ? Etait-ce nous ? Etaient-ils de notre bord ces gens dont vous grossissiez les rangs pour aller frapper en pleine rue M. Level, le Procureur de la République, et faire le sac de la maison Ménier aux Trois-Ponts ? Et sans remonter si haut, était-ce encore nous qui, pour protester contre l'élection parfaitement légale de de M. Rufz de Lavison comme délégué de la Martinique, descendions « sur la place publique pour troubler « l'ordre légal par des réunions et des cris atten- « tatoires à l'indépendance des pouvoirs constiués « et ayant pour but de substituer l'action déréglée « des masses souvent égarées, à la libre décision « des représentants du pays ? »

Quant on songe que ces manifestations contre lesquelles le *Moniteur* n'avait pas d'expressions assez énergiques se produisaient sous le gouvernement cher à vos cœurs, quelle triste idée ne doit-on pas concevoir de votre amour de l'ordre et de votre respect pour la légalité ?

Ces attaques virulentes contre la municipalité de Saint-Pierre, attaques qui amenaient la révocation de leur auteur comme juge suppléant au tribunal de première instance de Saint-Pierre ; ces outrages au maire de notre ville à propos des fameuses croix de Saint-André, n'était-ce donc pas vous, journal *Les Antilles*, qui leur ouvriez avec enthousiasme vos colonnes ?

Cette polémique qu'eut à soutenir le journal *Les Colonies* contre vous, *Bien Public*, et pour laquelle votre rédacteur fut si vivement blâmé par le gouverneur M. Grasset, n'a-t-elle pas été arrêtée par l'autorité locale à cause des écarts de plume de l'individu que l'on sait ?

Ces articles où l'on se complaît à traiter la Chambre de « réunion de démolisseurs sociaux qui grouille » le Président de la République et ses ministres de « farceurs cyniques et de monstres imbéciles » n'est-ce donc pas dans vos colonnes à vous *Propagateur* et *Bien Public* qu'on les voit chaque jour s'étaler ?

Singulière façon, on avouera de se désintéresser de la politique locale. Singulière façon de ne *s'occuper de la politique métropolitaine que pour* ACCEPTER *les décisions* de la métropole. Jugez donc si vous vous en occupiez pour combattre ces mêmes décisions.

Mensonge et hypocrisie, voilà ce que nous rencontrons à chaque ligne de ce factum qui n'explique rien, mais qui laisse suffisamment percer de secrets mobiles.

C'est que la thèse d'aujourd'hui est nouvelle et que le passé tel qu'il a été ne répond nullement à ce que vous nous présentez comme ayant été la règle constante de votre vie coloniale. Vous même en effet qui prêchiez autrefois la lutte, la lutte ardente, passionnée sous le régime qui donnait le plus libre cours à votre bon plaisir, c'est vous qui maudissez aujourd'hui les luttes politiques les plus pacifiques, sous prétexté que ces luttes « surexcitent les passions et créent par conséquent du trouble et des inquiétudes. » Jamais on n'assista à un pareil revirement. La raison de ce changement de front, c'est que le suffrage universel n'entend pas que, comme en 1849, vous l'asservissiez à la satisfaction de vos ambitions réactionnaires, pour le tourner ensuite contre le peuple en divisant les éléments les plus vivaces du peuple lui-même.

Ce quiétisme que vous prêchez et dont vous affectez de faire montre, c'est celui de gens désabusés qui comprennent que la lutte est désormais impossible, que la liberté sera toujours l'antithèse de leurs espérances s'ils sont encore capables d'espérer, qu'enfin rien dans le présent ne semble même permettre un retour des choses d'autrefois.

Et c'est quand chaque jour vous achevez votre lent mais visible suicide ; quand, de vos propres mains vous scellez sur tout ce que vous avez pu faire de rêves généraux, pu avoir d'aspirations élevées, la pierre de votre tombeau, c'est alors que vous feignez de redouter ce que vous appelez la nécessité où vous pourriez être contraints de vous « défendre homme contre homme, homme contre foule ». Allons donc, vous comprenez vous même que cela n'est point sérieux. Attenter à vos jours, nous pour qui vous commencez à ne déjà plus exister ! Et pourquoi donc ? Si jamais si funeste idée hantait notre cerveau, il nous suffirait de considérer d'un côté votre décadence actuelle, de l'autre nos incessants progrès pour comprendre que l'heure de l'agonie du vieux parti réactionnaire colonial a sonné, et nous guérir à tout jamais de ces criminelles et inutiles velléités.

A partir de ce moment, il était facile de prévoir, telles circonstances étant données, une lutte prochaine entre les populations coloniales. On ne peut suivre, jour par jour, la feuille de M. Hurard dans une publication où chaque numéro déborde d'amertume, d'outrages, de retours vers le passé, tantôt dans des attaques contre le Gouverneur et le Directeur de l'Intérieur, tantôt dans la discussion du remplacement des Frères de Ploërmel, voté par le Conseil Général.

« Depuis quand donc ces colons, » lisait-on dans le numéro du 27 octobre 1880, « qui sous l'esclavage interdisaient au frère Arthur lui-même allant cathéchiser les nègres, l'accès de leurs habitations, seraient-ils devenus subitement les amis du peuple au point de réclamer en sa faveur une instruction progressive par les Frères ? Depuis quand seraient-ils devenus si soucieux du bien être intellectuel du peuple qu'ils se croient tenus, obligés de protester publiquement de leur ardent amour pour lui, eux qui, depuis longtemps, affectent *le plus profond dédain* pour tout ce qui, de près ou de loin, peut concerner ce même peuple ? »

Le trouble des esprits allait grandissant, et *les Colonies* (numéro du 23 novembre) dans un article où le Gouverneur, le député M. Godissard étaient également conspués, écrivaient: « Il faut avoir le courage de le dire, le pays est profondément troublé. Si cet état de choses devait se prolonger longtemps, il risquerait de compromettre la sécurité publique et amènerait sans nul doute des malheurs qu'il est du devoir de tous les bons citoyens de prévenir. » Et qui donc troublait le pays ? Etaient-ce les blancs ? Etaient-ce les journaux conservateurs ? Pourrait-on même dire que le trouble venait des populations noire ou de sang mêlé elles-mêmes prises en masse, et abstraction faite de la feuille qui, à tous propos, se disait leur organe et leur défenseur ? Ecoutez quelques passages d'un article du 6 novembre 1880 où le journal attaque en ayant l'air de se défendre :

« On n'a pas oublié comment au sujet de la loi militaire, les journaux réactionnaires pour éviter l'application d'une mesure qui sera, avec l'instruction laïque, un des moyens d'arriver à la disparition des absurdes préjugés coloniaux, calomniaient avec un touchant accord la population de couleur ; comment ce même *Bien public* dénonçait à la France les mulâtres et les nègres comme devant tourner contre le sein de la patrie les armes qui leur seraient confiées pour sa défense. Et c'est quand il suffit de feuilleter la collection de ces coryphées de la réaction coloniale pour n'y trouver qu'insultes et calomnies contre les noirs et les mulâtres...... que nous sommes des traîtres, des prostitués. »

« *Le jour est proche*, entendez-vous, *Bien public*, où vos manœuvres percées à jour vous couvriront de confusion ; et où la grande prostituée, comme vous l'appelez, forte de la sympathie des honnêtes gens, qui ne l'a jamais abandonnée, et de la confiance populaire que vous croyez avoir surprise, vous renverra penaud dans la sacristie, d'où vous n'auriez jamais dû sortir, dans l'intérêt même de cette religion que vous *déshonorez* et compromettez par vos fureurs impuissantes. »

Le triomphe ne manquait pas à M. Hurard, alors Président du Conseil général, dans un pays où, à part l'œuvre dont nous essayons d'esquisser la physionomie, on chercherait vainement quelque chose, outre son titre de sang-mêlé, qui pût le placer à la tête de la première assemblée coloniale. Au moment où nous sommes arrivés, le Président du Conseil général, rédacteur des *Colonies*, allait partir pour la France, envoyé en mission, on se le rappelle, par l'Assemblée locale à l'occasion de la question du remplacement des instituteurs primaires congréganistes. Ses collègues et ses amis avaient voulu faire de ce départ l'occasion d'une manifestation, et un banquet avait été offert à M. Hurard à Fort-de-France. Des toasts nombreux fêtaient le héros de cette manifestation et accablaient naturellement les *réactionnaires*, c'est-à-dire les blancs. On ne peut passer sous silence le toast de M. Clavius Marius, *l'alter ego* de M. Hurard aux *Colonies*. Le jeune avocat, Conseiller général depuis peu et journaliste, n'avait peut-être pas l'expérience de l'âge, mais l'intelligence et l'audace ne lui faisaient pas défaut.

« République, disait-il, que dans les journaux réactionnaires de la colonie, des hommes cachés sous des masques à travers lesquels nous reconnaissons des ennemis ou des traîtres, nous accusent de vouloir trahir ! »

« Il faut que cette manœuvre déloyale soit dénoncée ; il faut que la population sache et que nous leur disions, sans jamais nous lasser que *ceux qui ont toujours été ses ennemis* ne peuvent être du jour au lendemain ses meilleurs amis et que les *incorrigibles ennemis* de notre progrès ne veulent que ce qui peut enrayer ce progrès et nous empêcher de mener à bonne fin l'œuvre d'émancipation intellectuelle que nous avons entreprise. »

Républicains! c'est-à-dire sang-mêlé et libres penseurs. Réactionnaires incorrigibles! c'est-à-dire européens, soucieux de l'avenir de leur pays, de l'emploi de ses fonds formés pour la plus grande partie de leurs deniers. La distinction était réelle, mais ces termes marquaient seulement sous une couleur d'opinion politique, la division profonde creusée chaque jour comme un abîme entre les deux races par un parti fou d'orgueil et d'ambition.

La question de race n'empêchait pas *les Colonies* de continuer la lutte contre le Gouverneur. UN DÉPART QUI S'IMPOSE » tel était le titre sous lequel la feuille de M. Hurard commençait le numéro du 17 novembre. Il s'agissait du conflit existant entre le Chef de la colonie et l'assemblée locale à l'occasion des divers votes soumis par l'amiral Aube au Conseil d'Etat. « Cette situation dont nous « parlons, disaient *les Colonies*, situation « préjudiciable aux affaires du pays ne peut « avoir qu'une solution : cette solution, c'est « *le départ de M. Aube.* »

Il était donc tout puissant, M. Hurard. Le ministère, l'administration locale avaient désarmé devant lui. La justice n'osait l'atteindre ni frapper son journal. Pour une fois, à la Guadeloupe, sur la plainte d'un particulier, *les Colonies* avaient été condamnées à 200 francs d'amende et aux dommages-intérêts réclamés par le plaignant ; mais M. Léopold de Feissal, substitut du Procureur Général, avait eu l'imprudence de conclure à la condamnation. Il avait repoussé l'application de la loi votée en 1880 et qui amnistiait les délits de presse. Il avait soutenu d'une part que la loi elle-même n'étendait pas aux colonies le bénéfice de la mesure, et d'autre part que le Chef de l'Etat n'avait pas décrété cette extension. Il n'y avait rien à répondre à l'argumentation de l'honorable et indépendant magistrat ; ses conclusions parurent inopportunes sans doute au Parquet supérieur de la Guadeloupe et au ministre des colonies qui l'envoyait immédiatement en disgrâce à Nouméa. La disgrâce n'était connue de M. de Feissal que le 26 novembre, et déjà, dans son numéro du 26 octobre, le journal l'avait formellement annoncée :

« Le mouvement de la magistrature est retardé, assure-t-on, parce que M. Cloué doit prendre une décision au sujet de M. de Feissal, deuxième substitut du Procureur général à la Guadeloupe, dont nos lecteurs n'ont pas oublié les conclusions tendant à la condamnation des *Colonies*, malgré la loi d'amnistie. » (1)

Le Conseil général et M. Hurard, son président, pouvaient donc tout oser, et l'amiral Aube avait raison de dire : « L'administration, — je dirai plus, — le gouvernement des colonies sont impossibles ; les faits, la pratique ne donnent que trop raison à la théorie. (2) »

Aussi le journal de M. Hurard en prenait acte. Les réactionnaires, les blancs, n'exis-

---

(1) Voir le très intéressant travail de notre compatriote, M. L. de Feissal, intitulé : *Des justices seigneuriales parlementaires*.

(2) *La Martinique — Son présent et son avenir*, page 96.

taient plus à la Martinique ; comme parti, ils ne représentaient qu'un petit groupe de jour en jour déserté. Il avait lui-même « scellé sur leur tombe la pierre de l'oubli (1). » A quoi bon, dès lors, ces appels incessants aux souvenirs du passé ? Pourquoi, en toute occasion, jeter à la face de la population européenne des reproches exagérés et intempestifs contre une domination naturelle et inévitable, puisqu'à l'époque les blancs étaient les fondateurs de la colonie et seuls à en réclamer la direction ? En dehors d'une pensée de provocation, on ne comprendrait pas l'attitude des *Colonies,* prenant plaisir tantôt à constater l'anéantissement politique de la race européenne, tantôt à la représenter, au contraire, comme disposée à continuer les abus d'un autre temps qu'elle ne cesse de regretter. La feuille radicale ne l'épargnait pas : réactionnaires, rétrogrades, esclavagistes, telles étaient les épithètes ordinaires au service d'un parti qui, pour dominer, avait besoin de faire revivre le passé dans le présent, après cinquante ans d'égalité politique et civile.

A ces violences, à ces récriminations, la race européenne et les journaux conservateurs se gardaient bien de répondre. Provoqués en vain, souvent avec une vivacité qui aurait pu être autrement acceptée, les *Antilles,* le *Bien Public,* le *Propagateur* faisaient la sourde oreille. Mais ces dédains mêmes étaient un prétexte à de nouvelles

---

(1) *Supra,* page 428. — *Les Colonies* 28 juillet 1881.

invectives. M. Hurard s'enivrait de son triomphe. Un parti de jour en jour plus audacieux battait des mains à ses violences. Au Conseil général l'adulation ne lui manquait pas ; au ministère des colonies la plupart des votes de l'Assemblée locale ne rencontraient plus de résistance depuis l'arrivée de l'amiral Cloué aux affaires. Seul un homme d'intelligence et d'honneur opposait au débordement de cette personnalité envahissante et de son parti le droit et le devoir de la France : c'était l'amiral Aube. A peu près abandonné par son collègue du ministère, le Gouverneur avait demandé son rappel ou tout au moins un congé; mais une circonstance malheureuse, qui devait briser le lien le plus cher de son existence, le retint quelque temps encore à la Martinique. Vers la fin de l'année 1880, la fièvre jaune qui ravageait depuis long-temps la Guadeloupe, fit son apparition à St-Pierre et s'étendit peu-à-peu dans la colonie. L'amiral Aube était au poste du péril, il y resta. Impuissant, malgré son vif désir, à empêcher le mal qu'il apercevait mieux que personne, il entrevit clairement cependant, pour un avenir très rapproché, l'inévitable résultat d'une politique où la France cessait de gouverner sa colonie pour en laisser la direction à une caste poussée par la haine et soutenue en France par M. Schœlcher. La domination du parti n'était même plus dissimulée : elle était attestée en fait par le journal de M. Hurard et reconnue par le Président du Conseil des Ministres, M. Jules Ferry : « le

Conseil général de la Martinique, » disait le ministre à la tribune, « est une assemblée toute puissante et qui presque sans contrôle, gère la colonie. » *Les Colonies* rappelaient emphatiquement cette phrase dans son numéro du 26 janvier 1881 :

« Aussi, disons-nous hardiment, » écrivaient-elles, « le Conseil général pourra à l'avenir marcher sans crainte et maintenir énergiquement les droits qui lui sont reconnus par la loi, il pourra persister dans la revendication de ses légitimes prérogatives. Déjà dernièrement, le Président du Conseil des ministres, parlant à la tribune du Conseil général de notre colonie, l'appelait « *cette autorité très puissante et à peu près indépendante qui gère la colonie.* »

La magistrature et la *réaction* ne pouvaient manquer de recevoir leurs coups de griffe.

« Le vieux parti de la réaction coloniale était en présence d'une question de vie ou de mort, les chefs de ce parti comprenaient qu'une population intelligente dont l'instruction s'accroissait chaque jour et dont la fortune s'élevait en même temps dans des proportions encore plus considérables devait bientôt prendre, grâce aux conséquences d'une égalité bienfaisante, la place légitime dont la conservation des privilèges et la perpétuité des abus pouvaient seuls l'éloigner. »

« Déjà, en effet, malgré les conditions d'infériorité qu'ils avaient eu à surmonter, malgré les errements d'une *magistrature gagnée aux préjugés* coloniaux et qui savait bien proclamer parfois par des décisions souveraines, que l'égalité devant la justice inscrite dans la loi pouvait n'être qu'une vaine formule sans application pratique, les descendants des affranchis de 1848 étaient arrivés dans toutes les positions et dans tous les emplois, à figurer avec éclat et à démontrer, par leur seule présence, l'absurdité des préjugés qui leur attribuaient, comme une sorte de péché originel, une infériorité native et fatale.

M. Hurard et son journal reconnaissaient donc que depuis 1830, depuis 1848 tout au moins, les races noire et de sang-mêlé s'étaient, par la fortune et l'éducation, élevées dans des proportions chaque jour accrues. Comment accorder ce développement progressif et continu avec les préjugés d'une race dominante, préoccupée, dans l'intérêt de sa suprématie, de maintenir l'ignorance au milieu des populations autrefois asservies? Comment expliquer surtout les récriminations de la race de sang-mêlé après de tels résultats ? Mais M. Hurard ne s'embarrassait pas des contradictions de sa feuille? N'était-il pas lui-même l'exemple vivant de l'élévation et du débordement de sa race sur la race blanche ? Quel homme de sang-mêlé intelligent, sérieux, et voulant mettre la conscience au-dessus de l'esprit de parti, ne conviendra que la présence de M. Hurard et de quelques autres au Conseil général, la présidence décernée au premier, n'étaient pas le prix du mérite et des services, mais l'effet des rivalités locales où toute une race veut se faire voir partout et aux premières places, sans montrer d'autres titres que son origine ? Et cependant que d'orgueil au fond du républicanisme d'emprunt dont le Président du Conseil général et son parti faisaient à chaque instant parade ! Vers la fin d'avril 1881, le Maire de St Pierre donnait sa démission. Le Gouverneur ayant à pourvoir à son remplacement, s'était adressé inutilement aux principaux du Conseil municipal. Tous, pour des raisons personnelles, réelles ou feintes, avaient refusé. Le Chef de la Colonie songea à un membre de cette Assemblée entièrement inconnu et qu'une élection récente venait d'appeler au Conseil général. Le Directeur de l'Intérieur, M. Rougon, vînt à St-Pierre, causa avec le Conseiller municipal désigné, et M. François Bernard fut nommé Maire de la première ville de la Colonie, un peu avant que M. Merlin ne fût lui-même appelé à ces fonctions à Fort-de-France. Ils appartiennent l'un et l'autre à la race noire. M. François Bernard, tailleur de profession, n'avait pas de notoriété. Il passait pour un partisan, pour un agent même de M. Hurard et de son parti auxquels, dans ses excursions rurales, il ralliait des voix au moment des élections. Il n'appartenait certainement pas, par ses opinions ou ses actes connus jusqu'alors, à ce que les hommes de sang-mêlé appellent la *coterie blanche*. C'était un homme inférieur d'éducation à la plupart des hommes de couleur médiocres qui font nombre dans les assemblées locales. Cependant il avait été jugé digne de figurer au Conseil municipal d'une grande ville et au Conseil général, sans que *Les Colonies* et la race de sang-mêlé trouvassent à redire à cette élévation. La nomination de M. François Bernard à la première magistrature de la ville de Saint-Pierre blessa vivement M. Hurard et le parti dominant qui voulaient bien faire de la démocratie, mais jusqu'à la limite nécessaire à leurs visées. On ne pouvait blâmer le Gouverneur, obligé de choisir le Maire dans le Conseil municipal et rebuté par la plupart des membres influents de cette Assemblée. D'ailleurs, un Maire noir et ouvrier, qui pouvait s'en plaindre dans une démocratie où tous peuvent arriver? Les blancs ne dirent rien, et on chercherait inutilement dans les journaux conservateurs de la Martinique une critique quelconque de la mesure. Le coup fut sensible à la race de sang-mêlé. Le journal de M. Hurard trahissait les colères du parti dans un article où le grand reproche apparent fait au nouveau Maire était d'avoir été chantre. « *Maire et chantre* », c'est sous ce titre que *Les Colonies*, avec beaucoup de circonspection, pour ne pas blesser peut-être la race noire, exhalaient leur mauvaise humeur :

> Etre chantre ou bedeau, ce sont là évidemment de très honorables professions que nous *n'envions* pas pour notre part, mais que nous comprenons à la rigueur...... Nous n'en voulons ni aux Chantres ni aux bedeaux, et si nous nous occupons de ces honorables personnages, ce n'est que pour montrer que ces professions, si estimables et estimées soient-elles, sont radicalement incompatibles avec les fonctions de Maire ou d'adjoint. »

Cette incompatibilité où la démocratie peut trouver à redire n'avait pas été remarquée lorsque M. François Bernard franchissait le seuil du Conseil municipal et du Conseil général.

> « Si l'on prend pour Maire », ajoutait le journal, « le chantre ou le bedeau de la paroisse, peut-on soutenir sérieusement qu'il remplit ces conditions d'indépendance? qu'il est libre de ses actions. »
> « Maintenant faut-il parler de la question de dignité? Nous faut-il montrer ce qu'il y a de blessant,

*d'humiliant* pour la commune, pour le Conseil municipal, dans le choix ainsi fait de son premier magistrat? Nous faut-il montrer comment le pouvoir central *s'abaisse* lui-même en *abaissant* les autres; que la *déconsidération* et *le ridicule* de pareilles situations retombent aussi sur lui? » (1)

« A mesure que M. Aube sentait que ses jours étaient comptés, il s'enhardissait davantage. C'est ainsi que le choix des maires de St-Pierre et de Fort-de-France, c'est-à-dire des deux premières villes de la colonie, se faisait dans des conditions tellement extravagantes, que les hommes qui ont souci de *la dignité* du suffrage universel ne devraient pas manquer de protester et de rappeler au moins à la prudence le gouvernement de M. Aube. » (2)

A ce moment, l'Amiral Aube venait de quitter la Martinique. Arrivé dans le pays avec sa famille il en était reparti seul. Aux premières approches de l'épidémie le Gouverneur avait renvoyé ses enfants en France, mais il avait inutilement essayé de décider Madame Aube à les accompagner. La noble femme consentait à s'en séparer, à les confier à sa famille ; elle ne voulut jamais abandonner son époux : « mes enfants auront leurs parents, disait-elle, mais si l'Amiral vient à être malade, qui le soignera? » Elle était donc restée à côté du Gouverneur, et durant l'épidémie qui allait croissant, elle avait partagé ses dangers. Accompagnant partout, dans les hôpitaux, à l'hospice, le chef de la colonie, elle visitait les malades, et quand le fléau vint s'abattre sur l'hôtel du gouvernement, en frappant un des employés,

---

(1) *Les Colonies* 30 avril 1881.
(2) *Les Colonies* du 15 juin.

Madame Aube resta près de son mari et soigna elle-même le fiévreux. L'attitude du Gouverneur et de Madame Aube excitait l'admiration générale, mais elle faisait redouter davantage pour ces deux existences si précieuses, le contact journalier de l'épidémie bravée avec une intrépidité égale à l'intensité du fléau. Un matin la colonie apprit que M. et M$^{me}$ Aube étaient atteints à leur tour. Les premiers bulletins étaient alarmants. Le Gouverneur paraissait laisser quelque espoir aux médecins, mais l'état de M$^{me}$ Aube inspirait les plus vives inquiétudes. Peu après elle était perdue. L'Amiral faisait sa maladie debout, allant de sa chambre à celle de M$^{me}$ Aube, dont il suivait l'état avec une touchante sollicitude. L'énergie de son caractère lui permit de refouler au dedans de lui-même les poignantes angoisses de son cœur d'époux, et de dompter le mal dont il souffrait. Tous les soins, toute la science des médecins furent inutiles : Madame Aube tomba victime de son dévoûment à son mari. Un concours immense de toute la population de Fort-de-France et de personnes venues de Saint-Pierre voulut lui rendre les derniers devoirs. La cérémonie funèbre présidée par Monseigneur l'Evêque se dirigea vers le cimetière de Fort-de-France où les restes de Madame Aube furent provisoirement déposés. Avant de se séparer pour toujours de sa compagne, l'Amiral lui adressa, au milieu de la foule, des adieux qui retentiront long-temps dans la mémoire des gens de cœur. Quelques jours après, épuisé par l'émotion, la souffrance et le chagrin, le Gouverneur s'embarquait sur le paquebot du 10 juin. C'était bien un chef qui s'éloignait de la colonie, et à l'heure triste où nous sommes arrivés, le gouvernement allait s'éparpiller entre des subalternes, quelques uns intérimaires. Le danger d'une lutte prochaine s'aggravait au moment même où la tête faisait défaut au pays livré sans défense aux fureurs de la feuille de M. Hurard et de ses fanatiques.

*Les Colonies*, dans un article où les blancs avaient aussi leur part, saluèrent de leurs injures la retraite du vaillant et malheureux Amiral :

« Ainsi donc, M. Aube, pour n'avoir pas réussi, qu'on nous permette une expression triviale qui dépeint exactement l'homme, pour n'avoir pas réussi, disons-nous, à faire de l'épate, n'a eu de cesse qu'il n'eût jeté au milieu de notre population, les germes les moins équivoques *de discorde et de haine.*

Qu'importait au gouverneur de laisser ce pays dans une telle situation, M. Aube avait pu satisfaire ses petites rancunes personnelles : cela suffisait à sa gloire.

Le triste legs que nous a fait ce gouverneur, nous en subirons peut-être quelque temps encore les funestes conséquences. Il nous importe peu ; nous avons mis au service de notre race, de notre cause, de notre pays, tout ce que nous pouvons posséder d'activité, d'intelligence et de savoir ; il n'est point de sacrifice que nous ne fassions pour détruire jusqu'à la dernière racine, l'anarchie morale dont nous souffrons *de par celui qui a si peu compris la noble mission* dont il avait été investi parmi nous.

M. Aube emporte d'ici la réputation d'un *homme personnel, autoritaire, passionné, vindicatif, méchant,* farci de théories creuses et manquant de sens politique ; en un mot d'un gouverneur *détestable*, du *plus mauvais* peut-être que la Martinique ait jamais eu.

*S'il n'a pas fait plus de mal*, c'est que la chose n'a pas dépendu entièrement de lui. Nous devons cet avantage à la force et à la solidité des institutions qui nous régissent, à la fermeté de notre conseil général, au calme et au bon sens de notre excellente population.

M. Aube est plein de visées ambitieuses. Jeune encore, à peine capitaine de frégate, il s'écriait dans les cercles et les cafés qu'il fréquentait : « Quand je serai ministre de la Marine ! »

Si par hasard les vicissitudes de la politique ( on a vu des choses plus étranges) voulaient qu'il fût un jour placé à la tête du département de la marine, nous souhaiterions que les colonies en fussent détachées, comme il en a été question, car elles seraient bien misérables sous un pareil maître.

Si quelques regrets ont accompagné M. Aube en France, ce ne sont pas ceux des républicains de la Martinique. Il a eu tout au plus les *larmes hypocrites des réactionnaires* qui ont *trouvé en lui un auxiliaire inattendu* et dont il a pu s'acquérir la compromettante sympathie, lui qui s'annonçait pompeusement comme un partisan résolu des grands principes de 1789, comme un fils convaincu de notre immortelle Révolution.

Qu'il se contente donc de ces témoignages si peu flatteurs pour un fonctionnaire de la République.

M. le gouverneur de la Martinique n'aura pas à se plaindre de l'attitude de la population tout entière à l'occasion du malheur qui vient de le frapper.

Nous aussi, nous avons souffert avec l'homme qui venait d'avoir le cœur brisé. Nous avons nous aussi rendu hommage à la femme vertueuse, à l'épouse qui succombait victime d'un dévouement poussé jusqu'à la témérité — Et puis ?

Et puis quand nous avons vu partir CET HOMME, le souvenir de *tout le mal* qu'il a fait, et qu'il *a tenté de faire*, s'est ravivé en nous. La pitié d'hier avait fait place pour le plus SOUVERAIN DÉDAIN mêlé d'une CERTAINE JOIE de nous sentir soulagés de sa présence.

Qu'il parte donc, qu'il s'en aille bien loin, bien loin, et que jamais SES PAS NE SOUILLENT le sol de ce pays qui gardera de lui le plus triste souvenir.

## XIII

Le départ de l'amiral Aube livrait la colonie aux entreprises de la faction dirigeante. C'était plus que le nom, c'était l'épée même de la France que le Gouverneur emportait avec lui du pays où la fermeté de sa main pouvait encore contenir les passions frémissantes. L'état des esprits était tel à ce moment que la plus insignifiante circonstance, le plus léger prétexte pouvaient être l'occasion d'un conflit et de troubles graves. Outragée avec persistance depuis trois ans, dans un journal répandu jusques dans les dernières couches de la population, la race européenne dévorait en silence, mais avec une impatience à peine contenue, le flot d'invectives débordant deux fois par semaine de la feuille de M. Hurard. L'influence *des Colonies* avait pénétré partout, dans les rangs du peuple, réuni souvent sur les places publiques où des lecteurs officieux faisaient entendre à des groupes avides une prose semée de récriminations et de souvenirs irritants. Dans la race de sang-mêlé les hommes d'éducation conservaient leur tenue et leurs rapports avec les blancs, mais chez ceux-là mêmes, certainement, la feuille radicale avait dû attiser des passions trop faciles à s'enflammer.

Dans l'ensemble de la population, sauf la race européenne, la dérision et l'outrage prodigués à la Foi avaient considérablement affaibli sinon éteint les sentiments religieux. C'est à un tel moment que l'autorité supérieure passait aux mains de l'Ordonnateur de la colonie, en s'affaiblissant par la situation intérimaire de la fonction. Peu après l'Amiral Aube, le Directeur de l'intérieur, Monsieur Rougon, partait aussi pour la France. Déjà, auparavant, le Procureur général avait laissé la colonie en congé. La Martinique se trouvait donc placée en juin 1881 sous la direction de subalternes appelés à pourvoir provisoirement à des fonctions supérieures. On sait combien l'action administrative se relâche quand les chefs se déplacent et laissent l'initiative et la responsabilité à des successeurs temporaires. Par malheur la fièvre jaune n'avait pas disparu, et M$^{me}$ Aube n'avait pas été la dernière victime du fléau. Dès le commencement de l'épidémie les garnisons, d'ordre du gouverneur, avaient évacué Saint-Pierre et Fort-de-France pour se disperser dans l'intérieur de l'île, sur les altitudes où le fléau n'atteint pas, ou n'arrive qu'à un degré moindre d'intensité. Deux compagnies d'infanterie de marine campaient au point culminant qui sépare Saint-Pierre de la Basse-Pointe, sur un des contre forts de la Montagne Pelée ; le gros de la garnison, infanterie et artillerie, était cantonné sur les plateaux du Gros-Morne. Dans la gendarmerie, les hommes plus récemment arrivés dans la colonie avaient été rappelés de leurs brigades et concentrés également dans les hauteurs. Saint-Pierre n'avait plus pour toute force publique que sept ou huit gendarmes casernés à une demi heure de la ville, dans le local de l'ancien Séminaire-Collège, à Trou-Vaillant. Tout était donc prêt pour une explosion que la surexcitation des esprits indiquait à l'observateur comme la trépidation d'une chaudière surchauffée. Enfin une date s'avançait chaque jour, grosse de danger et d'imprévu : la fête nationale du 14 Juillet. Aux approches de cette solennité, des personnes bien placées pour être écoutées du Gouverneur ne lui cachèrent pas les périls de la situation. On lui représenta les dangers qu'il y avait à laisser Saint-Pierre, ville bouillonnante de passions, exposée trois jours entiers aux tentatives d'une population où l'on pouvait compter de nombreux exaltés. Nous savons même que le chef intérimaire de la colonie fut vivement sollicité de faire venir de Trianon (1) où campait la garnison de Saint-Pierre, une compagnie qui garderait la ville pendant la fête, pour retourner ensuite à la campagne. Le commissaire de marine, M. Morau, appuyé sur l'avis du corps médical, ne crut pas devoir déplacer les troupes, mais dans la prévision d'événements graves, voici les dispositions qu'il arrêta : « Une compagnie d'infanterie de marine, dont les hommes avaient été choisis avec soin par le

---

(1) C'était le point de campement des troupes dans les hauteurs de la Basse-Pointe.

lieutenant-colonel commandant le corps, devait se tenir à Trianon prête à marcher au premier appel. Quatorze gendarmes à cheval puisés dans les brigades environnantes se réunirait au Trou-Vaillant à la disposition de l'autorité civile. Ils devaient se rendre à ce poste isolément, la nuit, le 13 juillet. Deux estafettes de gendarmerie, chevaux sellés, devaient attendre à la caserne du Centre les ordres de l'autorité civile. Enfin, M. le capitaine Houstalo, officier d'un grand sang froid et d'un mérite éprouvé, arriverait à Saint-Pierre en permission mais avec l'ordre écrit du Gouverneur de prendre le commandement de la place en cas de troubles. » (1)

Quelques semaines avant la fête un incident imprévu vint ajouter aux passions prêtes à éclater. La rédaction des *Colonies* s'était augmentée d'un collaborateur attaché au personnel du Lycée. Récemment arrivé dans le pays, M. Alfonsi, surveillant général de l'établissement, avait commencé dans la feuille radicale une série d'articles fantaisistes, à l'imitation des feuilles parisiennes, sous le titre de *Causerie*. L'écrivain visait à l'esprit qu'il atteignait difficilement. Une impiété doublée d'ignorance faisait le fonds de ses articles lourds et blasphématoires. Peu après l'entrée de cette recrue à la rédaction des *Colonies*, le Président du tribunal civil de St-Pierre eut l'occasion d'adresser à l'Evêque du

---

(1) Déposition de M. Moran, ordonnateur, Gouverneur par intérim, dans le procès des pillards de la maison Lota.

diocèse une réclamation qui fut aussitôt accueillie. Le Palais de justice est presque attenant à l'Eglise du Centre. Depuis quelque temps un groupe de jeunes filles de cette paroisse se réunissait presque chaque jour, à l'Eglise, dans la matinée et l'après-midi, pour étudier et répéter les chants religieux. Les employés du greffe, voisins très rapprochés, se plaignaient de ne pouvoir travailler si près du bruit des voix. Le président soumit le fait à l'Evêque, en signalant les inconvénients qui en résultaient pour un service public. M<sup>gr</sup> Carmené, avec son esprit de justice et de conciliation, n'examina même pas si les employés du greffe ne faisaient pas montre en la circonstance d'une susceptibilité plutôt nerveuse que fondée. Par son ordre, le curé du Centre fut immédiatement prié de cesser toute étude ou répétition aux heures de bureau. Cette satisfaction si facile accordée au tribunal, il n'y avait certainement plus lieu d'en parler. Le chroniqueur des *Colonies* trouva cependant matière à écrivailler, et comme il s'agissait de l'Eglise et de jeunes filles pieuses, il crut l'occasion bonne pour oser un article. La causerie, écrite avec le mauvais goût habituel de ses précédentes publications, se terminait par une comparaison où l'injure et l'inconvenance dépassaient toutes les limites. Les voix des jeunes filles s'essayant à des chants pieux ne ressemblaient pas, lisait-on, « *au ranz des vaches, mais au beuglement de la génisse en peine de son taureau.* » Cette inqualifiable insulte tomba comme la dernière goutte dans le vase trop plein déjà où la race européenne recueillait depuis trois ans les provocations de la feuille radicale. Un cri général d'indignation s'éleva de toutes parts contre l'auteur de cette agression et le journal qui l'avait accueillie. L'exaltation grandissait chaque jour. Le malencontreux écrivain essaya de s'expliquer et ne réussit qu'à aggraver ses torts. A ce moment on n'y tenait plus. Les membres du Conseil de Fabrique de la paroisse du Centre rédigèrent et firent publier une protestation énergique où l'œuvre et l'auteur étaient également flétris. M. Alfonsi qui écrivait sous le pseudonyme sauvage de Kouci-Koula voulut répliquer. La presse conservatrice qui avait gardé depuis trois ans un silence absolu, intervint à plusieurs reprises pour flétrir aussi le journal et le chroniqueur. Le *Bien public* se signala par quelques appréciations très courtes, mais très énergiques. Entre autres publications une lettre s'exprimait ainsi :

« Monsieur le Rédacteur,

« Tous les honnêtes gens ont applaudi à la protestation signée par MM. les fabriciens du Centre. Je les félicite.

« Mais il y a manqué quelque chose et c'est l'opinion générale.

« Pourquoi ne pas flétrir également la feuille « indigne » comme vous le disiez mercredi, qui s'est rendue complice et responsable d'une telle infamie. L'ignoble seul accueille l'ignoble.

« A cette feuille aussi le mépris, au nom de tout ce qui est honnête et religieux à la Martinique, sans distinction.

« Je suis républicain ; mais je le dis bien haut, respect à la morale, respect à la religion. »

C'était le moment, si M. Hurard avait eu souci de la dignité de ses concitoyens, de réparer l'outrage publiquement adressé à toute une société, en dehors des entraînements de la politique. Aucune rétractation, aucune explication ne parurent.

Loin de calmer l'irritation, M. Hurard, qui croyait peut-être voir derrière cette lettre un autre que son véritable auteur, répondait avec la plus grande violence dans *les Colonies* du 22 juin, sous le titre : « *Couardise.* »

« Il n'y a d'ignoble que ceux qui pour insulter abritent leur couardise derrière ces gens à robe à qui l'on ne peut décemment pas plus qu'à des femmes, demander raison de leurs impertinences et de leurs calomnies. Cela suffit à faire juger la valeur de la protestation et du républicanisme du correspondant du *Bien public.* »

« En tous cas, si l'auteur de cette lettre est un être réel et non fictif, nous lui déclarons qu'en gardant si prudemment l'anonyme il a commis un acte de lâcheté. Comme il le dit fort bien, nous sommes ici chacun responsable de ce que nous écrivons. Si notre insulteur désire s'en assurer et *relever* la très juste qualification que nous lui *crachons au visage* il n'a qu'à passer dans nos bureaux ou à nous faire connaître son nom. »

« Autrement nous n'aurons nul souci de sa personne et de ses injures. »

C'est ainsi que M. Hurard se posait pour couvrir les torts de son journal. A la suite d'un article déplorable où toute une partie de la société de Saint-Pierre avait été insultée, sans que la feuille coupable eût inséré la plus légère rectification, M. Hurard n'y allait pas de main morte : il CRACHAIT AU VISAGE de ceux qui avaient cru devoir flétrir l'insulteur et sa feuille. Cet article a une grande importance. Il constate que M. Hurard aggravait l'insulte faite aux jeunes filles de la paroisse du Centre, en y joignant l'outrage le plus grave contre leurs défenseurs. Il établit surtout que la première provocation, l'appel à un duel partit du journal *les Colonies*. Impossible d'en douter : « S notre insulteur désire relever la très juste qualification que nous lui *crachons* au visage, (la qualification de lâche) il n'a qu'à passer dans nos bureaux ou à nous faire connaître son nom. »

Le même jour, sortant de sa retraite, après trois ans de silence, le docteur Lota rentrait en scène dans le *Bien public*. Sous ce titre : « SALFOIN (1) ET SON CORNAC », et sous cette signature significative : « FOUET », le rude Docteur publiait un article écrit avec verve, et dont chaque phrase marquait en effet comme un coup de fouet.

#### Salfoin et son cornac.

Quelques gens à Saint-Pierre, s'imaginent que le personnage grotesque, qui a pris nom Koucy-Koula, est, comme A—Kan, A—Pô, Sin—Ama, Moutou-Sami, un fils du Céleste Empire, un enfant des bords du Gange, un Chinois ou un Indien *en même*, comme on dit ici ; pensant, non sans raison, qu'un mécréant seul, un être sans foi ni loi, pouvait insulter, avec tant d'impudence et de cynisme, tout ce que, personnes et choses, nous avons l'habitude de vénérer, de respecter et de chérir.

Ces gens-là sont dans l'erreur : Koucy-Koula en Chinois, Salfoin en Français, est un produit de l'Europe civilisée ; il nous vient de France, où il a été

---

(1) Salfoin est l'anagramme d'Alfonsi.

recruté dans les bas fonds de l'infime basoche, par M. l'Inspecteur d'Académie, pour le service du lycée colonial; il possède femme et enfants, il a charge d'âmes, par conséquent, et de corps aussi.

Quand Salfoin arriva à Saint-Pierre, quelques personnes, ignorant sa provenance et ses tendances, lui témoignèrent de l'intérêt, le mirent fortement en garde contre le milieu délétère ou il était tombé, et dont les suggestions malsaines ne manqueraient pas d'assaillir le nouveau venu; ils l'engagèrent à ne pencher ni à droite ni à gauche et à marcher droit son chemin.

Peine et conseils perdus: comme l'eau va à la rivière, l'ordure va au canal. Salfoin, suivant la pente de ses instincts encore latents, aboutit au réceptacle de toutes les immondices, à l'égout collecteur de toutes les saletés extra et intra-coloniales, au journal de l'athéisme, qui se l'appropria.

Tacite dit, en parlant de l'affranchi Narcisse, que son caractère s'accordait merveilleusement avec les vices encore cachés de Néron; *cujus vitiis adhuc abditis mirè congruebat.* S'il est permis de comparer les petites saletés du crû aux grandes infamies de Rome, il y a concordance parfaite entre Koucy Koula et son Cornac ; le journal est fait pour le Paillasse et le Paillasse pour le journal ; *miré congruunt*, ils s'entendent comme larrons en foire.

Dans l'officine de l'infection, on creusa une fosse, où Salfoin s'assit à l'aise : on lui fournit encre, papier et plume, quelques renseignements sur le pays, et du tafia, du tafia en abondance; car le malheureux aime le rhum et beaucoup.

Entre un encrier et sa bouteille, il se mit à écrire : on sait comment.

Il commença par les filles publiques et la justice de paix qu'il bafoua. Craignant quelque mésaventure de ce côté, il passa, toujours buvant, à d'autres exercices moins périlleux: il s'en prit à Dieu, à ses saints, à ses ministres, puis à d'innocentes et pures jeunes filles, dont les chants pieux agaçaient, paraît-il, les oreilles longues de Koucy-Koula.

Marqué, comme par un fer rouge, au sceau du

mépris public par la protestation énergique et indignée des membres de la Fabrique du Centre, Salfoin, à l'instar de Satan, son patron, que le repentir ne saurait atteindre, Salfoin se retourna contre les auteurs de la protestation et leur lança cette suprême injure :

Bourgeois.

Bourgeois, c'est la flétrissure que les fruits secs de toutes les professions, *les ratés* de toutes les catégories, *les raffalés* de toutes les conditions adressent, aux hommes qui, par leur travail, leur activité, leur intelligence, leur conduite régulière et probe, se sont fait, dans la société, une position honorable.

Koucy-Koula ne sera jamais un bourgeois.

Son Cornac, lui, a du pain sur la planche.

Aussi ne joue-t-il plus que les premiers rôles, laissant les rôles subalternes à son complice Clarinette, et les infimes, à Koucy-Koula, clown de de la ménagerie, qui cabriole devant l'assistance et débite les *boniments* dans le genre malpropre.

Le dernier ne lui a pas réussi. La colère est mauvaise conseillère, et Salfoin, stigmatisé par la protestation du Centre, s'est emballé. Comment qualifier l'élucubration du saltimbanque en fureur, quel nom donner à la mixture nauséeuse qu'il a confectionnée, pot-pourri, macédoine, salmigondis, olla-podrida, *Calalou*, aucune de ces expressions ne saurait représenter le mélange indigeste, vomi par Koucy-Koula ; c'est une suite de hoquets d'ivrogne, une série d'hallucinations d'un *delirium tremens.*

Lui-même n'a pas semblé être très-satisfait de son œuvre ; il a éprouvé le besoin de se distraire et de se consoler.

A sa sortie de l'hôpital, où des libations trop répétées avaient conduit le chroniqueur intempérant, il a pensé qu'il devait se remettre de plusieurs jours d'abstinence forcée, et il entreprit son chemin de croix : à chaque station, c'est-à-dire à chaque buvette, il faisait halte et prenait rasade.

Le soir, il était complètement saoul : titubant sur ses jambes avinées, tenant à la main son sale journal pour se donner une contenance, l'œil terne, la voix rauque et singultueuse, Salfoin tirait des bordées du ruisseau de babord au ruisseau de tribord, s'appuyant au mur pour ne pas rouler dans le canal.

Avec les méandres qu'il décrivait, il n'aurait jamais atteint son logis, si une main charitable ne l'eût guidé vers sa demeure et conduit jusqu'à la porte de sa maison, c'est-à-dire — ouvrez les yeux, cher lecteur — à la grille de l'Hôtel du Gouvernement. Koucy-Koula — Salfoin habite à l'Intendance ! ! !

Koucy-Koula — Salfoin habite à l'Intendance ! ! !

Jusques à quand sera logé dans la propre maison du chef de la Colonie, cet ivrogne fieffé, cet insulteur impudent des jeunes filles et des honnêtes gens, pour le compte du journal de la radicaille impie, infime minorité, quoi qu'ils en disent, au sein de la population coloniale ?

FOUET.

**P. S.** Chacun l'a compris. Mon coup de Fouet n'est ni pour la feuille politique, ni pour l'organe républicain, — respect à toute opinion politique ; — il est uniquement pour la feuille ordurière, pour l'organe de cynique publicité qui se fait l'insulteur de tout martiniquais qui n'est pas fait à l'image de sa hideuse et blasphématoire impiété.

L'impression fut vive de tous côtés, mais la presse montée à ce diapason, c'est la lutte civile déjà commencée. Dans le même temps, quelques jeunes gens de la ville, au nombre desquels se trouvait M. Codé, l'un des frères de la malheureuse victime de 1870, ayant rencontré par hasard M. Alfonsi dans un restaurant, l'avaient vivement apostrophé. Ces deux circonstances, la scène du restaurant et l'article du *Bien Public*, donnaient occasion aux *Colonies*, dans leur numéro du 25 juin, de publier un entrefilet, égaré à la troisième page sous le titre d'un fait divers : *Solution facile* :

> Le *Bien Public* ayant relevé une phrase blessante dans une causerie locale publiée par nous, a protesté et appelé à la rescousse les deux autres journaux pieux de la localité. Ceux-ci ont protesté, mais comme malgré eux, et en se faisant beaucoup tirer l'oreille. Cela se passait huit longs jours après qu'avait paru la phrase incriminée. Depuis ce laps de temps écoulé, nous avons appris que des individus se sentant, à la réflexion, eux aussi blessés de la sus dite phrase, ont provoqué à l'hôtel celui qu'on supposait être le coupable. La provocation s'est manifestée, il est vrai, en termes indirects, car ces preux chevaliers voulaient bien afficher des airs de matamore mais à condition de ne pas trop aventurer leur peau.
>
> Tout cela est en vérité bien grotesque et bien tardif. Quand on veut venger l'honneur des dames, on est mal venu à tant réfléchir. Il était si simple de *s'adresser directement au rédacteur en chef du journal*.
>
> Nous n'avons l'habitude de RECULER DEVANT QUI QUE CE SOIT. Que ceux donc qui vont battre les buissons, feignant d'oublier que nos bureaux sont ouverts toute la journée, se rappellent une fois pour toutes *qu'on trouve toujours ici à qui parler*.
>
> Soit dit aussi pour le *coco* qui signe « Fouet » au *Bien Public*.

Pour la seconde fois, M. Hurard sommait ses adversaires de le provoquer en duel. Il faisait même plus : il accusait M. Codé et ses amis de lâcheté, leur reprochait de faire le matamore avec un inconnu, dans la pensée de se poser en défenseurs des dames, et terminait en leur disant : s'il vous faut quelqu'un, adressez vous à moi, mes bureaux sont ouverts et on y trouve à qui parler.

L'invitation était trop directe, la provocation trop publique pour n'être pas, malheureusement, selon les préjugés sociaux en matière d'honneur, suivie d'un cartel. M. Codé chargea deux de ses amis de demander à M. Hurard les noms des témoins avec lesquels ils devaient s'aboucher. Il les accompagna même au bureau du journal et demanda le nom du chroniqueur. « C'est Monsieur Alfonsi, » répondit M. Hurard, qui se déclara responsable de l'article si l'auteur en désa- vouait la paternité (1). « Et l'auteur de l'entrefilet « SOLUTION FACILE, » est-ce vous, en votre qualité de rédacteur en chef ? » ajouta M. Codé. M. Hurard répondit affirmativement. Ce fut alors qu'on eut l'idée de s'adresser d'abord à M. Alfonsi qui rédigea et remit une note ainsi conçue :

« En ce qui concerne la causerie locale, j'ai fourni des explications que je pense satisfaisantes, mon intention n'ayant jamais été d'outrager des jeunes filles parfaitement respectables. »

A la suite de cette déclaration on lisait :

« Nous, soussignés, témoins de M. Albert Codé, déclarons accepter les explications ci-dessus fournies en toute loyauté et qui, par conséquent, closent le débat en ce qui concerne M. Alfonsi. »

Ce fut la cause d'un malentendu dont M. Hurard voulut tirer parti. Evidemment, après

---

(1) M. Hurard : Je suis rédacteur en chef du journal et je me reconnais responsable de tout ce qui s'y publie ; il reste donc bien entendu, Messieurs, que si, ce que je ne crois pas, M. Alfonsi déniait la paternité de l'article, c'est à moi que vous auriez affaire. (*Les Colonies*, numéro du 29 juin 1882.)

la scène du restaurant, M. Codé ne pouvait attribuer à M. Hurard la *causerie* offensante signée Koucy-Koula. Il n'était donc pas allé lui demander réparation des torts de son chroniqueur, mais de la provocation publiée le 25 juin sous le titre « *Solution facile.* » Ce fut une faute d'accepter que le nom et l'article de M. Alfonsi fussent mêlés à leur démarche. M. Codé le comprit bien et essaya de réparer son erreur en écrivant le lendemain à M. Hurard :

Dimanche matin.

« Monsieur,

« Hier, après la publication de votre journal, je me suis présenté dans votre bureau pour connaître le nom resté caché jusqu'ici de l'auteur des articles signés Koucy-Koula, *et vous demander réparation* de l'entrefilet intitulé : *Solution facile.* »

« Vous m'avez renvoyé à Monsieur Alfonsi et m'avez déclaré, devant mes témoins, que vous vous teniez, après lui, à ma disposition.

« J'ai obtenu pleine et entière satisfaction de M. Alfonsi ; je viens donc vous demander l'exécution de votre engagement. »

« Mes témoins attendent les vôtres à l'étude de Me Thébault. »

« J'ai l'honneur de vous saluer. »

Pour nous servir du langage du monde, l'affaire avait été mal conduite, mais il n'était pas possible de prendre le change : trop de jours s'étaient écoulés depuis l'article signé Koucy-Koula, et l'entrefilet des *Colonies* écrit après la scène du restaurant était de trop fraîche date et trop directement provocateur à l'égard de M. Codé pour que celui-ci, en allant trouver M. Hurard, pût avoir la pensée de prendre à partie M. Alfonsi. Les termes de l'entrefilet ne doivent pas être oubliés :

« Nous avons appris que des individus se sentant, à la réflexion, eux aussi blessés de la susdite phrase, (celle blessante pour les jeunes filles du Centre.) ont provoqué à l'hôtel celui qu'on supposait être le coupable. La provocation s'est manifestée, il est vrai en termes indirects, car *ces preux chevaliers voulaient bien afficher des airs de matamore, mais à la condition de ne pas trop aventurer leur peau.* »

. . . . . . . . . . . . . . . . . . . . . . .

« Il était si *simple de s'adresser au Rédacteur en chef* du journal. »

« Nous n'avons l'habitude de reculer devant qui que ce soit. Que *ceux donc qui vont battre les buissons, feignant d'oublier que nos bureaux sont ouverts toute la journée, se rappellent une fois pour toutes* QU'ON TROUVE TOUJOURS ICI A QUI PARLER. »

Aucune équivoque n'était possible. M. Hurard a pris soin lui-même d'écrire le 29 juin, que M. Codé, en se présentant à son bureau le samedi précédent, portait le numéro du journal plié juste au fait divers ayant pour titre : *Solution facile* (1).

M. Codé ayant insisté pour une rencontre avec M. Hurard, les témoins ne purent se mettre d'accord. Du côté de celui-ci on revendiquait la qualité d'offensé pour prétendre au choix des armes. On oubliait que

---

(1) *Colonies*, numéro du 29 juin 1881.

loin de se croire provoqué, le rédacteur en chef avait trouvé mauvais qu'au lieu de s'en prendre à lui, *qui n'a pas l'habitude de reculer devant qui que ce soit*, on eût été battre les buissons pour s'adresser à M. Alfonsi. M. Codé acceptait le pistolet à dix pas, mais il exigeait que le tir eut lieu à volonté, non au commandement, comme le voulaient les témoins de M. Hurard.

Le lundi 27 M. Codé ayant fait savoir qu'il acceptait la rencontre au commandement, avec la condition que le combat recommencerait jusqu'à ce qu'un des adversaires fut atteint, les témoins de M. Hurard déclarèrent leur mission terminée depuis la veille et se refusèrent à transmettre d'autres propositions (2).

Dans sa feuille du 29 juin, *Les Colonies* rendaient compte de ces pourparlers et trouvaient l'occasion d'accabler son adversaire. C'est à regret, mais pour obéir à l'obligation d'être exact et pour l'explication de ce qui va suivre, que nous avons rappelé un incident où les préjugés sociaux tentaient d'armer deux hommes pour une lutte fratricide. Le compte-rendu se terminait par une nouvelle provocation, plus grave celle-là, adressée au docteur Lota. Nous laissons parler le journal :

« Tous les amis de notre rédacteur lui demandent s'il n'a pas vu dans cet incident un piége qui lui est

---

(2) Nous extrayons ces renseignements en partie du récit même *des Colonies*, numéro du 29 juin 1881.

encore une fois tendu par un certain groupe d'individus occupés à lancer contre lui tous les *coupe-jarrets* dont ils peuvent disposer. Ce piège, tout le monde l'a flairé et compris. Il ne date d'ailleurs pas d'aujourd'hui : monter sur le terrain avec les adversaires qu'on nous a jusqu'ici présentés, c'était, nous le reconnaissons aujourd'hui, manquer à nous-même et à nos amis. »

« Evidemment nous faisons trop d'honneur *à des gens qui n'en valent pas la peine*, et qui, en risquant leur peau, ne risquent guère que *l'argent de ceux aux dépens desquels ils vivent*. »

A ce moment le journal abandonnait M. Codé et visait directement M. Lota : (1)

« Il est plus que temps que le *chef de la bande, celui qui reste dans les coulisses et pousse les non* valeurs du groupe que l'on sait, SE DÉCIDE A SE PRÉSENTER LUI-MÊME. *La vieille affaire que nous avons à régler pourra ainsi se terminer à la satisfaction de tous.*

« Nous avons suffisamment CRACHÉ A LA FACE DE L'ÉCRIVAIN ANONYME du *Bien Public pour qu'il se montre enfin.* »

M. Hurard renonçait donc à M. Codé et, le 29 juin, accusant publiquement M. Lota de

---

(1) Premier témoin, M. Hurard. — M. le Président : — Racontez nous l'origine de votre conflit avec M. Lota. — Le témoin : L'origine, tout le monde la connaît. — M. le Président : Commencez comme M. Lota, à la chronique signée Koucy-Koula. — M. Hurard : Les articles de Koucy-Koula étaient signés, Monsieur le Président. — M. le Président : Oui, mais incidemment est intervenu un article intitulé *Salfoin*, dont M. Lota se reconnaît l'auteur ; partez de là. — M. Hurard : Je connaissais la façon d'écrire de M. Lota, depuis trois ans que je l'avais vu à l'œuvre. J'ai deviné le nom de l'auteur quand a paru l'article. J'étais visé, pas directement, mais suffisamment pour apprécier l'auteur. J'ai rédigé l'article *Solution facile* où je crache à la figure.....
— M. le Président : Non, vous dites tout simple-

rester dans les coulisses, de pousser contre lui les non-valeurs de son parti, il le sollicitait de régler leur vieille querelle en déclarant lui avoir *assez craché à la face* pour qu'il se montrât enfin. Jamais plus violente provocation n'atteignit un homme sensible.

M. Lota lut l'injure et la provocation, mais il eut le rare bon sens de les dédaigner. Il avait compris la tactique du journal embarrassé des suites d'une première agression. Il n'a pas voulu, a-t-il dit dans son interrogatoire, à l'audience du 25 août, et dans son précis des événements du 18 juillet, tirer M. Hurard des mains de M. Codé.

Trois semaines s'écouleront sans qu'il songe à sortir de sa retenue. Nous le verrons malheureusement bientôt, le 18 juillet, perdre patience et compromettre, par une violence regrettable, tous les avantages de son rôle, son existence et celle de sa famille. Nous avons insisté à dessein sur ces incidents préliminaires. Quand nous aurons à exa-

---

ment dans ce premier article : soit dit aussi pour le coco qui signe Fouet. — M. Hurard : Je ne me rappelle pas. — M. le Président : C'est le 25 juin qu'a paru votre premier article ; et plus tard, un nouvel article, par conséquent deux articles. Vous vous reconnaissez l'auteur des deux articles ? — M. Hurard : Oui, Monsieur le President. — M. le Président : A la suite de l'article du 25 juin, vous publiez donc la nouvelle note. Dans quelle circonstance cette nouvelle note? N'y avait-il pas eu des pourparlers de duel? Ce deuxième article n'a-t-il pas été fait dans ces circonstances ? — M. Hurard : Je ne me rappelle pas bien. — ( M. le Président fait lire l'article qui a suivi *Solution facile*) — Oui, il est encore de moi et *je visais* M. Lota.

(Procès Lota devant le tribunal correctionnel)
Numéro des *Antilles* du 27 août 1881.

miner les causes et les conséquences de la journée qui en fut la suite, nous ne pourrons oublier, en l'appréciant, que le 29 juin, M. Hurard crachait dans son journal à la face du Docteur Lota. L'injure était restée. Après les scènes qui accompagnèrent la fête du 14 juillet, où tant de causes d'irritation s'ajoutaient à des circonstances douloureuses de famille, on comprend sans l'approuver que le Docteur Lota ait eu un instant d'égarement. Sa violence était pourtant la réponse à la provocation du 29 juin. Ses ennemis l'attendaient là. Ce sont ces événements que nous allons raconter, la honte au front et la douleur dans l'âme, car il s'agit de nos concitoyens, de français protégés par les mêmes lois, jouissant des mêmes prérogatives ; et le 18 juillet, ajoutant une faute de plus à toutes les fautes d'un parti intolérant, a élevé entre les populations coloniales une barrière plus haute que toutes les séparations lentement étagées par deux siècles d'inégalité sociale et politique.

La tentative de duel entre M. Codé et M. Hurard avait accru l'agitation des esprits. Dans les allées et venues très fréquentes auxquelles donnaient lieu les pourparlers, on avait pu remarquer la présence de groupes nombreux, clair semés, échelonnés à courte distance, en face du bureau des *Colonies* et de la demeure privée de son rédacteur. Dans ces groupes où l'on discourait avec animation, il y avait peut-être une certaine curiosité, mais vraisemblablement aussi une affectation où apparaissait la pensée des amis de M. Hurard. C'étaient des protecteurs que son parti lui assurait et qu'assemblait déjà le bruit d'une rencontre entre leur chef et un blanc. (1) Les pourparlers duraient depuis plusieurs jours et les groupes montraient leur attitude inquiétante. M. Codé en faisait le reproche à M. Hurard en termes très vifs, dans une dernière lettre écrite le 26 juin. (2)

---

(1) Dans son plaidoyer pour les pillards de la maison Lota, M° Martineau attribue la création de ce parti attaché à la personne de M. Hurard aux suites de l'affaire Maurice Val. Nous ne discutons pas cette appréciation, nous constatons seulement l'existence, reconnue par M° Martineau, d'un parti dont le but était de protéger et de défendre la personne du rédacteur *des Colonies*. Voici les paroles de M° Martineau ; « c'est ce même parti que nous verrons, *manifester bruyamment son émotion lors du cartel Codé*, donner libre carrière à ses sympathies et un peu à ses rancunes pendant les jours de la fête nationale, *relever par le sac* de la maison Lota la violence commise sur M. Hurard.

(*Plaidoirie de M° Martineau — Affaire du sac de la maison Lota*, page 10.)

(2) Le dimanche 30 juin, nous nous rendions de la campagne à St-Pierre. En arrivant à la hauteur de l'Imprimerie des *Colonies* nous remarquâmes des groupes qui stationnaient jusqu'en face de la rue du Petit Versailles. Une voix, à plusieurs reprises, se fit entendre: « oui, disait-elle, ils ne savent pas répondre, ils n'ont jamais su répondre. Voyez le *Propagateur*, on l'a confondu — il n'a pas pu répondre ; le *Propagateur* n'a rien dit. » Le nom du journal revint plusieurs fois à la bouche de celui qui parlait. Nous crûmes comprendre qu'on nous faisait l'honneur de s'occuper de nous au moment de notre passage dans la rue et à l'occasion de notre modeste collaboration au *Propagateur*. Arrivé plus bas, nous étant arrêté chez un ami, une femme éplorée arriva un moment après : « Ah ! s'écria-t-elle, si M. Lota vient à passer de ce côté, qu'arrivera-t-il ? Je suis inquiète, ajoutait-elle, je crains quelque chose. On était loin encore du 18 juillet et l'on ne cachait pas les menaces contre le docteur Lota.

Toutefois la rencontre n'ayant pas eu lieu, la ville reprit son aspect accoutumé, sans que l'agitation cessât réellement. On arriva ainsi jusqu'aux abords de la fête nationale. Les désordres de l'année précédente, les inquiétudes du moment donnèrent l'idée au maire, M. François Bernard, de rappeler les règlements de police, en même temps qu'il adressait à ses concitoyens un appel à la concorde. En publiant le programme de la fête, il le faisait suivre d'un court avertissement :

« Le Maire rappelle à ses administrés qu'il est formellement interdit de se servir, dans les Rues ou places, d'armes à feu ou autres, et il avertit que toutes provocations, rixes ou injures seront sévèrement réprimées. »

« Du reste, il compte sur la sagesse de la population pour célébrer dignement la Fête de la République. Ces jours qui rappellent un si grand souvenir, ne doivent être consacrés qu'à la joie et aux plaisirs, et Saint-Pierre n'aura, il l'espère, aucun citoyen qui voudra troubler la concorde qui doit régner entre tous les habitants de notre belle cité. »

Si l'on avait pu croire ces recommandations inutiles dans la circonstance, on ne pouvait du moins les critiquer ni les blâmer. Les journaux conservateurs étaient muets, ne traitant que de questions financières ou industrielles. C'est le journal *les Colonies* qui s'indigna des sages avis du Maire.

Nous avons éprouvé un douloureux étonnement en lisant les dernières lignes de l'affiche de la fête nationale. Tout le monde se rappelle encore ici l'étrange attitude du Commandant Dubeux, ces patrouilles armées etc.... Rien n'avait donné lieu à ce luxe de précaution, à cette injustifiable défiance.

« Cet incident déplorable avait été vivement commenté. Tout le monde avait compris qu'il y avait à *une provocation* de parti-pris dont la responsabilité retombait sur son véritable auteur, le Commandant Dubeux. Il était trop facile de voir de quel côté venait la provocation pour que bonne et prompte justice ne fût faite. »

« Cette année, c'est le Maire de la ville, c'est M. Célestin qui dans des affiches publiques vient éveiller de pareils souvenirs. ». . . . . . .

« Pousser le souci de la sécurité publique, parler de provocation, dans un moment où notre Ville jouit de l'ordre le plus parfait et de la plus entière tranquillité. . . » . . . .

« Pourquoi M. Célestin juge-t-il bon d'avertir que « toutes provocations seront sévèrement réprimées. » Nous sera-t-il permis de demander ce qui autorise un si étrange langage ? Pourquoi lance-t-il cette injure gratuite à ses administrés ? Pourquoi s'efforce-t-il de *prévoir des provocations* auxquelles personne ne pense ?

. . . . . . . . . . . . . . . . . . . . . . . . . . . . .

« Les républicains de la colonie n'ont besoin des exhortations de personne pour célébrer dignement le 14 Juillet. » . . . . . . . . . . . . .

« Nous ne l'ignorons pas, dans certains milieux on feint périodiquement d'avoir peur, on colporte des plans d'insurrections imaginaires et l'on représente toute une partie de notre population comme toujours prête à dévorer l'autre partie. . . . . . . . . . . . M. Célestin ne craint pas de donner à ces gens qui savent si bien jouer la comédie de la peur le prétexte cherché pour recommencer leurs prédictions sinistres ? « Vous le voyez, disent-ils, n'avions-nous pas raison ? le maire qui sans doute connaît le complot mieux que nous, s'est vu dans la nécessité d'avertir qu'il prenait des précautions. *Quel malheur qu'il n'ait pas la troupe à sa disposition comme le commandant Dubeux ?* » (1).

---

(1) *Les Colonies*, numéro du 9 juillet 1881.

L'article était clair. Le Maire n'avait aucune précaution à prendre, aucune recommandation à adresser à la population. Le programme de la fête, dans sa partie finale, était donc une injure à cette population, une provocation. Le journal qui publiait ces lignes optimistes avait cependant écrit quelques mois auparavant, le 23 novembre : « Il faut avoir le courage de le dire, le pays est profondément troublé. *Si cet état de choses devait se prolonger longtemps, il risquerait de compromettre la sécurité publique et amènerait sans nul doute des malheurs qu'il est du devoir de tous les bons citoyens de prévenir ?* » Était-ce l'illusion qui aveuglait M. Hurard ? Quel fait, quelle circonstance pouvaient donc lui donner lieu de voir un changement dans la situation déjà si inquiétante en novembre 1880 ? Le calme des esprits était-il assuré à ce point que la sécurité publique ne pouvait être compromise, et les bons citoyens n'avaient-ils plus aucun malheur à redouter ? Où *les Colonies* pouvaient-elles trouver les signes d'un tel apaisement ? Etait-ce dans la déplorable insulte adressée sous la signature « Koucy-Koula » à la partie la plus intéressante de la population européenne, ou dans la discussion si violente qui en était résultée dans la presse ? Ce ne pouvait être certainement dans la tentative de duel avec M. Codé, dans les manifestations bruyantes de la rue à cette occasion, (2) ni dans la brutale provocation où, laissant de côté un adver-

---

(2) Plaidoyer de Mᵉ Martineau, page 10.

saire connu, M. Hurard s'adressait au docteur Lota resté dans l'ombre, en avouant lui avoir assez craché à la face pour qu'il se décidât à se montrer !

Quoi qu'il en soit, Les Colonies et son rédacteur en chef répondaient de la population, de leurs amis tout au moins. La fête allait s'ouvrir. La veille, 13 juillet, ce journal terminait un long article sur la prise de la Bastille par ce paragraphe, qui eût été excusable s'il eut été écrit en 1848, au lendemain de l'émancipation, mais qui avait le tort de réveiller le souvenir d'institutions sur lesquelles un demi siècle avait déjà passé :

« Et nous, républicains des colonies, nous *les parias* d'il y a trente ans, qui sortons à peine de l'oppression, *nous qui ne vivons que par la révolution*, qui ne respirons que par elle, montrons par notre joie, par notre enthousiasme, que nous sommes les fils reconnaissants de la République et que nos cœurs battent à l'unisson avec ceux de nos concitoyens de la Mère-patrie. »

A la suite de cet article on lisait sous ce titre : « LE GRAND JOUR : »

« Les renseignements qui nous parviennent de tous les points de la Martinique attestent que notre population presque tout entière s'apprête à célébrer dignement la fête de la grande Patrie française. »

« Oui, il faut qu'elle soit dignement célébrée, la fête de notre France, de cette France si chère à nos cœurs. Tandis que là bas nos frères célébreront avec enthousiasme le 14 juillet, *cette grande date révolutionnaire*, ici nous marquerons par nos manifestations patriotiques que rien de ce qui touche au bonheur de la France ne nous est étranger et que nous savons comprendre et célébrer comme il convient toutes ses gloires. »

« Que la maison du pauvre comme celle du riche se pare d'emblèmes et d'ornements qui soient autant d'actes de foi et d'amour en faveur de la Patrie et de la République, et que rien ne vienne troubler la solennité d'un si grand jour. »

« Nous n'imiterons pas nous, DESCENDANTS D'ESCLAVES et républicains de toutes nuances épidermiques, nous n'imiterons pas CES FILS DE PAYSANS qui, mentant à leur origine, reniant un passé dont ils devraient pourtant être fiers, *se sont ici composé nous ne savons quelle aristocratie* de chrysocale, ARISTOCRATIE BÂTARDE, *sans principe*, et qui n'a pour prétexte d'existence que cette immense sottise qu'on appelle le préjugé de couleur. »

C'est dans ces termes et après avoir si fortement protesté contre tout sentiment hostile, que *Les Colonies* conviaient la population à la fête du 14 juillet.

Dans quel but, dans quelle intention M. Hurard, dont l'élévation avait été si prodigieuse cependant, croyait-il nécessaire d'opposer la race de sang-mêlé et les noirs, c'est à dire les « *descendants d'esclaves* », aux« *fils de paysans* », c'est à dire à la race européenne? On comprit l'injure, mais on n'en rougit pas. Ceux-là seuls qui voilent leur orgueil sous ce mot de démocratie pouvaient jeter à la race européenne, comme une déchéance, une origine humiliante à leur sens. Les paysans sont la grande et forte pépinière de la France héroïque et civilisatrice. Si, au dire des *Colonies*, leurs fils se rencontrent dans les rangs de la population européenne qui vit aux Antilles, ils continuent, à côté des descendants des familles nobles, nombreux aussi, le rôle de leurs devanciers. Ce sont leurs ancêtres à tous qui ont colonisé nos pays et y ont répandu la civilisation. Ensemble ils les ont défendus contre l'étranger. Leurs descendants ne font pas autrement. Dans la marine et dans l'armée ils comptent des représentants illustres. Sur le sol colonial, dans ces îles où leurs pères ont été longtemps les dominateurs, ils n'ont plus aujourd'hui que le droit de se défendre, mais la population les reconnaît encore : ils ont repris la charrue et continué le sillon tracé par leurs ancêtres. Est-ce à la feuille radicale, est-ce à cette lutte insensée où une race, parce qu'elle est arrivée dernière au partage des biens sociaux, récrimine sans cesse contre un passé disparu pour toujours, que la Martinique doit l'éclat de sa brillante prospérité ? N'est-ce pas plutôt au travail, à la persistance, à l'abnégation, au courage de ceux-là mêmes que *les Colonies* opposaient, dans une pensée qui se fait jour, aux races noire et de sang-mêlé ? Ils sont nombreux encore. Les Reynal de St-Michel, les Des Grottes, les de Pompignan, les de Laguarrigue, les Survilliers, les de Meillae, les de Lasalle, les de Laguigneraye, les de Gentile, les Beuzelin, les Bonneville, les de Lauthonnye, les Pelissier Tanon, les Eustache, les Gigon, les Manceau, les Birot, les Lahoussaye, les Bonnaire, les Brière de l'Isle, les Wallé-Clerc, les Bally, les Démare, les Pelet de Lautrec, les de Courmont, les de Rancé, les de Gaigneron, les de Marolles, les Codé, les Littée, les Crassous, les Hervé, les Hayot, les Thoré, les de Percin, les de Larochetière, les Fortier, les Méry de

Neuville, les Cassius de Linval, les Haure, les Papin Dupont, les Petit, les Doens, les Simonnet, les Maillet, les Duprey de la Ruffinière, les de Fossarieu, les de Maynard, les Pothuau, n'outragent pas leurs concitoyens. Hospitaliers comme leurs aïeux, ils ont la main ouverte à tous, et leurs labeurs réunies préparent à nos champs les verdoyantes récoltes où la fortune publique et la marine nationale vont puiser leurs principaux éléments. A côté d'eux, dans la race de sang-mêlé et dans la race noire, s'est formée et se developpe chaque jour, par le travail, une nouvelle lignée de propriétaires agriculteurs, dont le labeur contribue plus à l'élévation de leur race que toutes les invectives d'une presse acrimonieuse : Les Mézel Daude, les Th. Lubin, les Coridon, les Dosithée Thaly, les Sarotte, les Hébert Suffrin, les André, les Constantin, les Dostaly, les Marsay, les Périollat, les Désormeaux, les Cadeau, les Sévère, les Bayardin, les Baude, les Laboissière, les Desportes, les Pomponne, les Guittaud, les Saint-Yves, les Lafontaine, les Boudet, les Agricole, les Bélus ont conquis à leur tour dans le pays le titre de colons en se dévouant au travail des champs. Entre tous la Martinique ne distingue plus ceux qui furent autrefois les paysans, les esclaves et les nobles. Elle les tient tous dans la même estime, et en attendant le jour où aucun obstacle ne s'interposera entre eux pour retarder une concorde facile, elle leur est également reconnaissante de sa splendeur et de sa prospérité.

Ce n'était pas la première fois que *les Colonies* mettaient en scène toute la race européenne, en affectant d'humilier son origine. Déjà, le 12 mars de la même année 1881, dans l'article final d'une étude intitulée: « *Les partis devant le pays* », le journal s'était exprimé ainsi :

« Nous ne voulons pas comparer la noblesse française avec ce que l'on a appelé quelque fois dans ce pays l'aristocratie créole. La noblesse française, on sait en pénétrer les origines, en découvrir les sources les plus lointaines. Elle est quelque chose par ses traditions non interrompues, par l'authenticité de ses membres. Les titres sont là qui témoignent des qualités éminentes de tel ou tel. Ici rien de pareil ; M. X à la peau blanche, c'est un sang-mêlé. M. Y a la peau brune, c'est un *blanc*, partant un aristocrate. Conventions, absurdités. »

« Comment prendrions nous au sérieux une aristocratie pareille que rien n'établit, que rien ne garantit, une aristocratie qui est ou qui n'est pas selon que l'on cache ou montre au grand jour la première édition du Père Labat!!! Cela ne fait-il pas pitié? Ainsi donc ce sont des fils d'anciens esclaves, puisque nos premiers esclaves ont été des blancs (1), ce sont des descendants de *trente six mois*, ce sont *des fils de paysans tous fraîchement débarqués* qui constituent là noblesse! Elle ne prétend pas, celle là, sacrifier aux idées du jour, elle renie carrément la Révolution. Qui est donc ce Monsieur qui hausse les épaules en entendant la Marseillaise? *C'est un marchand de mélasse....... en gros*. Et vous, monsieur, pour médire ainsi de 89 vous avez donc des quartiers de noblesse? — Monsieur, je suis blanc ; cela doit suffire — Vous vendez des chandelles, n'est-ce pas, monsieur? — oui, mais.... en gros.

---

(1) Ceci est incompréhensible : des blancs esclaves aux Antilles !

— Vous vendez des harengs saurés, n'est-ce pas ? — oui, mais.... en gros. — Alors vous êtes épicier ? nullement, mais..... je vends des comestibles en gros. La noblesse est décidément une bien belle chose ! ! ! »

On a bien là la mesure de l'esprit et des sentiments du journal qui depuis trois ans déversait dans la population ce flot d'acrimonies où s'affichaient l'orgueil et les visées de son rédacteur. Renversez les situations : que n'eussent pas dit avec raison les hommes de couleur, que n'eût pas écrit leur protecteur, M. Schœlcher, si la race européenne avait ainsi poursuivi de ses mépris, de ses provocations, la race de sang-mêlé ou la race noire !

La fête s'ouvrit comme précédemment par des chants, des danses, des promenades en groupes. Les drapeaux tricolores jouaient un grand rôle dans cette solennité, à côté des costumes rouges de la plupart des femmes. *Les Colonies* débordaient d'une joie qui ne les empêchaient pas de harceler les blancs et le maire, M. François Bernard.

« Partout la joie, l'enthousiasme, partout des chants, des acclamations, des danses.

..................................................

« Eh bien ! regardez-le, ce peuple ?

..................................................

« Allons ! Approchez-vous, oubliez un instant vos haines et vos rancunes ; *vous qui tremblez dans votre peau, cessez d'avoir peur*, ne craignez pas de vous mêler à lui. »

« Et pourtant il n'y a là ni gendarmes ni soldats ! il est seul et l'ordre n'a pas été un seul instant troublé : pas un cri, aucune parole prêtant à quelque interprétation douteuse n'est sortie de sa bouche. »

« N'est-ce donc pas la preuve que les *provocations viennent de vous ?* »

..................................................

« Mais vous avez eu le bon goût de vous taire. Vous n'aviez sous la main ni gendarmes ni soldats à qui vous pouviez faire croire que vos personnes étaient en danger.

L'optimisme des *Colonies* se comprenait. C'était, au dire du parti, un grand anniversaire national qu'on était censé fêter, mais, en réalité, il n'était question que du triomphe de M. Hurard. Son journal en donne lui-même la preuve dans le récit qu'il a publié, le 16 juillet, du commencement de la solennité. « A la Mairie, on a crié vive la République, vive Schœlcher, vive Hurard, vive le journal *Les Colonies* !(1) La feuille continue : « une voix a, dit-on, crié vive le Maire, mais cela semble à première vue tellement étonnant que nous ne donnons ce racontar que sous toutes réserves. » Puis arrivent les manifestations : « Dans la soirée, et même très avant dans la nuit, notre rédacteur en chef recevait dans sa maison beaucoup trop petite pour de telles affluences, un grand nombre de groupes qui *tous avaient à cœur de rendre hommage à son patriotisme et à son dévouement* au pays. Durant toute la journée et la soirée de jeudi, nos bureaux ont été visités par une foule considérable et par des groupes de chanteurs et de chanteuses. C'était une véritable invasion pacifique. On a dansé, chanté, bu à la santé de la République. » (2).

Quelques adresses complétaient ces mani-

---

(1) *Les Colonies* n° du 16 juillet 1882. (2) *Ibid.*

festations publiques. Le journal en reproduisait trois dans le numéro que nous analysons. C'était d'abord le Morne-Rouge:

« *Les démocrates du Morne-Rouge à l'honorable citoyen* MARIUS HURARD.

« Nous, les *admirateurs* de tout le bien que vous n'avez cessé de faire à la cause démocratique coloniale, croyons devoir profiter de ce jour de fête nationale pour venir vous exprimer toute notre reconnaissance et rendre un hommage mérité à votre civisme. »

Dix signatures suivaient.

Puis deux télégrammes :

« Citoyen Hurard,

« Nous, beaucoup amis, réunis rue Blondel, 11, pour fêter République, assurons notre sympathie et dévouement au Rédacteur en chef des *Colonies*. »

« Marius Hurard,

« Au vaillant défenseur de la cause démocratique, pour le bonheur et la prospérité de la Martinique.

« Amis réunis chez Ch. Lainé, à onze heures du soir. »

En résumé la foule ignorante à St-Pierre et quelques fanatiques au Morne-Rouge et à Fort-de-France formaient à ce moment le cortège triomphal des *Colonies* et de son rédacteur.

Mais la feuille radicale, occupée à recueillir les témoignages de sympathie prodigués à son rédacteur, passait sous silence les manifestations qui s'adressaient à ses adversaires. Les groupes radicaux, en se rendant au domicile privé de M. Hurard, devaient inévitablement passer devant la demeure de M. Lota.

Chaque fois, en passant, on ne manquait pas de répéter les cris: « A bas Lota ! Vive Hurard ! à bas Coco-Girouette ! Allez, Hurard, allez à l'Assemblée. » Quelque uns des groupes stationnaient assez longtemps pour donner à ces cris le caractère d'une provocation. De la maison Lota à la demeure de M. Hurard, il y a un peu plus de cent mètres. La foule, après avoir hué le Docteur, acclamait le héros de la démocratie locale. D'une maison à l'autre on pouvait entendre les chants, les cris de triomphe ou de mort, selon le lieu où la foule était arrêtée.

Des bruits sinistres avaient circulé un peu avant la fête. Des placards affichés sur plusieurs points de la ville menaçaient de mort plusieurs blancs impopulaires en raison de leur attitude en face du journal *Les Colonies*. Les premières victimes désignées étaient le Docteur Lota, M. Codé, le vénérable abbé Gosse, vicaire général. La soirée du 16 avait été assez grave pour que le Procureur de la République crut devoir officiellement avertir le Maire. Le lendemain il lui écrivait:

St-Pierre, le 17 juillet 1881.

Monsieur le Maire,

Notre fête nationale, qui s'était jusqu'à présent si bien passée, a été, la nuit dernière, le prétexte de *tels désordres* qu'il serait à mon avis *dangereux* d'en tolérer le retour. Au lieu de s'amuser franchement et simplement comme on l'avait fait pendant les premiers jours, des groupes *assez nombreux* ont circulé bruyamment dans la ville jusqu'à quatre heures du matin, et malheureusement se sont *arrêtés* devant certaines maisons dont ils ont *insulté* les habitants. Cela s'est notamment produit à la

*Batterie d'Esnotz*, où l'on n'a cessé, pendant deux heures, de faire un *tapage formidable* et de pousser les cris de : *A bas Lota* !

Si j'en crois *des bruits* qui circulent et les *renseignements* qui me sont fournis, on se *disposerait ce soir* à recommencer les mêmes scènes, peut-être à les *aggraver*.

Il est possible qu'il y ait de l'exagération dans ces informations ; elles me paraissent cependant déceler une situation anormale des esprits et des *complications* qu'il serait bon de chercher à éviter.

Je viens, en conséquence, Monsieur le Maire, vous faire part de mes impressions, en vous priant d'user de la légitime et réelle influence que vous avez sur la population de Saint-Pierre, pour prévenir les *désordres que je crains* de voir *éclater*.

Cela, sans d'ailleurs rien publier et sans restreindre les permissions déjà octroyées.

La cité a dignement célébré l'anniversaire de la République, nos efforts combinés doivent tendre à ce que ces fêtes se terminent aussi facilement qu'elles ont commencé.

Agréez, Monsieur le Maire, l'expression de mes sentiments les plus distingués.

Le Procureur de la République<br>RECOING.

Un témoignage aussi honorable ne peut être contesté. Ce qui donne à cette lettre un caractère particulier de certitude dans les faits qu'elle rapporte, c'est que la demeure de l'honorable Magistrat était voisine du domicile du Docteur Lota. Séparées par deux ou trois maisons, les deux demeures étaient situées en face de la Batterie d'Esnotz, et le Procureur de la République n'avait pas besoin d'agents, il constatait lui-même les provocations. Dans cette nuit du 16 au 17, le Docteur Lota, déjà aigri par les vociférations où son nom était mêlé aux cris : « Allez Hurard, allez à l'Assemblée ; vive Hurard ! », se laissa aller à une impatience puérile. Saisissant une carafe au moment où la foule s'arrêtait devant sa demeure, il la jeta par la fenêtre. Cette inutile imprudence ne pouvait avoir d'autre résultat que de servir de prétexte à de nouvelles provocations. Le docteur ne se rappelait plus qu'en 1878, *les Colonies* lui avaient annoncé ces persécutions : « S'il vous plaît de continuer vos fanfaronnades et vos impertinences, nous ne vous lâcherons point ; nous savons que vous êtes rageur ; *quand vous ragez*, VOUS NE SAVEZ PLUS CE QUE VOUS FAITES ET DONNEZ AINSI STUPIDEMENT BEAU JEU à vos adversaires. Nous SAURONS PROFITER d'un tel avantage, DUSSIEZ-VOUS EN PERDRE LA TÊTE et sous la risée publique, FUiR, comme vous l'avez fait une première fois, un pays où vous ne rencontrez ni estime ni considération. » (1)

Aussi le lendemain le bruit était-il répandu partout dans la ville et aux environs qu'une attaque allait être tentée contre le docteur Lota dans la soirée du 17. Quelques amis se réunirent à son domicile, armés et résolus à le défendre énergiquement. C'était dans la nuit du dimanche au lundi. Une retraite aux flambeaux devait clore la fête nationale. Un peu avant le passage de la foule, on remarqua de la demeure de M. Lota une affluence inusitée sur la batterie d'Esnotz et

---

(1) Supra, page 390. *Colonies* numéro du 8 juin 1878.

à la rue Pesset. La maison paraissait être cernée par un rassemblement dont rien encore ne trahissait les intentions, mais que l'on croyait formé pour attaquer le docteur. A un certain moment on crut qu'on allait avoir à se défendre : « Ouvrons les portes, dit quelqu'un, et défendons-nous. » Cette idée fut heureusement repoussée. « Attendons l'attaque, » fit observer un des assistants. La foule arrivant par la grand'rue faisait le simulacre de la retraite militaire aux flambeaux, car il n'y avait pas de troupes dans la ville. Avant que la population ne fût à la hauteur de la batterie d'Esnotz, plusieurs personnes se détachèrent des groupes qui y stationnaient et parurent se diriger vers la foule. Elle passa devant la maison, sans s'arrêter, se contentant de hurler ses cris habituels.

Que se passa-t-il dans l'esprit du docteur Lota durant ces heures d'angoisse? Un double malheur venait d'atteindre cruellement sa famille. La belle-sœur du docteur, personne sérieuse et pleine de piété, avait été frappée d'une affection grave, imprévue, et qui nécessitait son entrée dans une maison de santé. La vénérable belle-mère du docteur, affligée dans sa vieillesse par une si terrible épreuve, avait éprouvé elle-même un ébranlement qui la conduisait peu de temps après dans l'asile où sa fille avait été recueillie. Quoique, dans la famille de sa femme, on n'eût jamais remarqué de tels troubles, le docteur pouvait redouter avec raison l'effet de ces scènes nocturnes et répéitées, s'ajoutant à la double infortune qui venait de frapper à peu d'intervalle la mère et la sœur de M^me Lota. Mais l'épouse du docteur, impressionnable et sensible comme toute femme, avait heureusement un caractère à la hauteur de ses épreuves. Son courage ne devait pas faillir dans les horribles circonstances où nous allons bientôt l'admirer, mais il était à craindre que cet effort, chez une femme délicate et déjà affligée, n'eût, pour sa santé de graves résultats. Dans la nuit du 17 au 18, il y eût un moment, nous venons de le dire, où dans l'intérieur de la maison Lota on s'attendait à une attaque. Personne ne tremblait, pas même la digne compagne du docteur ; mais les émotions l'avaient épuisée. Elle se jeta éplorée sur son mari qui crut à cet instant que Madame Lota avait la raison égarée. Le coup était trop dur pour le docteur. Il bravait la mort, mais il se sentit faiblir à la vue de sa femme éperdue. La sensibilité déborda de cette nature si fortement trempée, et des larmes jaillirent en abondance de ses yeux. « O ma femme, murmura-t-il, je te vengerai. » Ce n'était ni un dessein, ni une résolution ; c'était le cri du désespoir arraché par tant d'émotions au cœur d'un homme naturellement irascible et emporté à ce moment par la violence de ses impressions.

La nuit se passa sans autre incident. Au jour le docteur Lota reprenait ses occupations professionnelles. Nous le rencontrâmes près de sa demeure vers sept heures et demie du matin et nous échangeâmes quelques paroles. Rien dans son attitude ne trahissait les impressions de la nuit précédente et ne faisait soupçonner l'irritation dont il allait donner une heure après une preuve si regrettable

Il était environ neuf heures. La voiture du docteur remontait du Mouillage par la grand'rue. A peu de distance de sa maison il vit venir M. Hurard qui se rendait au bureau de son journal. Le docteur arrêta sa voiture, sauta rapidement à terre, et marchant résolument à son persécuteur il le frappa au visage. « A nous deux, maintenant, lui dit-il, je t'attends. » Vingt jours auparavant, M. Hurard avait adressé à son agresseur cette provocation inouïe :

« *Il est plus que temps que le chef de la bande*, celui qui reste dans les coulisses et pousse les non-valeurs du groupe que l'on sait, *se décide à se présenter lui-même. La vieille affaire que nous avons à régler* pourrait ainsi se terminer à la satisfaction de tous. NOUS AVONS SUFFISAMMENT CRACHÉ A LA FACE DE L'ECRIVAIN anonyme du *Bien public pour qu'il se montre enfin.* »

Le docteur Lota venait de se montrer. Aux crachats prodigués à sa face il avait répondu par un soufflet. Il nous reste à voir comment allait se terminer cette vieille querelle et quelle suite devait être donnée à la provocation du 29 juin.

En se sentant frappé, M. Hurard se précipita sur le docteur. Une lutte de quelques instants eut lieu. Les passants s'étaient arrêtés, des voisins accouraient au bruit. Plusieurs personnes se jetèrent sur M. Lota, d'autres le retinrent pendant que M. Hurard le frappait de son parapluie. Le docteur arracha le parapluie des mains de son adversaire et se tournant vers le groupe qui l'avait assailli : « Laches, canailles, » leur cria-t-il, « j'attaque seul à seul, et vous vous mettez cinquante contre moi. » La scène se passait si près de sa demeure que de là on pût s'en apercevoir. M<sup>me</sup> Lota sortit éplorée et rencontra le docteur qui revenait chez lui à ce moment. « Il fallait en finir avec ce misérable qui nous a fait insulter cinq nuits de suite par la canaille, » dit-il à sa femme. « J'attends ses témoins. »

En rentrant chez lui le docteur Lota ne se faisait pourtant pas illusion. Ce n'étaient pas les témoins de M. Hurard qu'il attendait. Il avait cédé à un mouvement de colère. La vue de son insulteur, de l'homme qui depuis plus de trois ans s'était arrogé le droit d'outrager toute une population, avait réveillé ses ressentiments endormis après l'article du 29 juin. Les provocations des jours précédents, et de la dernière nuit avaient dû élever au plus haut degré sa surexcitation. M. Hurard frappé, le docteur Lota revint à la réflexion et entrevit le sort qui l'attendait. « Nous serons attaqués » dit-il à sa femme en arrivant chez lui.

La scène avait fait du bruit, sans attirer d'abord grand monde dans cette partie de la ville, très fréquentée d'ordinaire et encore déserte à une heure où la population se porte vers les quartiers du commerce. Peu-à-peu les passants s'arrêtaient en entendant raconter l'événement. Séparé de son adversaire, M. Hurard avait repris sa route et était entré au bureau des *Colonies*. Quelques instants après il en partait accompagné du gérant du journal. A peu de distance suivaient plusieurs ouvriers de l'Imprimerie, armés de barres, (1) et il remontait avec eux la Grand'rue. Arrivé en face de la maison Lota, M. Hurard se retourna vers sa suite et lui adressa des paroles sur lesquelles les témoignages ne sont pas d'accord. Un des ouvriers a crié : « écrasez la voiture et tuez le cheval. » Les plus furieux commençaient à la démolir. L'un d'eux apercevant M. Lota l'interpella : « c'est moi qui vais f.... Lota par terre, s... capon, s.... cocogirouette, je vous f....rai à terre aujourd'hui même. (2) M. Hurard avait continué son

---

(1) Dépositions de M. Sadreux, de Marie John, de Mlle Céphise, de Mlle Astérie Peyronnet, dans le procès correctionnel fait à M. Lota pour avoir frappé M. Hurard — Audience du 25 août — Compte rendu du journal *les Antilles*.

Déposition de M. Raby devant la Cour d'assises. Compte rendu des *Antilles*.

(2) *Dépositions à l'audience correctionnelle du 25 août: Compte rendu des Antilles*:

Laurence Claire : J'étais par la fenêtre Pichery, j'ai entendu M. Hurard dire : « Crasez la voiture, tuez le cheval. »

Antoinette : J'ai vu M. Hurard monter ; je demeure à l'angle de la rue Pesset, j'ai vu M. Lota devant sa porte. M. Hurard a fait un signe, et immédiatement la voiture et le cheval ont été attaqués. Il a parlé mais je n'ai pas entendu ce qu'il a dit.

Le témoin sort sur la demande de M. Hurard.

Laurence : J'étais par la fenêtre de M. Pichery.

...chemin et s'était rendu au Parquet où il rédi-

---

M. Hurard: Il y a au moins 50 mètres de la batterie chez M. Pichery.

Le témoin fait observer qu'il ne s'agit pas de la maison de M. Pichery père, mais de la maison de M. Hartmann où demeure M. Pichery fils son gendre. (A)

M. Hurard: Je vous ferai observer, M. le Président qu'à pareille distance elle n'a pu entendre ce propos, lorsque le témoin Antoinette placé plus près n'a rien entendu.

Antoinette: J'ai vu parler M. Hurard. Il se trouvait à côté d'un manguier quand il a fait le geste. Immédiatement la foule s'est précipitée sur la voiture et le cheval.

Marie John: M. Hurard est parti *des Colonies* suivi de ses ouvriers qui portaient des barres.

Surélia: M. Hurard montait avec un parasol à la main, il a fait un signe. Un *Chabin* est tombé sur la voiture.

Le Président: Que désignez-vous par ce mot, *chabin*.

Surélia: Un ouvrier plus blanc que les autres.

Céphise: Quand l'affaire a éclaté, M. Hurard est sorti accompagné d'une foule à laquelle il disait: « Venez avec moi, venez me prêter main forte. »

Astérie Peyronnet: Le lundi, 18 juillet, j'ai entendu du mouvement. On disait: Lota a souffleté Hurard. Hurard est entré aux *Colonies*. Il s'est écrié : « Oh! C'est trop fort cela! Nous allons voir ça! Venez. » Les ouvriers sont partis. Les premiers n'avaient rien, les autres étaient armés de bâtons. J'ai entendu crier « aux armes. » Et le sac et le pillage ont commencé.

Charles Juliette: C'est moi, Madame Lota et M. Peyraud qui avons conduit M. Lota chez lui après l'agression. M. Hurard montait avec Ferral qui criait : « c'est moi qui ferai le compte de M. Lota. » M. Hurard en passant sous les fenêtres de M. Lota a parlé; mais je n'ai pas entendu ce qu'il disait. J'ai entendu crier: Cassez la voiture, mais je ne sais pas si c'est M. Hurard qui l'a dit.

(A) Il y vingt mètres environ de la maison Lota à la maison Hartmann.

---

*Dépositions dans le procès du pillage, devant la Cour d'Assises:*

Charles Juliette, cocher de M. Lota : M. Hurard est monté accompagné de M. Chon et des ouvriers

gea sa plainte. Pendant ce temps, l'événement avait été annoncé de tous côtés. (1) Des émissaires avaient couru dans diverses directions prévenir les amis. Il s'écoula un certain temps avant que l'attroupement prît de la consistance. Aux premières menaces d'hostilité, le docteur avait fermé ses portes et s'était retiré au premier étage avec sa femme et une de ses filles. Sa seconde fille était en visite dans la ville. A chaque instant arrivaient de tous les points de la ville et des environs des groupes nombreux et hostiles. Le rassemblement se massait sur la batterie d'Esnotz et faisait entendre des menaces. On commença d'abord à jeter des pierres sur la façade et sur les ouvertures. M. de Lathifordière fils, un des premiers instruits de l'événement, était accouru au secours du docteur Lota et avait pu pénétrer dans la maison presque en même temps qu'un respectable ecclésiastique, M. l'abbé Maillard, curé de la paroisse du Centre. En entendant les cris de la foule, M. de Lathifordière fils voulut lui parler par une croisée qu'il entrouvrit ; il reçut aussitôt à la tête une pierre qui fit couler son sang.

---

*des Colonies ;* arrivé sous la fenêtre de M. Cottrell il a parlé. *mais je n'ai pas entendu* ce qu'il a dit. Une voix en ce moment a dit : écrasez la voiture et tuez le cheval : tous les ouvriers sont alors tombés sur la voiture. Le témoin désigne d'abord Théophraste Rogol et Ferral. Ce dernier a dit : c'est moi Ferral qui vais f..... Lota par terre, sacré cochon, s..... coco-girouette, je vous f....rai à terre aujourd'hui même.

(1) Déposition d'Ambroisine Rosa devant la Cour d'assises. Compte rendu des *Antilles.*

En se sentant atteint, il prit des mains du Docteur un fusil dont celui-ci était armé, et se précipita vers la fenêtre. Craignant un malheur, M. Lota lui arracha l'arme et plaçant le canon entre les persiennes : « C'est à moi de te venger », dit-il, puis il pressa la détente. Le coup partit. La balle projetée horizontalement traversa le feuillage des arbres de la batterie d'Esnotz et alla se perdre au loin. (1) La vue de son ami blessé, les menaces du dehors lui révélaient les périls de la situation. Le Docteur avait seulement voulu faire comprendre qu'il était bien armé et résolu à défendre chèrement son existence.

Cette démonstration arrêta pour un moment les assaillants qui se réfugièrent en hâte jusqu'à l'extrémité de la place, sous l'abri réservé aux soldats du poste établi d'ordinaire à la batterie d'Esnotz, et vide depuis l'absence de troupes. Le cocher profita de ce moment pour faire rentrer la voiture. M. l'abbé Maillard essaya de parler de la fenêtre ; on lui répondit de rentrer pour éviter d'être blessé, et le jet de pierres recommença. A ce moment la foule à laquelle les renforts arrivaient de tous côtés, obstruait entièrement la batterie d'Esnotz, la grand'rue et la rue Pesset. Un honorable citoyen,

---

(1) Ce détail n'a été nulle part présenté comme nous le racontons. Nous en garantissons l'exactitude. Notre récit certifié par un des acteurs de cette triste journée met à néant l'accusation portée contre le Docteur Lota d'avoir tiré sur la foule, puisqu'il établit que c'était précisément ce que le docteur voulait empêcher en prenant le fusil des mains de son jeune ami.

d'un grand courage, M. Brézolles Duribar, de race noire, avait également réussi à s'introduire, et courant droit à M. Lota qu'il rencontrait armé au haut de l'escalier, il lui avait dit après l'avoir désarmé : « nous vous sauverons, Docteur. »

La police et le Maire, avertis tardivement, accouraient sur les lieux. M. François Bernard, qui devait conquérir dans cette cruelle journée la plus haute estime, était accompagné de ses deux adjoints. Ils enfoncèrent une des portes et se précipitèrent dans la maison. M. de Lathifordière fils croyant à un envahissement, allait faire feu : « Ne tirez pas », lui cria M. Duribar, « c'est le Maire. » Le Procureur de la République, M. Recoing, son substitut, M. Morati, le Juge d'instruction, M. Cazanova, commissaire de police, purent se frayer un passage au milieu de l'attroupement et pénétrer après le Maire. Quelques hommes de la police gardaient l'entrée.

Des clameurs se faisaient entendre : « Mort à Lota ! A bas Lota ! » La grêle de pierres continuait de plus belle, et la malheureuse famille emprisonnée, sans secours possibles, se résigna à mourir. Madame Lota se rappela que le prêtre était près d'elle ; elle voulut mourir chrétiennement. Ce fut un moment d'angoisse suprême où elle crut que leur dernière heure avait sonné. Elle prit dans ses bras son mari et sa fille et se tournant vers l'abbé Maillard qui ne les avait pas quittés. « Monsieur le Curé, s'écria-t-elle, donnez nous une dernière absolution, nous allons mourir, mais nous voulons mourir dignement. » Et s'adressant à son mari : « tu viens de commettre une violence, c'est la colère qui t'a emporté ; demande à Dieu pardon de cette faute. » Et là, agenouillés, entrelacés dans un dernier embrassement, comme une grappe humaine, ils attendirent le pardon. Le prêtre étendit ses mains, et les paroles sacramentelles tombèrent comme une force et une régénération sur ces trois êtres voués à la mort. M. l'abbé Maillard, pour rentrer à son presbytère, passa par les dépendances et de cloison en cloison il arriva au-delà de la maison assaillie.

M. de Lathifordière père, un des vieux amis de M. Lota, venait de l'extrémité de la ville et réussissait à le rejoindre. En l'apercevant le docteur lui dit : « Vous arriverez pour mourir avec nous. J'ai essayé d'effrayer la foule en faisant feu en l'air, mais l'attroupement s'est reformé. Il n'y a aucun secours à attendre ; c'est la mort pour vous et votre fils. » A quelque distance, M. de Maynard et M. Ch. Dulieu, tentaient de forcer la foule pour arriver au secours de la famille. Le premier était bousculé, frappé, saisi à la gorge. M. Dulieu, plus jeune, le défendait contre ses agresseurs ; frappé violemment dans la lutte il tomba. M. de Maynard, toujours courageux et dévoué, faisait des efforts pour le relever. Quelques personnes généreuses l'aidèrent et conduisirent le blessé dans une maison peu distante du rassemblement, où M. Dulieu reçut les premiers soins.

Il n'y avait pas à se faire illusion sur les suites

de l'événement. On criait toujours : « Mort à Lota ! A bas Lota ! » Les pierres, les projectiles de toutes sortes continuaient à pleuvoir. La police, insuffisante déjà pour une ville de trente mille âmes, luttait avec énergie mais sans succès contre la foule qui menaçait de faire irruption dans la maison. Des hommes robustes attaquaient les volets à coups de pierres, d'autres tentaient d'enfoncer les portes. C'était le moment au moins de faire les sommations pour disperser l'attroupement. Le Maire, le Procureur de la République ne pouvaient songer à cette mise en demeure légale. La ville était sans troupes ; sept gendarmes seulement prêtaient main forte à la police. Appelés sur les lieux dès le commencement, ils étaient venus à pied, commandés par le capitaine Testu. Avec quelle force armée, les deux chefs d'autorité judiciaire et administrative auraient-ils pu faire exécuter la loi, si après les sommations la foule n'avait pas obéi ? Qu'étaient devenues les mesures de prévoyance prises par le Gouverneur ? Le poète antique a dit avec raison : dans les troubles populaires, quand par hasard les séditieux voient venir un homme connu pour son austérité et ses mérites..., ils s'arrêtent et se calment. Le capitaine Hostalot, avec l'autorité du commandement, eût peut-être arrêté la sédition ; mais, conformément aux ordres du Gouverneur, dès le matin du 18 juillet, la fête nationale étant close, il avait quitté la ville pour rejoindre ses troupes à Trianon. Les gendarmes enlevés aux brigades voisines étaient probablement retournés à leur poste. La prévoyance de l'autorité supérieure n'avait pas été plus loin : au moment même où la fête cessait légalement il semblait que tout danger dût disparaître. Cependant, la veille, le Procureur de la République avait dû aviser le Maire de prendre des précautions pour la nuit du 17 au 18. La ville avait donc été abandonnée, et avant qu'aucun secours pût arriver, les janissaires de M. Hurard, le parti reconnu par M. Martineau, avaient tout loisir pour satisfaire leur fureur.

Aussi faisait-on le siége en règle de la maison. Tandis que les plus forts essayaient de briser les portes et les fenêtres, d'autres tentaient de pénétrer par la cour, en escaladant un mur qui la clôt du côté de la rue Pesset. Que se passait-il à ce moment dans l'intérieur ? Le Docteur Lota, calme au milieu de sa famille, attendait la mort. Le Procureur de la République, le Maire et ses adjoints, le juge d'instruction, d'accord avec les hommes dévoués qui avaient pénétré avec eux, comprirent qu'une seule chance leur restait d'empêcher un grand crime : c'était d'arrêter le Docteur et de le conduire à la prison. La foule, en voyant mettre sous la main de la justice la victime désignée à ses colères, s'apaiserait peut-être. On essaya alors de faire sortir M. Lota pour le conduire à la maison d'arrêt ; mais la porte était à peine ouverte et le prisonnier n'avait fait que se montrer, lorsque de tous côtés les assaillants se précipitèrent sur l'escorte.

« Livrez-le-nous, livrez-le-nous, » criait-on. On dut faire rentrer le Docteur ; la porte fut refermée. On ne pouvait plus songer à ce moyen. La situation s'aggravait. M. Duribar, MM. de Lathifordière père et fils, d'autres amis promettaient au docteur de le défendre au péril de leur vie.

Pendant ce temps les plus hardis avaient pu avoir raison de la police. Sous l'effort de bras vigoureux, aidés de pierres lourdes, portes et fenêtres volent en éclats, et une populace furieuse fait irruption dans le salon, dans la salle à manger, dans la cour, dans les communs. Le sac est commencé : Les meubles du salon sont hachés, les pendules, les glaces, les tableaux, les vases volent en éclats ; dans la salle à manger, tout est détruit : chaises, tables, buffet, porcelaines. Dans la cour la voiture est mise en pièces, le dépôt de vins défoncé : les bouteilles, les dames-jeannes, jonchent de leurs débris le pavé, tandis qu'un ruisseau de vin coule. Bientôt rien ne subsiste plus de cette demeure où vingt ans de labeur intelligent et la reconnaissance de nombreux clients avaient accumulé des souvenirs précieux. Quand il n'y a plus de meubles, plus de vaisselle, plus de glaces ni de vases, les assaillants s'attaquent à la maison elle-même : les fenêtres, les portes, les persiennes, sont arrachées et brisées ; les boiseries enlevées. Un monceau de débris s'entasse au rez-de-chaussée et dans la rue où la circulation devient impossible ; pour franchir ce point, il faut entrer par un côté de la Batterie d'Esnotz, contourner les débris afin de rejoindre la chaussée un peu plus loin. Il n'y avait plus qu'une minute pour sauver le Docteur Lota. Le jeune de Lathifordière, voyant le danger, avait couru au second étage pour chercher une issue. Il était sui de M. Morati, de M. Duribar, de M. Lecurieux Chalon. A cet étage la demeure envahie n'est séparée de la propriété voisine que par une cloison. Une armoire s'y adossait. M. de Lathifordière et M. Duribar la déplacent, et le premier trouvant un point moins résistant appuie ses épaules d'athlète contre une des planches qu'il réussit à faire éclater. L'issue était trouvée. Il s'agissait de faire passer le Docteur Lota et sa famille. Ses amis lui annoncent qu'il n'y a plus que cette seule ressource ; impassible et résolu, le Docteur refuse. « Je ne veux pas exposer la maison d'un voisin, » dit-il ; « si je dois mourir, je veux mourir chez moi : « Nous l'indemniserons avec nos économies, » répond M$^{me}$ Lota avec angoisse ; « il s'agit d'abord de te sauver. » Le Docteur est entraîné par ses amis et passe par l'ouverture improvisée contre laquelle l'armoire est replacée. Il se réfugie chez M. Cottrell avec sa famille et M. de Lathifordière père. On reste ainsi quelques instants dans les appartements supérieurs. C'était le moment où la foule saccageait le rez-de-chaussée. Le Procureur de la République, le Maire, le commissaire de police, d'autres personnes font savoir que M. Lota est arrêté et qu'il va être conduit à la prison. Entré un des premiers dans la maison quand la foule l'avait envahie, un jeune avocat, membre du Conseil général et du Conseil municipal de Saint-Pierre, M. Clavius Marius, était allé jusqu'au second étage et s'était aperçu de l'absence du Docteur Lota. « Il s'est échappé », disaient à ce moment M. Duribar et quelques personnes en montrant la rue Pesset, « et il a passé par derrière. » Leur but était d'attirer la foule de ce côté afin d'emmener M. Lota, en le faisant sortir par la maison Cottrell. « Il s'est échappé », crie-t-on de tous côtés ; il s'est sauvé. »

M. Clavius Marius apostrophe le Maire, qui venait de quitter la maison envahie après avoir constaté l'heureux succès du stratagème par lequel le Docteur avait passé dans la propriété contiguë. « Cet homme trompe le peuple ; il se moque de vous, c'est lui qui a fait sauver Lota ! » s'écrie M. Clavius Marius (1). L'honorable chef de la ville répond qu'on s'est assuré de la personne du docteur. » On va l'emprisonner, » dit-il, « mais on ne peut le livrer à la foule. » M. Clavius Marius se montre satisfait. (2)

---

(1) Dépositions de M. François Bernard, Maire, de M. Cazanova, commissaire de police, de M. Duribar, de M. Guérin. Aveu de M. Clavius Marius dans son interrogatoire : « Lorsque le bruit de l'évasion de M. Lota a circulé je me suis adressé au Procureur de la République qui paraissait être bien au-dessous de sa tâche. Je suis si peu hypocrite que dans ce moment là je dis à M Guérin : voila ce que c'est que la justice dans ce pays ci. Je l'ai dit à M. Guérin qui était un blanc, mais je ne l'ai pas dit à haute voix. »
(*Procès du sac de la maison Lota* — *Compte rendu des Antilles*)

(2) Déposition de M. Duribar.

Au bruit que l'infortuné docteur s'était échappé, la plus grande partie de l'attroupement s'était précipitée vers la rue Pesset. Il y eut alors une espèce de vide dans la Grand'rue, et sur la Batterie d'Esnotz. On profita de ce court répit pour faire sortir le prisonnier et le conduire à la geôle. Le docteur Lota parut, ayant d'un côté le Maire, de l'autre Lathifordière fils. En avant, en arrière, et formant comme une ceinture autour de lui venaient le Procureur de la République, M. Duribar, M. Chalon, M. Casanova, M. Montoison, commissaire adjoint, des gardes de police, notamment le garde Delinde. En apercevant le prisonnier, ceux qui stationnaient encore dans la Grand'rue et sur la batterie d'Esnotz s'élancent à sa poursuite. Les plus rapprochés lui portent des coups que son escorte a la plus grande peine à éviter. Un premier coup atteint le docteur sans lui faire grand mal ; un second asséné sur la tête l'étend sur le pavé ? C'était à la porte de la maison Cottrell. M<sup>me</sup> Lota voyant son mari étendu sanglant sur le pavé le croit mort : « misérables, » crie-t-elle à la foule, « vous l'avez tué, que vous a-t-il fait ? Tuez-moi aussi. Je vous attends au jugement dernier ! » Et elle présentait à ces forcenés une statuette de la Vierge qu'elle tenait à la main. Le Maire, les deux commissaires de police, le garde Delinde, M. Duribar, Lathifordière fils se serrent autour de la victime que le maire relevait à ce moment dans ses bras. C'est dans cette attitude que le brave François Bernard, *le nègre qui avait été chantre*, courbé à terre sur le docteur, reçoit lui-même à la tête une blessure qui fait couler son sang. Mais rien n'arrête les intrépides défenseurs de M. Lota. Celui-ci, revenu à lui, le front ensanglanté, la tête nue, ne montre pas un seul instant de faiblesse. Ses regards bravent la foule qui l'injurie. « Lâches, » crie-t-il. » Heureusement la prison n'était pas loin du théâtre de cette horrible scène. Poussé, hué, bousculé, le docteur y arrive avec son escorte et la porte se referme sur lui. Cette chasse à l'homme avait cessé. Le docteur était à l'abri. Ce fut, dans l'horrible drame que nous racontons, le seul coupable atteint par la justice. Après 17 jours de prison préventive, le docteur Lota, mis en liberté, devait reprendre la captivité durant un mois encore. Ses assaillants glorifiés comme des victimes allaient fournir aux passions coloniales l'occasion d'un de leurs plus honteux triomphes. La Justice impartiale devait descendre de son siège avec la conscience, pour y laisser monter, sans scrupule, dans la complicité de la haine et de la faiblesse, le parti pris de l'esprit de race.

Pendant que le docteur Lota était traîné en prison, la foule, après avoir saccagé le rez-de-chaussée de sa demeure, s'était précipitée vers l'escalier et était parvenue sans difficulté au premier et au deuxième étages. Les armoires, les lits, les canapés, les fauteuils étaient détruits à coups de hâches, les glaces brisées. Les matelas éventrés étaient jetés avec les meubles dans la rue. Rien ne fut respecté: ni les linges fins ni les objets de toilette des demoiselles Lota. La pudeur ne put même pas protéger de ses voiles le secret de ces misères humaines devant lesquelles le regard se détourne. Des linges souillés sont étalés aux fenêtres aux yeux de la foule. L'argent, les bijoux et l'argenterie n'ayant pas été retrouvés parmi les débris, on peut affirmer que le sac n'empêcha pas le pillage. La famille Lota, sans vivre somptuensement, avait une grande aisance. Dans sa nombreuse clientèle le docteur avait souvent rencontré des malades reconnaissants. Des offrandes répétées avaient en même temps que les largesses des parents pourvu la famille et les jeunes filles d'une foule d'objets d'art de grande valeur. Le docteur avait réuni lui-même dans son cabinet médical des trésors qui furent saccagés. Sa bibliothèque fournie des livres les plus rares, ses instruments de chirurgie, des appareils divers composaient ce riche dépôt. Tout fut brisé, lacéré, les livres, les manuscrits, les notes de l'homme de l'art, feuille à feuille. A onze heures il ne restait de cette demeure que les quatre murs (1). La rue était jonchée de débris de toutes sortes, les baies ouvertes et béantes laissaient de partout pénétrer les regards. Une foule constamment renouvelée continuait sa rage sur les débris qu'elle achevait de mettre en pièces, tandis que le sac se continuait dans la propriété voisine qui fut en partie pillée.

---

(1) Acte d'accusation dans le procès du sac de la maison Lota. — A l'heure où nous écrivons il ne reste encore que les quatre murs.

La destruction s'était consommée dans moins d'une heure, en pleine cité, à l'endroit le plus fréquenté de la ville, sous les yeux des magistrats, du Procureur de la République, des commissaires de police et de leurs agents, impuissants tous à l'empêcher et considérant comme un résultat inespéré d'avoir pu sauver la vie du docteur Lota ! Les gendarmes avaient assisté impassibles à cette dévastation (1). Retournés plus tard à leur caserne, ils en revenaient à cheval cette fois, et après avoir fait un grand détour pour éviter la foule compacte qui obstruait la rue. Arrivés presqu'en face de la maison saccagée, ils étaient obligés de s'arrêter, la voie étant complètement interceptée par les débris.

On se rappelle que M. Hurard, prétexte ou cause de cette horrible journée, avait, après la scène avec le docteur Lota, couru d'abord à son imprimerie d'où il était reparti avec ses ouvriers. Il n'avait fait que passer devant la maison de son adversaire, en proférant des paroles rapportées différemment par les témoins,

---

(1) Déposition du capitaine Testu : « Je fus mandé par M. Recoing au parquet où je ne le trouvai pas. Je vais à la batterie d'Estnotz où il y avait un rassemblement énorme. M. Hurard exhortait au calme. Je trouvai dans la maison le Procureur de la République, le Maire, le Commissaire de police. Le Procureur me dit qu'il attendait des agents pour arrêter Lota. On essaya de le faire sortir, mais on jugea la chose impossible. Un moment après la maison fut envahie. *Je n'avais aucune autorité pour agir.* Je fus obligé de mettre mes hommes à distance. Je m'adressai à M. Hurard qui me promit son concours, mais inutilement.
(Procès du sac de la maison Lota. Compte rendu des *Antilles*.)

mais qui furent suivies des premières attaques contre la maison. Puis il s'était rendu au Parquet pour y déposer sa plainte. A son retour il s'était arrêté à son domicile. C'était le moment où l'attroupement devenait le plus menaçant. Quelques uns de ses amis, au bruit de l'événement, s'étaient rendus auprès de lui et l'entouraient. L'un d'eux lui représenta avec énergie qu'une émeute menaçait la vie de son adversaire. Il lui fit comprendre que sa situation ne lui permettait pas de laisser consommer pour son compte un crime que son intervention pouvait empêcher. M. Hurard ne résistait pas, mais sa femme, émue et inquiète en face d'une sédition où elle craignait peut-être une collision entre blancs et hommes de sang-mêlé, s'effrayait à l'idée de voir sortir M. Hurard. Entraîné cependant par les observations de son ami, il arriva devant la maison envahie et essaya de calmer l'irritation de la foule. Sa prétendue popularité, but de ses longues attaques contre la société européenne, n'eut aucun effet sur les criminels surexcités par ses publications. Comme il arrive toujours aux ambitieux qui lâchent les foules exaltées, il put être témoin du crime commis en son nom et pour le venger, sans être capable d'en arrêter les excès. Lorsqu'il arriva, d'ailleurs, le sac du rez-de-chaussée était à peu près terminé. Le reste ne devait pas coûter plus de temps.

En quittant la maison Cottrell le docteur Lota y avait laissé sa femme et sa fille sous la protection de M. de Lathifordière père et de quelques amis. Plusieurs hommes de sang-mêlé les rassuraient. « Mon mari a été tué ? » demanda Mme Lota à l'un d'eux ; « non, madame, soyez sans crainte », répondit-il, « je viens de la prison, votre mari y est arrivé sans autre accident ». « Je ne suis pas un homme politique », dit un autre, « je déplore ce qui vient de se passer ». Un troisième, plus connu de la famille, prit les mains de Mme Lota : « Quelle journée, madame, quel malheur ! » La honte et la pitié arrachaient des larmes à ces hommes honorables qui croyaient, selon l'expression de M. Clavius-Marius devant la Cour d'assises, qu'une telle journée peut suffire à déshonorer une race (1), si les races pouvaient être responsables du crime de quelques-uns. C'est la complicité morale, l'approbation dictée par la haine ou par la peur, qui associe dans la même infamie les criminels et leurs soutiens. On est sans reproche quand, à l'exemple des hommes de cœur qui s'apitoyaient sur une grande infortune, on rejette les suggestions de l'esprit de parti pour ne voir que l'honneur et l'humanité.

En apprenant la rixe survenue entre M.

---

(1) « Au moment où le Procureur de la République m'a dit que M. Lota était arrêté, je suis descendu jusqu'à la rue du Petit-Versailles avec M. Guérin. Revenu sur mes pas, j'ai rencontré M. Bruce devant le bureau des *Colonies* et lui ai demandé si les dégats continuaient toujours. — Oui. — *C'est malheureux, dis-je, cette journée nous déshonore.* » (Interrogation de M. Clavius Marius dans le procès de la maison Lota. Compte rendu des *Antilles*.)

Hurard et M. Lota et les troubles dont la ville
était menacée, le Maire, avant de se rendre
sur les lieux, avait informé le Gouverneur
par télégraphe. Une seconde dépêche lui faisait connaître le sac de la maison, en même
temps qu'un télégramme du Procureur de la
République renseignait le Procureur général.
L'autorité supérieure était donc avertie.
Elle savait qu'à la suite d'une lutte regrettable certainement, mais personnelle, des
séides appelés au secours de M. Hurard
avaient violé toutes les lois, méconnu la présence de la justice et commis la plus criminelle dévastation. La foule, curieuse ou complice, avait assisté au crime sans s'y opposer.
Il y avait donc à Saint-Pierre un homme à
qui une immunité exorbitante avait permis
de tout dire aux uns et aux autres dans son
journal. L'impunité l'avait enhardi, et des
fanatiques le protégeaient au besoin contre
toutes représailles.

Et cependant c'est à cet homme, à celui
dont nous avons résumé la longue et persistante agression contre la race européenne et
contre toutes les notabilités du pays, c'est
au tribun au nom duquel une émeute venait
d'épouvanter la ville, que le Gouverneur,
chargé d'assurer le respect des lois, laissant de
côté le Maire, son représentant, et le Procureur de la République, l'organe de la loi, allait
remettre la défense et la sécurité des habitants. L'abdication devant l'émeute, l'aveu de
l'impuissance résultaient de cette soumission
volontaire à un chef de parti soutenu par
des bandes fanatisées. Le Gouverneur dut

comprendre à cette heure la faute qu'il avait faite en abandonnant une ville effervescente aux fureurs d'une foule trop longtemps surexcitée. Sans troupes, sans aucun moyen d'action, en face d'un péril qui pouvait grandir, il oublia qu'il était le représentant de la France, le Chef en un mot, et, remettant aux mains de M. Hurard son épée impuissante, il implora la pitié du triomphateur pour les victimes et pour les vaincus (1). En apprenant les événements le Gouverneur avait mandé près de lui le Directeur de l'Intérieur et le Procureur général, et après leur entrevue, il télégraphiait à M. Hurard la dépêche suivante :

« *Gouverneur à M. Hurard, président du Conseil général.*

« Compte sur vous pour maintenir ordre et
« calme à St-Pierre. Je pars dans deux heures
« et je me rends avec Procureur général. »

Monsieur Hurard, à qui rien ne devait manquer de ce qui favorise, depuis un siècle, tous les ambitieux portés par la Révolution, ne perdit pas l'occasion de se glorifier dans son triomphe. Par ses soins et son ordre,

---

(1) « J'avais à appréhender de grands malheurs de la part d'une population livrée à elle-même, surexcitée par quatre jours de fête et par la polémique des journaux. *Je fis donc appel à l'influence de l'homme qui* SEUL AVAIT UN POUVOIR ABSOLU *sur cette population, et lui réclamai son concours pour le maintien de l'ordre et de la tranquillité.* »

*Déposition de M. Morau, ordonnateur, Gouverneur p. i. le 18 Juillet — Procès du sac de la maison Lota.*

comme s'il fut devenu tout d'un coup l'autorité, une proclamation s'étalait sur les murs de la ville. Elle reproduisait d'abord le télégramme du Gouverneur, qu'elle faisait suivre de ces deux lignes significatives :

« J'invite la population au calme et à la
« modération. NOUS AVONS POUR NOUS
« LA LOI, NOUS SOMMES FORTS. »

La loi ! elle était absente à cette heure honteuse. Elle venait d'être indignement violée en face de ses défenseurs autorisés ; mais l'outrage n'avait pas été suffisant, et une dernière honte devait lui être infligée, c'était de voir son nom auguste servir dérisoirement de protection au crime triomphant !

On a beaucoup commenté cette proclamation pour en donner le sens ; on a fait ressortir avec raison la solidarité qui associait M. Hurard à l'œuvre des pillards : « *Nous sommes forts.* » On s'est demandé comment le Président du Conseil général avait pu s'oublier jusqu'à dire à des émeutiers, deux heures après le crime consommé contre son propre adversaire : « *nous avons la loi pour nous.* » Toutes ces observations étaient vraies, légitimes ; elles étaient seulement incomplètes. La pensée véritable de M. Hurard ne doit pas être faussée. S'il avait voulu dire, en parlant de lui-même : « j'ai été insulté, la loi me vengera, cessez tout désordre », une telle explication, naturelle à son égard, n'eût pas été comprise, adressée à des malfaiteurs. L'interprétation qui se fait jour dans les deux lignes affichées à la suite du télégramme du

Gouverneur est grammaticalement logique ; elle découle de la situation. M. Hurard et ses vengeurs avaient pour eux le Gouverneur, puisque le chef de la colonie s'en remettait à eux de la sécurité de la ville. « Nous avons la loi pour nous, nous sommes forts, c'est-à-dire : « ne craignons rien, l'autorité est avec nous » : voilà le sens naturel de la proclamation.

Aussi l'agitation, extrême dans la ville depuis les événements de la matinée, n'avait fait qu'augmenter. La consternation chez les uns, un accroissement d'audace chez les autres succédèrent à la dépêche du Gouverneur et à la proclamation de M. Hurard.

A trois heures le Gouverneur, le Procureur Général, le Directeur de l'intérieur arrivaient à St-Pierre. En passant devant la maison pillée, ils purent voir dans l'intérieur des groupes qui achevaient de démolir les débris. On ne pillait plus, comme on l'a dit à tort, car il n'y avait rien à détruire ou à piller ; seulement la passion des démolisseurs n'avait pas été, il semble, suffisamment assouvie le matin : on achevait de réduire en miettes les débris amoncelés. (1)

---

(1) Voici la déposition de M. Golleville, conservateur des hypothèques, dont le bureau est presqu'en face de la maison Lota : « Toute la journée on a lancé des meubles et le pillage a continué jusqu'à 4 heures, moment où, devant moi et M. Lasserre, juge de paix, on jetait dans la rue, une grande photographie encadrée, mais sans vitre, du docteur Lota. J'estime que le pillage proprement dit était terminé vers 10 heures 1/2 11 heures, mais toute la journée on a continué à jeter des débris par la fenêtre. — (*Procès du sac de la maison Lota* — *Compte rendu des Antilles.*)

En même temps que le Gouverneur et les chefs d'administration arrivait une compagnie d'infanterie mandée de Trianon. Nous vîmes nos braves soldats cheminer par la route qui passe au quartier des trois-ponts; ils étaient couverts de poussière et paraissaient fatigués d'une étape de 16 à 18 kilomètres. A leur tête venait le capitaine Houstalot, parti le matin de St-Pierre, et qui était à peine rendu au campement de ses hommes quand l'ordre lui parvint de revenir avec eux à St-Pierre. L'infanterie de marine, c'était la France qui accourait au secours de ses enfants; c'était la loi, la justice appuyées au besoin sur la force protectrice. La petite troupe déboucha vers 3 heures et demie de la savane du Fort et entra à la caserne. Les sonneries des clairons l'avaient annoncée sur la route et à l'entrée de la ville. Les poitrines oppressées se dégonflèrent. Le drapeau de la France arrivait avec les soldats de Bazeilles. L'ordre public était assuré.

L'arrivée du Gouverneur ne devait pas malheureusement rendre à l'autorité son prestige et la tranquillité à la ville. Sur le conseil de M. Hurard, le Chef de la colonie ordonna de consigner les troupes à la caserne. La force publique, sauvegarde de la tranquillité, ne devait pas se montrer, pour ne pas offusquer le peuple, c'est-à-dire les vengeurs de Monsieur Hurard qui avait de bonnes raisons pour solliciter l'éloignement de nos soldats. Le procédé n'est pas nouveau d'ailleurs en révolution. Depuis le jour où Mirabeau rédigeait la célèbre adresse au Roi sur le renvoi des troupes campées à Versailles, à son exemple tous les ambitieux qui ont voulu avoir plus facilement raison du pouvoir, lui ont toujours conseillé de se désarmer. A la Martinique, en 1848, M. Rostoland se laissa faire aussi, et ce général vaincu sans avoir combattu, se réveilla un matin au milieu d'un régiment, en face d'une hécatombe de femmes et d'enfants. Les leçons de l'histoire n'ont jamais corrigé personne.

M. Morau a essayé de rejeter sur le Maire la responsabilité de son attitude le 18 juillet. L'explication du Gouverneur, si elle était exacte, ne suffirait pas à l'excuser. Mais le Maire dans une correspondance devenue publique et M. Morau lui-même, dans sa déposition devant la Cour d'assises, ont fait justice de cette explication (1).

---

(1) Après le 18 juillet, la polémique des journaux amena le Gouverneur à écrire à M. François Bernard une lettre qui a été rendue publique avec la réponse de ce dernier. Dans sa lettre M. Morau adressait au Maire plusieurs questions :

3° « Reconnaissez-vous que c'est à votre avis que j'ai consigné les troupes à la caserne, lorsque j'ai été prévenu de leur arrivée vers quatre heures.

5° « Reconnaissez-vous que vers six heures vous n'étiez pas d'avis de mettre un poste d'infanterie à la batterie d'Esnotz ?

A ces interrogations, M. François Bernard répond :

1re question. — Souffrant et *non averti de votre arrivée* (A), *je n'ai pas pu avoir l'honneur d'aller à votre rencontre*, et lorsque sur votre appel, je me suis rendu à l'Intendance, j'y ai trouvé en confé-

(A) On se rappelle que le seul télégramme parti du Gouvernement était adressé à M. Hurard.

C'étaient M. Hurard et ses amis qui entouraient le Gouverneur. On retrouve l'esprit de cette journée dans la demande faite au Chef de la colonie par les premiers qui l'entretinrent : un groupe voulait la fermeture du Cercle de Saint-Pierre. Cette société privée est composée de membres appartenant à la race européenne ; M. Lota en avait été quelque temps le Président. Nous avons plusieurs fois déjà exprimé le regret que les mœurs et plus encore les circonstances n'aient pas permis aux éléments distingués des diverses races de s'associer, pour former un centre de réunion où des hommes également

---

rence avec vous MM. Hurard et Clavius Marius ; ces messieurs (dont le premier avait toute votre confiance, dont le second venait d'exciter publiquement le peuple contre moi) étant mes ennemis déclarés et acharnés, je ne pouvais me permettre de rien vous dire en leur présence.

3e question. — J'ai l'honneur de vous prier de vous souvenir, Monsieur le Gouverneur, que vous avez d'abord *causé avec M. Hurard en particulier*, et que c'est après votre entretien avec lui que vous avez appelé près de vous M. le Procureur de la République et moi ; vous m'avez dit alors et vous sembliez partager cette opinion, que M. le Président du Conseil général *était d'avis qu'il fallait consigner les troupes à la caserne*. L'honorable M. Recoing a combattu cette idée et moi, froissé, excusez-moi de vous le dire, de la *confiance exagérée* que vous aviez dans celui qui était la cause involontaire ou non de l'émeute, je vous ai dit : « M. le Gouverneur, puisque *M. Hurard vous dit de consigner les troupes, consignez-les.* »

5e question. — Vers six heures, je n'étais pas à l'Intendance puisque vous m'avez fait l'honneur de me dire que c'était à huit heures que je pourrais m'entretenir avec vous en particulier.

(*Les Antilles*, du 13 août 1881.)

— Cette correspondance établit donc bien que c'est sur le conseil de M. Hurard que les troupes ont été consignées, et qu'il n'y a pas eu de poste

honorables viendraient chercher des distractions si rares dans nos pays. Mais l'exclusion des hommes de sang-mêlé est-elle absolument la conséquence du préjugé de race ou bien le résultat d'un antagonisme où ils affirment en toutes circonstances une invincible inimitié ? (1) On peut être légitimiste, républicain, bonapartiste, conservateur, et se voir, échanger ses impressions ; exiger d'une société qu'elle vive dans le commerce familier avec des individualités qui, en tout et toujours, mettent l'intérêt de la race, la question d'origine, avant les droits de la justice, c'est vouloir réaliser l'impossible. En France, a-t-on quelque part l'illusion de rappro-

---

le soir à la batterie d'Esnotz. M. Morau a pourtant affirmé le contraire devant la Cour d'assises. Voici sa déposition sur ce point :

« A la suite de la conférence (la conférence tenue à l'Intendance après son arrivée, et après avoir prescrit l'estimation des dégats, la fermeture des maisons Lota et Cottrell, je donnai ordre de placer le soir un poste d'infanterie à la batterie d'Esnotz et de faire exécuter toute la nuit, à partir de 10 heures du soir, des patrouilles de gendarmes à cheval dans les rues de la ville. »
(*Procès du sac de la maison Lota — Compte rendu des « Antilles »*).

Si les troupes ont été consignées à leur arrivée, il n'y a donc pas eu de poste à la batterie d'Esnotz ; c'est d'ailleurs ce que toute la ville a pu voir.

Après l'arrivée du Gouverneur, M. de Lathifordière père alla solliciter du chef de la colonie le secours d'un piquet pour protéger la famille Lota restée depuis le matin dans la maison Cottrell où elle était menacée. « Je ne peux pas », répondit le Gouverneur; « prenez la police. M. Hurard m'a fait savoir que la présence des soldats dans les rues serait l'occasion de grands malheurs ».

(1) Le règlement du Cercle n'exclut personne. A une autre époque deux hommes de couleur ont demandé à être admis, ce qui a été accepté. Ils ont fait partie du Cercle pendant assez longtemps.

cher les intransigeants, les révolutionnaires, non-seulement des partis monarchiques, mais même des républicains modérés ? Ce qui est de raison en Europe ne devrait donc pas étonner aux Antilles ; cependant la race de sang-mêlé, l'autorité même, et en France beaucoup d'esprits prévenus ou mal informés, font un grief à la race européenne d'un groupement que la nature des choses amène naturellement et que les discordes locales rendent inévitable. En l'état, la liberté doit être respectée. Les meneurs ne l'entendaient pas ainsi, et le Gouverneur, pénétré de l'impossibilité de prendre légalement une mesure administrative, sollicita du Président du Cercle la fermeture temporaire de cet établissement. M. Desbarreaux-Verger, tout en protestant contre une mesure qui atteignait dans ses libertés une société menacée, tandis que des coupables étalaient au grand jour leur impunité, déclara à M. Morau que les membres du Cercle sauraient faire par patriotisme le sacrifice de leurs droits et de leurs distractions, et l'établissement ferma ses portes pendant plusieurs jours.

La situation doit être précisée. Un crime inouï venait d'être commis. On pouvait s'attendre à ce que les coupables fussent seuls inquiétés. M. Lota était en prison ; une société privée était abolie, et la force publique, appelée à protéger tous les droits, se trouvait internée en face de l'émeute. La stupeur chez les uns, l'audace chez les autres succédèrent à ces mesures dont le lendemain devait révéler les désastreux effets.

Croyant la tranquillité rétablie, le Gouverneur quitta Saint-Pierre le 19 vers dix heures pour se rendre au Chef-lieu. Avant de partir, le Procureur général par intérim, M. Fournier l'Etang, avait prescrit de commencer l'instruction judiciaire et demandé au chef du parquet de la ville et au Juge d'instruction, de profiter de la présence du Gouverneur et des chefs d'Administration pour désigner les coupables importants, afin que leur arrestation fût ordonnée et exécutée, s'il le fallait, sous les yeux de l'autorité supérieure.

Au moment de raconter les événements qui ont suivi, nous laisserons la parole à l'homme le plus intéressé avec le docteur Lota dans la journée du 18 juillet. Le récit donné de ces événements par un de ses principaux acteurs, permettra d'apprécier, en tenant compte d'inévitables divergences de détail et des ressentiments de l'homme de parti, si nous avons scrupuleusement respecté la vérité. On lisait dans *les Colonies* du 20 juillet 1881 :

### Agression Lota.

La matinée de lundi a été marquée par un incident des plus graves et qui aurait pu avoir les conséquences les plus funestes non pas seulement pour la tranquillité de notre ville, mais encore pour notre sécurité à tous.

M. Hurard descendait la grand'rue du Centre vers 8 heures trois quarts du matin en suivant le trottoir de droite. Tout à coup une voiture s'arrête, un homme en descend précipitamment et avant que notre rédacteur en chef n'eût eu le temps de l'apercevoir, cet homme, écumant de rage, lui tombe dessus à coups de poing et le frappe des deux mains un peu au-dessus de l'épaule en criant : canaille, crapule.

L'homme qui commettait cet acte de lâcheté était le docteur Lota.

Aussitôt remis de cette brusque attaque, M. Hurard s'élance sur son adversaire qu'il étale dans le corridor de Mᵉ Martineau, notaire, et regagne la chaussée.

M. Lota, dont la fureur était devenue croissante revenait à la charge, mais bientôt sa bouche est toute ensanglantée par les coups de poing qu'il reçoit sur la figure.

Désespérant de venir à bout de son adversaire avec ses deux poings M. Lota s'empare du parapluie que M. Hurard avait laissé tomber sur la chaussée et sous lequel il s'abritait encore lors de la rencontre, et il administre sur l'épaule un coup à celui-ci. Le parapluie brisé, M. Lota prend le manche pour continuer d'assaillir son adversaire. Il n'est pas plus heureux.

Intervient M. de Golleville qui retient M. Hurard, puis d'autres personnes qui mettent fin à la lutte.

M. Lota rentre chez lui la figure toute bossuée et la bouche ensanglantée. Nous devons ajouter qu'au moment où l'agression a eu lieu, il n'y avait personne dans cette partie de la Grand'Rue.

M. Hurard se rendit immédiatement au bureau du journal puis au parquet où il rencontra tort heureusement M. Recoing, Procureur de la République, qui fit appeler aussitôt le commissaire de police et la gendarmerie.

Tandis que M. Hurard se rendait au parquet, M. Lota, sa femme et une de ses filles se présentaient aux fenêtres de leur maison, donnant sur la Batterie d'Esnotz, ayant chacun un révolver à la main.

Une foule nombreuse s'était aussitôt formée sous les fenêtres de M. Lota criant : « descendez, lâche, c'est Lota que nous voulons. »

M. Lota déchargea sur la foule son arme dont la balle fort heureusement n'atteignit personne. Quelques instants après deux autres coups de feu furent nous dit-on tirés, mais les balles n'atteignirent que les arbres de la batterie.

Déjà la foule s'était précipitée sur la voiture de M. Lota qu'elle avait mise en pièces. Des pierres étaient lancées contre les portes et les fenêtres de la maison de ce chef de parti.

M. Hurard intervient, invite au calme la foule en lui affirmant que M. Lota allait être immédiatement arrêté.

L'excitation est à son comble, la foule grossit visiblement. Du Palais de justice au bureau du journal *les Colonies* sur la place de la batterie d'Esnotz, dans la rue Pesset, c'est une cohue indescriptible qui crie : mort à Lota ! ?

On est bien cinq à six mille personnes.

La gendarmerie à cheval arrive, puis M. le Procureur de la République, M. le maire, le commissaire de police.

M. le Procureur se fait ouvrir une porte de la maison Lota ; il y pénètre avec M. le commissaire de police et deux gardes.

Bientôt ils apparaissent sur le seuil de la maison avec leur prisonnier, mais plusieurs pierres lancées par la foule forcent ce groupe à rebrousser chemin.

M. Lota, nous ne savons ni pourquoi, ni comment, ni par qui, est remis en liberté dans la maison même (1).

Le bruit se répand qu'il s'est échappé. La foule s'impatiente, et, lasse d'attendre, force la porte cochère de la maison qu'elle envahit du rez-de-chaussée au grenier.

C'est alors que se produit une scène indescriptible. En un instant le mobilier de la maison est brisé, jeté par les fenêtres. L'exaspération n'a plus de bornes. Persiennes et contrevents volent en éclats.

---

(1) Inutile d'insister sur cette préoccupation montrée pour l'arrestation de M. Lota, auteur d'un délit beaucoup trop fréquent malheureusement dans nos pays. Mais comment ne pas remarquer ce trait où il est dit que M. Lota est remis en liberté dans sa maison même, gardée à ce moment par toutes les autorités et par 6,000 émeutiers.

M. Hurard intervient, pour la dixième fois peut-être, afin de calmer la foule. Efforts impuissants. Il pleut des meubles, des vêtements et de l'argent. Trois révolvers trouvés sous un matelas sont brisés. Ici c'est un sopha qui est jeté du premier étage avec un effroyable fracas, là c'est une commode, plus loin ce sont des morceaux de lit, des lampes, de la vaisselle, de l'argenterie.

Un corsage de robe de jeune fille lancée en même temps qu'un jupon s'accroche à un fil du télégraphe, se balance à peine une seconde, puis tombe. On eût dit une personne vivante. Cela produit un certain frémissement.

Linge de corps, linge de table, matelas, tout est déchiré. On déchire jusqu'aux billets de banque, et l'on jette par la fenêtre des pièces d'argent.

Le piano est mis en pièces et la foule en jette les derniers fragments jusqu'au bas de la rue de l'Hôpital.

M. le Procureur de la République, M. le Maire, le commissaire de police, sont dans l'intérieur de la maison. Ils n'essaient même plus de s'opposer à la furie de la foule. Toute tentative nouvelle serait absolument inutile.

La maison présente l'aspect le plus désolé. Il n'en reste pas une porte, pas une fenêtre. La chambre de bains, l'écurie, tout est brisé ; l'escalier même qui conduit au premier étage est détruit.

On dirait qu'un violent ouragan a passé par là

Enfin le prisonnier apparaît de nouveau, mais cette fois sur le seuil de la maison Cottrell contigüe à la sienne. Il y a pénétré en passant par une trappe en brisant et en sciant une palissade qui sépare les deux maisons.

C'est dans la maison Cottrell que la nouvelle arrestation a été faite. Là encore la foule brise quelques meubles. M. Lota est pâle et se soutient à peine ; sa femme est près de lui ; et, une vierge à la main, crie: grâce, clémence !

M. Lathifordière l'accompagne. On l'emmène. Quelques pierres sont encore lancées et M. le maire est atteint d'un coup qui lui fend la tête. M. Lota est aussi frappé.

On le conduit en bras de chemise. Chemin faisant il lance un regard provocateur et fait un geste de menace contre la maison occupée par M. Hurard.

En dehors du quartier où s'est produit la série d'incidents que nous venons de relater, la ville est calme, morne. Les magasins sont fermés et toute transaction commerciale absolument interrompue.

De tous les environs de la ville arrive un nombre considérable de personnes racontant que le bruit s'était répandu que M. Hurard avait été tué, disaient les uns, blessé, disaient les autres, d'une balle de révolver.

Les marchands qui descendaient chargés de vivres ont rebroussé chemin; les deux marchés de la ville sont déserts.

Vers onze heures et demie, M. Hurard recevait la dépêche suivante de M. le Gouverneur:

« Fort-de-France, 11 h. 10.

« Gouverneur à Président du Conseil général
« Compte sur vous pour maintenir ordre et calme à St-Pierre. Je pars dans deux heures, et je me rends avec le Procureur général.

« MORAU. »

Cette dépêche fut immédiatement composée dans nos ateliers et tirée à un grand nombre d'exemplaires avec cette note:

« J'invite la population au calme et à la modéra-
« tion. Nous avons pour nous la loi; nous sommes
« forts.

HURARD

L'affichage de cette dépêche et de la note qui suivait produisit le plus salutaire effet. La foule comprit que du moment que M. le Gouverneur s'en remettait à M. Hurard du soin de maintenir l'ordre, il y avait mille raisons de justifier la confiance que le chef de la colonie avait dans l'influence du président de notre conseil général.

Sur ces entrefaites, un ordre du maire, lu à son

de trompe par un garde municipal, annonçait que les réjouissances allaient être reprises dans la soirée pour se poursuivre jusqu'à onze heures.

Il y avait là une évidente maladresse contre laquelle tout le monde fût unanime à protester : Nous distribuâmes immédiatement une note ainsi conçue que nous tirâmes à plus de 5,000 exemplaires qui furent partout distribués.

« Je prie mes amis et concitoyens de ne se livrer à aucune manifestation ni dans la journée, ni ce soir ;

HURARD.

Devant l'opposition qu'avait rencontrée son ordre, et sur l'invitation qui lui en fut faite par un groupe nombreux de citoyens, M. le maire dut, vers trois heures de l'après midi, contremander la fête du soir.

Mais revenons un peu en arrière. M. le Gouverneur arriva à St-Pierre vers deux heures et demie accompagné de M. le Procureur général et de M. le Directeur de l'intérieur.

M. le Gouverneur au devant duquel s'était porté Président du conseil général se rendit à l'hôtel de l'intendance avec un cortége. Sur son passage éclataient les cris de : Vive M. le Gouverneur !

Une conférence à la quelle ont pris part M. le Maire et le président du conseil général, a immédiatement eu lieu. La foule qui avait envahi l'hôtel de l'intendance réclamait à cor et à cri la fermeture du Cercle de la rue de l'Hôpital, M. le Gouverneur a promis d'étudier sérieusement cette question qui aura une solution après l'instruction de l'affaire Lota.

Il s'agit en effet d'établir si oui ou non le Cercle en question a eu une part quelconque dans l'incident d'avant hier.

Le bruit s'est répandu, il est vrai, que l'agression dont a été l'objet M. Hurard était la conséquence d'une gageure proposée par le Cercle et acceptée par M. Lota. Nous ne savons point ce qu'il

pouvons affirmer c'est que l'agression de M. Lota était parfaitement préméditée et que Lundi matin avant la rencontre, il avait déclaré qu'il allait frapper M. Hurard.

Dans la conférence dont nous venons de parler, M. le Gouverneur accepta la proposition que lui faisait M. Hurard de consigner le peloton de soldats d'infanterie de marine venu de Trianon, au lieu de le porter à la batterie d'Esnotz.

Le soir, la tranquillité était absolument rétablie.

Hier matin à 9 heures et demie, M. le Gouverneur rentrait à Fort-de-France par le yacht du gouvernement.

Dans le même numéro, sous le titre : PROVOCATION CRIMINELLE, le journal de M. Hurard écrivait encore :

« Les habitants de notre ville venaient de manifester leur sympathie et leur affection pour un homme qui, PAR LA LUTTE ÉNERGIQUE QU'IL SOUTIENT DEPUIS LONGTEMPS DANS NOTRE COLONIE CONTRE LES ADVERSAIRES NÉS DE TOUT PROGRÈS ET DE TOUTE LIBERTÉ, contre les sectaires aveugles partisans du maintien des privilèges d'un autre siècle, (1) a su s'élever au milieu de tous et se faire accepter comme LE DIRECTEUR AUTORISÉ du parti républicain à la Martinique.

..........................................

« Après quatre jours d'une fête qu'aucun incident fâcheux n'avait troublée, alors que tous, mettant de côté le plaisir, reprenaient avec une nouvelle ardeur la tâche journalière, il a fallu qu'un homme survînt, et que dans un accès de rage insensée, dans une tentative de provocation audacieuse, il VINT SOUFFLETER TOUTE UNE POPULATION DANS LA PERSONNE DE CELUI QU'ELLE CONSIDÈRE A JUSTE TITRE COMME UN DE SES CHEFS LES

---

(1) Il y a donc décidément des privilèges aux Antilles, et ce sont les blancs seuls qui y ont droit, selon *les Colonies*.

plus écoutés pour que, pendant un moment, on ait pu craindre les plus grands malheurs.

« Il devait savoir cependant, ce corse frénétique, que ses excès de langage et de plume, son attitude provocatrice avaient depuis longtemps doté d'une notoriété de mauvais aloi, que l'on ne recommence pas impunément à notre époque ce qui semblait chose naturelle et louable, il y a à peine un demi siècle.

..................................................

« Rien n'y a fait ; il fallait qu'encore une fois cet homme qui, il y a bientôt onze ans, insultait, à l'abri des baïonnettes, toute une population indignement provoquée, recommençât l'épreuve.

..................................................

« Les faits sont là pour établir que jamais population ne fut moins disposée au désordre, et que, *malgré les provocations violentes* qu'elle avait dignement supportées sans y répondre autrement qu'en acclamant la République et ses défenseurs, jamais elle ne fut moins portée à troubler la tranquilité publique. »

Nous ne voudrions pas être soupçonné de partialité contre un homme auquel nous devons la justice comme à tout le monde ; mais, pour rester impartial, nous ne pouvons amoindrir la vérité. Ne croirait-on pas, après avoir lu ces articles, que depuis longtemps c'était la race européenne qui prodiguait l'outrage aux hommes de sang-mêlé ? Non, les rôles ne peuvent être changés. La population européenne était insultée et provoquée, presque quotidiennement, par une feuille publique où l'antagonisme de race se cachait sous le masque d'un faux républicanisme. Une dernière insulte aux jeunes filles révolta à la fin toutes les consciences, et le Docteur Lota, muet depuis trois ans, crut devoir venger l'honnêteté publique offensée. Il était dans son rôle de défenseur. Provoqué à son tour par le rédacteur des *Colonies* qui lui avait craché à la face, il avait répondu par une insulte égale. En quoi M. Hurard pouvait-il voir là un outrage à ses congénères, et par quelle déviation une brutalité, regrettable, nous l'avons déjà dit, mais répondant à une provocation aussi grave, cessait-elle d'être le fait personnel d'un homme envers un autre homme pour devenir le tort d'une race contre une autre race ! C'est là le biais qu'a cherché M. Hurard et par lequel les hommes de sang-mêlé ont souvent le tort de convertir en querelles générales, où l'esprit de race est intéressé, un conflit individuel. A ce compte, les hommes de sang-mêlé auraient trop facilement beau jeu. M. Hurard croyait-il que les longues provocations parties de son journal étaient tombées sans les blesser sur ses concitoyens d'origine européenne ? Il aurait donc été permis de tout dire à ceux là, et parce que, cinquante ans auparavant, si cela est vrai, des hommes mal nés ou mal élevés ont pu humilier ou provoquer des personnes de sang-mêlé, la collision survenue entre le Docteur Lota et M. Hurard, à la suite d'une longue provocation, pouvait-elle être considérée comme le tort des anciens dominateurs envers la race autrefois asservie ?

On ne saurait trop le répéter, il n'est pas possible de donner le change sur cette lamentable journée. Les événements du lendemain permettent de lui donner son véritable caractère. Le Gouverneur était retourné au chef-lieu. Les troupes étaient consignées. Pour les malfaiteurs cela voulait dire : l'autorité est absente, la force publique ne sortira pas. Aussi entendit-on une rumeur dire partout que M. Codé projetait d'attaquer M. Hurard.

Quels étaient les auteurs de ce propos et quel dessein nourrissaient-ils ? La justice n'a pas été saisie des événements du 19 juillet et aucune enquête n'a révélé les véritables coupables. A cinq heures, M. Codé qui souffrait d'un rhumatisme, s'était arrêté à l'hôtel des Bains dans la rue de l'Hôpital. Sa présence y avait été signalée. On ne tarda pas à se grouper dans la Grand'rue et dans le voisinage de l'hôtel. Quand les groupes furent assez nombreux, les paroles les plus criminelles se firent entendre. M. Codé était menacé, et l'hôtel cerné. Un de ses amis, M. Laurent de Reynal, voyant le mouvement, le prit par le bras et franchissant l'étroit espace qui sépare l'hôtel des Bains de la mairie, il accompagna M. Codé jusque sur la place de l'hôtel de ville. La foule les suivit et envahit la place. M. Codé alla prévenir le maire qu'il ne rencontra pas ; en revenant il comprit que l'attroupement en voulait à ses jours. Il n'eût que le temps de traverser le vestibule de la mairie et la petite cour qui ouvre sur la rue de la Banque, pour atteindre le poste de la police, dont la grille fut refermée. La foule qui avait grossi encombrait la rue de la Banque, la ruelle de la mairie, et la rue de l'Hôpital. Elle demandait la tête de M. Codé. Le maire, effacé depuis la veille à la suite de la dépêche télégraphique adressée par le Gouverneur à M. Hurard, s'était empressé d'accourir au secours de l'infortuné jeune homme. Les adjoints, MM. Bruce et Marc, étaient avec lui. Le Procureur de la République ne tardait pas à arriver. Les émeutiers parlaient de forcer la grille du commissariat de police. Quelques sergents de ville, sabre au poing, opposaient la plus énergique contenance. En entrant au poste de la police, M. Codé avait demandé un sabre à un des agents. Ainsi armé, il était redoutable en raison de sa force herculéenne et de son habileté à l'escrime. Il se préparait donc à une vigoureuse défense. Cette nouvelle chasse à l'homme fit honte à quelques personnes de sang-mêlé qui s'interposèrent. L'attroupement demandait que M. Codé vînt désavouer l'intention d'attenter à la vie de M. Hurard. Une si révoltante exigence ne pouvait être écoutée. Cependant, à la prière du Procureur de la République, M. Codé y consentit La foule, loin d'être calmée par cette concession, voulut exiger qu'il criât : vive la République ! Il s'y refusa énergiquement. Des hommes influents, M. Laîné, de la rédaction des *Colonies*, M. Clavius Marius, au témoignage du commissaire de police, exhortaient la population à se retirer. L'un d'eux s'adressant à l'attroupement lui dit même : « vous voulez contraindre M. Codé à crier : vive la République ! consentiriez-vous à crier vive le Roi ! » La situation était grave, mais à ce moment le bruit des clairons annonçait l'arrivée de l'infanterie requise par le maire. Quand nos soldats parurent sur le théâtre du rassemblement, le chef de la ville alla se placer à leur tête et fit immédiatement les sommations. La foule s'écoula aussitôt, et M. Codé, placé au milieu du piquet d'infanterie, fut conduit à la caserne où il dut demeurer plusieurs jours.

Telle était la situation de la ville au moment même où M. Hurard, chargé de maintenir l'ordre, en avait répondu au Gouverneur. Les adversaires présumés d'un chef de parti, pour avoir répondu à ses provocations, étaient traqués comme des bêtes fauves. Au dire de M. Hurard, ses partisans n'avaient-ils pas la loi pour eux ? Si la veille et malgré l'outrage du 29 juin, M. Lota avait pu être considéré comme le provocateur, pareil reproche ne pouvait être fait à M. Codé. Le projet que les séditieux lui prêtaient était donc un prétexte. Etrange logique du crime ! Les bandes de M. Hurard se soulevaient à la pensée qu'un blanc voulût frapper leur idole ; et aucun dans ces malfaiteurs ne rougissait de s'associer à un attentat où trois mille assassins s'acharnaient contre un seul homme !

La terreur était dans la ville livrée aux fureurs d'une populace enhardie par l'impunité. Les journaux conservateurs, dont le devoir était de dire la vérité, n'osèrent pas s'aventurer en racontant les événements, et plutôt que de les affaiblir ils se dispensèrent de paraître le 20. On parlait d'une troisième victime, M. l'abbé Gosse. Pour ne pas être l'occasion d'un trouble où la demeure et peut-être la personne de son Evêque n'auraient pas été respectées, le vénérable ecclésiastique, informé depuis la veille, quitta Saint-Pierre de bonne heure le mercredi et se rendit à Fort-de-France. Dans cette même journée Mgr Carméné recevait une lettre anonyme. Ce n'était pas la première, et le Chef du diocèse avait plus d'une fois dédaigné ces informations occultes. Eclairé par les événements du 18 et du 19, l'Evêque déposa la lettre aux mains de la justice. Nous la reproduisons intégralement :

Saint-Pierre, le 20 juillet 1881.

*A Monsieur* CARMÉNÉ, *évêque de la Martinique.*

**Monsieur,**

Vous avez vu comment le peuple a eu raison d'un de ses trois insulteurs : *M. Lota est en prison, blessé, sa maison est saccagée,* et cependant pas une épingle n'a été emportée de tous ses effets anéantis. Les deux autres sont sous votre autorité. Je viens vous demander au nom de toute la population injuriée journellement par eux soit en chaire, soit dans le journal de l'Asile, que vous preniez au plus tôt une mesure décisive envers eux et qu'ils s'en aillent tous les deux loin de Saint-Pierre.

Et d'ailleurs un journal politique dirigé par un ministre de paix et qui est *rempli d'outrages* contre la population, *au bénéfice d'une clique,* devrait-il exister ? C'est ainsi seulement que vous ne verrez pas *se réédite la journée d'hier.* J'ai nommé Messieurs les abbés Gosse et Maillard qui par votre silence coupable à leur égard se croient tout permis et injurient de la façon la plus scandaleuse cette population de couleur sans laquelle ils seraient inutiles. Pour ce qui est de M. Gosse, lisez et si vous n'êtes son inspirateur, vous serez édifié. Quant à celui qui a été traité de voleur par son

collègue Lambollez, faites une enquête chez deux
ou trois dévotes de couleur de sa paroisse et vous
serez indigné, je crois, de ce que cet homme d'é-
ternelles quêtes ose dire du haut de sa chaire.
Alors Monsieur, si vous n'êtes pas son complice,
vous prendrez en sérieuse considération le sage
conseil qui vous est donné ici ; et la population qui
ne demande qu'à travailler et à être respectée dans
ses opinions séculaires politiques, verrait partir de
Saint-Pierre ces deux hommes avec la même joie
que si c'était la fièvre jaune. Ce même peuple aurait un respect tout autre pour la religion que vous
êtes chargé de faire aimer et qui a toujours servi à
ces insulteurs que de prétexte ou marche-pieds afin
d'arriver à leurs buts ignobles.

Avec tout le respect que je vous dois, je vous
salue pour toute la population.

*Le Propagateur* et *les Antilles* ne parurent
que le 21. En tête de leurs colonnes ces
deux feuilles publiaient une lettre adressée
au Gouverneur pour annoncer que devant
les périls de la situation, leur publication
était suspendue. Cette lettre était suivie
d'une réponse péremptoire où le Chef de la
colonie faisait entendre sa volonté de maintenir l'ordre à tout prix. Le même jour, le
Maire de Saint-Pierre affichait sur les murs
de la ville cette proclamation :

« Extrait d'un télégramme de Monsieur le Maire
au Gouverneur.

« Vous savez que vous possédez toute ma confiance. Vous avez toute autorité pour prendre mesures nécessaires en vous concertant au besoin
avec Procureur République et Commandant d'armes.

« Habitants de Saint-Pierre, votre Maire espère
que les scènes regrettables qui ont affligé notre
ville hier et avant-hier ne se renouvelleront
plus, et sait que la grande majorité de la popula-

tion est animée d'excellents sentiments et il compte que l'influence des bons l'emportera sur les excitations des méchants.

« Mais il tient à vous avertir que, quoiqu'il arrive, il ne *faillira pas à son devoir* et *qu'il saura le remplir jusqu'au bout.* »

L'attitude de l'autorité rendit confiance à la ville épouvantée. L'influence de la loi se faisait sentir et les premières impressions produites par la dépêche du Gouverneur à M. Hurard se dissipaient. A la Martinique il faut peu pour abattre ou relever les courages. On se prit à espérer. Le Cercle fut rouvert. Le poste ordinaire fut rétabli à la Batterie d'Esnotz. La justice avait commencé ses investigations. C'était le tour des coupables.

Les journées du 18 et du 19 juillet ont eu pour les relations des diverses races coloniales des conséquences douloureuses qui durent encore. La population européenne ne pouvait plus se le dissimuler. Au lieu d'une lutte d'opinions, elle avait à soutenir une guerre de race. Un homme appuyé sur des séides pouvait impunément tout attaquer ; en lui répondant on n'avait pas devant soi un adversaire mais une foule. L'émeute le vengeait de ses victimes et menaçait ceux qu'elle soupçonnait seulement de vouloir se défendre.

M. Lota et M. Codé avaient été violemment provoqués en duel par M. Hurard. Le premier avait inutilement tenté une rencontre. Exaspéré à la fin, M. Lota avait répondu à l'outrage par l'outrage. La moralité à tirer de ces événements est donc facile. Il suffit de jeter un regard en arrière Le 25 juin, M. Hurard, prenant M. Codé à partie, avait écrit dans son journal :

« Nous avons appris que des individus se sentant, à la réflexion, eux aussi blessés, ont provoqué à l'hôtel celui qu'on supposait être le coupable. La provocation s'est manifestée, il est vrai, en termes indirects, car ces preux chevaliers voulaient bien afficher des airs de matamore *mais à condition de ne pas trop aventurer leur peau.*

Tout cela est en vérité bien grotesque et bien tardif. Quand on veut venger l'honneur des dames, on est mal venu à tant réfléchir. Il était si simple *de s'adresser directement au rédacteur en chef du journal.*

NOUS N'AVONS L'HABITUDE DE RECULER DEVANT QUI QUE CE SOIT. Que ceux donc qui vont battre les buissons, feignant d'oublier que nos bureaux sont ouverts toute la journée, se rappellent une fois pour toutes qu'on trouve toujours ici à qui parler.

Le caractère de M. Codé, son éducation, la nature créole le mettaient, au dire même de M. Hurard (1) à l'abri du soupçon inventé par des bandes qui, après avoir assailli le docteur Lota et saccagé sa demeure, avaient recommencé contre une nouvelle victime.

Le 29 juin M. Hurard écrivait de M. Lota:
« Il est temps que le *chef de la bande*, celui qui pousse les non valeurs du groupe que

---

(1) Le 20 juillet *les Colonies*, racontant la scène avec M. Lota, s'exprimaient ainsi : Il faut le dire, à la louange de notre pays, celui-là n'est pas sorti de son sein, il n'est pas un de ses enfants. Le caractère créole est trop noble, trop élevé malgré ses défauts, pour se manifester avec ces allures de bravo, ces

l'on sait, se décide à se présenter lui-même. La vieille affaire que nous avons à régler pourrait ainsi se terminer à la satisfaction de tous. Nous avons suffisamment CRACHÉ A LA FACE de l'écrivain anonyme du *Bien-public* pour qu'il se montre enfin. » En bonne justice, si M. Lota avait immédiatement répondu par une violence, aurait-il été plus blamable que M. Hurard? A-t-il été plus coupable parce que, le 18 juillet, exaspéré par les provocations de la fête nationale, il a eu un emportement qu'on eût compris ou excusé le 29 juin? A moins de dire que la race européenne pourra être impunément insultée, et qu'à elle seule aucune colère ne sera permise, peut-on trouver plus criminel l'acte personnel commis contre M. Hurard que l'outrage prodigué à M. Lota à 800 exemplaires ?

Et cependant la vérité est que M. Codé, pour avoir accepté un défi, M. Lota, pour avoir répondu tardivement à la plus brutale provocation, ont été l'un et l'autre, à un jour d'intervalle, assaillis par une foule furieuse. Monsieur Hurard leur tendait-il un piège ou se faisait-il illusion sur ses amis? Selon les caractères la réponse pourra varier ; mais

---

mœurs de condottière. Le créole a parfois des élans irréfléchis mais en général, quelle que soit l'antipathie dont il peut-être animé, il conserve une *dignité native, une loyauté innée*. Il a le courage de ses opinions et de ses haines, il est emporté, mais il est brave. »
Combien une telle opinion, si elle avait dirigé M. Hurard depuis la fondation de son journal, aurait-elle avancé le rapprochement des races, et comme nous serions loin de la déplorable situation faite au pays par un long antagonisme et les événements du 18 et 19 juillet !

ce qui reste, ce qui ne peut-être effacé pour l'appréciation de ces déplorables journées et du rôle qu'y a joué M. Hurard, c'est ce qu'il a écrit lui-même de ceux qui se sont faits des vengeurs si compromettants. Ecoutez *les Colonies* du 20 juillet 1881 :

« Dès le matin un grand nombre de personnes était venu nous prévenir que des paroles menaçantes avaient été proférées par M. Albert Codé qui avouait publiquement, disait-on, le dessein de se livrer contre M. Hurard à une nouvelle agression. Nous nous sommes constamment refusé à croire à une pareille folie qui, APRÈS LES SCÈNES MALHEUREUSES DE LA VEILLE, EUT ÉTÉ UN CRIME IMPARDONNABLE.

Nous ne pouvons croire, en effet, qu'il pût se trouver quelqu'un assez dénué de bon sens pour ENCOURIR UNE SI REDOUTABLE RESPONSABILITÉ, NI SURTOUT ASSEZ AUDACIEUSEMENT STUPIDE POUR SE PERMETTRE PUBLIQUEMENT UNE TELLE FANFARONNADE. »

Le journal déplorait ensuite l'erreur de la population et continuait :

« Mais, dans un pays comme le nôtre où ceux qui devraient prendre à tâche de faire enfin parmi nous la paix et la concorde, de jeter l'oubli sur le passé, (1) laissent croire par leur silence qu'ils sont à la remorque de quelques énergumènes, il n'est pas étonnant que cette population qui sait à *quelle violence, à quelles provocations*, A QUELLES VENGEANCES sont exposés les hommes qui comme M. Hurard défendent ses intérêts (2), AIT VOULU NETTEMENT

---

(1) Ne croirait-on pas, en lisant ces lignes, que c'était la race européenne qui dirigeait *les Colonies* et qui venait de troubler la paix publique?

(2) Il paraît que c'était M. Hurard qui avait été assailli par une bande de vengeurs et qui avait eu sa demeure saccagée.

MARQUER AUX YEUX DE TOUS QU'ELLE EST UNIE A EUX PAR DES LIENS ÉTROITS DE SOLIDARITÉ, ET QUE PERSONNE NE POURRA, SANS DANGER, en dehors des formes légales ou convenues, S'ATTAQUER A LEURS PERSONNES. »

Le doute n'est pas possible : Avant le 18 juillet M. Hurard accusait de lâcheté ceux qui ne s'adressaient pas à lui. Après cette journée, où la foule avait assommé M. Lota et saccagé sa demeure, il se réclamait de la populace pour être vengé si ses adversaires le prenaient à partie. Les blancs étaient donc avertis : on pouvait les insulter, ils n'avaient qu'à courber la tête. Aucun ne pouvait être *assez audacieusement stupide pour se permettre* une agression contre M. Hurard ; la population avait *nettement marqué qu'elle était unie à lui par des liens* étroits de solidarité et on ne pouvait, *sans danger*, s'attaquer à sa personne. L'honneur exigeait que M. Hurard protestât contre une protection qui associait son nom aux émeutiers dans la responsabilité du crime perpétré contre des adversaires provoqués par lui. Loin de s'en défendre, il se couvrait au contraire du crime toujours prêt à le venger.

C'est M. Hurard lui-même qui a écrit cela après les attentats du 18 et du 19 juillet ! Le docteur Lota et M. Codé croyaient n'avoir qu'un homme en face. Aussi le premier a-t-il pu écrire avec raison dans son précis des événements des 18 et 19 juillet 1881 : « J'étais prêt pour un duel, mon adversaire me lança une émeute. »

Les responsabilités s'accusent donc nettement dans les malheureux événements que nous venons de raconter. Le docteur Lota commettait une faute en frappant Monsieur Hurard, parce que toute violence est condamnable. Toutefois, au point de vue moral comme au point de vue juridique, la provocation doit atténuer largement ses torts. Dans les circonstances où s'est produite la voie de fait contre M. Hurard, l'imprudence était regrettable. Les passions locales n'attendaient qu'un prétexte pour éclater. Le Docteur Lota eut le malheur de le fournir, et de ceux qui l'assaillirent pas un ne se dit que la première offense était venue de M. Hurard. Le crime ne raisonne pas. La sagesse eut consisté à subir avec patience des outrages derrière lesquels il n'était pas malaisé d'apercevoir une émeute. Mais exiger la sagesse d'un seul côté, du côté des victimes, c'est trop demander à la nature humaine. Si la colère du Docteur Lota a été l'étincelle qui a mis le feu aux passions inflammables de la population, c'est sur M. Hurard que doit retomber tout entière la responsabilité d'avoir soulevé dans le pays d'aussi dangereux éléments de combustion. Rien ne justifiera jamais la guerre acharnée et intempestive faite par son journal à toute une partie de la population, en évoquant sans cesse contre elle les souvenirs irritants d'une époque lointaine. Les lois actuelles, la situation sociale de sa race, le partage complet des charges et des honneurs, le mélange des intérêts, le rapprochement si avancé durant l'Empire et si malheureusement compromis depuis, tout condamne une lutte où l'on cherche en vain l'ombre même d'une revendication légitime. Les rancunes de race, l'ambition surtout peuvent seules expliquer ce Don Quichottisme violent où le héros d'une cause gagnée depuis longtemps s'escrimait à coups de récriminations contre des ennemis imaginaires. A ce rôle il a blessé des concitoyens qui ne lui ont jamais rien disputé et dont pas un n'avait un grief contre lui jusqu'alors. La passion des honneurs publics avait troublé M. Hurard. Les charges civiques accumulées entre ses mains, et dont une seule suffit souvent à la modestie d'un homme de mérite, étaient encore au dessous de ses visées. Ce que M. Hurard recherchait et entrevoyait au bout de son rôle, c'était un siége à la Chambre des Députés. L'homme et la race devaient y rencontrer une satisfaction orgueilleuse. Pour y arriver il y avait deux voies : l'une où l'aptitude et les services exigent encore le secours du temps ; l'autre, plus facile et plus courte, où les foules exaltées récompensent souvent par une élévation éphémère les imprudents qui savent les flatter. M. Hurard était pressé d'arriver ; il demanda à la popularité une renommée que son impatience ne voulait pas attendre de l'estime réfléchie de ses concitoyens. Pour son malheur et pour le malheur de son pays il a réussi. De tels succès ne s'achètent qu'au prix même de la dignité de la vie. M. Hurard peut se complaire aujourd'hui dans son triomphe ; il n'arrachera jamais de son nom le souvenir d'une animosité où la race européenne reconnaîtra toujours un ennemi systématique, et la journée du 18 juillet restera le châtiment de son ambition.

Au dessus de M. Lota et de M. Hurard, un homme à qui ses fonctions avaient confié la direction et le salut du pays, a aussi une large part de responsabilité. Le Gouverneur a pris soin lui-même, devant la Cour d'assises, de constater la surexcitation de la population et l'influence de M. Hurard. Gouverner, c'est prévenir. M. Morau qui a pu tout prévoir n'a su rien empêcher. Les circonstances étaient embarrassantes, dira-t-on ; il y avait peut-être danger, en ramenant les troupes à St-Pierre, d'exposer de braves soldats aux atteintes d'une épidémie à peine calmée : tout cela est vrai ; mais quelle est la force d'une telle excuse, puisque des événements que la présence d'une garnison aurait rendus impossibles ont forcément rappelé ces soldats éloignés par crainte du fléau ? En s'inspirant du salut public, le Gouverneur aurait toujours été approuvé, quoi qu'il pût arriver, et un grand malheur aurait pu être évité. Ses hésitations, fondées en apparence, ont compromis la sécurité de la principale ville de la colonie, et, en fin de compte, il a dû recourir, tardivement, à une mesure dont l'application opportune aurait sauvé la paix publique. Si M. Hurard a soulevé la tempête de colères dont les journaux ont depuis répercuté le bruit, M. Morau n'a pas su dire aux passions locales le mot autoritaire qui les apaise ou les réfrène.

Dans ces lamentables événements, deux

hommes, entre tous, ont su faire leur devoir : ce furent le Maire, M. François Bernard, et le Procureur de la République, M. Recoing. Leur conduite, imitée par leurs subordonnés, a sauvé l'honneur de la loi. Et cependant l'esprit de race les a poursuivis depuis d'un inflexible dénigrement. C'est la triste page que nous allons tracer en ce moment. Un noir, maire de sa commune, exposant ses jours pour sauver un de ses administrés ; l'organe de la loi suppléant par le courage à l'insuffisance des moyens de défense : dans tous les temps et dans tous les pays, de tels hommes seraient l'honneur et l'orgueil de la population ! La haine de race ne fléchit pas devant ces hautes inspirations du devoir. Le docteur Lota était une victime désignée. En le sauvant, M. François Bernard a trahi les siens. Tous ceux qui s'associèrent à lui pour le respect de la loi et de l'humanité ont été des complices ; les émeutiers seuls avaient droit à une glorification.

## XIII

Les passions coloniales se sont réveillées dans toute leur énergie après les troubles de l'année 1881. En observant de près ces événements on constate cependant une particularité remarquable. Si la violence des ressentiments accuse de part et d'autre l'esprit général d'antagonisme propre aux populations des Antilles, il est difficile d'y rencontrer la lutte d'une race opprimée contre des maîtres ou des oppresseurs. Les victimes étaient les adversaires personnels de M. Hurard; les meurtriers ses partisans, les fanatiques de l'homme et de la race, ses ouvriers d'abord, puis des politiciens sans consistance, et des femmes de mauvaise vie, tous ou la plus grande partie sans éducation politique, n'ayant pris de la société que ses vices, imaginations mobiles et ardentes, susceptibles de passions contraires, mais surexcitées depuis trois ans par la prose incandescente d'une feuille ouvertement hostile à la race européenne. Si la question de race apparaît tout d'abord dans ces tristes incidents comme le ferment qui les a fait éclater, on distingue à l'observation l'influence toute démocratique d'une personnalité vaniteuse dont l'ambition, faute d'autres moyens, a dû exploiter les divisions coloniales. Il n'est pas possible de s'y tromper. Pas plus que M. Codé ou que M. l'abbé Gosse, le Docteur Lota ne pouvait être considéré comme hostile aux idées de rapprochement avec la race de sang-mêlé. Élevé loin des habitudes et des influences de l'esprit de race, dans les idées libérales de la société européenne, il inclinait plutôt par ses tendances vers les doctrines d'un républicanisme de bon aloi. Pour la population de sang-mêlé il avait, en outre, cet avantage assez rare qu'un de ses frères, établi depuis longtemps à Haïti, s'y était allié à une femme de cette origine. Après la mort de ce frère, sa veuve était venue à la Martinique avec ses enfants. La famille du Docteur les avait accueillis comme elle aurait fait de parents européens. C'était la maison même du

Docteur qu'ils avaient habitée, partageant les attentions et les soins dus à la parenté et inspirés par l'affection. On chercherait vainement, au delà de cette cordialité publiquement accordée, ce que pourrait demander encore la race de sang-mêlé. De plus, le docteur Lota, très populaire en 1870, comme on a pu le voir dans le cours de cette étude, avait, comme médecin, prodigué sans mesure ses secours et ses générosités aux indigents. Sa bienfaisance et ses largesses étaient connues. Par où aurait-il pu soulever contre lui les colères des populations d'origine africaine, si ce n'est par la résistance courageuse opposée en 1878 à la propagande anti-religieuse du journal de M. Hurard ? L'antagonisme de race n'était pour rien, au fond, dans cette lutte de principes. Mais par suite d'une solidarité à laquelle elle sacrifie toute justice, la race de sang-mêlé qui n'avait pas pardonné au Docteur Lota la franchise de son attitude en 1870, lui pardonnait moins encore la crudité de ses jugements sur M. Hurard. Par une déviation qu'elle ne manque jamais de suivre, elle n'avait vu dans l'aigreur de la discussion que les dédains et les torts de l'européen envers un homme de sang-mêlé.

Pour M. Lota qui n'entendait rien à une compromission où le mal change de nom si le coupable appartient à la famille de couleur, les violences et les impiétés du journal *les Colonies* ne pouvaient pas bénéficier, au détriment de la vérité, d'un tempérament où la concience est obligée d'avoir deux poids et deux mesures, selon l'origine des adversaires. Ce qui aurait été blâmable en soi chez un blanc ne pouvait être transformé, par nécessité locale, et devenir inoffensif dans une autre race.

Quant à Monsieur Codé, les hommes de couleur n'avaient aucun grief contre lui. C'était plutôt de son côté que les rancunes auraient pu se comprendre. Frère du malheureux propriétaire immolé en 1870, pendant l'insurrection du sud, il n'avait pas fait peser sur toutes les populations d'origine africaine la responsabilité de ce crime. Chimiste et ingénieur, il s'occupait d'études agronomiques, et n'avait pas reculé devant la nécessité de recourir, pour des expériences utiles au pays, au Conseil général composé presque entièrement d'hommes de sang-mêlé. Ses relations avec la plupart des chefs politiques de cette race n'étaient pas un secret. Le journal de M. Hurard n'a pas oublié de le lui rappeler depuis les événements de 1881.

M. l'abbé Gosse échappait encore plus à toute récrimination. Nous pouvons parler avec certitude de ce respectable ecclésiastique, car nous avons eu l'honneur d'être initié de bien près à ses sentiments les plus intimes. Homme d'une grande simplicité pour lui-même, il n'accorde à la nature que ce qu'elle exige pour sa conservation. Son zèle s'est consumé entre deux œuvres de charité également admirables : le soulagement de la misère et l'élévation morale du peuple par la Religion. A l'asile fondé par lui à l'aide de souscriptions, de quêtes, d'allocations accordées par le Conseil général lui-même à plusieurs reprises depuis 1871, il entretient le trop plein d'indigents que la charité administrative et privée laisse encore sans abri et sans secours. Les premiers besoins de son existence satisfaits, M. l'abbé Gosse épuise depuis longtemps à cette œuvre la plus large part de ses ressources. A côté du refuge ouvert par son dévouement aux pauvres, il avait créé une haute école de moralisation chrétienne dans la publication d'un *Bulletin* exclusivement affecté aux questions religieuses et aux faits diocésains. Plus tard l'acquisition du *Bien public* lui avait permis de faire une part à la politique européenne. Si, dans son journal, les choses et les faits étaient appelés de leurs noms, une prudence scrupuleuse et un vif amour du bien tempéraient toujours l'appréciation des personnes. M. l'abbé Gosse pouvait rencontrer des ingrats, il serait inexact de soutenir qu'il pût avoir des ennemis. Mais ses doctrines, pour lesquelles il donnerait sa vie, et la double influence que lui prêtaient son journal et son zèle pour les pauvres, ne pouvaient s'accorder avec les vues entreprenantes et exclusives de M. Hurard et de son parti. Sur le terrain religieux, le *Bien public*, tirant à dix huit cents exemplaires, était un adversaire redoutable dans une population catholique qu'il fallait détacher des croyances chrétiennes, pour en faire l'instrument docile de l'ambition de M. Hurard.

De ces trois hommes, M. l'abbé Gosse, le docteur Lota et M. Codé, les deux premiers auxquels les passions de race ne pouvaient rien reprocher, étaient donc devenus, M. l'abbé Gosse, un obstacle réel, M. Lota, un adversaire gênant. Le parti de M. Hurard, le groupe décrit par Mᵉ Martineau, ne voyait en eux que des ennemis à supprimer. M. Codé, moins mêlé aux discussions de la presse, mais attiré un moment sur le terrain des luttes personnelles contre M. Hurard, se trouva ainsi associé dans l'inimitié prodiguée aux adversaires de l'homme de parti. Les fanatiques, qui comprennent toujours trop ou trop bien les passions de leurs maîtres, les avaient désignés comme des victimes nécessaires. D'autres, peut-être, avaient eu le même honneur, mais les événements n'avaient pas été au-delà de ces trois noms. La journée du 18 juillet avait fait justice du docteur Lota, celle du 19 de M. Codé; la Providence n'a pas permis que le prêtre catholique vît sa demeure assaillie et sa personne attaquée. Ce crime a été épargné à la Martinique chrétienne. L'action de l'autorité rendait d'ailleurs impossible toute nouvelle tentative. Les violences s'arrêtèrent donc aux deux victimes du 18 et du 19 juillet ; mais les haines ne désarmèrent pas, et les défenseurs de M. Lota devaient expier le tort de leur courageuse conduite.

Le journal de M. Hurard, qui avait tant de raisons pour garder le silence, fut le premier à donner le signal des récriminations. Entre tous ceux qui étaient accourus au secours de M. Lota, M. l'abbé Maillard avait droit à la reconnaissance des honnêtes gens pour avoir affronté les périls d'une lutte où la pensée de la mort, loin de le détourner, avait au contraire dirigé sa démarche. Cependant, dès le 27 juillet, en même temps qu'elle adressait à la population les exhortations les plus pressantes en faveur de la paix, la feuille radicale ridiculisait dans les termes les plus outrageants l'intervention de cet ecclésiastique auprès de la famille Lota.

« Oh ! ne croyez à rien de tragique. Ceci, c'est la note gaie, comique, désopilante, une scène de haute bouffonnerie, où la religion joue le premier rôle. »

.................................................

« Vous avez entendu parler de navires en détresse, assaillis par quelqu'effroyable tempête. Plus d'espoir. Des mains se lèvent suppliantes comme pour apaiser l'aveugle fureur des flots ; des larmes, des cris de douleur, de désespoir : Ils sont tous là, matelots et passagers, les yeux hagards, la pensée perdue dans le rêve sombre de la mort, envolée peut-être vers les êtres aimés. »

.................................................

« Tout-à-coup une voix s'élève : à genoux, mes enfants ! c'est la voix de l'aumônier ; et il apparaît paré des plus beaux habits et commence à psalmodier la prière des agonisants.

.................................................

« Maintenant, lisez ceci : au premier étage se passait une scène plus émouvante encore et d'un tout autre caractère. Monsieur l'abbé Maillard, curé du Centre, qui, dès les premiers moments, était venu porter à la famille Lota les secours de la religion, invita les malheureux assaillis, hommes et femmes, à s'agenouiller pour recevoir une dernière absolution. »

« Certes, *la religion est une belle invention, et l'absolution une plus belle invention encore*; mais quelle que soit l'efficacité de la prière et des sacrements dans les moments de péril, nous pensons que le devoir d'un robuste gaillard comme l'est M. Maillard n'était pas seulement de porter aux assaillis les seuls secours de la religion. »

« Ames candides qui avez sans réflexion versé d'abondantes larmes en voyant ce prêtre étendre les mains sur cette famille agenouillée à ses pieds, tandis qu'au dehors grondait l'émeute ; braves gens qui vous laissez prendre à tous les pièges qu'on vous tend, pourvu que la religion serve d'appât, croyez-nous, on s'est moqué de vous. »

Il y avait à rire pour M. Hurard dans cet acte de courage et de foi. Les plus simples convenances exigeaient qu'il gardât au moins le silence envers la victime de ses frénétiques partisans, et c'est dans de tels termes qu'il racontait la terrible épreuve partagée quelques instants par le zèle apostolique d'un prêtre respectable !

Dans le même numéro *les Colonies* ouvraient une enquête pour démontrer que le Docteur Lota avait par deux fois fait feu sur la foule. Ce mensonge audacieux, allant à l'encontre des témoignages produits par tous les assistants et les voisins, ne pouvait avoir d'autre but que d'intervertir les rôles et de faire du Dr Lota le provocateur dans la journée du 18 juillet. La justice était donc à l'avance désavouée par le parti; c'étaient les meurtriers, transformés d'abord en accusateurs, qui allaient devenir les juges !

Dans le numéro suivant on lisait sous ce titre: LE PASSÉ EST MORT.

« Pendant longtemps nous avons été humiliés et flétris. Esclaves, courbés sous le joug, saignants sous le fouet, privés même de la dignité d'hommes, et confondus pêle-mêle avec les animaux et les objets mobiliers, nos pères traînaient, en maudissant leurs maîtres, une vie malheureuse à peine différente de celle des bêtes de somme avec lesquelles ils étaient parqués. »

La suite était dans cette forme et répétait les mêmes idées. C'était tout ce que trouvait à écrire, le 30 juillet, quelques jours après les événements dont il avait été le héros, l'homme qui n'avait justifié d'aucun mérite en dehors de sa qualité de sang mêlé! Et cela était écrit cinquante ans après la proclamation de l'égalité civile et politique, plus de trente ans après l'abolition de l'esclavage !

Et ces récriminations dont le but était de passionner les populations pour s'en faire un marche pied par le suffrage universel, se terminaient cependant par cette recommandation si contraire à l'esprit et à l'intention même de l'article :

« *Le passé est mort. Posons pour toujours sur son tombeau la lourde pierre de l'oubli.* Etouffons à jamais les divisions basées sur de vaines distinctions de couleur et de peau, que la mort, ce grand niveleur, fait disparaître éternellement.
LOIN DE NOUS TOUS CES INSENSÉS qui chaque jour SÈMENT la discorde et le trouble. Ceux-là sont les pires ennemis de notre pays.

La situation était grave. La race européenne comprit que l'heure était arrivée de sortir de la longue abnégation opposée depuis plus de trois ans à la feuille de M. Hurard. Quelques hommes d'intelligence et de cœur, dont la reconnaissance publique conservera les noms, n'hésitèrent pas, malgré leur âge ou leur profession, à se jeter en travers pour opposer aux fureurs locales la protestation indignée de la vérité. La légitime défense les arma de la plume. Un comité fut créé pour combattre les excitations haineuses des *Co-*

*lonies*, et un des journaux conservateurs de St-Pierre transforma sa rédaction. Le programme de cette défense improvisée sous le coup des événements était simple et court :

« Le journal n'a d'autre but que de défendre les grands intérêts d'ordre social, recommander à tous la Concorde, la paix et l'union par le travail et la religion. » (1)

Un peu plus tard le Comité acquérait le *Bien-public* et changeait le titre de la feuille qui parut le 1er janvier 1882 sous ce nouveau nom : LA DÉFENSE-COLONIALE.

La feuille de M. Hurard et tous ceux qui exploitaient dans une pensée de domination les vieilles rancunes coloniales, ne trouvaient pas leur compte à ce réveil de la race européenne conspuée depuis dix ans et ouvertement menacée. Aussi la lutte fut-elle vive dès les premiers jours entre l'organe de la résistance légale et la feuille radicale. Les passions étaient trop ardentes, l'indignation avait été trop longtemps contenue, pour que du côté de la race européenne on n'ait pas, à certains moments peut-être, dépassé le but et, en quelques points, commis la faute même reprochée aux *Colonies*. Ces écarts toujours regrettables ne détruisent pas le mérite acquis aux défenseurs de la justice et de la vérité par leur indépendance et leur courage. En tous cas, combien de raisons les excusent-elles, après trois ans d'un silence où des adversaires passionnés n'avaient trouvé que l'occasion d'aggraver leurs violences. Un fait, entre autres,

---

(1) Les *Antilles* 27 juillet 1881.

donnera une juste idée de l'esprit auquel obéissait à ce moment, la majorité des hommes de sang-mêlé. Dès les premiers moments, la nouvelle rédaction des *Antilles* avait nettement séparé la race de couleur, le grand nombre de familles et de personnes honorables qu'elle compte, aussi bien que la majorité de la population ouvrière, des partisans de M. Hurard, des bandes criminelles qui avaient assailli le docteur Lota et M. Codé. A agir autrement le journal conservateur aurait certainement commis une grande faute, et on n'aurait pas manqué de lui reprocher son injustice. C'est dans ce sens que *les Antilles*, dans un article publié le 3 septembre, avaient écrit :

Vous avez senti le danger que créait pour vous cette situation nouvelle, et vite vous avez appelé à votre aide les grands mots de *nègres et mulâtres* que nous avons toujours évités parce qu'ils nous paraissent grossiers. Vous espérez à l'aide de ce cri ranimer des ferments mal éteints. Vous faites des efforts surhumains et malhonnêtes pour englober parmi vous des gens qui vous répudient ?

Manœuvre vaine !

Pas un seul d'entre eux ne voudra patronner vos doctrines perverses ! Ne feignez pas de confondre dans vos rangs *tous ces hommes honorables* qui doivent à leur travail, à leur vie de laborieuse et sage émulation notre estime qu'ils ont conquise.

A cet appel à la conciliation dicté par le sentiment de la justice, les plus importants dans la race de sang-mêlé répondirent par le manifeste suivant sous forme d'adresse à M. Hurard :

Saint-Pierre, le 7 septembre 1884.

« Cher concitoyen,

« Nous venons à notre tour vous donner un témoignage public de nos sympathies et de notre estime. *Nous sommes et avons toujours été unis à vous*, à la *cause* que vous défendez avec tant de dévouement et de courage, *par les liens d'une étroite solidarité*.

« Les électeurs de la Martinique accompliront un devoir en vous envoyant siéger à la Chambre, et démontreront à tous *qu'ils ne sont point les dupes de ceux qui veulent semer la division parmi eux*, et qui cherchent à établir dans nos rangs de subtiles distinctions.

« Nous avons donc l'espoir, cher concitoyen, que le suffrage universel, le 18 septembre prochain, vous vengera, par une éclatante manifestation, des injures et des calomnies dont vous êtes victime, et que d'un bout à l'autre de la colonie, le parti républicain tout entier se ralliera autour de votre nom.

Cent quatre signatures, parmi lesquelles on a pu compter trois ou quatre européens égarés dans l'impiété, complétaient cette apologie de la conduite tenue dans le pays par le Rédacteur des *Colonies*. Le premier qui scellait de son nom et de son approbation cette œuvre inspirée par un esprit de race exclusif, par les plus vivaces rancunes, occupait et occupe encore l'une des premières charges publiques. C'était un conseiller privé, Chevalier de la Légion d'honneur, Directeur de l'Intérieur un moment en 1848, retiré depuis de longues années dans l'exercice de la profession de médecin, et chef en même temps d'une importante maison de commerce. Aucun honneur n'avait manqué à celui-là dans une carrière où tant d'autres, avant lui et à côté de lui, avaient passé sans receuillir des distinctions qui s'adressaient autant à son origine toujours favorisée qu'à son mérite.

Un peu avant cette approbation maladroite qui rappelait le manifeste malheureux de 1848, les haines de la race de sang-mêlé avaient éclaté contre le maire, M. François Bernard. Pour amener son remplacement, un certain nombre de conseillers municipaux donnèrent leur démission. Le conseil déjà diminué par des vides antérieurs, ne se trouva plus en nombre, et la dissolution de l'assemblée municipale de St-Pierre fut prononcée par le Gouverneur. Les deux chefs de la police, MM. Cazanova et Montoison ne devaient pas tarder à payer de leurs positions l'attitude énergique dont ils avaient fait preuve en défendant M. Lota. En attendant, ils étaient quotidiennement attaqués, en compagnie de M. François Bernard, par la feuille de M. Hurard. Les trois magistrats, MM Recqing, Baudin et de Morati avaient, eux, l'honneur des plus grandes violences.

Tel étaient les éléments d'une polémique où le journal *les Colonies* et *les Antilles*, auxquelles s'était associé le *Propagateur*, réflétaient l'intensité de la lutte entre les deux races européenne et de sang-mêlé. C'est dans ces circonstances qu'arriva à la Martinique un nouveau Gouverneur et le Directeur de l'Intérieur appelé à remplacer M. Rougon. Les choix ne répondaient pas aux nécessités de la situation. Le Gouverneur était un député inconnu, émergé des bas fonds de la démocratie toulonnaise dans les jours néfastes de 1870, et, depuis, pourvu du mandat législatif où il s'était distingué parmi les muets. Aucune étude, aucun lien ne rattachaient l'avocat Allègre aux questions coloniales d'ailleurs si peu connues en France. Mais il fallait une grande sinécure à l'un des complaisants de l'opportunisme ; le goût des gouvernements civils était devenu une fureur depuis l'avénement d'un ministère radical ; en choisissant M. Allègre on récompensait un fidèle et l'on satisfaisait des collègues, c'est-à-dire la majorité de la Chambre. De l'intérêt de la Martinique il n'était cure dans cette nomination inconcevable où, à l'heure troublée qui appelait un chef, l'épée de la France allait être couverte par la toge bourgeoise d'un avocat de province.

M. Ste-Luce occupait le rang d'officier supérieur dans le commissariat. Il pouvait connaître les règlements de l'inscription maritime, et avoir longuement pratiqué les formes minutieuses où notre bureaucratie s'est toujours montrée habile ; mais rien dans son passé ne révélait un administrateur, c'est-à-dire, à proprement parler, une intelligence ouverte à l'esprit d'initiative et capable de donner l'impulsion à tous les rouages d'une grande administration.

Mais M. Allègre était radical, et M. Ste-Luce appartenait à la race de sang-mêlé. Ces deux qualités, la dernière surtout, devaient primer et priment en effet toute considération de capacité et d'autorité dans des choix où l'intérêt de la France et de ses colonies doivent céder le pas aux nécessités parlementaire et à l'omnipotence de M. Schœlcher.

La nominaton d'un gouverneur civil tiré des rangs de la démocratie révolutionnaire, et le choix d'un administrateur d'origine africaine ont été les seules mesures conseillées à la métropole par la situation troublée de la Martinique. Il est vrai qu'en télégraphiant au Ministre de la marine et des colonies les événements du 18 juillet, le Gouverneur intérimaire avait écrit :

« Troubles à St-Pierre, le 18, *étrangers à toute question de race*. L'ordre a été rétabli sans qu'il soit nécessaire d'employer la force armée. »

Peu de jours après l'arrivée de M. Allègre, le docteur Lota, emprisonné depuis le 18 juillet, et mis en liberté provisoire après une ordonnance de non-lieu rendue sur la prévention de tentative de meurtre contre la foule, comparaissait devant le tribunal correctionnel de St-Pierre qui le condamnait à un mois de prison pour voies de fait envers M. Hurard. Cette condamnation, juridique en droit rigoureux paraissait excessive à beaucoup d'esprits éclairés et impartiaux qui en faisaient le reproche à l'esprit du tribunal, composé de trois hommes de sang-mêlé. On objectait que si le fait délictueux ne pouvait être écarté, il fallait forcément y voir la réponse à un outrage aussi grave par lequel M. Hurard avouait avoir assez souvent craché à la face du docteur Lota. Si la loi distingue entre les deux offenses, les usages sociaux et les passions humaines les placent à un niveau égal; on s'étonna donc que la provocation, expressément visée par le législateur, n'eût pas servi d'excuse à celui que le crime des partisans de M. Hurard avait déjà si cruellement puni.

Des deux côtés la presse montée à une surexcitation excessive donnait la mesure exacte de l'esprit public. *Les Colonies* écrivaient quelques jours après les événements cet article si injuste mais où s'affichait l'indestructible rancune de quelques hommes :

« Ils sont toujours les mêmes ; ils n'ont rien appris, ils n'ont rien oublié. Comme leurs modèles et leurs inspirateurs de la métropole, ils excellent à déguiser les faits et à les présenter sous le jour trompeur de leurs mauvais désirs et *de leurs aspirations insensées vers le passé*.

« Leurs montres retardent de plusieurs siècles. Par moments, à les entendre, on se croirait revenu aux bons vieux temps d'autrefois, où le serf battait l'étang du seigneur pour empêcher les grenouilles de troubler son sommeil, où *l'orgueilleux colon*, maître souverain et incontesté, *distribuait généreusement, après boire, à ses nombreux esclaves leur part de rigoise traditionnelle.* » (1)

A côté de ces articles où les blancs étaient accusés en masse de regretter l'esclavage et de vouloir toujours ressaisir quelque débris du passé, la feuille radicale étalait ses rancunes personnelles dans un persiflage où l'inconvenance du langage ne cédait en rien à la violence outrageante du fond. L'honorable Maire du 18 juillet, coupable d'avoir défendu les jours d'un blanc, l'ennemi commun,

---

(1) *Les Colonies*. 3 août, *1881*, article : *Les Radicaux Blancs*.

était associé à MM. l'Abbé Gosse et les magistrats dans cette persécution.

Quel heureux républicain que M. Célestin, pardon, M. François Bernard. Il est défendu par tout ce que notre ville compte de réactionnaires. Il y a entre eux échange de bons procédés et de petits cadeaux. On dit que M. X., en villégiature comme l'on sait, a reçu de notre Maire, un magnifique panier de nos meilleurs fruits. Tout va le mieux du monde. On s'intéresse à sa personne, à sa santé ; on parle en termes émus de son *honorable* blessure, de sa *glorieuse* cicatrice. Ces messieurs enfin qui ne sont guère aimables pour les *faux* républicains comme nous, montrent une si grande sollicitude pour les républicains *vrais* comme notre très honorable et très glorieux Maire, que nous prions tous nos amis, à partir d'aujourd'hui, de ne plus montrer de la méfiance. »

« *Le Bien Public* qui, on le sait, n'a jamais manqué une occasion de semer la discorde, d'injurier et d'insulter, avait continué à ne pas paraître, même lorsque ses deux congénères recommençaient leur besogne et dès leur premier numéro glorifiaient M. Lota, qu'ils posaient en victime de persécutions incessantes. Plus malin que ses deux confrères, le journal ecclésiastique s'est refusé jusqu'à présent à porter le moindre jugement sur les malheureux événements du 18. Elle attend et disserte sur les principes. Elle donne à tous ses bénédictions.

Quand à la religion, dit-elle, elle défend les colères, elle défend les vengeances, elle défend les rixes et les querelles, elle ordonne à tous de s'aimer les uns les autres.

Est-il possible d'être *plus Jésuite et plus plat ?* Mais comme ces gens-là savent se tirer habilement du danger en y laissant ceux qu'ils poussent en avant ! M. Maillard donne son absolution et se sauve par une porte dérobée. M. Gosse *qui n'a jamais cessé de fomenter la haine et la division*, jette quelques gouttes d'eau bénite et se croit quitte envers tout le monde.

— 547 —

C'est là le grand secret de la politique des curés. (1)

Le Docteur Lota n'avait pas été assez maltraité, paraît-il, le 18 juillet. Renvoyé de la prévention touchant les coups de feu tirés sur la foule, il avait été mis en liberté sous caution. Cet élargissement momentané était l'objet des plus vives critiques dans le numéro du 6 août. On comparait le sort du docteur Lota à celui des accusés du crime de destruction et de pillage, incarcérés depuis l'ouverture de l'instruction sur les événements de juillet. Le contraste irritait la feuille :

« Voilà des gens en prison. De quoi sont-ils accusés ? d'avoir saccagé et pillé une maison. Oui, mais il est prouvé par de nombreux témoignages (2) que le propriétaire de cette maison *a été le provocateur et qu'il a tiré des coups de feu sur la foule,* ALORS QU'IL N'ÉTAIT PAS EN LÉGITIME DÉFENSE. » (3)

Cependant, le 20 juillet, M. Hurard avait écrit, pour expliquer les violences de l'avant-veille, cette phrase que rien ne pourra effacer :

« Il n'est pas étonnant que cette population qui sait à quelle violence, à quelles provocations, à quelles vengeances sont exposés les hommes qui comme M. Hurard défendent ses intérêts, ait voulu nettement marquer aux yeux de tous qu'elle est unie à eux par des liens étroits de solidarité, et que personne ne pourra, SANS DANGER, s'attaquer à leurs personnes. »

N'est-ce pas encore son journal qui, dans le

---

(1) *Les Colonies*, 3 août 1881.
(2) Nous avons déjà relevé cette allégation dans le récit de la journée du 18 juillet. Les témoignages dont parlaient *Les Colonies* étaient ceux produits à son enquête.
(3) *Les Colonies*, 6 août 1881.

compte rendu des événements, plaçait l'agression de la foule avant le coup de feu tiré par le Docteur :

« Une foule nombreuse s'était aussitôt formée près des fenêtres de M. Lota, criant : « *descendez, lâche, c'est Lota que nous voulons.* »

A moins que la légitime défense ne commence qu'avec l'impossibilité de se défendre, il n'était pas permis au journal de M. Hurard de contester la situation légale de son adversaire le 18 juillet.

A l'autre page, croyant avoir découvert dans l'écrivain des *Antilles* l'un des anciens journalistes de la Martinique, *les Colonies* débordaient d'invectives :

« Dans ce genre là », écrivaient elles, « l'écrivain des *Antilles*, devenu aujourd'hui l'invalide de la rédaction, a passé maître, et nous sommes disposés à lui pardonner ses injures et ses feintes indignations. Nous le plaignons même depuis que nous avons appris que pour ne pas perdre les quelques pièces d'or qu'on lui jetait mensuellement, il était dans la nécessité, malgré ses dégoûts et ses lassitudes, de s'essayer encore dans ce genre de littérature mal famée, qui consiste à baver sur les choses et les hommes. Si *les Colonies* qu'il prend à partie avec cette mauvaise foi peuvent en le désignant nettement au mépris de l'opinion lui rapporter encore quelque menue monnaie en guise de compensation, nous n'en serons ni étonné ni fâché. *Date obolum Belisario*. Au fond, c'est dans ce mot que doit se résumer toute la politique du faiseur de programme des *Antilles*. »

A propos de la nouvelle rédaction des *Antilles* et de leur programme, la feuille de M. Hurard avait commencé le numéro du 1ᵉʳ août par une sortie véhémente dont nous extrayons les passages suivants :

« Après trois semaines de mensonges, de calomnies, de contradictions, *les Antilles* ont éprouvé le besoin de faire connaître leur programme ou ce qu'elles nomment ainsi.

Pendant dix ans, dites-vous, vous avez abdiqué, vous vous êtes soumis passivement aux décisions de la majorité. Nous allons prouver que cette prétendue abdication de votre part est une hypocrisie, une rouerie de plus à votre passif ; que continuellement, par des efforts constants, loin de vous soumettre aux décisions de la majorité, vous avez au contraire insulté, calomnié cette majorité, combattant, par les pires moyens, tous les progrès de quelqu'importance qu'ils fussent qu'elle a essayé de réaliser dans ce pays. Nous allons montrer que vous *mentez effrontément*, que vous n'êtes au fond que des Tartufes politiques. Tombés par votre faute dans d'inextricables difficultés, compromis par un chef imprudent, vous voulez payer d'audace, faire croire que vous avez été jusqu'alors des victimes résignées. Qui espérez-vous tromper ? est-ce nous ? sont-ce les vôtres ?

Ah ! dans votre hypocrisie, imbus de maximes jésuitiques qui sont le fond de votre politique, ne vous a-t-on pas vu faire honteusement appel aux apostasies pour continuer votre œuvre de division, pour semer les défiances, pour arriver enfin au point où nous sommes parvenus ? Ne vous-êtes vous pas solidarisés avec la haine, les menées de l'homme infatué de sa personne, brûlant de jouer un rôle politique, (qui après avoir traîné dans tous les camps, a échoué parmi vous en vous apportant toute l'aigreur et toute la violence de ses déceptions ? Ne l'avez-vous pas reconnu pour chef ?

Mais que penser de ces politiques qui disent n'être ni légitimistes, ni bonapartistes, afin de mieux cacher leurs desseins, leurs espérances inavouables sous le masque de la religion ? Comme les jésuites leurs maîtres, ils n'avouent pas leurs opinions politiques, ils cachent leur drapeau dans leur poche ; et comme les jésuites, en disciples fidèles, ils sont là tapis comme les félins, horribles et monstrueux, ne commençant à se mouvoir que dans l'obscurité de la nuit. Dites-nous donc si vous n'êtes pas légitimistes, pourquoi l'un des vôtres allait il y a quelques années, saluer en votre nom le comte de Chambord ? Dites-nous si vous n'êtes pas bonapartistes, pourquoi vous avez pris le deuil du prince mort ? Pourquoi vous commandez des messes de commémoration pour le père et pour le fils ?

Vous vous tairez, tartufes, vous ferez la sourde oreille. Mais, qu'importe ! il y a longtemps déjà que le public a flétri comme nous le flétrissons aujourd'hui votre hypocrisie et vos lâchetés de conscience.

Quand la haine revêt de pareilles fureurs, on cesse de comprendre et de juger. Aussi ne citons nous ces lignes enflammées que pour donner l'idée de l'état des esprits depuis le 18 juillet 1881. Cette désespérante polémique continue encore au moment où nous écrivons, et une race entière ne désarme pas, bat des mains peut être à ces violences sans excuse, et ne cesse cependant de se plaindre des hauteurs et des dédains de la race européenne !

C'est au milieu de cette surexcitation des esprits que le nouveau Gouverneur, M. Allègre vint faire à St-Pierre sa première visite. Un des chauds amis de M. Hurard alla avec un groupe d'ouvriers lui présenter une adresse dont quelques phrases désavouaient les désordres du 18 juillet. Le Gouverneur, en face d'un pays si profondément troublé, au lieu d'entrer dans la voie que semblait lui ouvrir le discours du délégué du peuple, manqua à la fois à son caractère et à son rôle.

« Oubliez donc, dit-il, les gens qui regrettent le passé, ils ne peuvent rien contre vous. Ne vous laissez pas émouvoir, et méprisez toutes les criailleries. VOUS AVEZ POUR VOUS LE NOMBRE ET LA FORCE. Mettez-les au service de la raison et du patriotisme, etc..

*Vous avez pour vous le nombre et la force :* c'est ce que répondait le représentant de 40 millions de Français à une population soulevée par les plus aveugles passions contre des concitoyens inoffensifs. La race européenne était donc abandonnée par celui-là même dont la mission était de rappeler à ses adversaires sa mission civilisatrice.

Le jour fixé pour les élections à l'assemblée législative était arrivé. La Martinique, en vertu d'une modification introduite dans la constitution, avait deux députés à élire. Les deux circonscriptions surchauffées par l'antagonisme de race repoussèrent tout autre candidat, et M. Hurard, élu au premier tour par l'arrondissement de Saint-Pierre, n'obtint pas la majorité légale dans l'arrondissement de Fort-de-France. Sur 40,000 électeurs environ, un peu plus de 10,000, le quart des électeurs, avaient pris part au vote. M. Hurard était député. Nous ne craignons pas de le dire : tout ce qui s'est fait à la Martinique avant cette élection et à son heure même, n'avait pour motif que cette satisfaction orgueilleuse rêvée par l'ambition d'un homme avide d'honneurs et de popularité.

La victoire de M. Hurard était celle de son parti et de sa race. Il ne suffisait pas qu'un représentant de la famille de sang-mêlé sigeât au grand Conseil de la France ; l'important était qu'il fût seul, que la race européenne, propriétaire des neuf dixièmes du sol e de la fortune, en fut exclue. Ce n'était assurément ni l'intérêt du pays ni le rapprochement des races qui exigeaient une telle exclusion. L'antagonisme persistant de la race de sang-mêlé pouvait seul trouver son compte à ce triomphe de la violence sur la raison, de la passion sur la justice. Et l'on sait au prix de quelle lutte un tel résultat devait être obtenu. Le préjugé de race, cette prétendue répulsion des blancs pour les hommes de sang-mêlé, peut-il être donné comme prétexte à l'élection ? Si ce préjugé existe, était-ce un moyen de le détruire qu'une manifestation où toute la race adoptait pour conduite et pour drapeau la conduite et le drapeau de M. Hurard, dans les quatre ans de journalisme résumés dans notre récit !

Les dix mille voix, cependant, avaient leur enseignement. Elles représentaient le quart seulement de la population martiniquaise. La conséquence logique était que les trois autres quarts, c'est-à-dire, en réalité, l'immense majorité, étaient restés indifférents à une manifestation à laquelle rien n'avait manqué de ce qui pouvait la grandir : ni la journée du 18 juillet, ni l'exaltation des passions locales, au nom desquelles l'élection avait eu lieu. La race européenne tout entière s'était abstenue ; la race noire, le résultat le dit assez, n'avait pris qu'une part insignifiante au mouvement. La race de sang-mêlé en grand nombre fut l'instrument principal d'une élévation qui récompensait par le droit de siéger à une assemblée d'Européens la longue et violente animosité déployée contre la race blanche.

En résumé les élections avaient mis en relief les chiffres suivants :

*Arrondissement du Nord.*

| Communes. | Electeurs | Votants. | Voix acquises à M. Hurard. |
|---|---|---|---|
| Saint Pierre, Prêcheur, Carbet, Case-Pilote. | 8.929 | 3.144 | 3.137 |
| Macouba, B<sup>se</sup>-Pointe, Lorrain, Ste-Marie. | 3.425 | 1.245 | 1.240 |
| Trinité, Gros-Morne, Robert. | 6.989 | 1.273 | 1.264 |
| Totaux | 19.343 | 5.662 | 5.641 |

*Arrondissement du Sud.*

| Communes. | Electeurs inscrits. | Votants. | P<sup>r</sup> M. Hurard |
|---|---|---|---|
| Fort-de-France. | 4.919 | 704 | 704 |
| Saint-Esprit | 3.386 | 554 | 552 |
| François, Ducos, Rivière-Salée | 4.463 | 1.140 | 1.121 |
| Diamant, Anses-d'Arlets, Trois-Ilets, | 1.780 | 404 | 404 |
| Marin, Ste-Anne, Rivière-Pilote, Sainte-Luce, Vauclin | 4.534 | 1.090 | 1.038 |
| Totaux | 19.082 | 3.892 | 3.829 |

Ce résultat n'empêchait pas M. Hurard de pousser des cris de triomphe. On n'avait voté que pour lui. Plus des trois quarts des électeurs s'étaient abstenus ; M. Hurard vantait cependant l'*écrasante* majorité qui l'avait nommé. Ecoutez les *Colonies* du 24 septembre :

La victoire de M. Hurard est aussi complète que nous l'avons désirée. Elu député dans l'arrondissement du Nord, il l'emporte aussi dans le sud où le scrutin de ballotage assurera définitivement son triomphe.

On a dit que les élections se feraient sous la pression des évènements du 18 juillet. Ce sont là les propres expressions dont se sont servis les comités rivaux pour essayer de pallier la défaite certaine de leurs candidats. Eh bien ! rien de plus juste, si l'on a voulu dire que l'on avait enfin compris que les *menées et les violences de langage des incorrigibles* avec lesquels on n'avait pas craint de faire une alliance immorale, rendaient inévitable l'élection de M. Hurard *à une écrasante majorité*; si l'on avait compris que l'étrange conduite de M. Alype, pour ne pas employer une expression *plus flétrissante*, rendait à jamais impossible parmi nous l'élection d'un candidat qui se disant républicain, allait, par un calcul odieux, jusqu'à se faire l'allié des pires ennemis de la démocratie, des hommes qui, il y a quelques années à peine, l'insultaient et le huaient sans pitié.

Il est évident qu'à ce moment M. Hurard n'allait pas au compte avec les électeurs. Il était élu, cela lui suffisait : un siège à la Chambre des Députés, sa joie était facile à comprendre !

L'élection n'était définitive que dans un seul arrondissement. Il y avait lieu à un second tour de scrutin dans le sud. M. Godissard, député sortant, était le seul adversaire opposé par un groupe d'hommes modérés de sang-mêlé et noirs à une candidature où l'orgueil et l'ambition de M. Hurard avaient seuls place.

En face de M. Godissard, élu jusqu'alors par la race de sang-mêlé, et que les blancs n'avaient ni élu auparavant ni patronné depuis, M. Hurard, dont la vanité n'était pas satisfaite, s'adressait dans ces termes aux électeurs :

« Mes chers concitoyens,

« La manifestation électorale dont j'ai été l'objet
« est de celles dont peut s'enorgueillir un homme
« public. Jamais depuis l'élection mémorable qui
« a suivi la proclamation de l'abolition de l'escla-
« vage, autant de suffrages ne s'étaient réunis sur
« un seul nom.

« Merci à vous tous qui avez compris le devoir
« que la situation politique actuelle du pays im-
« pose et qui avez pensé que j'étais digne d'un
« mandat aussi difficile et aussi élevé que celui
« que vous avez bien voulu me confier.

« Comme vous le savez, les deux arrondissements
« de la colonie avaient tenu à grouper leurs suf-
« frages autour de mon nom ; mais j'avais à maintes
« reprises déclaré aux électeurs de l'un et l'autre
« arrondissements que, pour des raisons politiques
« j'étais décidé à opter en faveur du Sud.

« La parole que j'avais donnée, je viens la tenir
« aujourd'hui en maintenant ma candidature dans
« le Sud. C'était en effet et c'est encore le point le
« plus menacé par nos adversaires, qui, désespé-
« rant de lutter avec succès au moyen de leurs
« seules forces, se flattent de triompher de nous
« en concentrant tous leurs efforts sur le nom de
« M. Godissard.

« Cette manœuvre, vous la déjouerez, j'en ai le
« ferme espoir, et, après avoir assisté à la manifes-
« tation du Nord qui a affaibli pour longtemps l'in-
« fluence des *menées criminelles des pires adver-*
« *saires de la démocratie,* vous tiendrez à affirmer
« que du Nord au Sud, il n'y a point de divergences
« d'opinions sur la situation actuelle, que la démo-
« cratie coloniale est unie et entend soutenir éner-
« giquement tous ceux qui la servent avec indé-
« pendance, dévouement et patriotisme.

« Vive la République ! »

M. Hurard fut nommé.

La race de sang-mêlé et avec elle M. Schœlcher continueront de parler des préjugés de

la race européenne, des blancs incorrigibles, de leurs prétentions excessives.

Comment expliquer l'abandon de M. Godissard autrement que par le parti pris de la substitution, par la haine de race ? M. Godissard était de race européenne, mais il avait, quand son inclination l'y avait poussé, foulé aux pieds des répugnances enracinées ; il s'était allié à une femme de sang-mêlé. Le tort d'être né de race européenne n'avait pas été effacé par cet acte solennel de complet rapprochement. M. Godissard était libéral, démocrate, radical même, comme ses votes en témoignaient. Il avait largement secouru, en France et à la Martinique, de sa bourse toujours ouverte, ses concitoyens, ses amis politiques, et plus d'un grand personnage. Etre né mulâtre, c'était, au bout du compte, comme pour les nobles de Beaumarchais, s'être donné seulement la peine de naître ; mais avoir placé ses affections, choisi son épouse et créé sa famille au sein d'une race longtemps écartée de la vie sociale et tenue en dédain, c'était faire plus que de subir les conditions de son origine.

Et cependant M. Godissard a été repoussé ! La raison, il faut la dire de suite, car elle vient à la pensée et sous la plume : c'est que M. Godissard, malgré son libéralisme et son alliance avec une femme de sang-mêlé, était encore un blanc, l'ennemi détesté, et que malgré ses opinions et ses idées, s'il pouvait être l'adversaire de quelques-uns de sa race, on était sûr qu'il n'en serait jamais l'ennemi systématique.

La presse conservatrice continuait avec vigueur, mais souvent aussi avec une exagération de forme toujours regrettable, la discussion des événements de juillet, et signalait au pouvoir, à la France, la situation faite à la race européenne aux Antilles. *Les Colonies* débordaient en même temps de colère et de joie ; de colère devant la résistance courageuse d'une race qu'on avait cru annihiler ; de joie, devant le succès électoral de son rédacteur. Des violences personnelles se mêlaient à cette polémique ardente où des deux côtés on pouvait constater, à part la légitimité du but, une égale passion. Un premier duel avait eu lieu entre le rédacteur des *Antilles* et un avocat de Fort-de-France, homme de sang-mêlé très-estimé, et disons-le aussi, très-aimé dans le pays. Des curieux en grand nombre avaient cru devoir accompagner l'un des adversaires, et leur attitude sur le terrain avait préoccupé les témoins, gens d'honneur, grâce auxquels la lutte fut circonscrite.

Une seconde rencontre eut lieu entre un blanc et un homme de sang-mêlé, et les deux adversaires durent s'enfermer dans l'intérieur d'une propriété close pour éviter la foule menaçante. Les duels surgissaient de tous côtés comme la dernière raison d'une discussion où la langue épuisait ses violences les plus accentuées.

Cette lutte était en pleine explosion quand vint à expirer la durée de la peine infligée au docteur Lota. L'autorité locale ne crut pas prudent de rendre en plein jour la liberté à l'adversaire de M. Hurard. Le docteur Lota fut tiré de prison vers 3 ou 4 heures du matin, dans le plus grand secret. Un bâteau à vapeur, affrêté en dehors du service de la poste, le reçut avec sa famille et le conduisit au chef-lieu où il s'embarquait le même jour par un des paquebots de la ligne transatlantique. C'était donc en fugitif, et après avoir été pillé, menacé de mort, que l'honorable docteur quittait la Martinique où il avait ses affections et sa fortune. L'ostracisme avait pour cause le tort d'avoir répondu par l'outrage à l'outrage de M. Hurard.

Sorti de prison et n'ayant qu'un jour à passer dans la colonie, le docteur Lota fut provoqué en duel par M. Hurard. Une rencontre, on ne le comprend que trop, était impossible à la Martinique entre ces deux hommes, surtout au moment où le docteur Lota était forcé d'abandonner la colonie. Ce n'était pas la seule tentative de duel à ce moment. Repoussé du côté du docteur Lota, M. Hurard fit demander également à M. Duchamp, l'un des membres du comité de rédaction des *Antilles*, réparation par les armes des articles publiés depuis le 18 juillet. Le comité tout entier fit au cartel la réponse suivante dans le numéro du 8 octobre :

Nous recevons à l'instant la lettre suivante :

« *Monsieur E. Duchamp*,

« Monsieur,

M. Hurard nous ayant chargés de vous demander réparation par les armes des articles publiés par le journal *Les Antilles*, nous venons vous prier de vouloir bien nous indiquer deux de vos amis avec lesquels nous puissions nous mettre en rapport, et nous dire l'heure et le lieu qu'il leur plaira de choisir pour nous recevoir.

« Veuillez agréer, Monsieur, l'expression de notre considération distinguée.

« St-Pierre, le 8 octobre 1881.

« J. BINET — O. DUQUESNAY. »

Voici notre réponse :

« Le Comité des *Antilles*, en prévision du cartel qui lui est apporté, et dont il avait eu connaissance déjà par la rumeur publique, a arrêté d'avance la résolution suivante, qui sera son premier et son dernier mot dans cette affaire.

« Le Comité repousse le cartel de M. Hurard pour les raisons suivantes :

1° Parce que M. Hurard est un lâche qui a refusé de rendre raison à MM. Maurice Val, Langlet, Ch. Dulieu, Codé, tous provoqués par lui; et qu'il s'est enlevé tout droit d'exiger une satisfaction de qui que ce soit. 2° Parce que M. Hurard, pour tirer vengeance des soufflets de M. Lota, a préféré déserter le terrain de l'honneur, et déposer une plainte en police correctionnelle contre son adversaire, dont il a saccagé la maison, au mépris des lois;

« Qu'il est ainsi devenu un criminel, sous le coup des poursuites judiciaires, et ne devant la liberté provisoire dont il jouit qu'à la faiblesse de l'autorité. 3° parce que M. Hurard n'irait sur le terrain avec aucun de nous qu'entouré, accompagné, précédé et suivi des trois mille bandits dont il a formé sa garde, et à l'aide desquels il a procédé au sac et au pillage de la maison Lota.

« Le Comité saisit cette occasion pour déclarer que tout duel est désormais impossible entre blancs et hommes de couleur. Il a acquis la conviction que les blancs accepteraient ainsi une lutte inégale, où ils courraient toutes chances d'être assassinés par la populace. Il recommande instamment à ses amis de repousser toute affaire de cette nature.

« St-Pierre, le 8 octobre 1881.

Signés : G. DE POMPIGNAN,
LÉON DE FEISSAL,
E. DUCHAMP.

A la suite de cette déclaration, on lisait dans la même feuille :

Voici ce que nous recevons au dernier moment :

« *Aux membres du comité de rédaction du journal* LES ANTILLES.

« Vous êtes des lâches, car vous êtes des apostats, et nous n'avons jamais pensé autrement de vous.

« Vous vous dites des blancs quand vous n'êtes que des mulâtres rénégats. Tout le monde le savait déjà, mais il était bon qu'on vous le dît.

« Vous avez beau cacher votre couardise sous de vains prétextes, il y a longtemps qu'on sait qui vous êtes et qu'on a pour vous le mépris que vous méritez »

Les signataires étaient les témoins mêmes de M. Hurard.

Trois blancs connus comme tels étaient donc traités de mulâtres rénégats, et c'étaient des mulâtres qui ne trouvaient pas de plus cruelle injure à leur adresser ! Renégats ! qu'avaient-ils donc renié, ces hommes honorables, s'ils étaient réellement de sang-mêlé ? Les passions et les ressentiments de leur race ! Mais on ne pouvait pas leur en faire le reproche sans se condamner et condamner la race tout entière.

Dans *les Colonies* la violence faisait explosion. Le 12 octobre la feuille radicale étalait une série de lettres et d'articles dénotant une véritable frénésie (1).

Dans le même numéro l'orateur de la délégation envoyée au Gouverneur, à son arrivée à Saint-Pierre, écrivait ce qui suit :

« Mon cher rédacteur,

« Peut-être pour la dernière fois j'abuse de vos colonnes, veuillez, je vous prie, faire insérer dans votre plus prochain numéro la lettre de faire part que j'adresse à la population de la Martinique.

« Messieurs et chers concitoyens, vous êtes in-
« vités à assister demain jeudi 13 du courant à 7
« heures du soir, à l'heure du couvre feu, aux ob-

---

(1) Mon cher Hurard,

Aussitôt la réception de la réponse impertinente de MM. Duchamp, Pompignan et Feissal au cartel que vous m'aviez chargé de donner à M. Duchamp, j'ai dû, après leur avoir écrit la lettre que vous savez, leur envoyer individuellement mes témoins. Je pensais en agissant ainsi trouver quelque courage personnel dans ce trio d'insolents. Insolents et lâches, ils m'ont refusé la réparation que j'étais en droit d'exiger. Je vous envoie le procès-verbal rédigé par mes témoins M. G. Alirot et Saint-Olympe, en vous priant de vouloir bien le publier.

Avez-vous bien réfléchi, vous M. de Feissal et vous M. de Pompignan, à quoi vous vous êtes exposés ? Rappelez-vous notre histoire d'il y a vingt ans, les blancs insultaient les mulâtres et refusaient de se battre avec eux. Qu'ont fait les mulâtres d'alors ! Ils ont soufflété, cravaché les lâches et ont réussi, pour l'honneur créole, à leur donner un peu de courage (a). Ce sont nos pères qui nous ont appris comment il fallait vous traiter. Je regrette de ne pouvoir mépriser vos insolences, c'est vous dire que je suis décidé à vous châtier à la première impertinence.

Dr O. DUQUESNAY.

---

11 octobre 1881, à bord de la *Perle*.

Mon cher Rédacteur,

Au moment de laisser Saint-Pierre pour me rendre au Lamentin, j'ai reçu la lettre que vous avez sous ce pli.

(a) Ceci tient du roman.

« sèques et à l'enterrement de la haute aristocratie
« coloniale, décédée samedi dernier à 11 heures du
« matin, à l'âge de 300 ans, après trente ans d'ago-
« nie.

« On peut suivre le convoi sans donner aucun
« signe de respect ni de douleur.

« *Un de profondis s'il vous plaît.*

« MARIUS RÉPO. »

Le soir, à l'heure fixée, trois cents personnes se réunirent dans un des quartiers de la ville, se mirent en rangs, et parodiant une cérémonie funèbre, se dirigèrent vers le cimetière. A l'entrée du champ des morts où le convoi

---

J'ai répondu au commissaire de police, que ceux qui ont porté M. le Procureur de la République à faire faire de semblables communications sont trop *lâches* pour qu'un honnête homme puisse s'y arrêter. — J'ai ajouté que j'avais été chargé de donner cartel pour mon ami, M. Hurard, à M. Lota, celui-ci refusant, à M. Lesade et enfin à M. Duchamp. — mais que, ainsi que le dit commissaire pouvait s'en assurer, je n'avais aucune arme sur moi. Ceux qui ont les poches remplies de révolvers sont très connus. Ce sont les plagiaires de la famille Bonaparte et les aristocrates de contrebande comme nous l'avons déjà dit.

J'ai déclaré enfin que, supposant un brin de bravoure chez ces gens-là, j'étais disposé à me trouver, au besoin, sur le terrain avec l'un d'eux en ne comptant pas, bien entendu, le sieur Lartigue. Ce personnage est trop mince. J'aurai le droit de m'adresser à plus haut.

Agréez, etc. J. BINET.

AUX RATTAPOILS DU JOURNAL
LES « ANTILLES. »

Vous n'avez plus le droit de parler :

Vous, hier encore si arrogants, si provocateurs, vous êtes aujourd'hui, bien humbles, bien couards ; vous êtes tombés bien bas dans le mépris public.

Je ne chercherai donc pas à relever le mot d'émeutier que vous m'avez adressé ; d'ailleurs personne n'ignore que vous êtes des préparateurs, des fauteurs d'émeute. Vous êtes aussi habiles dans l'art de calomnier que dans celui de poltronner.

s'arrêta, le héros de cette profanation prononça un discours sur la fin de *l'aristocratie coloniale*, c'est-à-dire sur la fin de la race blanche, dont l'extinction désirée donnait lieu par avance à ces dérisoires funérailles.

L'auteur de cette manifestation était celui-là même à qui le Gouverneur avait répondu la phrase malheureuse : « vous êtes le nombre et la force. »

Le moment était arrivé de donner à la ville de Saint-Pierre l'édilité qui lui manquait depuis la dissolution du Conseil municipal.

---

Oui, vous êtes des calomniateurs et des lâches ; et si la lâcheté était bannie du reste du monde on la retrouverait dans vos pénates.

Porteur d'une lettre de MM. Duquesnay frères et J. Binet, (lettre entre parenthèse où vous étiez traités de belle façon,) je me suis présenté dans vos bureaux avec calme et dignité, et pourtant à peine en étais-je sorti que, sous le coup d'une émotion mêlée de terreur et d'animosité, vous distilliez sur moi le fiel de votre vieille haine coloniale.

« Le message dites-vous, vaut le messager, je vous l'accorde ; mais, ce qu'il y a de certain, c'est que ce message vaut mieux que vous, la preuve en est qu'il vous a inspiré une telle frayeur, que, affolés, éperdus, suant la peur, vous allez partout frapper aux portes des autorités, leur perspadant qu'on en veut à vos peu précieuses existences. Vous êtes coutumiers du fait.

Ainsi, après avoir dit et répété sur tous les tons que M. Hurard ne voulait pas s'aligner avec vous, ce qui constitue la plus absurde calomnie, — car quel est le mulâtre capable d'une lâcheté ? et par là, j'entends parler des vrais mulâtres, ceux qui sont fiers d'appartenir au mélange et non pas de ces mulâtres rénégats, (Martiniquaisement appelés *béqués*) — oui, après avoir hurlé avec passion que le vaillant Rédacteur des *Colonies* avait l'horreur des combats singuliers, les voilà maintenant ces exagérateurs de la polémique, ces preux de la couardise, ces champions de la peur, ces nobles de l'insolence, ces émissaires de la division, ces vaillants capitaines du parjure, les voilà donc, lorsque l'éf-

Les élections avaient été fixées au 9 octobre. Le parti de M. Hurard seul se présenta au scrutin qui ne donna que 1,352 votants sur plus de 6,000 électeurs. Il y eut lieu à un second tour. Dans l'intervalle, quelques hommes honorables de la population noire et de sang-mêlé proposèrent aux blancs de se réunir, de composer une liste de conciliation qui pût être opposée aux partisans de l'antagonisme des races. Mais ces derniers virent augmenter leur nombre, et 2,200 voix repoussèrent la tentative de conciliation de la race euro-

---

fensé reconnaît que le moment est venu pour châtier leurs impertinences, oh ! les voilà qui reculent, et leur recul est si fort qu'il se trouvent renversés pour ne plus jamais se relever.

Eh bien ! laissez-moi vous relever, mais pour vous clouer au pilori, pour vous attacher au poteau de la honte et de l'infamie.

HENRI MILLON,
*le messager du 8 Octobre.*

---

*A MM. G. de Pompignan, L. de Feissal, Duchamp de Chastaigné qui ne veulent pas se battre.*

Lecteurs, connaissez-vous l'animal qui s'appelle Caméléon ? Assurément : Est-ce qu'il y en a pas à Saint-Pierre ? Pas de confusion cependant, ce ne sont pas, comme pourraient le croire ceux qui ont quelques notions d'histoire naturelle, des animaux de la famille des lézards, qui ont la propriété de prendre diverses couleurs suivant qu'ils reçoivent perpendiculairement ou obliquement les rayons du soleil.

Ceux que nous avons le bonheur de posséder sont à la fois bipèdes et bimanes ; et le soleil, quelle que soit la direction de ses feux, n'a malheureusement jamais blanchi leur peau dont les nuances bronzées se trahissent en quelques endroits pour les moins exercés.

Vous avez lu comme moi la déclaration du comité des *Antilles* faite aux amis de M. Hurard, chargés de porter cartel aux rédacteurs de ce journal et, pris d'indignation à la lecture des premières

péenne. La liste du journal *les Colonies* passa tout entière. Comme toujours, voter pour cette liste fut un mot d'ordre obéi ; ceux qui agissaient autrement devenaient traîtres à leur race.

Au lendemain de l'élection, la feuille de M. Hurard, parlant de M. François Bernard et des réactionnaires, s'exprimait ainsi :

« Quels services leur a donc rendus *ce malheureux?* Ces messieurs ne lui donnent leur assentiment que parce qu'on y a inscrit le nom de l'homme qui, par *ses menées* et se disant *républicain*, a tenté de semer la division parmi les républicains ; qui, peu

lignes de cet édifiant document, vous avez été vivement aux signatures. Et vous avez pu voir quels étaient les noms de ces vaillants descendants de chevaliers croisés avec les *Trente-Six-Mois* ramassés sur le pavé des grandes villes et les négresses brutalement enlevées aux déserts de l'Afrique.

Votre étonnement a dû être grand quand vous avez vu s'étaler les noms de Pompignan, Feissal et Duchamp, trois lâches farceurs qui refusent de se battre parce qu'ils se disent blancs.... et blancs d'élément européen ! !

Le sol martiniquais ne vous offre plus de sécurité, à vous, Gaston Assier dit de Pompignan, noble par prescription ! Eh bien, retournez à l'Ile Maurice, ( colonie jadis française), retournez-y, avec votre vrai nom. Vous y trouverez encore des oncles et des neveux. Le soleil d'Afrique n'aura rien fait à leur peau ; et la voix du sang faisant battre leurs nobles cœurs de créoles, peut-être, si vous devenez moins arrogant, obtiendrez-vous sécurité chez les nègres et mulâtres d'Afrique, frères de ceux d'Amérique, pour lesquels vous demandez le gibet, l'échafaud, le bagne, et même le quatre-piquets renouvelé des temps antiques.

Mais, si vous restez toujours le même: lâche, endurci et renégat du sang *guinéen* de votre aïeule, allez à la première bibliothèque venue, et demandez les *Mémoires* de Larcher, qui par bonheur n'ont pas été tous détruits par les vôtres, vous y lirez l'histoire de vos aïeux ; et peut-être alors ferez-vous *Mea-culpâ*.

Écoutons Duchamp de *Chat teigneux* : « ... et si

soucieux des intérêts de la ville, a vidé avec *une désinvolture* sans pareille la caisse des pauvres. »

« Démasqué enfin, M. Bernard a été rendu à d'autres occupations, et aux douceurs de la vie privée.

...................................................

« Et c'est le nom de cet homme *chassé* par l'administration, publiquement honni par ses administrés qui décidait le comité des *Antilles* à patronner la liste des 319 ! »

Arrêtons-nous quelques instants sur cette explosion de haine et sur la diffamation. Avant le 18 juillet M. François Bernard était le protégé des *Colonies*. Entre la recommandation

---

le ministre n'écoute pas nos doléances, nous irons demander asile à une terre étrangère. »

Cette terre étrangère, elle est toute trouvée : Partez pour Haïti.

Conduisez-y votre famille qui, comme tant d'autres, ne s'y sentira pas déplacée.

Vous êtes agronome, le sol vous plaira : il est riche et produit en abondance la canne, le cacao et le café.

Pour occuper vos loisirs séniles vous y créerez un journal intitulé *l'Echo des trois Braves* ; et votre premier article, plein de ce feu qui couve sous la neige de vos cheveux, aura pour titre : Le 8 octobre ou la journée des cartels.

Vous ne manquerez pas d'apprendre à vos lecteurs, si vous parvenez à en raccoler, qu'on pourra s'approvisionner à votre Sosie, le *Propagateur*, journal de la Martinique, rédigé par un quatrième brave qui ne peut laisser son pays parce que, en sa qualité de *républicain conservateur*, il attend encore la place de trésorier particulier de Saint-Pierre.

Drôle de conservateur qui ne sait ni conserver ce qu'il a ni obtenir ce qu'il désire !

Haïti doit être votre pays de prédilection, M. Duchamp, mais ne partez pas sans votre beau-frère, Léon Bernard (dit de Feissal seigneur de Mestoulle) dont la noblesse usurpée eût été mieux relevée à la façon de Soulouque par un titre ronflant de duc de la Marmelade, ou de comte de Trou-Bonbon, ou de baron de l'Etron-de-Porc ou encore de marquis de l'Encoignure.

Ce pays est sien ; et si l'on n'avait encore à la

de cette feuille et les outrages qu'elle prodidiguait ainsi à M. Bernard, que s'était-il donc passé et quels reproches pouvait faire la race de sang-mêlé à un personnage jugé digne auparavant de la représenter au Conseil général ? Disons-le franchement et sans arrière-pensée : le 18 juillet, M. Bernard, noir et maire, n'avait pas voulu être l'homme des vengeances. Chargé de faire respecter la loi et de protéger ses concitoyens, il fit son devoir et risqua sa vie pour sauver celle du docteur Lota. Ce fut son crime aux yeux des exaltés. La veille on ne lui reprochait que son insuffisance ; mais quand le Maire eut prouvé sa valeur, le parti ne lui pardonna pas son attitude.

Ainsi, la race de sang-mêlé, par son organe avoué, soutenu, reproche presqu'à chaque numéro et à chaque ligne, à la race européenne ses haines et ses préjugés. Pour tout le

---

mémoire les détails du scandaleux procès en interdiction fait à M. Bernard père (dit de Feissal seigneur de Mestoulle) par ses fils et son gendre, parce que le bonhomme avait voulu épouser une mulâtresse de la rue Levassor, on n'aurait qu'à regarder le gros *Loulou* Bernard (dit de Feissal seigneur de Mestoulle), vulgairement appelé Feissal *câpre*, pour être convaincu que ces lâches qui ont *sauté le canal* sont de vrais carterons et ont encore des tantes négresses en Haïti, d'après l'aveu public du père Bernard (dit de Feissal seigneur de Mestoulle).

Et maintenant qu'on a fait tomber vos masques enfarinés, vous voilà, Pierrots, ce que vous ne voulez pas être.

Et c'est nous, les mulâtres qui ne renions ni notre origine ni les nôtres qui aurions pu refuser de nous battre avec ces mulâtres renégats, parce que par cela même ils deviennent des gens sans honneur et sans aveu.

OSENAT Fils.

moins « ils sont des réactionnaires attardés dans le regret du passé, les fils d'incorrigibles, des anciens privilégiés cherchant un moyen de reconquérir leurs privilèges perdus. (1) »

C'est par cette longue suite de provocations jetées sans motifs à la race européenne, que M. Hurard a conquis un siège à l'Assemblée nationale. En son nom, ses partisans, pour le venger d'une offense personnelle, ont accablé son adversaire, pillé sa demeure, demandé sa tête, qu'un *noir*, l'homme de la loi, a réussi à préserver ! Et le lendemain, entre le héros de ces longues récriminations et celui que l'honneur de sa conduite élevait au-dessus de ses concitoyens, il n'y a pas eu d'hésitation : M. Hurard a été acclamé par la race de sang-mêlé ; M. François Bernard est devenu le traître, et son nom reste voué à l'infamie !

La conscience s'arrête, la plume hésite devant de telles aberrations. La raison cherche à comprendre le secret de cette inimitié persistante ; peine inutile : la haine de race peut être aperçue dans ses manifestations, on n'en comprendra jamais la nature pour l'analyser et la définir.

Ce que *les Colonies* désiraient, en réalité, c'était le déshonneur public du Maire du 18 juillet. Il fallait effacer par une condamnation ou tout au moins par une poursuite fondée sur des malversations, le mérite attaché au nom de M. François Bernard par sa conduite. *Les Colonies* ne se contenaient plus

---

(1) *Les Colonies* 22 octobre.

et ne paraissaient pas même comprendre que ses visées étaient parfaitement devinées.

« Comme nous le disions au moment du vote du 16 octobre, la Municipalité va se trouver en face d'une situation précaire par suite des errements de la précédente administration. Les caisses de la ville sont vides, et M. Célestin a dû se retirer avant d'avoir pu justifier l'emploi des fonds qui lui avaient été confiés. Il paraît exorbitant à tout le monde ou tout au moins anormal que l'ancien maire ait *dépensé en trois mois*, sans causes connues, tout le budget de la ville (1).

« Nous demandons à M. Bernard où était le danger qui le poussait à se ruer avec une telle furie sur l'argent des contribuables de Saint-Pierre et comment il se fait qu'il a dépensé en trois ou quatre mois, dans des *circonstances qui n'avaient rien d'exceptionnel*, l'argent qui servait l'année entière à tous nos autres maires.

« Le Conseil municipal va nommer une commission pour vérifier les comptes de M. Bernard. »

Et l'article était terminé par ce trait qui est le mot de la situation :

« Nous ne voulons même pas prendre la peine de faire remarquer à ce monsieur qu'il a perdu le droit de parler au nom des *noirs*. Cette dernière tentative de division sera encore infructueuse. M. Bernard, *par ses opinions et ses actes (2) est blanc, tout aussi blanc* que les plus huppés de nos aristocrates. Peu importe la couleur véritable de son épiderme, nous ne nous inquiétons que des idées et des principes de nos adversaires. » (3)

C'est ainsi que l'organe de la race de sang-mêlé poursuivait de ses calomnies un noir,

---

(1) *Les Colonies*, 26 octobre.
(2) L'acte principal de M. François Bernard, qu'on ne l'oublie pas, est sa conduite le 18 juillet.
(3) *Les Colonies*, nº du 29 octobre 1881.

autrefois flatté et recommandé, mais devenu odieux depuis le jour où, placé entre l'honneur de ses fonctions et la haine de race, il avait accompli avec fermeté le devoir de l'honnête homme et du magistrat. (1)

Tels étaient les éléments journaliers d'une polémique où des deux parts la presse locale montrait, avec des tendances différentes, une violence où se reflétait l'antagonisme ardent des races coloniales. A ces causes d'irritation s'était ajoutée pour le parti de M. Hurard l'arrestation de deux hommes de sang mêlé, placés par leur position sociale et leur éduca-

---

(1) A la suite de ces dénonciations une commission administrative a été chargée d'examiner les comptes de la ville de Saint-Pierre. Le rapport de la commission constate que depuis des années la commune de cette ville présente dans son administration les plus graves irrégularités. Voici les termes dont elle se sert :

« La commission est entrée dans tous les détails de la comptabilité, elle s'est efforcée de tout éclaircir, de porter la lumière sur tous les points qui lui ont paru obscurs ; et à la suite de cette longue étude rendue plus pénible *par la difficulté de se reconnaître au milieu d'écritures en désordre ou tenues avec négligence, des registres incomplets ou mal conservés*, elle a acquis la conviction que les intérêts de la ville de St-Pierre sont DEPUIS NOMBRE D'ANNÉES abandonnés à des employés subalternes *peu scrupuleux* PAR DES MAIRES TROP CONFIANS OU TROP OCCUPÉS DE LEURS *affaires personnelles pour conserver un temps suffisant à l'administration de la commune.* »

« Les conseillers municipaux ont eu le tort de se désintéresser beaucoup trop des affaires de la commune : ils se reposaient presque exclusivement sur le Maire du soin de les conduire, et lui laissaient à peu près tout le poids d'une responsabilité à laquelle ils auraient dû prendre plus de part. »

Ce n'était donc pas M. F. Bernard, maire pendant trois mois et le dernier qui ait occupé ces fonctions, qui pouvait être coupable de ces irrégularités. La commission signalait entre autres irrégularités le fait d'un employé de la voirie auquel des dépenses de tour-

tion en dehors des vulgaires agresseurs de
la maison Lota. C'étaient M. Clavius-Marius,
avocat, conseiller général, et M. Duprey de
la Ruffinière, jeune négociant de St-Pierre.
Le premier a été souvent nommé dans cette
étude, à l'occasion de ses discours au Conseil
général ou de sa participation à la rédaction
des *Colonies*. Le second n'avait jamais eu
l'occasion d'occuper les passions coloniales. Marié à une jeune fille très distinguée de sa race, il avait eu la douleur de
perdre sa femme peu de jours après la naissance de leur premier enfant. Ce malheur

---

nées avaient été payées au moyen d'une supposition
de travaux exécutés par l'entrepreneur des répara-
tions et entretiens. Cet employé était M. Calaber,
un *noir* aussi. Le rapport de la commission fut soumis
à M. le procureur général Servatius ; ce magistrat
déclara qu'il n'y avait pas lieu à poursuivre contre
le Maire, mais il vit dans les faits reprochés à M.
Calaber une cause de révocation. La révocation eut
lieu. — Plus tard, après communication des faits ou
du dossier au Ministre des Colonies, l'ordre de poursuivre M. François Bernard et M. Calaber fut donné.
L'instruction établit la complète innocence du Maire
pour lequel il y eut non-lieu, et renvoya M. Calaber
aux Assises où il fut acquitté à l'unanimité sur notre
défense. (*a*)

Nous pouvons donc parler avec certitude de cette
affaire que nous avons étudiée sur pièces, et nous
garantissons les détails puisés dans la lecture du
dossier. On peut consulter sur les finances locales,
et en particulier sur les finances de la ville de Saint-
Pierre, une dépêche du Ministre de la Marine et des
Colonies, relative au rapport de M. Joubert, inspecteur colonial. Cette dépêche est citée dans le numéro
des *Antilles* du 29 novembre 1882.

(*a*) Aux débats il fut établi que les procédés reprochés à M.
Calaber étaient d'usage constant, coutumier à la commune de
St-Pierre, et un des anciens maires, M. Comairas, revendiqua
hautement la responsabilité de ces agissements, en déclarant
qu'à faire autrement l'administration d'une commune serait impossible.

avait éveillé une grande sympathie dans la ville, et la race blanche, en particulier, avait en très grand nombre accompagné le convoi funèbre. C'était précisément le D$^r$ Lota qui avait assisté et soigné Madame de La Ruffinière, et il avait tenu, aux obsèques, un des cordons du poêle. En un mot, les époux de La Ruffinière par leur jeunesse, par leur nom qui est un des plus beaux de la colonie, par le respect général attaché à la famille de la jeune femme, occupaient une place à part dans la race de sang-mêlé. On pouvait reprocher à Monsieur Clavius-Marius de déplorables opinions, des actes détestables au Conseil général ou dans la presse, mais personne ne contestait son intelligence, sa facilité, son aptitude professionnelle qui lui promettaient un rang distingué au barreau, si, à ces dons naturels, il savait ajouter le travail et l'expérience. On s'étonnait donc que ces deux jeunes hommes, placés dans des conditions si exceptionnelles qu'avec eux, même en l'état des esprits, il fallait encore compter, eussent pu se compromettre et compromettre leurs noms, leur avenir, dans un crime sauvage. Ces deux noms mêlés à ceux des pillards de la maison Lota gênaient, on le pense bien, la race de sang-mêlé. Déjà, avant l'arrestation de M. Clavius-Marius, le parti dont il est un des chefs l'avait élu au Conseil municipal de Saint-Pierre, et cette assemblée l'avait désigné pour les fonctions d'adjoint au maire, que le Gouverneur lui confia. Cette protestation n'avait pas arrêté les investigations de la justice, et c'était sur un arrêt de la chambre des mises en accusation, présidée par un magistrat de sang-mêlé, dédaigneux des passions de race et habile jurisconsulte, que son arrestation avait eu lieu. Il faut le dire : tout l'effort de la polémique entretenue dans la presse ne portait que sur ce point unique : l'acquittement des deux jeunes accusés. C'est sur les faits révélés par la voix publique, démentis par *les Colonies*, qu'avaient porté d'abord la discussion, envenimée à l'excès par l'arrestation de MM. Clavius-Marius et Duprey de la Ruffinière.

La passion avait tout envahi ; la justice, la raison, les convenances n'avaient plus place depuis l'explosion de colères, de ressentiments, de rancunes, soulevée par les événements de juillet, par le réveil de la race européenne, l'élection de M. Hurard et l'arrestation de deux membres de la haute société de sang-mêlé. Ceux que leurs fonctions obligeaient à faire montre de modération étaient également emportés par le mouvement et, au sein du Conseil général, le vénérable Evêque de la Martinique expiait sa qualité d'européen et son caractère de Pontife par les injures les plus outrageantes. Au moment où se présentait la Fête de Noël, l'Evêque, témoin de l'état des esprits, craignit que la Messe de Minuit ne devînt un danger pour la paix publique ou que la dignité du culte n'eût à en souffrir. Le Prélat écrivit aux prêtres de son diocèse une lettre confidentielle où se trouvait ce paragraphe:

« Cette année, en raison de la disposition des esprits, nous vous invitons à supprimer la Messe de

Minuit qui se célèbre chaque année dans vos paroisses, à l'occasion de la Fête de Noël. Il existe malheureusement toujours, dans nos populations ordinairement si calmes, une certaine fermentation, et il est à craindre qu'un office de nuit, en pareille circonstance, ne devienne une occasion de désordre dans quelques unes de nos églises. Nous ne devons point nous exposer à une pareille éventualité: il vaut mieux prévenir le mal que d'avoir à le déplorer plus tard. »

Ce simple conseil, dicté par la plus sage prudence et donné dans des termes si étrangers à toute préoccupation de race, fut le prétexte d'une inconcevable fureur au sein de l'assemblée locale. Le parti dominant était intéressé à donner le change à la France et à laisser croire que le calme régnait à la Martinique. Les violences soulevées par la résolution si inoffensive de l'Evêque étaient la meilleure et la plus piquante justification de ses prévisions. A la séance du Conseil général du 9 décembre, M. Deproge, à ce moment président de l'Assemblée, se livra contre le Prélat à une longue et virulente diatribe;

Messieurs, dit M. Deproge, si j'ai laissé le fauteuil de la présidence pour venir prendre mon ancien poste de conseiller général, c'est parce que j'ai à remplir un devoir qui s'impose à ma conscience.

Il est temps de protester enfin contre certains agissements de l'épiscopat colonial, et nulle occasion ne pourrait être plus favorable pour cela que celle que nous offre la discussion de la proposition déposée par M. O. Duquesnay.

C'est une mesure d'ordre public qu'il s'agit de solliciter de la métropole. Il est heureux que la proposition nous en soit faite aujourd'hui ; car si le déplacement de l'évêque est une nécessité politique, la demande que nous en ferons dans les circonstances actuelles devra être aussi considérée comme une protestation très énergique et très significative contre ceux qui, sous des saintes apparences, ne tendent qu'à mettre le désordre parmi nous, et qui, sous prétexte de religion, ne cherchent qu'à créer ici des agitations politiques.

Quand, après la révolution de 1848 et sous le sous-secrétariat de M. Victor Schœlcher, on demandait la création de l'évêché de la Martinique, il ne s'agissait, en ce moment, que d'organiser fortement le clergé colonial, de mettre à sa tête un chef puissant qui pût faire entrer dans l'ordre et dans la discipline ceux qui, à cette époque, en sortaient trop souvent ; la lecture de certaines notes confidentielles émanées des préfets apostoliques, et qu'on retrouverait, sans doute, encore dans les cartons de la direction de l'intérieur, suffirait pour nous convaincre de l'utilité de cette création. On avait songé, en donnant un chef puissant à notre clergé, servir les intérêts de la religion, mais on n'avait pas pensé qu'en agissant ainsi on donnerait une tête au parti de l'agitation ; on n'avait pas voulu j'imagine, créer un État dans l'État et mettre en présence de l'autorité civile et administrative une autre autorité ecclésiastique indépendante et opposante, capable de créer un jour les plus graves embarras.

C'est pourtant ce qu'on a fait en permettant contre toute raison à l'évêque de la Martinique d'avoir son siège à Saint-Pierre.

Nous avons à la Martinique, un gouverneur, un ordonnateur, un directeur de l'intérieur, un procureur général, dont les forces réunies et centralisées sont assez efficaces pour assurer à l'administration du pays une marche sûre. Cette organisation est très puissante et suffit à maintenir l'ordre ; mais que peuvent toutes ces autorités quand le désordre est organisé par cette autre puissance indépendante qui agit toujours au nom de Dieu et qui s'appelle l'évêque ?

Ici, les différentes autorités que je viens de citer n'ont que leur rang naturel et la part d'influence qui leur revient légitimement : ce sont de simples chefs d'administration dont l'action commune est dirigée vers le même but. Ils sont tous à Fort-de-France, ils ont le même esprit, ils reçoivent la même inspiration ; mais à Saint-Pierre l'évêque est isolé de tous ses collègues, il est loin de toute action gouvernementale, il est une autorité dont aucune autre ne peut prévenir les écarts ni surveiller efficacement la conduite.

Tous les autres chefs, je le répète, sont à Fort-de France, ils entourent le Gouverneur et lui sont soumis, l'évêque seul est à Saint-Pierre, son isolement augmente son autorité, il peut rallier autour de lui un parti, et c'est sous sa bannière que viennent naturellement se ranger tous ceux qui refusent de se soumettre à l'autorité légitime.

En peut-il être autrement ? Certainement non, Messieurs, les derniers événements que nous avons traversés sont la preuve la plus évidente que je n'exprime pas ici une crainte chimérique.

L'administration n'a à Saint-Pierre, dans la première ville de la colonie, la plus importante à coup sûr non seulement par sa population et sa richesse, mais encore par le mouvement de ses idées, et dans cette ville, pas un fonctionnaire ne représente directement l'autorité centrale, pas un agent dépositaire de la volonté du gouvernement n'existe en face de cette autorité épiscopale qui est considérable.

Le maire de la ville seul représente l'administration ; mais, nous le savons, ce n'est pas suffisant. Il peut arriver, en effet, que ce maire ne représente pas exactement la population, qu'il ait perdu sa confiance, qu'il soit faible, mal conseillé, sans prestige enfin, eh bien ! des troubles éclatent, une agitation inaccoutumée règne dans les esprits, l'ordre est menacé, cet homme ne peut rien et à côté de lui se dresse une autre autorité puissante, intacte, presque souveraine à certain moment. Qu'est-ce qui commande alors, le maire ou l'évêque ?

Voilà la situation anormale qu'il s'agit de faire cesser, voilà le danger qu'il importe de conjurer.

Car c'en est un véritable, Messieurs, il n'est plus permis d'en douter aujourd'hui, et pour mieux vous le faire paraître, laissez-moi vous mettre sous les yeux l'étrange document que l'évêque actuel de la Martinique a osé publier :

« Cette année, en raison de la disposition des esprits, nous vous invitons à supprimer la messe de minuit qui se célèbre chaque année dans vos paroisses, à l'occasion de la fête de Noël. Il existe malheureusement toujours, dans nos populations ordinairement si calmes, une certaine fermentation et il est à craindre qu'un office de nuit, en pareille circonstance, ne devienne une occasion de désordre dans quelques-unes de vos églises. Nous ne devons point nous exposer à une pareille éventualité; il vaut mieux prévenir le mal que d'avoir à le déplorer plus tard. »

J'ignore si M. l'évêque a cru sincèrement prévenir le mal en le créant, mais à coup sûr, il n'aura pas notre approbation. L'ordre règne à la Martinique, et la précaution que l'on prend de ne pas offrir l'occasion de le troubler nous semble bien extraordinaire. Cette prudence nous étonne, et cependant on la pousse si loin qu'on ne craint pas de l'étendre à tout le pays. Certes, l'évêque est maître d'écrire aux membres de son clergé ce qui lui plaît et nous n'avons point à nous immiscer dans ses affaires de discipline intérieure ; mais quand il accuse toute une population, quand il fait peser sur nous tous qui sommes affamés de tranquillité, une suspicion si imméritée, nous avons le devoir de protester bien haut et de lui dire qu'il commet une action indigne de son caractère.

Car après tout, ce qu'on a voulu, nous le savons, et si la volonté de l'évêque n'a pas été celle que nous croyons, le résultat de sa conduite sera toujours le même.

Sa circulaire aura en France un immense retentissement. On se demandera dans quel désordre nous vivons, si, dans un pays aussi catholique que la

Martinique, où la population est si attachée aux cérémonies religieuses et où il n'y a pas d'exemple que dans aucun temps on ait troublé en quoi que ce soit les exercices du culte, on ne peut plus même célébrer la messe sans provoquer des troubles. Pour moi qui connais mon pays, j'eusse été fort ému d'apprendre que l'évêque a été obligé d'interdire dans toutes les paroisses de la colonie la messe de minuit ; j'eusse cru à l'imminence d'un grand danger, à l'existence d'une agitation réelle.

Et voilà pourquoi précisément nous protestons énergiquement contre cette manœuvre. Ainsi voilà où nous en sommes. Au milieu du calme le plus profond, il faut que l'évêque découvre des désordres qui n'existent que sous sa mitre et qu'il les annonce à tous ceux qui peuvent l'entendre. Dans nos temps les plus troublés, en 1870, par exemple, on a pu célébrer la messe de minuit. Mais cette année on ne le pourrait pas. Et cette accusation est lancée par un homme de paix contre tout un pays ! Eh bien ! je dis que c'est là une indignité.

Il n'appartenait pas à l'évêque de lancer cette note de discorde au milieu de nous. Ce document plein de fiel a été sans doute arraché à la faiblesse du prélat : nous y reconnaissons la même main que nous retrouvons depuis quelques années dans toutes nos affaires. Il est triste de voir des ministres de la religion mêlés ainsi aux agitations politiques, et notre devoir est de le dire bien haut.

La France sera avertie et se tiendra en garde : elle ne sera pas plus trompée par l'évêque qu'elle ne l'a été par d'autres. Elle comprendra au contraire, à notre protestation, le danger qu'il y a de laisser durer plus longtemps la situation anormale que nous signalons.

Je me résume, Messieurs, quelles que soient d'ailleurs nos opinions particulières, il est un point où nous sommes tous d'accord : nous connaissons tous l'histoire de ces derniers temps et nous sommes tous unis pour vouloir l'ordre et la paix. Nous ne pouvons pas laisser plus longtemps l'administration désarmée en présence des agissements du haut clergé, nous ne pouvons pas laisser dans son isolement et sa puissance cette autorité indépendante qui commande à Saint-Pierre et tend à en faire une sorte de ville épiscopale du moyen âge. Nous ne pouvons pas abandonner une ville comme Saint-Pierre aux passions des lévites.

Vous voterez donc tous la proposition de M. Osman Duquesnay. Vous tiendrez aussi à protester avec moi contre les accusations odieuses dont notre pays est l'objet, à élever votre voix pour faire entendre la vérité : à côté des allégations du pape de la colonie, il faut une déclaration du conseil général de la Martinique.

Je vous propose de voter l'ordre du jour suivant :

Vu le passage suivant d'une lettre circulaire de l'évêque de la Martinique, en date du 28 novembre 1881 :

« Cette année, en raison de la disposition des esprits, nous vous invitons à supprimer la messe de minuit qui se célèbre chaque année dans vos paroisses, à l'occasion de la fête de Noël. Il existe malheureusement toujours, dans nos populations ordinairement si calmes, une certaine fermentation, et il est à craindre qu'un office de nuit, en pareille circonstance, ne devienne une occasion de désordre dans quelques-unes de vos églises. Nous ne devons point nous exposer à une pareille éventualité : il vaut mieux prévenir le mal que d'avoir à le déplorer plus tard. »

Le conseil général de la Martinique proteste avec indignation contre les *imputations perfides* contenues dans le mandement précité.

Il déclare, d'accord en cela avec l'autorité supérieure, que l'ordre règne à la Martinique, et que, seules, *les injustes méfiances et les accusations calomnieuses du genre de celles contenues dans cet écrit* seraient de nature à le troubler, si l'esprit de la population martiniquaise pouvait un seul moment s'y prêter. »

E. Desrivaux, A. Lacourné, Thaly, O. Duquesnay, M. Hayot, A. Nollet, A. Cécina, F. Hayot, R. Costet, E. Agricole, Th. Lafontaine, Mézel, Aug. Waddy, Saint-Félix, Denis, P.-L. Pomponne, Beauharnais Cadeau, E. Déproge.

« Je n'ai pas à ma disposition la police de l'évêque, reprend un membre de l'assemblée : et je ne puis pas savoir quel est l'état des esprits à Saint-Pierre et dans les autres localités ; mais je proteste contre cette prévention épiscopale pour Fort-de-France, et je ne crois pas que M. l'évêque puisse être autorisé à fermer l'église la nuit de Noël à une population qui est des plus calmes. Je n'hésite donc pas à me rallier à l'ordre du jour qui nous est proposé. »

Puis M. Waddy clôt la question en ces termes : J'avais demandé la parole pour protester contre une *infamie*; *justice vient d'en être faite*; je renonce à la parole. »

Dix-huit membres sur dix-neuf votèrent l'ordre du jour proposé par M. Déproge. Seul, M. François Bernard s'abstint. A une des séances postérieures, cinq conseillers adhérèrent à cette déclaration de guerre.

Le caractère et les vertus de Monseigneur Carmené auraient dû le protéger et ne purent le défendre contre un vote qui constituait un outrage en même temps qu'un déplorable excès de pouvoir. D'une piété douce, d'une affabilité qui accueille avec la même bienveillance les uns et les autres, l'Evêque de la Martinique a au plus haut degré cet art délicat qui fait aimer la Religion et ses ministres. Etranger par sa haute mission comme par son cœur aux divisions coloniales, il suit avec émotion la lutte déplorable que la Révolution livre à la Religion en France et aux Colonies. Ses préoccupations pour la Foi, pour les âmes, sont vives. Entre tous ses diocésains il ne voit que des enfants auxquels il se doit également, selon sa belle devise : *Omnibus debitor sum*. Il est impossible de comprendre l'agression dont le vénérable Prélat a été l'objet, si l'on ne connaît l'esprit irréligieux de la grande majorité de l'Assemblée coloniale. Il faut y joindre aussi ce désir du bruit, cette passion de la harangue dont le jeune orateur a si souvent fait preuve. La préoccupation de quelques chefs de sang-mêlé, intéressés à contester le trouble des esprits à la Martinique, ne peut expliquer à elle seule la délibération du Conseil et l'exaltation de M. Deproge. Le véritable motif de ce hors d'œuvre était dans le caractère de l'Evêque. C'est au Pontife que s'adressait l'outrage ; c'est l'impiété qui soufflait ses fureurs à des hommes égarés par l'exemple de la Métropole. La lettre du Prélat n'était pas un document public. Elle ne devait pas être connue en France. Mais le prétexte était bon, et ce fut l'occasion de donner à la Martinique le spectacle d'une Assemblée de républicains où les formes, le respect des usages et des convenances étaient facilement violés, pourvût qu'il s'agît du Chef du Diocèse (1).

Dans une précédente session le Conseil général avait enlevé à l'Evêque, pour l'affecter aux professeurs du Lycée, la maison de campagne dont la jouissance lui avait été abandonnée depuis 30 ans par la Colonie. Cette mesure avait été soumise au Ministre de la

---

(1) Cette attitude était d'autant plus injuste que, peu de jours après, le paquebot d'Europe apportait les journaux de Paris. Les intransigeants eux-mêmes demandaient au Gouvernement d'intervenir auprès de l'Archevêque de Paris pour faire interdire la messe de minuit, en raison de l'état des esprits.

marine et des colonies qui la ratifia. Une longue possession, le vote d'une assemblée publique et l'assentiment de la grande majorité du pays étaient effacés dans une intention trop visible. L'affront était d'autant plus blessant que la nouvelle destination ne s'adressait pas à de vieux serviteurs : le lycée ouvert dans la même année n'avait pas donné à ses professeurs le temps de mériter une récompense.

Au milieu de tant d'éléments de discorde, la session des assises s'ouvrit à St-Pierre le 12 décembre 1881. Trente deux accusés comparaissaient pour répondre du crime de destruction et de pillage de la maison Lota. Le Jury avait déjà été inauguré, mais cette grave affaire devait être l'épreuve où la nouvelle institution allait être jugée. Les *Colonies* prenaient soin de donner dans un exemple la définition des devoirs imposés aux jurés :

« Un homme, disaient-elles, ayant la preuve du crime d'adultère commis par sa femme, et sur les provocations de sa femme la tue dans un moment d'emportement, est-il coupable ?

La conscience dit : non.

La Cour pose la question suivante, car il faut éclairer le pays.

« Est-il constant que l'accusé un tel ait porté des coups et blessures qui ont déterminé la mort de la nommée une telle, sa femme légitime ?

« Le fait est constant, patent. Mais si vous dites OUI, c'est un homme que vous ne voulez pas condamner et que vous envoyez néammoins à la mort; et si vous dites NON, *et c'est votre droit*, il est acquitté.

« On ne répond pas, dit d'abord Crémieux, le républicain, et ensuite le légitimiste Berryer, aux questions de messieurs de la Cour, on n'écoute que la conscience, et quand on veut acquitter on acquitte, quand on veut condamner on condamne. »

L'article se terminait par ces lignes significatives :

« On ne condamne que les criminels, on ne saurait condamner les égarés *et encore moins ceux là* dont l'égarement est la conséquence malheureuse d'une PROVOCATION LONGTEMPS ÉTUDIÉE ET PRÉMÉDITÉE. » (1)

En même temps la feuille radicale commençait une série d'articles, dont le titre « M. LOTA » appelait naturellement l'attention. Cette publication tendait à démontrer que, le 18 juillet, la provocation était partie du Dr Lota.

Les débats durèrent près d'un mois. Les jurés étaient pour la plus grande partie des hommes de sang-mêlé, parmi lesquels la défense avait laissé passer quelques européens peu influents. Les rôles furent complètement intervertis. L'attitude de la défense fit de tous les accusés des victimes calomniées ; quelques-uns étaient des sauveurs accourus au secours de M. Lota et méconnus. Les témoins à charge seuls furent les véritables coupables : depuis le Procureur de la République jusqu'aux domestiques des demeures voisines de la maison Lota, tous, à peu d'exception, furent publiquement accusés ou soupçonnés de faux témoignage et désignés au mépris public. L'apologie des accusés marchait de front avec l'outrage pro-

(1) *Les Colonies*, 30 novembre 1881.

digué aux témoins qu'on essayait d'intimider de toutes façons. Quelques-uns furent menacés au dehors, d'autres insultés et frappés. (2) Après les débats le Procureur général par intérim, M. Fournier L'Etang, développa les charges. La parole de ce magistrat, toujours sobre et pressante de logique, se renferma plus étroitement encore cette fois dans le cadre de l'accusation. Son réquisitoire, modèle de dialectique, et fondé sur le caractère de plus en plus élevé des témoignages, emportait la conviction. La défense fit le procès à la race européenne, au docteur Lota, aux journaux conservateurs soulevés, après trois ans d'outrages, contre le tribun dont l'ambition avait mis en conflit les populations coloniales. C'était la glorification de M. Hurard. L'auditoire, presque désert dans les séances précédentes, était envahi à ce moment par une affluence appartenant en partie à l'élite de la race de sang-mêlé. Quelques ardents avaient seuls suivi jusqu'alors les débats, se signalant par des marques visibles d'approbation ou d'improbation. Indifférents durant les premiers jours, beaucoup d'hommes de couleur se pressaient à la fin pour entendre ces apologies passionnées où ils retrouvaient la justification et l'écho de leurs propres passions. Après vingt-six jours d'audience, le jury entra en délibération et rendit un verdict négatif sur toutes les questions et pour tous les accusés. L'esprit de race l'avait emporté sur la justice.

Une ovation bruyante accueillit les accusés

---

(2) M. Duribar, notamment.

à leur sortie de l'audience. Pour la foule si longtemps remuée par les passions locales, c'étaient des victimes échappées à la réaction ; pour les habiles c'était la partie intelligente et civilisée des hommes de sang-mêlé sauvée d'une affaire où l'honneur de la race était intéressé. Etrange logique de l'esprit de race ! Deux accusés condamnés, en admettant qu'ils eussent été coupables, eussent constitué une honte pour leurs congénères ; mais leur acquittement, confondu avec l'acquittement de vulgaires émeutiers, ne faisait pas rougir d'un compromis où la justice était sacrifiée à un calcul de parti.

L'épreuve était décisive pour le jury. Cette institution, toujours suspecte quand on peut craindre l'influence des passions politiques, avait donné la mesure de sa solidité. Tant qu'ils ont été en présence d'accusés de crimes ordinaires, on a vu les jurés coloniaux obéir à la loi générale de la conscience humaine qui condamne le mal ; mis en face d'un crime où la faute empruntait aux circonstances le caractère d'une vengeance de race, le point de vue moral avait changé. L'acquittement était un point d'honneur pour le parti. Dans le nombre des jurés il s'est trouvé un homme d'un caractère extrêmement doux et fort aimé jusqu'alors, qui n'a pas craint d'accepter la mission à lui dévolue par le sort, quoiqu'il fût notoirement connu pour être le cousin d'un des accusés et qu'il eût même été, a-t-on dit, un moment son mandataire. Si la conscience lui avait dit son parent coupable, était-il certain de ne pas faiblir et de condamner? Les Brutus sont rares de notre temps, même parmi les républicains. Absoudre, c'était trahir sa conscience; condamner, n'était-ce pas trop demander à la nature? Il n'y avait donc qu'un parti qui pût satisfaire la double exigence de l'esprit de famille et de la loi : c'était l'abstention. On peut récriminer contre les anciens dominateurs du pays ; on peut, en particulier, critiquer des décisions judiciaires où les passions locales ont voulu voir tour-à-tour de la faiblesse ou de la sévérité. Nous ne croyons pas qu'on cite un seul exemple, où à la Martinique, des Magistrats, des assesseurs soient montés sur leurs sièges pour faire de la justice un instrument de leurs passions. La prévoyance du législateur de 1828 a été pleinement confirmée par l'arrêt du 17 janvier 1881. L'ordonnance organique de la justice avait voulu pondérer le jury par la magistrature. Les nécessités coloniales justifiaient ce tempérament. Sous le régime de 1828, quatre assesseurs faisaient partie de la Cour et délibéraient sur la peine. Si la voix des Magistrats pouvait influencer celle des assesseurs, une disposition favorable faisait une part bien large à l'indulgence. La simple majorité ne suffisait pas pour la condamnation ; il fallait cinq voix sur sept. L'assessorat, recruté dans les éléments distingués du pays, ne faisait pas acception de races ou de personnes, mais il ne confiait pas la plus haute prérogative sociale, celle qui devrait exiger la plus grande somme de connaissances et de moralité, à des hommes sans instruction, étrangers aux premières notions du droit, ou sans culture intellectuelle. On a pu quelquefois circonvenir des assesseurs et implorer leur pitié en faveur d'un accusé intéressant ; jamais, croyons-nous, ils ne se sont montrés implacables. La défense n'avait pas besoin de se préoccuper de leur origine : nous avons vu des blancs jugés par trois ou quatre assesseurs appartenant à la race de sang-mêlé, des noirs et des hommes de couleur jugés par un assessorat entièrement composé d'Européens : pas une voix n'a reproché aux uns ou aux autres leur verdict. Aujourd'hui le jury a fait ses preuves. En réalité ce sont les passions de race, c'est la politique qu'on a voulu substituer à la justice. Dans le procès du sac de la maison Lota, la défense a écarté tous les blancs un peu connus. A une session postérieure, un avocat de sang-mêlé qui avait occupé dans le procès de juillet, devait présenter la défense d'un européen : il récusa sans distinction tous les hommes de couleur. Dans l'institution nouvelle, en général, ce n'est donc pas la moralité du juré, ce ne sont pas ses lumières, ce n'est pas son impartialité supposée qui déterminent le choix de la défense ; celle-ci s'inspire des préventions attachées aux idées de race. Une telle suspicion est la condamnation même du jury et la négation de la justice. (1)

---

(1) Nous pourrions critiquer le Jury à bien d'autres points de vue. La composition des listes, par exemple, fournit un grand nombre de personnages

L'arrêt du 17 janvier a été suivi d'une réaction administrative où la plupart des défenseurs de M. Lota ont été brutalement révoqués ou déplacés. Déjà M. François Bernard, le courageux Maire du 18 juillet, avait été sacrifié aux rancunes du parti; plus tard M. Moralis avait été renvoyé en France et mis à la disposition du ministre. Le Procureur de la République, déjà rappelé au Chef lieu, partait à son tour sous le poids des suspicions les plus injurieuses. M. Casanova, le commissaire de police, et son adjoint, M. Montoison, étaient révoqués. Cette dernière mesure a été un véritable scandale. Quelques semaines après le 18 juillet, le 15 août, M. Montoison qui avait passé la journée en mission au Prêcheur, revenait le soir à St-Pierre, quand il rencontra un groupe dont l'attitude lui parut hostile. M. Montoison était accompagné de trois amis. Après avoir reconnu dans l'adjoint du commissaire de police et ses compagnons des hommes de sang-mêlé; le groupe qui venait de St-Pierre s'écria : « ce ne sont pas des blancs, laissons-les passer. » Ce fait parut avec raison fort grave à M. Montoison qui en parla à M. Cazanova, son chef. Celui-ci fit appeler les trois compagnons de route de l'adjoint qui déposèrent unanimement comme lui. Le

---

absolument étrangers aux choses judiciaires. On n'a pas encore oublié au Palais la solution donnée par le Jury d'une des récentes sessions à ces deux questions : « *L'accusé est-il coupable d'avoir donné des coups et fait des blessures volontaires? — Ces coups et blessures ont-ils occasionné la mort ?* » Sur la première question le Jury répondit : « *non ;* » sur la seconde, il eut le secret de répondre : « *oui.* »

commissaire de police rédigea un rapport appuyé de l'enquête et adressa le tout au Procureur de la République. Le fait avait transpiré, et le journal *Les Antilles* en avait donné le récit. Les mois s'écoulèrent sans que le public en sût davantage, lors que trois jours après l'arrêt de la Cour d'Assises, le 21 janvier, paraissaient au *Moniteur de la Martinique* deux arrêtés qu'il est indispensable de reproduire pour l'intelligence de cette affaire :

Vu l'article 62 § 4 de l'ordonnance organique du 9 février 1827-22 août 1833 ;

Vu l'arrêté du 7 février 1865 portant organisation de la police dans la Colonie ;

Considérant qu'il résulte de preuves écrites que M. Casanova (Jacques-Jérôme) commissaire de police a exercé sur un de ses subordonnés une pression telle qu'il a amené celui-ci à adresser le 15 août 1881 au Procureur de la République, un *procès-verbal contraire à la vérité.*

Vu le procès-verbal de l'enquête faite le 7 novembre dernier, par l'administrateur de la commune de la Trinité et de laquelle il résulte que, pendant la période électorale dans cette commune, M. Casanova marchait armé dans les rues et avait une attitude incompatible avec son double caractère de fonctionnaire public et d'officier de police judiciaire ;

Vu les comptes rendus des débats qui viennent de se dérouler à la Cour d'Assises, d'où il ressort que M. Casanova a tenu à St-Pierre, une conduite passionnée inspirée par des préférences politiques.

Attendu que cet agent a manifesté d'ailleurs par des actes réitérés son hostilité aux institutions actuelles ;

Sur la proposition du Directeur de l'Intérieur,

Arrête :

Art. 1er. — M. Casanova (Jacques-Jérôme) commissaire de police à la Trinité, est révoqué de ses fonctions ;

Art. 2. — Le Directeur de l'Intérieur est chargé de l'exécution du présent arrêté, qui sera inséré au Moniteur et au Bulletin officiel de la Colonie et enregistré partout où besoin sera.

Fort-de-France, le 21 janvier 1882.

V. ALLÈGRE

*Par le Gouverneur,*
*Pour le Directeur de l'Intérieur,*
Le chef du bureau délégué,
J. DEPROGE.

Pour copie conforme,
*Le Directeur de l'Intérieur.*
SAINTE-LUCE.

Vu l'article 62, § 4, de l'ordonnance organique du 6 février 1827-22 août 1833;

Vu l'arrêté du 7 février 1865, portant organisation de la police dans la colonie;

Vu la déclaration écrite faite, *le 28 septembre dernier*, par M. Montoison, commissaire de police adjoint à Saint-Pierre et dans laquelle il reconnaît avoir adressé au parquet de cette ville, le 15 août 1881 sous la pression de son chef, M. Casanova, un procès-verbal contenant des faits inexacts;

Attendu qu'en altérant, par complaisance ou par faiblesse, la vérité dans une pièce authentique, M. Montoison a gravement manqué à ses devoirs professionnels;

Attendu, d'ailleurs, que la manière de servir de cet agent est en général peu satisfaisante;

Sur la proposition du Directeur de l'Intérieur,

ARRÊTE :

Art. 1. M. Montoison (Henry), commissaire de police adjoint de St-Pierre, est révoqué de ses fonctions.

Art. 2. Le Directeur de l'Intérieur est chargé de l'exécution du présent arrêté, qui sera inséré au

*Moniteur* et au *Bulletin officiel* de la colonie et enregistré partout où besoin sera.

Fort-de-France, le 21 janvier 1882.

V. ALLÈGRE.<br>
Par le Gouverneur :<br>
Pour le Directeur de l'Intérieur,<br>
*Le chef du bureau délégué,*<br>
J. DEPROGE

Laissant de côté un des trois griefs servant de fondement à la mesure prise contre M. Casanova, nous nous arrêterons seulement au reproche qui lui était fait d'avoir exercé sur M. Montoison une pression telle qu'elle avait amené ce dernier à adresser le 15 août 1881, au Procureur de la République, un rapport contraire à la vérité. C'est M. Montoison lui-même qui va raconter les faits. Ce fonctionnaire, révoqué le 21 janvier, écrivait au journal *La Défense* la lettre que nous transcrivons :

*Saint-Pierre, le 3 février 1882.*

Monsieur le Rédacteur,

Atteint dans mon honneur par une révocation basée sur un fait honteux qui m'expose à perdre toute considération, je crois de mon devoir de donner des explications publiques qui réduiront ce fait à sa véritable valeur.

Le 15 août, en revenant de Sainte-Philomène où m'avait retenu mon service durant l'après-midi, j'ai été ainsi que je l'ai déclaré dans un rapport à M. le Commissaire de Police, arrêté par une bande d'individus armés de bâtons.

J'étais alors accompagné de trois personnes qui ont affirmé dans une enquête faite à ce sujet, que les choses se sont passées ainsi que je l'ai dit dans mon rapport.

Je n'ai point, M. le Rédacteur, adressé ce rapport à M. le Procureur de la République, je n'avais pas qualité pour cela ; j'ai simplement rendu compte à mon chef M. Casanova, et c'est lui qui a envoyé un rapport au parquet avec l'enquête.

Un mois après, et durant ce mois aucune observation ne m'avait été faite par l'autorité supérieure sur cette affaire de Sainte-Philomène, M. le Directeur de l'intérieur et le Président du Tribunal de première instance, se sont présentés au bureau du Commissariat de Police où je me trouvais avec M. Casanova. C'était le dimanche 18 septembre, jour des élections pour le corps législatif.

M. le Directeur de l'intérieur m'a invité à lui faire un écrit de l'incident de Sainte-Philomène ; je me suis rendu à cette invitation. A peine avais-je terminé que M. le Président du tribunal me donnait un énergique démenti, ou si l'on aime mieux, repoussait ma narration en me traitant de menteur. De son côté, M. le Directeur de l'intérieur me déclarait que, puisqu'il en était ainsi, je n'avais pas fait mon devoir et d'ailleurs que je n'étais pas né pour faire un Commissaire de Police.

M. Casanova était présent, je le répète, il a tout vu, tout entendu.

Le lendemain, avant de quitter Saint-Pierre, le Directeur de l'intérieur m'adressait l'ordre suivant :
« M'envoyer copie de la lettre que vous avez
« adressée à M. le Procureur de la République au
« sujet de votre affaire de Sainte-Philomène. »

N'ayant jamais rien adressé au parquet j'ai compris qu'il s'agissait de mon rapport à mon chef M. Casanova, je l'ai immédiatement expédié.

Cet envoi n'a été suivi d'aucune observation, mais quelques jours après, M. le Directeur de l'intérieur, se trouvant de nouveau à Saint-Pierre, a fait ma rencontre à la porte de la justice de paix du Mouillage et là, s'est engagée une conversation dans laquelle, je lui ai fait la promesse de lui adresser une lettre qui contiendrait la *dénégation* du fait de Sainte-Philomène.

Cette lettre, je l'ai écrite, je dois le reconnaître ; elle doit porter, en effet, la date du 28 septembre mais je n'en ai pas gardé copie. C'était déjà assez de faiblesse comme cela en l'écrivant. Mais qu'il me soit permis de dire, j'ai redouté une *destitution*, j'ai tremblé pour ma place qui était ma seule ressource, j'ai eu peur d'être réduit à une détresse profonde, et d'ailleurs, M. le Directeur de l'intérieur m'avait déclaré que la lettre ne devait être que l'expression d'une *confidence* faite à lui seul et confiée à son *honneur*. Je n'ai pas cru dès lors, qu'en cédant à ses instances, je faisais autre chose que de me préserver de la perte de ma place. Puisse cette raison être une excuse aux yeux de tous ceux qui se sont trouvés dans une pareille situation, et de tous ceux qui comprennent cette situation sans y avoir jamais été exposés. J'ajouterai enfin que, muni de cette dernière pièce, le Directeur de l'intérieur n'a plus jamais parlé de l'affaire de Ste-Philomène et de la rétractation fausse qu'il m'avait arrachée ni à M. Casanova, ni à moi-même. C'est l'arrêté de révocation qui a dû apprendre à M. Casanova l'existence de ma lettre du 28 septembre, bien que M. Casanova fût considéré comme m'ayant prescrit le rapport du 15 août considéré comme faux.

Tels sont, M. le Rédacteur, les faits qui se sont passés ; je n'ai rien dissimulé, j'ai dit les choses comme elles se sont passées, sans même tenter de cacher ce qui pouvait être contre moi ; je n'ai donc rien à craindre de ce côté. Deux tentatives ont été faites pour m'amener à rétracter mon rapport du 15 août : une première le 18 septembre et celle plus pressante qui a amené ma lettre du 28. Je laisse avec confiance le public juge de ces faits, convaincu d'avance qu'il n'oubliera pas que j'ai eu l'honneur d'être Adjoint et Maire pendant douze ans de ma commune, et que j'ai su obtenir en tous temps l'estime et la considération de tous mes administrés qui m'en ont donné le témoignage public en me réélisant à chaque élection. J'invoque, pour me couvrir de l'horrible abus qui a été fait d'une *lettre arrachée* à ma triste situation, les

que j'ai données en toutes circonstances de mon honnêteté et de mon dévouement. Je rappellerai aussi que je possède en main des lettres des plus flatteuses sur mon honorabilité et mon caractère, émanant de nos derniers Gouverneur et Directeur de l'intérieur. Il m'importe donc peu, dirai-je en tominant, que M. Ste-Luce juge ma manière de servir peu satisfaisante en général. C'est aussi une opinion qu'on peut avoir sur sa manière d'administrer.

Veuillez, M. le Rédacteur, accueillir dans vos colonnes cette lettre explicative et agréer en même temps l'expression de mes civilités empressées.

Henry MONTOISON.

Ainsi, à en croire l'arrêté officiel de révocation, M. Casanova, commissaire de police, abusant de ses fonctions, aurait arraché à la faiblesse de son subordonné un rapport mensonger! La loi fait de cette pression un crime. Or, dès le 28 septembre 1881, l'administration locale avait, par une déclaration de M. Montoison, l'aveu de sa faiblesse et la preuve de la pression exercée sur lui par M. Cazanova, son chef. Il n'était pas possible d'hésiter: le magistrat oublieux de ses devoirs aurait dû être révoqué à ce moment et avec lui le subalterne assez complaisant pour s'associer à un mensonge. Et cependant M. Cazanova et M. Montoison ont été conservés jusqu'au 21 janvier 1882 ! Durant près de quatre mois, malgré leur forfaiture, ils ont eu le droit d'informer contre des délinquants, de dresser contre eux des procès-verbaux, de requérir condamnation; ils ont été les auxiliaires de la justice! L'administration n'a vu leur indignité qu'après la solution du procès du 18 juillet. L'arrêté du 21 janvier ne donne-t-il pas la véritable raison de leur destitution ?

« Vu les comptes rendus des débats qui viennent
« de se dérouler à la Cour d'Assises, d'où il ressort
« que M. Casanova a tenu à St-Pierre une conduite
« passionnée inspirée par des préférences politiques.

Pas un mot n'a été dit aux débats contre la conduite du commissaire de police ? Serait-ce sa déposition qui l'aurait fait destituer ? Ce serait la première fois qu'un magistrat, déposant sous la foi du serment, se serait vu atteindre dans sa conscience, sans qu'une contradiction se fût élevée contre son témoignage. Tout ce qu'il a dit, d'autres l'ont dit comme lui, et, chose à rappeler, rien dans sa déposition n'incriminait les deux principaux accusés, MM. Clavius Marius et Duprey de la Ruffinière. Au contraire, on pourrait s'étonner que ces derniers eussent été poursuivis, quand le chef de la police faisait l'éloge de leur attitude, à part l'incident survenu entre le Maire de St-Pierre (1) et M. Clavius-Marius.

Mais la lettre de M. Montoison explique tout. On avait arraché à sa faiblesse une accusation contre son supérieur, afin d'avoir une

---

(1) Président : Et Duprey de la Ruffinière ? — M. Casanova : Je l'ai vu à l'extérieur seulement. — Président : Vous ne l'avez vu commettre aucun acte qu'on puisse lui reprocher. — Réponse : aucun et je dois ajouter, pour l'acquit de ma conscience, que des propos m'ayant été rapportés comme tenus par lui après les événements, j'ai fait faire des recherches par mes agents et qu'il m'a été impossible de rien établir à sa charge.

M. Casanova : Après le premier essai infructueux de sortie de M. Lota, je cherchais partout mon prisonnier ; c'est dans ce moment que j'ai trouvé M. Clavius Marius avec M. Osenat. C'est alors qu'il a arme contre ce dernier. On avait oublié que le rapport du chef de la police contenait les dépositions des trois compagnons de M. Montoison. Ceux-là n'avaient pu être influencés, et si leurs dépositions étaient conformes, M. Montoison avait dit lui-même la vérité, Or les témoins de l'incident avaient déposé dans le même sens dans l'enquête faite par le commissaire de police.

Plus tard, apprenant ce qui se passait et les dénégations opposées à la presse conservatrice, les témoins avaient remis au journal la *Défense* des certificats qui confirmaient leur déposition (1).

---

tenu le propos suivant : c'est le maire qui a fait sauver Lota, c'est à lui qu'il faut en demander compte. Me Peux : antérieurement, Clavius Marius avait-il l'attitude pacifique? Réponse : J'ai déjà répété à la Cour ses propres propos. Bruce et Clavius Marius montaient. Bruce était adjoint au Maire, je lui dis : on ne ferait pas mal d'engager la foule à se retirer ; voilà le *Magicien* et la troupe qui vient d'arriver ; il vaudrait mieux qu'il n'y eût plus de foule. Clavius Marius est monté sur la fenêtre et leur a parlé exactement dans ce sens.

(*Déposition de M. Casanova, compte rendu du procès du sac de la maison Lota.*)

(1) « L'an mil huit cent quatre-vingt-un et le seize août.

« Nous Commissaire de police de.... A cet effet nous avons pris la déposition des susnommés :

« 1º Arthur Catte, âgé de 28 ans, clerc d'huissier, demeurant à Saint-Pierre, dépose : « Il était environ huit heures et demie, je revenais de la fête de Ste-Philomène en compagnie de MM. Audibert, Bélord, propriétaire, et Montoison, commissaire de police adjoint. Arrivé en face de l'habitation Fonds-Canonville nous avons eu le passage intercepté par une bande de gens armés de bâtons, qui, s'étant assurés qui nous étions, ont dit à haute voix : « ce sont des gens de couleur, laissons-les passer, et ont ensuite ajouté : « il est temps d'en finir avec les blancs. »

C'est ainsi que la haute administration intervenait dans les divisions locales, non pour les réprimer ou les calmer, mais pour prendre parti. C'est en accusant de mensonge un fonctionnaire vieilli au service de l'Etat, que l'Autorité supérieure enlevait le pain et l'honneur au Commissaire de police suspecté *d'avoir tenu à St-Pierre une conduite passionnée inspirée par ses préférences politiques.* Cette conduite avait consisté à défendre l'ordre public et M. Lota dans la journée du 18 juillet.

« 2° Dieudonné Bélord, âgé de 37 ans, propriétaire, demeurant rue de Bouillé, confirme en tous points la déposition du témoin précédent et a signé avec nous. (Signé DIEUDONNÉ BÉLORD).
En foi de quoi, etc.
Signé : CASANOVA.
(Journal *La Défense coloniale* du 1er février 1882).

Dans le même numéro on lit à la suite de la publication de ce rapport :

« Monsieur le Rédacteur,
« Nous apprenons par un bruit qui circule en ville, que l'événement de Fond-Canonville dont M. Montoison, commissaire de police adjoint de St-Pierre, a été victime, est qualifié de mensonge par un haut fonctionnaire de l'Administration, et qu'après avoir refusé de consentir à donner un démenti qu'on lui demandait au rapport adressé à ce sujet à M. le Procureur de la République, M. le Commissaire de police adjoint serait menacé dans sa position.
« Eh bien ! nous qui accompagnions ce soir-là M. Montoison, nous venons affirmer énergiquement que le fait qui s'est passé à Fond-Canonville est vrai, que nos dépositions contenues audit rapport en font foi, et nous protestons de toute notre énergie contre les agissements, de quelque côté qu'ils viennent, qui voudraient donner à cet événement un caractère mensonger.
« Nous avons l'honneur,
« Signé : AUDIBERT, A. CATTE, DIEUDONNÉ BÉLORD. »

Le journal ajoute qu'il tient l'original de cette lettre à la disposition de la justice.

M. Casanova, qui avait été élevé après ces événements à la 2e classe de son grade, par le Ministre de la marine et des colonies, avait ignoré cette récompense restée enfouie dans les cartons administratifs. Sa destitution, celle de M. Montoison, comme toutes les mesures prises contre les défenseurs de M. Lota semble donc avoir voulu lui faire expier comme aux autres le tort de leur courageuse conduite.

Presque au lendemain de l'arrêt de la Cour d'assises, on vit éclater à St-Pierre et dans deux communes du Nord de l'Ile en même temps un mouvement que la Colonie n'avait jamais connu, même dans les plus mauvais jours de 1848. Les mariniers qui manœuvrent dans le port de St-Pierre les lours chalands employés au déchargement des navires, les ouvriers boulangers, les tonneliers refusèrent de prendre le travail et se mirent en grève. Le mot était aussi nouveau que la chose pour la population, et, il faut le dire, cette innovation n'avait rien qui pût la justifier. Les gabariers, depuis longtemps, recevaient un salaire élevé, ou partageaient avec leurs employeurs le bénéfice ou le prix payé pour chaque allège. Les ouvriers boulangers n'avaient peut-être pas d'aussi importants avantages, mais à aucune époque ils ne s'étaient plaints de leurs salaires. Quant aux tonneliers, ces favorisés de la classe ouvrière, quelle situation en Europe pouvait être comparée à la leur! Une journée de travail leur rapporte souvent sept ou huit francs, quelque fois plus. De tous les hommes voués par leur position au travail à la journée, c'étaient ceux là qui avaient de beaucoup la position la plus enviable. On s'étonna donc et avec raison de leur attitude qu'on attribua à l'influence des passions coloniales. A ce même moment, à Ste-Marie et à la Trinité, deux troupes de travailleurs agricoles se portaient sur plusieurs propriétés, sommaient leurs congénères, cultivateurs comme eux, de déserter la culture ou d'exiger pour leur salaire un prix ridicule d'exagération. Devant la résistance ou l'hésitation de ces populations tranquilles, les meneurs avaient brisé les instruments de culture et menacé, disait-on, les ateliers. Sur deux propriétés les bandes parurent en armes, c'est-à-dire avec le coutelas, instrument obligé de l'agriculteur colonial et qui a perdu, dans les mains du cultivateur, il faut le dire avec vérité, son caractère d'arme offensive. Leur attitude, leurs propos ne laissaient pas de doute sur leurs intentions. L'administrateur d'une des propriétés où ils se portèrent, M. Gouyer, homme d'une énergie rare, mais d'un imperturbable sang-froid, les attendit, armé aussi, à la porte de la maison de maître, à quelque distance de la barrière de l'habitation qu'ils avaient forcée. Il était avec son neveu et un des employés de la propriété. La troupe agressive était nombreuse et menaçante. Le jeune Gouyer voulait faire feu, mais son oncle l'en empêcha. Les agresseurs s'approchèrent jusqu'à toucher ces trois hommes qu'ils menaçaient. M. Gouyer tenait de la main droite un sabre, et de la main gauche les repoussait avec le fourreau de l'arme. Chacun défendait avec courage, mais patiemment, la propriété envahie, quand un coup de feu fut tiré et blessa légèrement un des assaillants. La bande prit la fuite, et M. Gouyer, humain avant tout, conduisit le blessé dans sa demeure où il lui prodigua des soins, en lui rappelant avec le bon sens du droit et de la justice, « qu'il avait eu à se défendre contre un agresseur, mais que l'agression ne l'empêcherait pas de le soigner. »

A la même heure ou à peu près, et dans une commune voisine, d'autres groupes se portaient dans les mêmes dispositions sur diverses propriétés. Un des propriétaires, M. Sarotte, homme de sang-mêlé, gravement menacé, dut faire usage de son fusil et atteignit un des envahisseurs. Ces deux levées de boucliers étaient portées successivement à la connaissance du public, l'attaque contre M. Gouyer d'abord. On en était à craindre, grâce aux circonstances, que la passion ne fît un crime à ce propriétaire de s'être défendu contre des malfaiteurs ; mais l'incident de M. Sarotte ne permettait pas de prendre le change. Cette fois c'était un homme de sang-mêlé qui avait résisté, et ce qui aurait pû être imputé comme crime à un européen et exploité contre la race, avait bien été pour M. Sarotte l'exercice du droit de légitime défense. Ce double incident si grave s'arrêta aux préoccupations que soulevaient la tentative de grève essayée à St-Pierre et l'attaque à main armée contre les ateliers fidèles et les propriétaires. On fit remonter jusqu'à M. Hurard et à son journal la responsabilité de ces désordres dont l'arrêt de la cour d'assises semblait avoir été le regrettable prologue. (1) On critiquait avec raison l'attitude du maire de la Trinité, faisant demander à M. Gouyer, à la première nouvelle de l'événement, de rendre les armes qui avaient servi à sa défense.

Ces faits, graves déjà en eux-mêmes, acquéraient dans la situation de la colonie, une importance exceptionnelle. Le Procureur Général, M. Servatius, et le commandant de gendarmerie se rendirent en hâte sur les lieux et empêchèrent de nouveaux désordres. Mais en quittant Fort-de-France, ces deux fonctionnaires n'avaient pas averti le Gouverneur de leur départ. Le Chef de la colonie leur en fit un grief, et ce fut le point de départ d'un conflit où le Procureur Général et M. Gérodias ont été désavoués par le ministre, quoique récompensés, le premier par le gouvernement du Sénégal, le second par une position plus élevée.

L'attitude de l'administration locale ajoutait

---

(1) *Les Colonies* n° 10 septembre 1881, citait le nom d'un commerçant de St-Pierre qui avait congédié un de ses commis, jeune homme de sang-mêlé, pour avoir signé l'adresse à M. Hurard. L'article se terminait par ces deux alinéas significatifs :

« Nous attendrons encore que le bon sens et la raison reviennent à ces gens égarés par la passion, qui se laissent entraîner follement par quelques meneurs intéressés à semer la division, à transformer nos luttes politiques, en actes d'hostilité contre les personnes, et qui, n'ayant rien à perdre, ont tout à gagner.

« Nous attendrons, disons nous, car si un pareil système devait continuer, nous aussi, nous chercherions les moyens d'organiser la grève et nous verrions de quel côté on aurait le plus à se plaindre et à se repentir. »

donc aux nombreux éléments de discorde qui divisaient déjà la population Le lendemain même du prononcé de l'arrêt de la Cour d'assises, le magistrat qui avait provisoirement remplacé à St-Pierre le Procureur de la République, M. Recoing, rappelé en disgrâce à Fort-de-France, fit saisir chez quelques jeunes gens de race européenne plusieurs fusils Remington arrivés récemment dans la colonie et importés d'Amérique. L'importateur était précisément le vice-consul des Etats-Unis. Les armes avait passé par la douane qui ne les avait pas vérifiées, mais les acheteurs se fiant à ce contrôle qui assure, selon les règlements locaux, le caractère d'armes de commerce aux fusils admis moyennant une redevance fiscale, n'avaient pas certainement voulu se préparer une poursuite judiciaire. Le magistrat chargé des perquisitions avait-il obéi à des ordres supérieurs ou bien avait-il, dans la circonstance, fait montre d'un zèle irréfléchi ? Ce point n'a pas été éclairci ; ce qui est resté, c'est l'ostentation regrettable apportée dans les perquisitions faites en plein jour, au milieu d'une foule qui escortait le magistrat et assistait à la saisie des armes publiquement exposées à ses regards.

C'était le lendemain même de l'arrêt de la Cour d'assises, avons-nous dit, que cette singulière poursuite avait commencé. Pour lui donner un caractère plus étrange, le vice-consul qui avait été arrêté, puis relaxé, les détenteurs des armes, étaient accusés de complot tendant au massacre de la population noire et de couleur. Cinq jeunes gens dont le principal était père d'une lignée d'enfants de sang-mêlé, avaient à répondre de cette accusation reposant sur la vente et l'acquisition de quelques fusils. Les interrogatoires ne laissaient pas de doute sur la poursuite : « Que savez-vous, demandait-on, à chacun des accusés, d'un complot formé par M. Cicéron (1) avec quatre de ses amis pour massacrer les nègres et les hommes de couleur. »

Mais l'instruction ne continua pas sur cette accusation, et la poursuite se transforma en prévention de vente et de détention d'armes de guerre. C'était déjà assez rigoureux dans un moment où de paisibles propriétaires étaient obligés de faire usage de leurs armes pour défendre leur existence peut-être, tout au moins leurs biens menacés. La presse représentait avec raison que la race européenne n'a jamais fait d'émeute aux Colonies, et qu'un de ses membres, pour avoir commis une violence personnelle, avait au contraire été récemment assailli par trois mille émeutiers, et après avoir échappé à la mort, avait vu saccager sa demeure.

S'armer, disait-on, en présence de telles circonstances, et au lendemain de l'acquittement des accusés du 18 juillet, ce n'était pas préméditer une attaque, c'était, dans le droit

---

(1) C'était le vice-consul des Etats-Unis.
Nous ne plaisantons pas. Chargé de défendre un des jeunes prévenus, nous avons pu prendre connaissance entière du dossier et étudier complétement cette singulière affaire.

naturel comme dans le droit criminel, préparer une défense éventuelle que des circonstances imprévues pouvaient commander un jour.

La lutte coloniale puisait donc un nouvel aliment dans l'attitude de l'autorité locale. Le Gouverneur et le Directeur de l'Intérieur étaient tour à tour attaqués et défendus avec une passion où si l'on a pu constater, d'un côté, la conformité des tendances politiques, il serait injuste de ne pas reconnaître, de l'autre, une vivacité d'expressions qui n'ajoutait rien à la valeur des redressements.

## XIV

Telle est bien, à l'heure actuelle, la situation des Antilles françaises, de la Martinique en particulier où les événements de l'année 1881 ont imprimé aux divisions locales le caractère d'une haine de race intense et persistante. Pour le chrétien, pour le moraliste, pour celui qui se pique seulement de philosophie et de raison, il n'est pas de spectacle plus affligeant. Une population libre, composée d'éléments ethnographiques différents, il est vrai, mais à laquelle des institutions semi séculaires et les lois civiles de la métropole ont accordé d'égales prérogatives, se déchire dans une rivalité stérile. Le mérite, les talents, les services rendus à la chose publique ne paraissent pas plus compter pour un groupe, que les vertus privées, la moralité notoire, la générosité, le dévouement à ses concitoyens. L'origine individuelle seule sert de mesure à la confiance du grand nombre ou de ceux qui prétendent le diriger et s'en dire les représentants. Pour les habiles, ce niveau est dissimulé sous l'épithète empruntée de républicain. Les blancs, en grande partie conservateurs, sans opinions politiques déterminées, mais attachés peut-être aux souvenirs de l'Empire ou aux espérances de la Royauté, en tous cas groupés comme une race menacée, sont présentés comme les adversaires de l'ordre établi, comme les ennemis des institutions actuelles. A la faveur de cette équivoque, ceux qui dans la race de sang-mêlé mènent le petit nombre de noirs associés à leur politique, écartent de toutes fonctions, de tous emplois, de toutes charges civiques surtout, la race européenne dans laquelle le gros de la population croit voir d'anciens dominateurs, mais que les chefs de la race de sang-mêlé visent à supplanter partout.

Dans ce conflit de deux populations rivales, les souvenirs d'une domination disparue depuis longtemps fournissent à l'ambition des armes que l'équité commanderait de prohiber, ou des récriminations qui sont un anachronisme malheureusement puissant encore sur la foule. L'esclavage, le fouet, les inégalités civiles et politiques dont la population libre d'origine africaine a été longtemps frappée : tel est le thème habituel, journalier, d'une polémique où la courtoisie du langage a fait place à la brutalité outrageante de l'expression. Par quelle déviation les populations coloniales, à peine brouillées il y a un siècle, malgré l'injustice des institutions, sont-elles arrivées, depuis la célèbre déclaration de 1792, à une séparation hostile où chaque conquête de l'égalité des droits semble avoir été marquée par un progrès de l'antagonisme de race ? Pour caractériser avec précision l'état actuel de la société coloniale, il faut rappeler l'acte d'habile et généreuse politique par lequel les vieux colons de la Martinique retournaient aux vues larges et égalitaires de Louis XIV. En 1792, l'usurpation européenne était complète aux Antilles françaises. Des quelques mille hommes libres, noirs et de sang-mêlé, qui composaient alors la classe intermédiaire, aucun n'avait de droits politiques ni la plénitude des droits civils, malgré l'édit de 1685. A ce moment l'Assemblée coloniale de la Martinique, où dominaient les grands propriétaires, reçut mission de statuer sur le régime politique et civil des hommes de couleur et noirs libres. Ces fiers colons, dont un grand nombre devaient, peu de temps après, prendre les armes au nom du Roi, délibéraient le 2 juin :

« Considérant que si la Constitution lui reconnaît
« le droit et lui impose le devoir de faire les lois
« concernant l'état politique des hommes de cou-
« leur et noirs libres, *l'exercice de ce droit lui est en-
« core infiniment précieux, à raison de l'affection
« qu'elle porte à cette classe qui a bien mérité de la
« colonie ;*

« L'Assemblée déclare que les hommes de cou-
« leur et nègres libres de la Martinique *jouiront des
« mêmes droits que les colons blancs de cette île.* »

Les troubles de l'époque avaient éveillé la sollicitude de la Métropole ; elle offrait de nouvelles troupes à la colonie pour le maintien de l'ordre. On ne saurait trop redire comment l'Assemblée locale accueillait cet appui. La délibération se terminait par une déclaration que chacun, à la Martinique, devrait avoir présente à l'esprit :

« Des avantages concédés et reçus avec des sentiments mutuels d'affection et de reconnaissance, sont un gage de paix et de tranquillité, auprès duquel le bruit des armes ne doit point se faire entendre (1). »

La race de sang-mêlé et les noirs libres ne demandaient donc rien et n'avaient rien à réclamer au delà de cette égalité de droits. La justice et la loi avaient repris leur empire. La charte coloniale de 1685 était redevenue le droit public aux Antilles françaises. L'origine ne pouvait plus être un obstacle au développement des uns ou des autres, et à des ambitions légitimes. A la vérité, les guerres de la révolution et de l'Empire, en amenant l'occupation de l'île par les Anglais, avaient suspendu les heureux effets de cette patriotique résolution. La restauration accablée par les circonstances, n'avait pu règlementer immédiatement le régime des populations coloniales ; mais on a vu que la plupart des lois faites pour faciliter le nivellement des races avaient été appliquées aux Antilles avant 1830. Le Gouvernement de Juillet eut l'honneur de rétablir l'égalité, probablement déjà décidée en principe sous le règne de Charles X. Mais si, de 1815 à 1831,

---

(1) *Mémoire pour les hommes de couleur*, par Isambert, pages 275 et 276. Daney de Marcillac, *Histoire de la Martinique*, t. 5, pages 283 et 284.

les populations coloniales sont restées encore sous le régime antérieur à la déclaration de 1792, l'honneur de ce grand acte n'en revenait pas moins aux colons, et aurait dû leur assurer en retour, à eux-mêmes et à leurs descendants, des sentiments plus équitables chez les hommes de sang-mêlé et les noirs libres. A quelle perturbation doit-on un résultat si manifestement contraire ? Croire que l'antagonisme actuel des populations coloniales est sorti exclusivement, comme une conséquence fatale, des différences originelles de race; admettre sans examen ce qu'on appelle le préjugé, c'est-à-dire, en réalité, l'existence des distinctions sociales compliquées de la différence de race, comme l'unique explication de l'ardente animosité qui divise aujourd'hui la société aux Antilles françaises, c'est prendre l'effet pour la cause. Les relations des diverses races sont, au contraire, la résultante d'influences diverses où la question d'origine, le préjugé, n'a qu'une part insignifiante et de plus en plus amoindrie. « Placer la fatalité dans l'histoire », a dit Châteaubriand, « c'est s'épargner la peine de rechercher la cause des évènements. » Les divisions coloniales sont dues à un ensemble de circonstances dont nous avons signalé les principales. Elles procèdent immédiatement du grand fait qui a clos en France le dix-huitième siècle et imprimé à la société française une secousse dont nos temps troublés nous révèlent encore la profondeur et l'énergie. Plus que les institutions peut-être, les idées ont subi la perturbation révolutionnaire. En d'autres termes, la révolution de 1789 n'a pas eu seulement pour conséquence, dans le domaine des faits, un partage d'influence ou de prérogatives ; dans le monde moral l'ébranlement a été encore plus étendu. Si elle a été d'abord la substitution de la bourgeoisie, comme classe dirigeante, à la vieille société où les trois ordres pondérés constituaient l'équilibre, elle a introduit en même temps, en politique, une formule ancienne mais rajeunie par le philosophisme du XVIIIe siècle, l'égalité, par où l'envie tend presque toujours à abaisser sous son niveau démoralisateur les supériorités de tous genres, gênantes pour la médiocrité ambitieuse. A la bourgeoisie gouvernant par la fortune, n'a pas tardé à succéder la démocratie pure, la domination de tous ou du nombre, c'est-à-dire, sous ce titre, l'avénement des incapacités additionnées et devenues puissance dirigeante par un procédé où l'arithmétique s'est substituée au mérite, aux services, à l'instruction, à la juste influence des corps d'état. Sous ce régime où l'individu a remplacé la collectivité organisée dans la corporation, dans la famille, l'éducation politique, celle qui s'acquiert par la pratique des affaires ou se transmet par les traditions ; cette initiation préalable à l'exercice de la vie publique ne représente plus en France, dans une société confuse, que le rouage inutile d'un système décrépit. Le démocrate a la science politique infuse. Trois ou quatre grands mots exhumés de quelques sophistes de l'antiquité ou tirés du *Contrat social* de Rousseau : la souveraineté du peuple, les droits de l'homme, le partage égal des droits, le suffrage universel où l'unité individuelle se multiplie par elle-même, sans tenir compte soit du mérite et des services, soit de l'aptitude et de l'expérience : telle est la conception moderne qui a remplacé, sous le nom de démocratie, l'ancienne constitution française où les prérogatives politiques avaient leur échelle comme la société. On l'a vu de nos jours, fût-on même M. Thiers ou M. Guizot, en France on ne sera jamais Colbert ni Richelieu, parce que ces grands ministres avaient pour leurs vues le temps et un ordre de choses où leurs talents s'imposaient à la direction des affaires publiques. On pourra devenir célèbre comme orateur, passionner des assemblées sous sa parole, mais on ne pourra pas être, comme en Angleterre, Pitt ou Robert Peel; parce que si ces hommes d'Etat ont occupé passagèrement le pouvoir, ils représentaient des idées, des doctrines communes à des groupes nombreux et puissants dans une société fortement hiérarchisée. Ces idées et ces doctrines survivaient à leur passsage aux affaires. Dans ce pays où la liberté a pu non-seulement coexister avec l'inégalité politique, mais où cette inégalité est la base même et le plus puissant rempart de la liberté, la puissance dirigeante ne réside pas dans une universalité incohérente sans influence locale, mais dans un système naturel de classes sociales, correspondant à l'élévation progressive de chaque anglais, classes ouvertes, où le dernier citoyen peut monter au premier rang, à la condition de conquérir cette distinction par une supériorité notoire et incontestée. Depuis 1789, la société française, dans l'ordre politique, est comme un immense kaléidoscope où les personnages changent à chaque instant avec le décor : Robespierre, Barras, Bonaparte, Napoléon, Louis-Philippe, Lafitte, Casimir Périer, Guizot, Thiers, Lamartine, Ledru-Rollin, Napoléon III, Gambetta, tour-à-tour passent et repassent dans l'histoire, portés les uns et les autres par la mêlée sanglante de la guerre ou des révolutions. Avec ces noms combien de systèmes ont disparu aussi, laissant pour trace unique une passion vivace jusque dans les couches les plus éloignées de la direction des affaires publiques : la passion des honneurs, du pouvoir que les plus médiocres veulent saisir et exercer, à tous les degrés où se rencontrent, pour une part quelconque, la conduite ou le gouvernement des hommes et des choses. Depuis le dernier Conseil municipal jusqu'au pouvoir suprême, pour la plus légère faveur administrative comme pour les distinctions les plus éclatantes, telles que l'admission dans la Légion d'honneur ou un titre nobiliaire, dans cette société française qu'on s'obstine à dire démocratique, c'est une poussée générale où, sous toutes les formes, les ambitieux de tous genres cherchent à s'élever, à se créer une supériorité d'emprunt, afin de dominer, de se dire les maîtres et de l'être en réalité. La convoitise est d'autant plus âpre que le sujet s'éloigne davantage du but par son insuffisance. La race de sang-mêlé n'a pas échappé à cet entraînement général. Pour elle, tenue si longtemps en dehors de toute existence politique, la supériorité qu'il faut abattre, la domination qu'il faut remplacer, c'est la race européenne, c'est le blanc dont la présence, en dépit de cinquante ans d'égalité, rappelle encore la déchéance du passé. A cette substitution si ardemment désirée, une circonstance accidentelle, inconnue dans la société européenne et dont les anciens pays à esclaves ont probablement été préservés, fournit un élément spécial qui contribue à envenimer la lutte : c'est le souvenir de l'esclavage et des déchéances passées, survivant dans un signe physique apparent : la différence de race. Mais, à le bien prendre, cet élément n'est qu'un moyen dont la race de sang-mêlé sait user et abuser pour arriver à ses fins. Elle soulève à tout instant la question du préjugé de race; à l'entendre, ni l'éducation, ni les talents ou la fortune ne lui sont comptés. Elle continue d'être une population repoussée, proscrite, quelque soit le mérite, par la répulsion attachée à la parenté africaine. Sur ce point elle est arrivée à se faire illusion à elle-même et à tromper la France. Si, autrefois, l'esclave et l'homme libre de sang-mêlé ont représenté, avec des différences sensibles, les éléments de la vieille société française appelés bourgeoisie et peuple, ils ont gardé dans nos temps nouveaux le signe extérieur qui rappelle ces catégories; et comme la société française a conservé, malgré la révolution, les distinctions arbitraires fondées sur la naissance, sur la profession ou la fortune, pour la race de sang-mêlé, pour les noirs, la séparation si peu marquée d'ailleurs qui constate aux Antilles françaises les différences sociales, s'accentue par une différence physique qui fait prendre la couleur de la peau pour la cause d'une classification tout aussi observée dans la société européenne formée cependant d'une seule race. Savoir distinguer ce point de vue est tout le secret de la question coloniale. « Il y a, dit Monsieur de Tocqueville, un préjugé naturel qui porte l'homme à mépriser celui qui a été son inférieur, *longtemps encore après qu'il est devenu son égal;* à l'inégalité réelle que produit la fortune ou la loi, succède toujours une inégalité imaginaire qui a ses racines dans les mœurs; mais chez les anciens, cet effet secondaire de l'esclavage avait un terme. L'affranchi ressemblait si fort aux hommes d'origine libre, qu'il devenait bientôt impossible de le distinguer au milieu d'eux. Ce qu'il y avait de plus difficile chez les anciens, était de modifier la loi, chez les modernes, c'est de changer les mœurs, et, pour nous, la difficulté réelle commence où l'antiquité la voyait finir. Ceci vient de ce que chez les modernes le fait immatériel et fugitif de l'esclavage se combine de la manière la plus funeste avec le fait matériel et permanent de la différence de race. Le souvenir de l'esclavage déshonore la race, et la race perpétue le souvenir de l'esclavage. » (1)

---

(1) *De la Démocratie en Amérique*, par A. de Tocqueville, page 291. — On verra plus loin qu

Ce n'est donc pas la race considérée en elle-même qui a donné naissance aux distinctions sociales aux Antilles ; ces distinctions leur sont communes avec tous les peuples anciens ou modernes où l'homme fait de toute supériorité réelle ou arbitraire un échelon dans la société. Mais la race, aux Antilles, rappelle l'abaissement. « Nous avons vu jadis parmi nous, dit encore M. de Tocqueville, de grandes inégalités qui n'avaient leurs racines que dans la législation. Quoi de plus fictif qu'une infériorité purement légale ! Quoi de plus contraire à l'instinct de l'homme que des différences permanentes établies entre des gens évidemment semblables ! Ces différences ont cependant subsisté pendant des siècles ; elles subsistent encore en mille endroits ; partout elles ont laissé des traces imaginaires, mais que le temps peut à peine effacer. Si l'inégalité créée seulement par la loi est si difficile à déraciner, comment détruire celle qui semble, en outre, avoir ses fondements immuables dans la nature elle-même ? Pour moi, quand je considère avec quelle peine les corps aristocratiques, de quelque nature qu'ils soient, arrivent à se fondre dans la masse du peuple, et le soin extrême qu'ils prennent de conserver pendant des siècles les barrières idéales qui les en séparent, je désespère de voir dis-

---

l'illustre auteur n'a parlé que des apparences laissées par le signe physique de la race, car sous les Romains et pendant longtemps, les affranchis, quoique sortis de la même race que leurs anciens maîtres, ont formé une société distincte.

paraître une aristocratie fondée sur des signes visibles et impérissables. » (1)

C'est bien à ce point de vue qu'il faut envisager l'état des races coloniales. En France où elles arrivent seules, sans que les faits puissent être étudiés ou vérifiés, les doléances de la race de sang-mêlé rencontrent facilement créance dans une société troublée elle-même par la rivalité des classes, et le préjugé de race ou de couleur demeure le thème banal de tous ceux qui, dans la Métropole, dissertant sur les colonies, croient expliquer ainsi une séparation sociale où le groupement n'est attribué qu'aux dissemblances physiques. Jusqu'ici, croyons-nous, personne n'a encore essayé de comparer les éléments dont la population coloniale s'est peu-à-peu composée, avec les trois échelons sociaux dans lesquels la France, malgré l'influence de la Révolution, conserve cependant des distinctions, annulées dans l'ordre politique, mais encore si puissantes et si marquées sous les dénominations de noblesse, de bourgeoisie et de peuple. Nous ne voulons pas dire, absolument, qu'aux Antilles françaises, les blancs, sortis de tous les rangs de la société, les sang-mêlés et les noirs correspondent exactement à ces diverses fractions de la population métropolitaine ; mais qu'importent des différences accidentelles, si, sous d'autres termes, ces noms de blancs,

---

(1) *De la Démocratie en Amérique*, par d «T) queville. Tome 2 page 203.

de mulâtres et de nègres éveillent ici les mêmes idées que les dénominations peuple, bourgeois et nobles en France ! En réalité une société dominante a existé autrefois aux Antilles, pourvue de toutes les prérogatives du français ; seule elle a exercé durant longtemps le pouvoir et occupé les charges publiques. Au-dessous d'elle une population intermédiaire, libre, née des blancs et des noirs esclaves, n'a eu dans le même temps qu'une partie de ses droits civils, sans presqu'aucune participation aux fonctions publiques. Au-dessous de cette population mixte, un troisième groupe, plus nombreux, a vécu dans la privation complète de tous les droits de famille et du citoyen. N'est-ce pas là, dans ses éléments essentiels, la division naturelle de la société européenne ? La différence de race et l'esclavage ont été des accidents particuliers qui ont accentué davantage l'inégalité politique et sociale du grand groupe populaire. Les souvenirs, d'une part, et la dissemblance physique, de l'autre, aggravent évidemment l'antagonisme où les descendants des anciens asservis croient revoir les dominateurs ou les maîtres d'hier.

Supprimez un instant par la pensée l'esclavage et la condition précaire faite longtemps aux libres d'origine africaine ; imaginez les Antilles françaises se développant à travers deux siècles sous l'influence d'une législation assimilée à celle de la Métropole ; quelle raison aurait-on de croire qu'à l'heure actuelle, les blancs, les hommes de sang-mêlé et les noirs ne présenteraient pas des distinctions sociales et n'offriraient pas le spectacle de dissensions politiques égales à celles où la société française se débat depuis 1789 ! Imaginez encore les Antilles françaises peuplées seulement de blancs recrutés dans toutes les classes de la société métropolitaine : grands seigneurs, militaires, administrateurs, magistrats, commerçants, financiers, industriels, artisans, ouvriers, laboureurs ; par quelle fiction arriverait-on à démontrer que ces divers éléments, classés aux Antilles comme en France, sous les titres de noblesse, de bourgeoisie et de prolétariat, ne reproduiraient pas aujourd'hui, dans toute son énergie, la lutte si intense où la population métropolitaine récrimine incessamment contre des institutions abolies et réveille des souvenirs irritants ! En quoi, alors, peut-on attribuer à la différence de races seule, au préjugé, un état de choses identique à celui de la Métropole où la population n'a qu'une même origine ethnographique ? Essaierait-on de nier que la lutte actuelle, en France, ce conflit permanent où depuis près d'un siècle, divers systèmes tour à tour victorieux ou vaincus se disputent le pouvoir et la direction générale du pays, ne soit, au fond, que l'antagonisme des trois éléments primordiaux de la société française, éléments autrefois équilibrés et aujoud'hui en rivalité d'influence et de domination ! (1)

---

(1) Certains historiens, d'une grande science et d'un incomparable talent, ont même voulu retrouver dans les classifications sociales en France et dans la rivalité qui les divise, la trace de la conquête et

Quelle peut être alors, dans la situation sociale actuelle des Antilles françaises, l'influence de ce qu'on appelle encore le préjugé ? Ou plutôt est-il besoin de désigner d'un nom spécial et d'attribuer à la différence de race, à une répulsion native pour les populations noire et de sang-mêlé, les divisions si ardentes qui les séparent de la population européenne ? Cette répulsion qu'on a cherché à démontrer par des démarcations sociales, est-elle autre chose, en réalité, que l'image et la reproduction de démarcations identiques dans la société métropolitaine ? La révolution a tout nivelé, entend-on dire chaque jour. Cela est vrai, si l'on veut exprimer que, dans l'ordre politique, la naissance, les traditions, les services, l'illustration n'ont plus la prépondérance. Notre temps ne le voit que trop, sous le régime des foules composées d'individualités où aucune supériorité réelle ne donne droit à une prérogative spéciale, proportionnelle au mérite acquis, le premier ou le dernier venu peut se hisser aux honneurs et au pouvoir. Mais

---

l'écho de ses rancunes. La société française ne serait autre chose, selon ce système, que la reproduction, avec d'inévitables modifications, de la race franque d'où est sortie d'abord la noblesse conquérante, puis la féodalité et ensuite la grande noblesse réduite à ses seuls titres par Richelieu et Louis XIV. La bourgeoisie représenterait le fonds de la population gallo-romaine, lettrés, commerçants, bourgeois, artistes, et le peuple serait l'immense population gauloise, conquise par les Romains lesquels ont été conquis à leur tour par les peuples d'origine germanique. M. Augustin Thierry, croyons-nous, dans ses lettres sur l'histoire de France et dans son histoire du tiers état, a mis en relief ce système que d'autres historiens ont également soutenu.

en dépit de ce nivellement où se trouve peut-être la raison principale de l'instabilité de nos institutions, la société a conservé sa hiérarchie arbitraire, ses échelons, ses rangs. Pour qui est de bone foi, en France, dans les familles les moins titrées on accepte difficilement l'alliance de la bourgeoisie. Quelques grandes situations financières ont seules pu faire brèche, ici ou là, à des usages aussi anciens qu'enracinés. Encore, le mélange se produit-il presque toujours de façon à ce que la mésalliance ne fasse pas disparaître le titre : en général les mariages ont lieu entre filles de la bourgeoisie et jeunes gens nobles, c'est rarement l'inverse qui a lieu. On citera bien peu d'exemples, sur un nombre donné, où une fille de grande maison ou simplement titrée aura abaissé l'orgueil et l'éclat de son nom devant la condition bourgeoise même des sommités de l'intelligence et de l'art. Napoléon I$^{er}$, dans sa puissance, a pu allier quelques nobles filles du faubourg Saint-Germain à ses glorieux compagnons d'armes; mais l'illustration des héros de l'Empire équivalait dans ces alliances à celle des vieilles souches aristocratiques, et les patriciennes françaises ne regrettaient pas leurs blasons déjà vieillis, quand elles en rajeunissaient l'éclat par des titres de noblesse ramassés dans les champs d'Austerlitz, d'Eckmühl, d'Essling ou de Wagram.

C'est que si la société est faite d'inévitables inégalités correspondant à l'échelle des conditions humaines, elle est faite aussi d'orgueil et de vaine gloire, et l'élévation ne se mesure pas toujours à la vertu, la première et peut-être la seule des distinctions réelles, au mérite, aux services, à l'intelligence, aux talents. Une foule de circonstance accessoires contribuent à augmenter dans la société ces démarcations arbitraires, contre lesquelles il est si facile de déclamer ; mais dans ces déclamations ampoulées, on peut presque toujours deviner le regret de ne pas se compter soi-même au nombre de ces privilégiés de la tradition et du mérite.

Si toutes les démocraties sont faites de vanité, la démocratie française surtout est faite d'envie. En France, dit M. Troplong, il n'y a de comparable à la passion de l'égalité que celle des distinctions (1). L'égalité abaisse les supériorités qui offusquent, les distinctions élèvent au-dessus du niveau commun.

---

(1) A New-York et à Washington, en voyant le luxe des financiers et les prétentions des fonctionnaires, bientôt M. de Hübner reconnaît ce qu'il doit penser de ces beaux principes d'égalité proclamés avec tant d'emphase sur cette terre républicaine. M. le duc de Lévis écrivait, il y a cinquante ans : « J'ai connu des partisans outrés de l'égalité à qui il ne manquait qu'une généalogie pour être les plus vains de tous les hommes. »

M. de Hübner, dit : « En Amérique, comme dans notre hémisphère, l'égalité n'est possible qu'en théorie.... L'Américain a la soif de l'égalité et la manie des titres. Ceux qui peuvent s'appeler : Sénateur, gouverneur, général, colonel, ne fut-ce que de la milice, et leur nombre est légion, sont constamment nommés par leur titre. On le leur prodigue à l'infini. Celui qui le donne et celui qui le reçoit se sentent également honorés. Quant aux titres nobiliaires, le fruit défendu des républicains d'Amérique, ils sont évidemment prononcés avec volupté. »

Plus loin, il dit encore : « Si vous voulez vous convaincre de l'inanité des rêves d'égalité, venez en Amérique. Ici, comme ailleurs, comme partout, il y a des rois et des princes. Il y en a toujours eu, et il y en aura jusqu'à la fin des temps. »

Tout ce qui caractérise la société française en conflit depuis 1789, se retrouve dans la lutte coloniale où la race de sang-mêlé, en possession de légitimes prérogatives qu'une législation aussi impolitique qu'injuste lui avait longtemps enlevées, ne s'est pas contentée du partage et de l'équivalence des droits. La substitution qui, pour elle, est la formule de sa domination n'est pas autre chose que la main-mise opérée par les classes moyennes sur la direction des affaires publiques depuis 1789; seulement, en France, cette substitution d'une classe sociale n'emprunte pas à l'origine ethnographique l'élément d'irritation qui la rend si violente aux Antilles françaises. Dans la métropole, ce sont des blancs, c'est un parti qui semble envier la prééminence ; aux Antilles, sous le couvert d'opinions identiques, c'est forcément une race qui tend à remplacer l'autre : de là le caractère aigu de la crise où la résistance et l'attaque sont en raison des passions qu'un tel ferment jette dans la lutte. La race de sang-mêlé

---

Dans ces rêves d'égalité, bien différent pourtant est le démocrate européen du démocrate américain.

Le démocrate européen, au lieu de chercher à atteindre, graduellement, honnêtement, le rang de ses supérieurs, désire les amoindrir et les rapetisser pour les mettre à sa hauteur, sinon plus bas. Il n'est pas apte à édifier. Il se réjouit de démolir. Les distinctions de naissance et de talent l'offusquent. Il essayera de les flétrir. La fortune qu'il ne peut gagner le révolte. Il tâchera de la détruire. Le temple l'irrite. Il y mettra le feu. L'envie et la haine, voilà ses mobiles. La destruction et le nivellement, voilà ses moyens d'égalité.

(Xavier Marmier. — Etude sur l'ouvrage du baron de Hübner « Promenade autour du monde » — Numéro du *Correspondant* du 23 Juillet 1873.)

presque tout entière, mesurant son ambition aux progrès de la révolution, représente aux Antilles françaises le parti contre lequel se groupent dans la Métropole, à chaque péril, tous les conservateurs, quelles que soient leurs préférences politiques ou dynastiques. C'est un côté curieux à constater, qu'au milieu d'une population où se comptent beaucoup d'hommes éclairés, il ne se rencontre presque pas une divergence d'opinion qui fasse de quelques-uns, exceptionnellement, des royalistes, des orléanistes ou des bonapartistes. Ni l'étude ni les souvenirs n'ont donné lieu à un choix libre d'où ait pu sortir une préférence fondée sur le raisonnement ou la sympathie. La race entière, il semble, n'a qu'une opinion ou plutôt, dans un système politique, elle ne voit que le moyen d'assurer sa suprématie. Républicaine en 1848 avec Ledru-Rollin, républicaine encore en 1870, avec M. Thiers, elle est radicale avec M. Gambetta. Bien plus : l'esprit religieux n'avait paru jamais manquer à l'ensemble de cette population élevée au milieu d'une société catholique. Et cependant, dans le conflit national où, toutes questions de rangs et de classes écartées, la difficulté principale est de savoir si la foi religieuse sera libre, si le catholicisme qui a été le berceau de la nationalité française et a consacré ses gloires, restera, au moins pour la conscience, un domaine libre, la race de sang-mêlé, à part de très rares exceptions, entraînée par ses chefs, égarée par l'esprit révolutionnaire et par l'ambition, fait cause commune aujourd'hui avec les plus violents persécuteurs. Ainsi, pour l'éloigner des blancs, ce n'est pas assez des souvenirs du passé, de l'ambition qui la pousse à convoiter une suprématie longtemps enviée ; elle ajoute la distance déjà si considérable qui sépare en France les partis et la distance plus grande encore qui sépare les consciences. Comment s'étonner que la société coloniale composée de races diverses, soit divisée, quand, précisément, ces races servent de désignations plus accentuées où toutes les divisions politiques de la Métropole se reproduisent avec le ferment spécial des différences d'origine et des souvenirs qu'on y rattache inévitablement! Et que de fautes à compter depuis 1830, c'est-à-dire depuis le jour même où l'égalité civile et politique n'a plus laissé place que pour une société appelée aux mêmes prérogatives ! Les malheurs de 1848, les luttes violentes de la presse, l'abandon de M. Bissette, l'exclusion de la race blanche de la représentation, fautes accomplies dans le but unique de faire prévaloir une race, fautes renouvelées depuis 1870, dans la déplorable journée du 13 novembre, dans les élections pour les Assemblées locales, pour la députation, dans les votes du Conseil Général où les ardents, débordant leur race et leur ambition, se sont lancés, par imitation de la Métropole, dans toutes les mesures inspirées en France par une secte impie ! Et ces fautes se sont aggravées par les écarts d'une presse dont l'occupation semi-quotidienne semble avoir été de provoquer, de blesser, moins des adversaires que des concitoyens d'origine différente dans lesquels, par calcul plus encore que par animosité, on s'acharne à voir et à représenter des dominateurs depuis longtemps dépouillés de leurs privilèges. En bonne justice, est-il besoin d'un préjugé tiré de la naissance ou de l'idée de la supériorité de la race, pour séparer les éléments de la société coloniale? Ce qui est accepté comme naturel, inévitable en France, où les partis forment presque autant de groupes sociaux, peut-il paraître phénomène aux Antilles? S'imagine-t-on que, même dans les rangs des républicains de doctrine, les hommes qui suivent la ligne politique des intransigeants puissent compter des amis? Les radicaux vivent-ils dans le monde, sans retenue, avec les simples républicains de l'école de Carrel et de Cavaignac? Le parti libéral, la cohue des orléanistes, des pseudo-républicains, des libres-penseurs, des libéraux catholiques, trouve-t-elle chaque soir les salons du parti conservateur, de la droite, des royalistes, des bonapartistes, des cléricaux, ouverts à leurs familiarités?

La vérité est que les mêmes causes produisent des deux côtés des effets identiques avec des nuances accidentelles empruntées pour les Antilles aux souvenirs locaux, à l'idée de race et à la situation que cette idée a représentée dans le passé. En d'autres termes, si l'état social actuel des populations coloniales ne s'entendait que de populations d'une même origine, quelles que soient les divisions, on ne pourrait jeter en avant ce mot qui compromet tout, « préjugé de race »; on dirait qu'il y a aux Antilles des conservateurs et des révolutionnaires, des royalistes et des républicains, des radicaux et des catholiques; mais au fond la situation serait la même. L'appréciation, les responsabilités peuvent-elles changer, parce que, dans la lutte, les acteurs apportent à leurs passions un élément spécial né de leurs différences ethnographiques?

La différence des races est pour si peu dans les divisions coloniales, que les Antilles françaises sont les seules à présenter le spectacle de cette rivalité. Les Antilles anglaises, les îles espagnoles, danoises et hollandaises ont connu l'esclavage et les déchéances attachées aux populations d'origine africaine. La liberté a fait de ces pays des terres que ne troublent jamais les bruits de la politique et les récriminations de races. Cherchez donc aux colonies anglaises, cherchez même aux États-Unis, où les différences sociales ont été si fortement imprimées par les différences d'origine, quelque chose de comparable aux luttes actuelles des populations coloniales françaises. La raison en est qu'en Angleterre, où une puissante révolution politique a depuis longtemps fixé les prérogatives du pouvoir et de la nation, aux États-Unis où une constitution libérale a fait un gouvernement essentiellement démocratique, on ne peut rien rencontrer qui ressemble, en politique aussi bien qu'au point de vue social, aux théories, aux idées, aux systèmes dont la révolution française a été chez nous l'éclosion. Dans ces pays la liberté individuelle n'est pas seulement une prérogative sociale, elle est surtout la base de l'ordre politique. Aux Antilles françaises, au contraire, la liberté politique et civile a été proclamée ; tous les éléments de la population occupent dans l'État une place égale. Et cependant la race de sang-mêlé n'a pas été satisfaite. Au delà de ce partage où elle a eu raison de vouloir atteindre, il y a encore quelque chose qui manque à son ambition, mais là elle se heurte, sans droit possible, à la liberté individuelle, aux mœurs, à des usages partout ailleurs respectés. Il ne lui a pas suffi de compter dans l'État, d'exercer sa part de la souveraineté publique; elle tend à se mêler à la population européenne, à s'y fondre de telle façon qu'on ne distingue plus entre elle et cette race; ce sentiment instinctif est légitime ; mais ici comment changer ce que la nature a créé, ce que les mœurs ont établi ? Aux résistances que la race a rencontrées de prime abord et qui avaient leur raison d'être dans l'usage universel, dans des habitudes sociales communes à tous les peuples, elle n'a pas voulu opposer l'action lente du temps, du progrès des idées, de la culture intellectuelle et morale, de l'élévation sociale, en un mot. La révolution aidant, elle a voulu ériger en droit et imposer comme une obligation ce qui doit être le résultat des relations privées dans une société en pleine jouissance de la paix publique. Le mot caractéristique de cette innovation a une grande puissance aux Antilles françaises :

c'est ce que, de part et d'autre, les blancs et les hommes de sang-mêlé ont nommé la *fusion*. Les hommes de couleur se sont heurtés sur ce point à la liberté individuelle ; ils n'en ont pas tenu compte, et, sans réfléchir que les moyens employés pour vaincre des résistances libres, devaient précisément enraciner les habitudes et élargir la séparation, en mêlant à la question sociale la question politique, ils se sont jetés dans les voies où chacun des troubles de la Métropole a eu son contre-coup aux Antilles françaises. Une simple démarcation bien explicable par l'état social et le degré de culture de la race de sang-mêlé à son origine, conforme d'ailleurs à l'usage universel, et destinée à s'effacer peu à peu devant l'élévation progressive des hommes de couleur, est devenue ainsi une lutte violente où toute l'âpreté des passions politiques s'ajoute à l'amertume des souvenirs locaux. Chose étrange ! Plus la race de sang-mêlé s'est élevée par l'éducation et par la fortune, plus la séparation semble s'être accentuée. L'antagonisme des deux populations s'est accrue en raison directe de la décroissance des inégalités qui fermaient à la race de sang-mêlé l'accès des fonctions publiques et des charges civiques. Le niveau moral et social des deux races tendant à s'équilibrer chaque jour, dans le temps même où les divisions locales les séparaient de plus en plus, on n'a pas recherché ou l'on n'a pas su distinguer la cause vraie de cette séparation : pour la race de sang-mêlé, pour certains de ses protecteurs, pour M. Schœlcher particulièrement, il a été plus commode ou plus facile de dire: les blancs repoussent les hommes de sang-mêlé parce qu'ils les croient de race inférieure. Voilà le préjugé !

Cette explication ne tient pas assez compte de l'influence qu'ont exercée sur la situation des populations coloniales la périodicité des bouleversements politiques de la Métropole et l'approbation que leur ont donnée, en général, les hommes de couleur. C'est une erreur, en premier lieu, de penser, comme l'a fait l'illustre auteur de *la démocratie en Amérique*, qu'autrefois, dans les sociétés où l'esclavage ne s'est pas compliqué de la différence des races, la disparition de la servitude entraînait en même temps l'effacement des inégalités sociales. A Rome, les affranchis conservèrent longtemps, dans l'Etat et dans la société, une infériorité de condition due à leur origine. Cette distinction ne disparut complètement que devant l'influence généreuse du christianisme dont l'avénement apportait au monde le dogme de la fraternité humaine et l'humilité, doctrine et vertu que la sagesse antique n'avait pas même soupçonnées. A Rome les affranchis ne pouvaient être sénateurs, ni même chevaliers. Ils ne pouvaient davantage servir dans les armées de terre ; c'était pour la marine, où le service était regardé comme moins noble, qu'ils étaient réservés. Les lois les plus constantes leur assignaient certaines tribus de la ville auxquelles ils étaient obligés de s'incorporer sans pouvoir s'associer à d'autres (1). Dans

---

(1) « Servius, rempli des mêmes vues, résolut encore de fortifier la république, en admettant au

la lutte des deux ordres on voit quelquefois des affranchis élevés à des dignités incompatibles avec leur condition ; la résistance du patriciat et des grands à ces innovations fut toujours vive, et l'histoire de Rome est remplie d'incidents où, à côté de la rivalité de la noblesse et de la plèbe, se rencontre l'opposition faite aux descendants d'esclaves (2).

---

nombre des citoyens les esclaves affranchis par quelque moyen que ce pût être. Il y en avait de deux sortes : ceux que l'on prenait à la guerre, par où a commencé la servitude, et qui de là ont été nommés *Mancipia*, et ceux qui étaient nés de pères et mères esclaves, ou de mères seulement. Le roi songea donc à leur faire part des droits de citoyen : l'état de servitude où il avait été lui-même lui inspirait des sentiments de compassion pour des hommes qui d'ailleurs pouvaient avoir beaucoup de mérite, et à qui l'on ne pouvait reprocher que le malheur de leur naissance, ou celui d'avoir été pris en guerre. Ce dessein trouva de grandes oppositions d'abord, et fut fort blâmé, surtout par les patriciens, qui trouvaient indigne que l'on confondît ainsi des esclaves avec les citoyens.

« Quoique par leur affranchissement, ils devinssent citoyens romains, ils n'étaient point admis, comme ceux qui étaient nés libres, ni parmi les chevaliers romains, ni parmi les sénateurs : ils étaient seulement associés aux privilèges dont jouissaient les citoyens du commun du peuple. Aussi n'avaient-ils place que dans les tribus de la ville que j'ai dit être les moins considérées.

« Par rapport au service militaire, on mettait aussi une grande différence entre les affranchis et les anciens citoyens. Le service de mer était moins estimé chez les Romains que celui de terre : et c'était pour la marine qu'on enrôlait ordinairement les affranchis.

(ROLLIN, *Histoire romaine*, t. 1er, p. 290 à 294.)

(2) *Tite-Live*, liv. IX, ch. XLVI parle d'un Flavius, greffier, petit-fils d'affranchi, qui parvint à l'édilité curule. « Je trouve dans quelques annales, dit l'historien, que comme il servait d'appariteur aux édile voyant que la première tribu le nomm édile qu'on ne voulait point recevoir son nom

Rien ne ressemble, à la vérité, dans notre société chrétienne, à l'orgueil inflexible et à la dureté du caractère romain ; mais peut-on s'étonner que les barrières humaines qui séparaient à Rome des individus de même origine, aient pu être élevées plus tard, aux Antilles, entre des hommes pour lesquels les

---

sa profession de scribe, il déposa ses tablettes de greffier et affirma par serment que jamais il ne les reprendrait. » Plus loin l'auteur ajoute : « Au reste, Flavius avait été nommé édile par la faction du forum, fortifiée sous la censure d'Appius, lequel avait le premier *dégradé* le Sénat en y *introduisant des petits-fils d'affranchis*. »

(*Tite Live*, Collection Nisard, page 436.)

Changez les noms et les temps, mettez des blancs à la place des grands de Rome qui s'indignaient de l'intrusion de Flavius, et faites que celui-ci soit un sang-mêlé, vous avez en quelques traits toute l'histoire de la lutte de races aux Antilles. Seulement au lieu de dire comme l'historien romain: c'est un patricien qui dispute à un affranchi une charge réservée aux grands, on pourra écrire : les blancs ne veulent pas d'un mulâtre, à cause du préjugé attaché à cette origine.

Ecoutez comment Tacite parle des affranchis :

« Dans le même temps, on porta des plaintes au Sénat contre la perfidie des affranchis, et l'on sollicita fortement un édit qui permit aux patrons de révoquer la liberté de ceux qui en abuseraient. On ne manquait point de sénateurs prêts à opiner ; mais les Consuls n'osèrent pas entamer une délibération dont le prince n'était point prévenu; toute fois, ils lui transmirent par écrit le vœu du Sénat. Néron délibéra dans son conseil s'il autoriserait ce règlement. Les opinions y étaient partagées. Quelques uns allaient jusqu'à s'élever avec indignation contre cette insolence des affranchis, qui, *enhardis par leur liberté traitaient à peine en égaux leurs patrons, et levaient impunément la main sur eux*, on riait de la peine que leur attirait cette violence.

(Tacite, *Annales*, livre XIII, chap. XXVI.

Ne croirait-on pas lire une page d'histoire coloniale ?

inégalités sociales semblaient découler de la différence même des races. Rappelons-nous ce qui a été exposé au commencement de ce travail : la présence aux Antilles de deux populations étrangères l'une à l'autre par l'origine, et si éloignées par leur condition sociale. L'une, libre, jouissant de tous les droits du citoyen, et chez laquelle s'alliaient à la fierté de la race colonisatrice les coutumes aristocratiques de la société européenne ; l'autre ignorante, à demi sauvage, ajoutant à l'abaissement de la servitude des dissemblances physiques où l'orgueil pouvait si facilement voir, au premier aspect, la marque d'une décrépitude originelle. De ces deux populations si dissemblables de condition et de nature, plus séparées assurément que ne le furent jamais les Romains de leurs esclaves, est sortie la race intermédiaire que sa parenté avec l'une et l'autre a placée longtemps aux confins des deux races noire et européenne, sans la confondre avec aucune d'elles. D'abord esclave, puis peu-à-peu émancipée, elle a tardé à se grouper, à faire nombre, et son élévation sociale a subi l'inévitable gestation par laquelle toutes les races, enfermées à l'origine comme dans un germe, arrivent enfin à éclore à la vie sociale, après avoir composé des agrégations, des familles polies par la culture intellectuelle. Les premiers hommes de sang-mêlé ont donc été des affranchis après avoir été des esclaves ; plus tard sont venus les fils et les petits-fils d'affranchis. Ni la naissance ni la profession ne pouvaient les favoriser d'une condition ciale élevée : les arts manuels, les industries humbles furent long temps le partage de cette population mixte, au développement de laquelle d'ailleurs, contrairement aux grandes vues de Louis XIV, les restrictions locales apportaient de trop étroites entraves. Même en 1792, à l'heure où la race européenne faisait un retour si habile vers la politique du grand Roi, ceux qu'on a appelés alors et depuis les mulâtres n'avaient pas, sauf peut-être quelques rares exceptions, dépassé la limite d'une condition sociale inférieure de beaucoup à celle de la généralité des blancs. On disait alors : « nègres ou gens de couleur » pour désigner les deux races, et ces termes indiquaient en même temps la condition. Peu à peu, cependant, la fortune et l'éducation faisaient surgir de la masse quelques individualités importantes ; on continua de les désigner par ces termes « nègres et mulâtres » empruntés à leur origine. Ces désignations marquaient encore la race autant qu'elles rappelaient la déchéance actuelle et passée. Le développement politique était complet en 1830, l'élévation sociale, si avancée déjà, s'accrut chaque jour à partir de cette époque ; on continuait de dire « nègres et mulâtres. » La résistance maladroitement opposée par la race européenne à toute innovation sociale ou politique, de 1815 à 1848, résistance qu'on retrouve d'ailleurs à toutes les époques de l'histoire chez tous les peuples où une classe a formé une caste politique prépondérante, a contribué pour une large part à l'animosité où les deux races luttent beaucoup plus pour leur domination respective que pour une question d'origine. Dans cette rivalité d'influence, la révolution française et ses suites incontestables, la révolution de 1830, celle de 1848, l'avénement de la démocratie, ont été autant de circonstances dont les hommes de sang-mêlé ont profité pour attaquer l'ancienne domination et la remplacer par la leur: c'est bien ce qu'on appelle aux Antilles la *substitution*. Mais cette lutte a compromis le rapprochement, la fusion des populations, le mélange social, malgré le développement de la race de sang-mêlé. Aux démarcations anciennes nées de l'esclavage, de l'illégitimité, de la condition d'affranchis, ont succédé l'antagonisme et la haine des partis. Les blancs, les hommes de sang-mêlé et les noirs sont restés ce qu'ils étaient originairement, c'est-à-dire marqués par la nature d'une dissemblance physique permanente et ineffaçable ; mais loin de les rapprocher et de les confondre dans une société où l'éducation et les talents pouvaient associer toutes les races, cette élévation n'a fait qu'élargir la séparation funeste imposée dans le passé par l'esclavage et la naissance. Les haines politiques se dissimulent sous les ressentiments de la race, et pour désigner des adversaires peut-être implacables, les blancs disent encore aujourd'hui : ce sont des mulâtres et des nègres.

Rien n'est moins vrai, cependant, et rien ne serait moins légitime qu'une aversion prolongée qui, en dépit de l'éducation, des services, de l'honorabilité attestée, éloignerait de toute fréquentation, par un préjugé orgueilleux tiré de l'idée de la supériorité de la race européenne, des hommes nés sur le même sol et élevés sous les mêmes lois. A la vérité cette idée se rencontre presque toujours, en Europe, chez les écrivains, voyageurs et savants, mis en présence de la race noire et de ses dérivés. On peut au hasard mettre la main sur l'appréciation faite à première vue de la race noire par un Européen, vivant en Europe, c'est-à-dire loin de l'influence des idées coloniales : on est sûr de rencontrer le contraste affiché de la supériorité ethnographique du blanc et de la dégradation du noir. C'est plutôt aux Antilles françaises, chez ces colons si décriés par les abolitionnistes, que se trouve un sentiment de justice plus prononcé envers la race noire. Et cela est facile à comprendre : le contact, la connaissance constante des qualités bonnes ou mauvaises du noir, le spectacle de sa résignation, de certains actes généreux ou dévoués, souvent héroïques, la fréquentation, en un mot, ont peu à peu diminué chez le blanc des Antilles, la répulsion première qu'inspire à l'Européen la dissemblance physique du noir et l'absence de civilisation. (1) De sorte, qu'à vrai dire, c'est aux lieux mêmes où l'on accuse les blancs d'être esclaves des

---

(1) Un colon a-t-il jamais écrit sur la race noire ces pages que nous avons extraites de la Revue des Deux-Mondes, l'organe le plus considérable du libéralisme, et dues à la plume d'un des écrivains le plus connus de ce parti :

« Ces pauvres nègres, je m'intéresse beaucoup à eux, et cependant, il faut que je fasse à leur sujet

préjugés de race, que se rencontre au moindre degré l'éloignement instinctif qui serait la cause et l'origine de ces préjugés. Et d'ailleurs ces préjugés et l'esclavage dont ils sont les derniers fruits, ce ne sont pas les blancs des Antilles qui les ont créés ou inventés ; la Métropole, dans la plus fausse politique, les leur a imposés. Ecoutez un homme qui ne peut être suspect, M. Schœlcher, dans son

---

une confession. Je suis arrivé en Amérique tout à fait négrophile et convaincu qu'entre un nègre et un blanc, il n'y avait aucune différence, sauf la couleur de la peau. Et puis, peu à peu, j'ai fini par comprendre le préjugé, si c'en est un, et je dois avouer aujourd'hui en toute humilité que je ne considère pas du tout un nègre comme mon semblable. Il m'a fallu dompter une certaine répugnance physique pour m'accoutumer à voir leurs mains noires et souvent velues arranger les draps de mon lit et me tendre une assiette blanche ou un morceau de pain. Si quelque chose pouvait me faire adopter les théories darwiniennes, ce serait l'aspect absolument bestial et simiesque d'un grand nombre d'entre eux, de ceux-là surtout qu'on rencontre plus ou moins déguenillés et mendiant dans les rues. Tout en me le reprochant, je suis arrivé à comprendre ce sentiment qui fait regarder toute accointance d'une blanche avec un nègre comme le dernier degré de la perversité et de la dégradation. A un autre point de vue, moins frivole, j'avais été un peu froissé de les voir invariablement, dans les villes que j'ai visitées, garçons d'hôtels, commissionnaires, décrotteurs ou mendiants, toujours tendant la main sous un prétexte quelconque, jamais tenant boutique, ni même employés à un métier manuel exigeant de l'adresse ou de l'intelligence. Je leur en voulais un peu d'avoir conservé, même alors qu'ils n'y étaient plus forcés, cette habitude, ce goût de servilité, et l'ignoble scène dont j'avais été témoin à mon arrivée à Richemont ne les avait pas relevés dans mon estime. Aussi, tout en me disant que cette dégradation dont j'étais le témoin attristé était la conséquence de l'état où ils avaient

livre sur la Martinique, à l'occasion des préjugés :

La vérité est qu'un de leurs plus vifs griefs à l'encontre des abolitionistes, c'est qu'on les rende responsables de l'esclavage et de ses détestables suites. Sur ce point j'avoue que je partageais le tort et j'en fais excuse publiquement. C'est la métropole, cela est avéré maintenant pour nous, qui imposa aux colons leurs mauvaises idées actuelles, qui les encouragea à l'esclavage comme à la traite. Nous n'eûmes pas un mot à répondre quand ils nous dirent : vous nous accusez, mais c'est vous qui nous avez donné l'esclavage ! En fon-

---

été si longtemps maintenus et de toutes les souffrances qu'ils avaient endurées, j'étais bien près de conclure que cette dégradation était irréparable. Cette visite à la manufacture de tabac où je les ai vus ouvriers réguliers et laborieux, m'a donné à penser que mon impression (comme beaucoup peut-être de celles que j'ai rapportées) pouvait bien être un peu rapide et superficielle. Pour en avoir le cœur net, j'ai fait causer à ce sujet un homme du Nord, des plus intelligents, qui est venu s'établir dans le Sud après la guerre, non point un de ces aventuriers sans le sou qui sont venus chercher à faire fortune en tondant sur les autres, mais un homme qui s'est établi avec des capitaux importants sur un domaine acheté par lui, dans la pensée qu'à la fois il donnerait un bon exemple et (ce qui est parfaitement légitime) réaliserait une bonne affaire. Voici ce qu'il m'a répondu :

« Vous auriez tort de juger l'ensemble de la population nègre par ce que vous rencontrez dans les villes. C'en est au contraire la partie la plus mauvaise. Ces commissionnaires, ces décrotteurs, ces hommes de peine tous plus ou moins en guenilles que vous voyez dans les rues, ce sont les fainéants de la race qui sont venus dans les villes, parce qu'ils ont l'horreur du travail et qu'il y est plus facile de gagner sa vie en ne faisant rien ou peu de chose. Ils ont peu de besoins, et les quelques *cents* qu'ils attrapent par-ci par-là, leur suffisent pour ne pas mourir de faim. Ce sont les lazzaroni du pays. L'élément sain et laborieux de la population, c'est l'élément rural qui continue à travailler sur les domaines qu'elle cultivait autrefois lorsqu'elle était à l'état esclave. J'en ai employé un grand

dant les colonies dans un but d'intérêt politique, et avec des vues d'utilité exclusive pour la mère-patrie, vous avez encouragé les colons à accroître leurs richesses par le travail des nègres. L'édit du 28 Mai 1664 portant création de la compagnie des Indes occidentales lui concède exclusivement le commerce des Antilles, y compris la traite des nègres. Ces hommes payent un droit de cinq pour cent à l'entrée comme les autres marchandises. Un arrêt du conseil du 26 août 1670 nous exempta de de droit. Deux années après une ordonnance du 15 janvier 1672 accorda une prime de 15 livres pour chaque tête de nègre importés aux colonies. Des

nombre comme ouvriers dans mes plantations de la Floride, et je suis bien loin d'avoir eu à m'en plaindre. Ils ne sont pas très-aptes à la besogne, et il y a une certaine somme de travail qu'il ne faut pas leur demander de dépasser. Mais, en revanche, ils sont peu exigeants pour leur salaire et faciles à conduire. La grande difficulté c'est, dans leur propre intérêt, de les accoutumer à l'économie. Leur instinct est de dépenser tout ce qu'ils gagnent en habits très voyants, en mouchoirs rouges, en babioles, et de vivre au jour le jour. Cependant ils sont en progrès sous ce rapport. Un assez grand nombre ont affermé par petits lots à leurs anciens maitres les plantations sur lesquelles ils avaient vécu et paient régulièrement leurs redevances.

D'autres sont même devenus propriétaires de terrains achetés par eux à bas prix, au lendemain de la guerre, et en tirent un fort bon parti. La culture du coton, au lieu de se faire en gros, se fait aujourd'hui en détail, mais elle n'en est pas pour cela moins productive. Le total des balles de coton récoltées s'est élevé de 3,800,000 balles en 1871, à 6,000,000 en 1880. On n'évalue pas aujourd'hui à moins de 6 millions de dollars l'ensemble des contributions payées par la population nègre. Comme les contributions sont proportionnelles à la richesse, c'est la preuve de sa prospérité, et les progrès de son bien être sont visibles à l'œil. J'en suis frappé tous les ans lorsque je vais visiter mes plantations de la Floride. Là où sur ma route, l'année précédente, j'avais laissé une cabane, j'ai trouvé une maison. »

Ainsi, c'est le colon américain qui redresse l'opinion de l'Européen sur la race noire ! Et les écrivains d'Europe continuent de s'indigner des préjugés des colons !

lettres patentes de 1696 et 1704 confirment ces privilèges, et Voltaire écrit qu'en prenant un intérêt dans ce trafic, « il a fait une bonne action et une bonne affaire. « Le 26 octobre 1784 le roi Louis XVI accorde de nouvelles immunités aux négriers. Le 21 octobre 1787, une dépêche ministérielle recommande de payer dans les colonies la prime de 15 francs qui avait été portée à 60. Ces faveurs se perpétuent sans interruption jusqu'à la révolution, et l'assemblée constituante elle-même y met le sceau par un décret qui déclare la traite « commerce national. Il faut attendre le 25 juillet 1793 pour voir supprimer ces primes, suppression bientôt suivie à la vérité de l'abolition de la traite et de celle de l'esclavage. Décret de la convention du 16 pluviose, an 2, 4 février 1794. (1)

Ainsi c'est bien vous, vous qui nous avez donné la traite. Vous, vous seuls également nous avez imposé les préjugés qui vous inspirent aujourd'hui tant de dégoût. Nous avions commencé à nous marier avec des négresses; une ordonnance du 20 avril 1711, qu'il fallut même renouveler en 1778, prohibe même en France les unions entre les deux races, qu'autorisait notre vieux code noir de mars 1685; on nous les interdit comme dangereuses; et un décret du premier consul (30 pluviose an 11) réitère cette défense.

Nous étions disposés à confier notre santé aux soins d'hommes de toute couleur. Voici comment s'exprime un règlement du roi du 30 avril 1764. « Art. 16. Défend très-expressément S. M. aux nègres et aux gens de couleur, libres ou esclaves, d'exercer la médecine ou la chirurgie, ni de faire aucun traitement de malade, sous prétexte que ce soit, à peine de cinq cents livres d'amende pour chaque contravention au présent article, et de punition corporelle suivant l'exigence des cas. »

Nous voulions employer des gens de couleur dans nos offices, il nous en est fait défense par un arrêt du conseil souverain du 9 mai 1765, conçu en ces termes : « Vu la remontrance donnée en la Cour par le Procureur général du Roi, contenant qu'il a été informé que M. Nior, notaire royal en l'île de la Martinique, résidant au bourg du Lamentin, employait un mulâtre libre à faire les expéditions des actes qu'il passait en cette qualité; que même il lui servait de clerc dans son étude; que des fonctions de cette espèce ne devant être confiées qu'à des personnes dont la probité soit reconnue, ce qu'on ne pouvait présumer se rencontrer dans une naissance aussi vile que celle d'un mulâtre; que d'ailleurs la fidélité de ces sortes de gens devait être extrêmement suspecte; qu'il était indécent de les voir travailler dans l'étude d'un notaire, indépendamment de mille inconvénients qui en pouvaient résulter; qu'il était nécessaire d'arrêter un pareil abus,

« La Cour, etc., a fait très-expresses inhibitions et défenses à tous greffiers, notaires, procureurs et huissiers, de se servir de gens de couleur, même libres, pour les employer à faire les expéditions des actes dont ils sont chargés par leur état, sous peine de 500 livres d'amende pour la première fois et du double en cas de récidive, et pour les gens de couleur qui seraient employés d'un mois de prison. Ordonne que l'arrêt qui interviendrait sera lu, publié et affiché partout où besoin serait. »

Nous avons été plus loin que cela: mourant, nous avions laissé à des libres le soin, l'éducation la vie de nos enfants; un arrêt du Conseil supérieur du 14 octobre 1726 nous en empêche, il ôte à un mulâtre la tutelle d'une blanche, « attendu sa condition. » Une lettre du ministre du 7 janvier 1767 porte, contre le texte formel de l'édit de 1685, que tout homme de race nègre est incapable de fonctions publiques et de noblesse.

« Vous avez abaissé ainsi cette race à nos yeux par tous les moyens possibles; vous avez défendu à ceux qui en font partie de porter des habits pareils aux nôtres; vous nous avez défendu à nous, de leur donner le titre de monsieur dans aucune transaction écrite ou verbale; vous leur avez fait du respect pour nous un devoir légal! Où pouvions-nous prendre considération pour eux?

Ainsi notre éducation, nos idées, notre vie, nos principes sont assis sur les lois que vous nous avez données : C'est à leur ombre, sous l'empire de leurs incitements que nous avons acquis « la propriété de l'homme sur l'homme. »

C'est vous encore qui, à une époque où nous avions subi la crise de l'affranchissement et de ses troubles, avez rétabli la traite par une loi du 10 prairial an X (30 mai 1802). C'est vous, toujours vous, qui nous avez contraints par la même loi à reprendre la responsabilité de l'esclavage, à y replacer nos chances de fortune, nos moyens d'existence, à le considérer comme une chose utile à tout le monde. Et puis, tout à coup, parce que le siècle en marchant a créé de nouvelles doctrines pour le monde métropolitain, voilà que vous nous traitez de cruels, de barbares, et nous montrez une indignation pleine d'horreur ! vous oubliez que nous sortons de vous, que nous avons été élevés au milieu de vous et avec vous ; que nous avons étudié les mêmes sciences, pratiqué la même morale, appris le même respect pour les lois divines et humaines. Vous oubliez que nos sentiments, vous les partageriez si vous étiez à notre place ; vous oubliez que c'est vous en un mot qui nous avez faits ce que nous sommes ; qui avez aidé, protégé, consacré notre propriété actuelle ; et vous parlez de la méconnaître sous prétexte qu'elle est immorale ! O comble de l'irréflexion et de l'iniquité. »

« En tenant ce langage, les créoles ne disent pas un mot qui ne soit vrai. Ils ont été façonnés depuis longtemps au mépris du nègre et de sa descendance. »

En 1842, malgré d'évidentes exagérations, ce langage était vrai, mais si l'auteur revoyait les Antilles françaises et pouvait y étudier la situation actuelle des races et les causes de leurs divisions, combien ses opinions touchant les préjugés seraient elles modifiées !

Le préjugé de race, ce thème inventé pour décrier aux Antilles des distinctions sociales beaucoup plus accentuées dans la Métropole où les inégalités de condition ne se sont pas compliquées des différences ethnographiques, le *préjugé de race* est surtout le grand grief des abolitionistes et des hommes de sang-mêlé. Et cependant, plus ou autant que les blancs ces derniers en ont donné l'exemple, et sans qu'il soit besoin d'observations actuelles, écoutons encore le vieil ami de la race, celui qui, par son influence dans un gouvernement radical, croyant travailler pour les noirs, a fait des hommes de sang-mêlé les nouveaux dominateurs des Antilles françaises. En 1842, après un voyage d'études dans ces pays, M. Schœlcher écrivait de la race de couleur :

« Revenons aux hommes de la classe libre. Il faut qu'un abolitionniste le leur dise, il est urgent de l'avouer, dans la lutte sourde qui a lieu sur les terres des Antilles, ils nuisent eux-mêmes à leur propre cause; ils ne se dirigent ni avec adresse, ni avec courage moral, ni avec la dignité qui serait nécessaire dans leur position. Ce que les commissaires de la convention écrivaient en juillet 93, aux hommes de couleur de St-Domingue, est encore vrai aujourd'hui pour ceux de la Martinique et de la Guadeloupe. « Vous avez parmi vous des aristocrates de la peau, comme il y en a parmi les blancs; aristocrates plus inconséquents et plus barbares que les autres; car ceux-ci ne gardent pas éternellement leurs fils dans les fers; mais vous, ce sont vos frères et vos mères que vous voulez retenir à jamais en servitude. » Il n'est que trop vrai, les mulâtres se sont courbés eux-mêmes sous les fourches du préjugé, *ils n'ont pas moins de dédain pour les noirs*, les insensés ! que les blancs n'en n'ont pour eux; *et un mulâtre se ferait autant scrupule d'épouser une négresse*, qu'un blanc d'épouser une mulâtresse ! Quelqu'un l'a dit avec vérité: *Un mulâtre hait son père et méprise sa mère.* — Triste conséquence des erreurs humaines, elles se commandent, elles s'enchaînent, on a sous les yeux, aux colonies, une série graduée de dédains d'une classe envers l'autre qui serait ridicule si elle n'était déplorable. Quiconque a les cheveux laineux, signe essentiel de la prédominence noire dans le sang, ne saurait aspirer à une alliance avec des cheveux plats. Les femmes de couleur qui ont la chevelure crépue, s'imposent des tortures horribles en se coiffant pour la tirer de façon à laisser croire qu'elle est soyeuse.

Au point de vue que nous venons d'envisager, la position des hommes de couleur ne doit naturellement inspirer aucun intérêt, nous savons bien qu'il y a une excuse pour eux, qu'ils sont aveuglés eux-mêmes par la maudite influence du préjugé ; mais n'importe, on doit leur reprocher de n'avoir pas mieux senti les leçons de la mauvaise fortune, de ne point aimer leurs frères en souffrance. Ils se chargent de justifier la répulsion des blancs pour eux, *par celle qu'ils éprouvent à l'égard des nègres.* Pour mériter la sympathie des hommes de bon sens et de bon cœur, leur premier devoir serait de remettre aux autres ce qu'ils réclament pour eux-mêmes. *Cet éloignement qu'ils montrent vis-à-vis du nègre,* est un scandale aux yeux de la raison, une joie profonde pour leurs ennemis, et ce qui maintient la force des colons, ce qui perpétue leur supériorité, c'est précisément la haine que les sang-mêlés ont créée par leur orgueil, entre eux et les noirs.

Ceux-ci les détestent, et leurs proverbes toujours si admirablement expressifs, ne manquent pas contre leurs fils insolents : — *Quand milate tini ion chouval, li dit négresse pas manman li* (1).

---

(1) « Quand un mulâtre possède un cheval (a quelque chose), il dit que sa mère n'était pas une négresse » — Le reproche que nous faisons ici à la classe de couleur de nos Antilles, ne leur est pas

Les gens de couleur *voudraient s'élever jusqu'aux blancs, mais sans faire monter les noirs avec eux;* ils ne réussiront pas. L'histoire de Saint-Domingue, devrait leur être d'un meilleur enseignement qu'on ne le voit. Les sang-mêlés d'Haïti préférèrent en vain leurs coupables services à la classe blanche contre les esclaves, la classe blanche ne fit que les mépriser davantage; il ne se relevèrent qu'après s'être associés aux esclaves, et tous les malheurs qu'éprouve encore la jeune République haïtienne tiennent, on peut dire, à de vieux restants de l'aristocratie épidermique.

Au lieu de faire effort pour se rapprocher piteusement de la classe blanche, les hommes de couleur doivent se rapprocher des noirs. C'est dans une telle alliance qu'est leur émancipation réelle. Une des raisons de la force des blancs, est leur parfaite union dans une pensée commune, les sang-mêlés et les noirs au contraire, sont divisés et se haïssent, il faut que les sang-mêlés se joignent étroitement avec les libres, il faut qu'ils ne forment ensemble qu'un tout homogène. Il ne sera pas seulement généreux, il sera utile d'unir les deux fortunes, et comme firent en 1817 les gens de couleur libres de Philadelphie avec le vénérable James For-

---

particulier; toutes les îles à esclaves, offrent le même triste exemple de démence. Dans les îles danoises où le préjugé blanc s'est un peu modifié, où les gouverneurs ont des hommes de couleur pour secrétaires, et reçoivent à table ces impurs, sans que cela paraisse gêner ni choquer les blancs de la compagnie; ce pas que l'on a fait vers eux, *les gens de couleur ne l'ont pas fait vers les nègres.* Là aussi, comme chez nous, un esclave aime beaucoup mieux appartenir à un blanc qu'à un sang-mêlé, *ce qui veut dire que les sang-mêlés traitent leurs inférieurs avec plus de dureté* que les blancs ne le font. Le sentiment de la désaffection de l'esclave, et le manque d'éducation, expliquent assez la chose pour qu'il soit inutile d'insister là-dessus. L'homme opprimé est plus oppresseur, il se venge sur les faibles du mépris des forts; c'est une loi du mauvais côté de notre nature. (1)

1) Note de l'ouvrage de M. Schœlcher.

ten à leur tête, de signer le serment que nous allons transcrire. « Nous jurons de ne jamais nous séparer volontairement de la population esclave de ce pays. Les nègres sont nos frères par les attaches du sang et de la souffrance, et nous comprenons qu'il est plus vertueux d'endurer les privations avec eux que de jouir pour un temps de quelques avantages imaginaires. » M. Montdésir Richard, un des esprits les plus distingués que possède la classe de couleur, l'a fort bien dit : « Nous ne devons attacher aucune importance à entrer chez les blancs, à les fréquenter. Notre rôle est de viser à une fusion politique réelle avec eux, pour obtenir notre part d'autorité locale. Quant à la fusion sociale, je ne la comprends à cette heure qu'avec la population noire. Pour mon compte je ne veux d'alliance qu'avec les nègres, parce que là et rien que là est notre force. » Ces idées sont très-sages et très-saines ; elles peuvent seules amener une solution pacifique des difficultés.

Les mulâtres, dans toutes les entreprises, ont été battus, nous ne le regrettons pas, parce qu'ils ont toujours abandonné et oublié les esclaves, leurs alliés naturels. Ce qu'ils ont à faire avant tout maintenant, c'est de prendre part à la croisade contre l'esclavage, en s'interdisant de posséder des esclaves. Ils ont toujours mis d'ailleurs une insigne maladresse dans leurs efforts pour dompter l'orgueil des blancs ; ils n'ont pris la voie ni la plus sûre ni la plus digne, celle d'avoir pour leurs antagonistes les mêmes rigueurs que ceux-ci leur témoignaient, *de former une société qui aurait vaincu l'autre en charité et en noblesse de sentiments*, qui se serait montrée *au monde plus douce et plus morale que l'autre*, comme furent autrefois les chrétiens contre les payens (1) ; ce sera toujours la meilleure

---

(1) Il y a évidemment amphibologie dans la phrase ; on croirait que « la voie la plus sûre et la plus digne était d'avoir pour leurs antagonistes les mêmes rigueurs que ceux-ci leur témoignaient, de former une société qui aurait vaincu l'autre en charité », ce qui est contradictoire. La pensée de l'auteur est

ressource des persécutés pour tuer la persécution.

Les mulâtres acceptent encore aujourd'hui comme une sorte d'injure qu'on les appelle mulâtre. Il faut qu'ils s'en fassent un titre et s'en glorifient jusqu'à ce qu'on ne connaisse plus de différence entre eux et les blancs. M. Bissette a constamment prêché cette excellente doctrine dans sa *Revue des Colonies*, il est fâcheux qu'on ne le veuille pas écouter.

Les hommes de couleur d'Europe qui ont gagné un nom, sont restés parmi nous au lieu d'aller l'offrir en exemple aux amis, en admiration aux ennemis. La postérité leur fera l'éternel reproche de ne l'avoir point mêlé aux luttes fraternelles, ce nom qu'il leur fut donné de rendre éclatant.

Les autres, bien élevés au sein des collèges de France, capables de tenir un rang distingué dans le monde et de communiquer à leur classe l'éclat de leur mérite, sitôt qu'ils retournent aux colonies, se dégoûtent vaniteusement de l'infime condition où ils se trouvent, ne savent point se suffire avec l'élite de leurs semblables; ils aspirent à ce qu'ils devraient mépriser, s'irritent de leur solitude, et peu à peu quittent le pays pour n'y plus reparaître. Ils veulent oublier qu'en abandonnant la patrie, ils abandonnent aussi la noble tâche qu'ils avaient à remplir pour la réhabilitation de leur race ; ils désertent une cause sacrée. On nous a cité un officier d'artillerie de sang mêlé qui, envoyé à la Martinique, demanda vite à permuter, ne pouvant tolérer la situation gênante que lui faisait la couleur de sa peau. Et cependant, toujours bien avec ses camarades qui fermaient l'oreille aux murmures de leur caste en faveur d'un frère d'armes, ayant ainsi déjà des alliances avec l'étranger, il pouvait servir de premier lien à un rapprochement désirable. Sa position était magnifique, il recula devant quelques

---

évidemment celle-ci : ils n'ont pris la voie ni la plus sûre ni la plus digne, en montrant à leurs antagonistes les mêmes rigueurs que ceux-ci leur témoignaient, *au lieu* de former une société où l'un vaincu l'autre en charité, etc.

déboires passagers (1). Qu'arrive-t-il de cette insuffisance philosophique dans les aînés de la couleur, c'est qu'il ne reste plus de leur classe aux colonies, sauf de bonnes exceptions, que des hommes inférieurs de rang, d'éducation, de tenue, et que les blancs les peuvent repousser avec une apparence de raison, sous prétexte d'inégalité morale! »

Le préjugé de race n'est donc pas le triste privilège d'une race orgueilleuse. L'humanité, dans toutes ses diversités, confesse et montre les mêmes faiblesses. Ecoutez encore le vieil abolitionniste, parlant d'Haïti :

« Nous avons fait nos preuves ; on sait notre vieille et profonde sympathie pour la race africaine, parce qu'elle est opprimée ; on sait nos ardents désirs de la voir apporter au monde un exemple de société régulière. Nous ne saurions donc être accusé de vouloir allumer de mauvaises passions, réveiller de vieilles haines, et nous pouvons parler sans crainte d'être mal jugé. *Le vice fondamental,* celui qui empêche la jeune république de prendre son essor, *c'est qu'on y connaît encore deux classes d'hommes............*

Les colons, en expirant, ont légué à cette terre infortunée le préjugé de couleur. ( 1 ) Les insurgés de St-Domingue, si fiers au combat, ont rougi après la victoire de la honte que les anciens maîtres attachaient à leurs noms. Au lieu de forcer le monde à respecter ces noms, comme les gueux firent honorer le leur, ils ont voulu les cacher ; et aujourd'hui c'est offenser ce peuple de nègres et de mulâtres que de les appeler *nègres et mulâtres.* Ils se nomment noirs et jaunes, parce qu'ils ont gardé pour les vieux titres de l'esclavage le mépris qu'avaient les blancs. *L'aristocratie de la peau jaune*

---

(1) Ceci était à l'adresse de M. Perrinon qui répondit avec vigueur à l'abolitionniste. La polémique est à la fin du livre de M. Schœlcher.

(1) Toujours les blancs. Et quand M. Schœlcher écrivait cela, ils avaient disparu depuis 40 ans!

s'est ensuite élevée sur les débris de celle de la peau blanche. Oui, il n'est que trop vrai, les mulâtres, grâce aux avantages qu'ils avaient sous l'ancien régime d'une petite éducation première, ont prétendu à une certaine supériorité intellectuelle sur les noirs, et ceux-ci leur rendent mépris pour mépris.

On a beau s'en défendre, il faut le dire tout haut afin que chacun connaisse bien la pente du précipice, il y aura deux classes ; et le gouvernement, tel qu'il est, loin de les fondre l'une dans l'autre avec habileté, les a mises en hostilité.

En reproduisant ces observations si vraies dans beaucoup de cas, exagérées par l'esprit passionné de leur auteur, nous n'avons pas l'intention d'abriter nos opinions sous le nom de M. Schœlcher. Le sectaire haineux, également injuste envers les blancs et les mulâtres, l'athée orgueilleux n'aura jamais part à notre admiration ou à notre complaisance. Nous voulons seulement démontrer aux hommes de sang-mêlé que celui-là même dont ils sont aux Antilles les trop fidèles partisans, les a jugés autrefois avec une sévérité qui contraste avec leur fanatisme actuel pour M. Schœlcher. Notre but est d'établir que le *préjugé*, ces distinctions sociales exagérées, où les races servent encore de démarcation aux Antilles, n'est pas la faute exclusive de la race européenne : ceux-là mêmes qui lui en font le reproche sont coupables des mêmes dédains envers leurs semblables.

M. Schœlcher, en rendant d'ailleurs aux blancs de la Martinique une justice certainement méritée, a écrit encore :

Le préjugé de couleur était indispensa

une société où l'on introduisait des esclaves d'une autre espèce d'hommes que celle des maîtres. Le salut de maîtres blancs, disséminés au milieu d'un nombre tricentuple d'esclaves noirs, résidait dans la fiction de leur supériorité sur ces derniers, et par suite dans la seconde fiction de l'inhabilité des noirs à jamais acquérir cette supériorité. Il dérivait de là forcément que tout individu qui aurait du sang-mêlé inférieur dans les veines, ne devait plus pouvoir aspirer à l'égalité avec ceux de la classe à sang noble : la dégradation du mulâtre n'était qu'un écho de l'asservissement du noir, une nécessité de logique. (1)

A la vérité, il y a aujourd'hui plus que du préjugé seulement dans le préjugé, il y a de la colère, de la haine. La loi du 24 avril 1833, en abolissant les distinctions établies par l'ancienne législation coloniale et en conférant les droits politiques aux libres de toutes couleurs, soit de naissance, soit par suite d'affranchissement personnel, a dessiné les instincts d'antagonisme qui subsistaient entre les deux classes. La loi est bonne, puisqu'elle prépare évidemment la fusion; son bénéfice est assuré dans l'avenir; mais elle n'a fait encore que développer les germes de rivalité existants. Il fallait que cela fût. Avant la reconnaissance de leurs droits politiques, les hommes de couleur libres étaient les clients des patriciens à peau blanche, ils en sont devenus les rivaux; et comme tous les rivaux placés au rang inférieur, ils veulent, par la raison qu'ils ont les passions propres à l'homme, *ils veulent plus que l'égalité, ils voudraient la domination. Aujourd'hui patrons et clients se haïssent et se méprisent : les uns parce qu'ils voient leurs anciens serviteurs aspirer à monter; les autres parce que ce sentiment de l'égalité auquel on a permis de se manifester et la possibilité d'arriver à tous emplois,* **leur rendent plus insupportables l'éducation, la richesse, les places, la prépondérance ac-**

---

(1) Nous n'avons pas dit autre chose dans notre travail.

**cumulées dans les mains de leurs anciens patrons** (1).

« Aujourd'hui il y a séparation complète, à la Martinique surtout ; ce sont deux partis en présence, et il est notoire que la milice de cette île, suspendue après les troubles de 1833, n'a pas encore été réorganisée, grâce à l'influence des blancs qui ont voulu éviter cette occasion forcée de contact avec leurs adversaires.

Les droits politiques accordés à la classe de couleur ne consistent guères cependant qu'à les rendre aptes au service de la milice, puisque la charte fait encore reposer ces droits sur les bases de l'impôt. Les Français ne sont dignes et capables de faire fonction de citoyen que lorsqu'ils paient une certaine somme au fisc, ils sont égaux devant la loi quand ils sont égaux devant le percepteur des Contributions directes ; or, mulâtres et nègres étant très pauvres se trouvent avoir acquis un droit presqu'illusoire. Il faut aux colonies payer 600 francs d'impôts ou posséder 60,000 francs de propriété pour être éligible, la moitié pour être électeur. Combien est petit le nombre d'affranchis qui peuvent arriver là ? Sur cinq cent sept éligibles de la Martinique il n'y en eut, en 1835, que quarante-quatre appartenant à leur classe, sur huit cent neuf électeurs, que cent vingt-huit. Ils remplissent là-bas le rôle de nos prolétaires. (2) »

Ecoutez encore ce passage sur Haïti :

« En vain se rapprochent les deux classes dans la vie officielle, *elles restent séparées* de fait. Je ne dis pas que leur éloignement l'une de l'autre est chose avouée, je dis qu'il existe. Extérieurement, les relations entre noirs et jaunes sont sur un pied d'égalité

---

(1) Ceci est observé sur nature, et l'auteur a pris les choses au vif.

(2) Ce n'était ni de l'inégalité, ni du privilège : c'était à peu-près le droit constitutionnel de la Métropole à cette époque.

Toutes ces citations sont extraites du livre de M. Schœlcher : *Les Colonies françaises*.

parfaite ; *hors du forum ils vivent à part.* J'ai assisté à des bals, à des dîners, *et nulle part je n'ai vu de mélange.* J'ai été reçu dans quelques familles, *et dans aucune je n'ai vu de mariages de fusion,* du moins sont-ils tout-à-fait exceptionnels.

L'ignorance générale, on le conçoit sans peine, contribue beaucoup à entretenir ce funeste préjugé. Des jeunes gens de couleur, bons et sincères, nous ont avoué *qu'en conscience* ils se croyaient *foncièrement et organiquement supérieurs aux nègres,* quoique, par une inconséquence que l'orgueil explique très-bien, ils ne se croient pas inférieurs aux blancs.

............................................................

D'autres nous ont dit qu'ils n'épousaient pas des négresses parce qu'elles étaient trop peu éclairées ; mais nous ne les avons pas crus, car l'éducation des femmes étant absolument nulle, il n'y a pas *une seule demoiselle de couleur* qui ait un esprit plus cultivé qu'une demoiselle négresse. (1) »

On peut donc se faire une idée exacte de ce que l'on nomme préjugés de races aux Antilles, et apprécier la sincérité des hommes de sang-mêlé dans leurs incessantes récriminations contre la race blanche. Est-ce à dire qu'autrefois, et même aujourd'hui encore malheureusement, chez beaucoup de blancs n'a pas existé ou n'existe plus, outre la défiance et l'animosité créées par nos troubles civils, une certaine fierté, un sentiment vain et orgueilleux de la supériorité de la race ? Les blancs, en proie à l'orgueil comme tous leurs semblables, ont plus ou moins, certainement, selon le degré de leur intelligence, l'éducation ou le milieu dans lequel ils ont vécu, une tendance générale à

---

( 1 ) Schœlcher, *Haïti,* pages 236 et 237.

se considérer comme une race douée de qualités sociales plus développées que n'en présentent non-seulement la race noire et ses dérivés, mais même la plupart des autres races qui habitent le globe. Nous avons eu déjà occasion de le dire : ce n'est pas le blanc des Antilles seulement, tous les peuples sortis de la race caucasique ont d'eux-mêmes cette présomptueuse bonne opinion.

A cette idée préconçue, que rien ne justifie dans la science et que le récit mosaïque condamne dans la création d'un seul couple humain originel, duquel sont sortis tous les hommes, que peut-on opposer après la certitude de la Révélation, en dehors des données encore incertaines de la science et des traditions transmises de peuple à peuple !

L'homme considéré dans sa nature présente un type unique, procédant évidemment d'un seul couple originel. Composé de matière et d'esprit, il forme, au point de vue philosophique, l'admirable unité substantielle qui se révèle dans tous ses actes intellectuels. Rien n'indique chez l'homme ainsi étudié substantiellement une différence qui spécifie telle ou telle race actuelle. Le corps humain destiné à périr pour un temps, reçoit la vie d'un principe immatériel indestructible : c'est l'âme immortelle. Aucune différence n'existant entre l'âme chez telle race et l'âme chez telle autre race, et le corps, dans ses propriétés, étant identique chez toutes les races, l'identité d'origine se prouve par l'identité de nature. Aussi, de quelque façon que l'on s'exprime, on généralise toujours, contrairement à la terminologie zoologique, et c'est avec raison que l'on dit : le genre humain, la famille humaine, l'espèce humaine. Etre homme, c'est donc être de même nature, par suite, de même race que tous les autres hommes (1).

Cependant, les habitants de la terre présentent entre eux des différences sensibles tirées de la couleur, de la conformation de la tête, et particulièrement du langage. Ce sont ces différences accidentelles étudiées sous le nom d'ethnographie, qui ont donné lieu au classement de l'humanité en races diverses. Il est évident que le mot race n'a plus ici le sens qu'on pourrait y attacher au point de vue de l'origine et de la nature de l'homme ; il n'a qu'une portée restrictive indiquant les variétés par lesquelles la famille humaine atteste la puissance de Dieu créant l'unité dans la diversité. Les altérations subies par la race humaine, selon les climats ou l'éducation, pour présenter des individus divers où l'on croit voir des différences originelles, ne détruisent pas la nature substantielle de l'être humain, corps et âme tout ensemble : c'est par là que l'unité de race est prouvée par l'unité de nature.

Le langage lui-même a été uniforme à l'origine. Longtemps une science fausse ou insuffisante a voulu tirer de la pluralité des langues la preuve de la pluralité d'origine.

―――――――

(1) On peut lire sur ce point l'admirable ouvrage de Monseigneur de La Bouillerie, *L'homme, sa nature, son âme, ses facultés, sa fin, selon la Doctrine de St-Thomas.*

Ces erreurs ont dû céder devant les travaux réunis des anthropologistes et des philologues, et la philologie comparée, science récente, a reconnu l'existence d'un langage primitif, non retrouvé, d'où sont sorties par des migrations inaperçues, des langues mères, sources des langues anciennes de l'Asie, de leurs dérivés indo-germaniques et des diverses langues actuelles. La confusion des langues n'est donc plus une difficulté devant les recherches d'une érudition qui a retrouvé, après l'altération la plus radicale, la racine elle-même dans une suite de transformations opérées à travers des idiomes disparus ou restés (1).

Ecoutez M. P. Larousse, l'un des chefs de la négation de l'autorité religieuse et biblique, dans l'introduction à sa lexicologie des écoles, cours de troisième année :

Qu'il y ait eu une langue primitive, révélée ou non, cela est au dessus de toute discussion, mais si elle a laissé des traces, aucun effort d'investigation n'a pu jusqu'ici les mettre en relief, et les raisons en sont trop évidentes pour que nous jugions opportun de les faire ressortir. Il y a donc eu une langue primitive; cette vérité est liée à l'existence même d'un premier homme, d'une première famille. Tout porte à croire que ce premier idiome dut être expressif et rempli d'onomatopées ; un rapport intime existait entre certaines propriétés de l'objet et son appellation : le bruit du tonnerre, le siffle-

---

(1) Les érudits ont poussé très loin ces études. On en trouve l'analyse dans un savant travail du père Martinof publié dans les *Etudes religieuses, historiques et littéraires* des Pères de la Compagnie de Jésus. — (Année 1866, nº 14 et tome VI, p. 549.)

ment du vent, le clapotement des vagues, le rugissement des bêtes féroces, étaient exprimés par des mots dont l'articulation phonétique offrait à l'ouïe quelque chose d'imitatif qui éveillait l'idée de l'objet désigné ; mais cette langue grossière, qui, selon toute apparence, ne se composait guère que de monosyllabes, ne tarda pas à s'altérer. La tradition a conservé chez tous les peuples le souvenir de ce démembrement de la langue primitive. Le plus ancien des historiens, Moïse, place cet événement à la suite du déluge, et le nomme Babel, mot qui signifie confusion.

Malgré l'obscurité profonde qui enveloppe l'enfance du langage, des linguistes obstinés n'ont pas renoncé à l'espoir de résoudre ce problème, qui est comme la quadrature du cercle de la philologie. Les commentateurs de la Bible et les théologiens, des savants illustres, tels que Juste Lipse, Vossius et dom Calmet, ont voulu retrouver cette langue primitive dans l'hébreu ; puis les Maronites du Liban, Théodoret, Amira, Myricœus etc, revendiquèrent successivement cette priorité d'origine pour l'abyssin, le syriaque, le chaldéen, l'arménien et l'éthiopien. A leur tour, les Egyptiens et les Chinois prétendirent que leur langue nationale ne devait céder à aucune autre le droit de primogéniture, enfin des savants estimables, mais capricieux ou systématiques, s'efforcèrent de prouver l'antiquité d'un idiome de leur choix, qu'ils semblaient prendre sous leur protection : les uns plaidèrent pour le bas-breton, les autres pour le flamand, ceux-ci pour le basque, ceux-là pour le celtique. Mais tout cet échafaudage de systèmes contradictoires s'écroula du jour où la philologie, entrant dans la voie qui venait de s'ouvrir aux sciences positives, adopta l'observation des faits comme principe et comme guide de ses espérances.

On ne reconnaît plus aujourd'hui de langue mère proprement dite, mais des langues mères relativement.

Une circonstance politique vint, sur ces entrefaites, ouvrir à la linguistique un nouveau champ d'investigations. Les Anglais s'étant rendus maîtres des Indes, le sanscrit, l'ancienne langue sacrée des Indous, attira l'attention des plus savants philologues de la Grande-Bretagne.

Or, ce ne fut pas pour eux un médiocre sujet de surprise et de joie de découvrir que le merveilleux idiome était non seulement l'origine des différentes branches des langues indiennes et de l'ancien persan, mais encore la souche qui avait donné naissance aux langues européennes : le grec, le latin et le teutonique avec leurs ramifications, ainsi que le celtique et le slave, avec leurs affiliations diverses. Dès lors, la révolution linguistique fut consommée, et la science se vit transportée sur un terrain solide, voie large et féconde par laquelle elle a marché à de grandes et magnifiques découvertes. L'étude comparée du sanscrit, à laquelle s'associèrent des savants de presque toutes les parties de l'Europe, établit avec une complète évidence l'unité originaire des langues européennes, sauf deux idiomes d'un domaine géographique peu étendu, le finnois et le basque, qui ont été reconnus ne point se rattacher à la langue de l'Inde.

C'est là ce qu'on appelle le groupe indo-européen, qui a son berceau dans la vallée de Kaschmir et dans les gorges du Caucase, entre la mer Caspienne, et le nord de la chaîne de l'Hymalaya « Deux courants d'émigration, dit M. Jehan (Dictionnaire de linguistique), se sont produits dans les temps qui précèdent l'histoire : l'un au sud vers l'Iran, et plus à l'est jusque par-delà le Gange, l'autre dirigé vers l'Europe, soit par le sud de la Caspienne et de l'Asie Mineure, soit par le nord, et par l'Oural. Cette race énergique et progressive s'est heurtée tour à tour aux finnois et tartares sémitiques, envoyant successivement en Europe les Celtes, les Germains et les Slaves, tandis qu'en Asie la domination appartenait à l'ouest au persan, et à l'est au sanscrit. Aujourd'hui, la famille indo-européenne a subjugué et civilisé le monde. C'est-elle qui semble avoir désormais le privilège de réunir de proche en proche tous les hommes dans une providentielle fraternité.

Les résultats ont été les mêmes dans l'anthropologie, par rapport à l'étude de la structure de l'homme, dans la géologie, dans presque toutes les sciences où, égarés d'abord par un parti pris d'incrédulité, les savants sont venus ou viennent tour à tour attester l'exactitude du récit génésiaque. Comme ces infiltrations sorties du lit d'un fleuve pour baigner d'autres sols, et qui se rejoignent peu à peu et retournent au lit primitif, ainsi la science, dans ses mille dérivations incrédules, apporte chaque jour à la foi le témoignage de ses expériences et de ses observations.

Nous sommes donc tous, qui que nous soyons, blancs, noirs ou mulâtres, de même race originelle, parce que nous sommes de même nature ; et si nous voulons comprendre la petitesse de nos dissensions de race, c'est de nous reporter à ce jour sublime où, dans la lumière de l'univers encore jeune, prenant un peu de cette boue que l'on retrouve en chacun de nous, Dieu l'anima de son souffle et créa l'homme ! Cette illustre origine fait justice des misérables préjugés où, les uns et les autres, nous essayons de nous faire plus grands que nos semblables, en oubliant le fiat qui nous donna à tous, dans une indestructible parenté, le titre incomparable d'enfants de Dieu !

Cela est donc certain, de même qu'entre les membres d'une même famille il existe des dissemblances, des diversités physiques et intellectuelles, ainsi dans la grande famille humaine, il existe, sur une échelle plus large, des variétés physiques, des différences de langage qui l'ont partagée en groupes divers, étrangers en apparence les uns aux autres et souvent hostiles. Telles sont les nations ou races. Laissant de côté les trois grandes branches principales, sémitique, japétique et chamitique, souches de la famille humaine tout entière, d'où seraient sorties comme autant de rameaux les nations modernes, composées elles-mêmes de groupes distincts sous les noms de races caucasique, mongolique, malaise et africaine, subdivisées à leur tour, selon les théories scientifiques, en classifications nombreuses, il n'est pas possible de ne pas tenir compte des conditions de langage, de mœurs et d'affinité qui distinguent, dans leurs sentiments exclusifs, les groupes formés en nations. Qui n'a lu les rodomontades britanniques à l'égard de la dégénérescence de la race latine, dans laquelle les Anglais veulent voir une population inférieure à la race anglo-saxonne! Le professorat d'Outre-Rhin, dans son pédantisme pédagogique, ne traite-t-il pas les *Welches*, les ennemis séculaires, comme ils les ont traités après la guerre de 1870! Les Russes, à les en croire, ne font-ils pas de la race Slave, dont ils n'ont que des portions dans leur empire, le pivot d'une politique d'agglomération, tendant à la domination de l'Europe? En d'autres termes, russes, anglais, français, allemands, polonais, italiens, espagnols, tous les peuples d'Europe tendent chacun à la suprématie par l'idée de leur supériorité ou par les ambitions de l'esprit exclusif de race. Sans parler de l'antiquité, combien de sang ces luttes de peuple à peuple ont-elles coûté à l'humanité depuis le chistianisme ! (1) Et cependant, s'il faut en croire l'histoire et la science de nos jours, les habitants de l'Europe, à part une peuplade refoulée dans l'Espagne et quelques habitants du Nord relégués au pôle, arrivèrent les uns après les autres, par des migrations successives, de l'Asie dont leur langage actuel n'est que la reproduction transformée par le temps ! Celtes, Scandinaves, Germains, Slaves, tels furent les premiers occupants de l'Europe et du sud de l'Asie, venus tous de cette Arye mystérieuse comme les flots d'un immense océan populaire. Après eux, les grandes invasions des premiers siècles du Christianisme, Suèves, Vandales, Burgondes, Alains, Alamans, Hérules, Francs, Lombards, Goths, Ostrogoths, Visigoths, Gépides, un moment menacés tous par les Huns, qu'est-ce donc que la population européenne, sinon des essaims successive-

---

(1) C'est à cette tendance que se rattache un des plus grands ressorts de l'homme : le patriotisme, et l'humanité lui a donné pour but et récompense ce qui est le mobile des plus nobles actions : la gloire. La gloire militaire, la gloire de tuer ses semblables ! Pascal en a fait justice dans une de ses pensées les plus profondes : « Pourquoi me tuez vous ? — Eh quoi ! ne demeurez-vous pas de l'autre côté de l'eau ? mon ami, si vous demeuriez de ce côté, je serais un assassin, cela serait injuste de vous tuer de la sorte ; mais puisque vous demeurez de l'autre côté, je suis un brave, et cela est juste. »

ment sortis de la grande ruche asiatique, pour former des nationalités diverses, c'est-à-dire des peuplades tour-à-tour victorieuses ou vaincues, ennemies déclarées, s'exterminant l'une l'autre jusqu'au jour où le plus fort, qu'il s'appelle Alexandre, le peuple romain ou Charlemagne, impose pour un temps à l'Europe ou à l'Asie sa domination avec la paix ! Et tous ces peuples, toutes ces nations, à les étudier depuis la plus haute antiquité, portent cependant dans leur idiome respectif la trace d'une parenté avec un des peuples primitifs dont le sanscrit aurait été la langue originelle !

De nos jours ne constatons-nous pas une tendance des peuples divers de l'Europe à se grouper sous des dénominations où s'affirment leurs affinités de race ou de langage : Germains ou Saxons, c'est-à-dire Allemands, Suisses de même langue, Danois du Sleswig et du Holstein, habitants de la Courlande, Anglais ; Slaves, c'est-à-dire Russes pour ceux qui sont issus de ce groupe, polonais, lithuaniens, podoliens, bohèmes, madgyars, bulgares, moldovalaques, grecs ; latins, c'est-à-dire italiens, français, espagnols, portugais ; Scandinaves, c'est-à-dire suédois, norvégiens, danois ?

A côté de ce mouvement par où les nations modernes tendent à se rapprocher et à se reconstituer dans une origine commune, comment expliquer l'antagonisme, l'esprit d'exclusion qui distingue non-seulement les peuples de langage différent, mais les corps de nations de même langue et de même origine!

Il ne faut donc pas s'étonner si, dans le passé et aujourd'hui encore, à la suite d'une longue habitude, et en face de différences physiques si fortement imprimées par la nature, l'européen, le blanc, se considère, d'une façon abstraite, comme appartenant à une race supérieure à la race africaine et à sa descendance. Critiquer avec amertume et condamner comme un préjugé étroit ce sentiment exclusif, explicable au moins aux Antilles par les dissemblances ethnographiques, quand le même fait peut être observé en Europe entre populations de même origine, c'est se donner le plaisir de voir la paille à l'œil du colon, en négligeant la poutre qui obscurcit la vue des déclamateurs de l'école abolitioniste. Il n'y a pas, aux Antilles, à proprement parler, plus de préjugés, de race ou autres, qu'en Europe ou ailleurs : partout la société a groupé les hommes en nations hostiles, en hiérarchies échelonnées selon les conditions humaines ; cette loi universelle, acceptée de tout temps, chez tous les peuples, ne peut être imputée à crime aux habitants des Antilles. Au contraire, là plus que partout ailleurs, si les démarcations sociales ont longtemps indiqué une différence d'origine, elles rappelaient en même temps l'inégalité des conditions, et de toutes les inégalités, les plus choquantes : la servitude et l'illégitimité.

Mais ces causes premières de séparation n'expliquent pas à elles seules l'antagonisme des populations coloniales. Elles justifient encore moins les habitudes qui arrêtent au seuil du foyer européen le commerce et l'intimité avec les sang-mêlés et les noirs. La race noire est une race malheureuse. Comme tous les habitants de l'Afrique, après six mille ans d'existence, elle n'a pas avancé sa culture intellectuelle et morale, ni créé, comme les peuples de l'Asie ou de l'Europe, une civilisation propre.(1) Ce fait remarquable ne détruit pas l'aptitude du noir, de l'africain à se développer, à égaler les autres races; une foule de cas particuliers prouvent cette observation générale. Qu'étaient, avant la conquête romaine les Gaulois nos ancêtres? Comparez l'allemand de nos jours aux Germains dont Tacite a décrit les mœurs. Que sont devenus les Grecs depuis l'époque de Miltiade et de Periclès? Les peuples ont leur âge comme les individus. Les nations naissent, grandissent, vieillissent et s'éteignent. La race noire aura peut-être son heure, et quand l'Afrique aura reçu la civilisation, après plusieurs siècles, quelle différence, à part les signes extérieurs, pourra-t-on montrer entre un savant de race nègre et un membre de l'Académie des sciences?

La race de sang-mêlé issue des blancs et

---

(1) Qu'on ne nous oppose pas les habitants du Nord de l'Afrique, du Maroc à l'Égypte. On sait que les populations lettrées qui dominent ces contrées sont les descendants des conquérants arabes qui étaient asiatiques. L'aborigène se retrouve aujourd'hui dans la race berbère dont les Kabyles, les Touaregs, d'autres peuplades, sont les représentants.

des noirs est éminemment civilisable. Comme types physiques, elle fournit dans beaucoup d'individus, dans ses femmes en général, les plus beaux spécimens de la race humaine. Si la condition ou l'illégitimité a été pendant longtemps une cause de séparation, aujourd'hui, avec les nombreux sujets qu'elle présente, les familles honorables formées peu-à-peu, l'exclusion doit être expliquée par d'autres causes. Ce sont ces causes que nous avons essayé de rechercher dans cette étude; mais elles ne sont pas justifiées pour tous. Sans parler de la justice, de l'intérêt social, au point de vue du simple bon sens, on ne comprendra pas que la fréquentation ou l'intimité si faciles aux Antilles s'arrête en face de certains hommes de sang-mêlé! L'intelligence, l'éducation, l'honorabilité, la science ne peuvent elles avoir raison d'une prétendue supériorité organique? Comment se fait-il que des hommes admis dans les premiers corps de la France ou de la colonie, pourvus de diplômes conquis devant les aréopages littéraires ou scientifiques de la Mère patrie, considérés d'ailleurs aux Antilles selon leur mérite et environnés d'estime chez leurs collègues, soient encore, devant la race européenne, comme des étrangers? Le préjugé de race ne suffit pas à expliquer ce phénomène.

Quelle que soit la force de l'habitude et des souvenirs, en dépit de l'orgueil et des dissemblances ethnographiques, la société coloniale française présenterait en grande partie aujourd'hui, dans ses éléments supérieurs,

le rapprochement, *la fusion* si longtemps désirée par les abolitionistes, sans l'influence subversive exercée sur la double population noire et de sang-mêlé par les doctrines de la révolution et les excès de quelques agitateurs. Pour s'en convaincre, il n'y a qu'à rechercher quels sont, au milieu de notre société troublée, ceux des hommes de sang-mêlé que les divisions locales éloignent le plus de tout rapprochement. Les anciens, la plupart de ceux qui ont vu la fin du régime de 1726, qui en ont souffert ou en ont de plus près gardé le souvenir, ceux-là depuis long-temps ont fait la paix avec les anciens dominateurs et gémissent en secret, qu'on le sache bien, du rôle nouveau et imprévu que fait jouer à leur race une jeunesse présomptueuse et effervescente. C'est cette jeunesse, ce sont ces hommes d'hier, nés longtemps après l'abolition des lois d'exclusion, élevés avec les fils des vieux colons, ce sont ceux-là qui ont repris pour leur compte, en les exagérant, les souvenirs d'un passé auquel ils ont été étrangers, et s'en sont fait une arme contre la race blanche à laquelle les institutions, les lois et de nouveaux usages auraient dû les mêler de plus en plus. Ils sont supérieurs en instruction à leurs aînés, cela peut être vrai ; mais de l'éducation moderne, malheureusement, ils semblent n'avoir pris que les principes par lesquels la société française forme un peuple révolté contre les traditions, la gloire et les usages de la France. Imbus des doctrines révolutionnaires dont l'âge &
l'expérience ne leur a pas encore permis de

se débarrasser; ambitieux de paraître, avides de popularité, ils n'ont pour moyen de se grandir sur le théâtre étroit des Antilles, que la politique, et la politique, aux Antilles françaises, c'est l'exploitation des souvenirs et des rancunes du passé. La séparation est plus large entre eux et la race européenne, parce que, à ces souvenirs et à ces rancunes, ils ont ajouté, quelques-uns au moins, la violence et l'injustice. Dominer comme race, se substituer en fait à la race européenne partout où l'ambition leur a montré une place à occuper, des honneurs à recueillir, la plupart sans titres ou plutôt faisant de leur origine un titre à tout, tel a été le but constant, avoué, d'un parti qui n'a pas craint de compromettre les sacrifices d'une longue déchéance dans les folles entreprises du jacobinisme. Combien de circonstances ont favorisé cette substitution : l'entraînement de la France vers la pente des idées radicales, l'existence d'un gouvernement dont ces idées sont le programme chaque jour appliqué, la défiance de la grande masse agricole et ouvrière envers les blancs, l'instinct confus de la race de sang-mêlé elle-même, qui lui a fait voir le triomphe là où la raison et la justice auraient dû lui montrer la scission profonde et définitive entre les deux populations ! Derrière eux, il faut le dire, et pour les pousser, pour les encourager, les soutenir et les défendre, s'est trouvé l'homme dont nous venons de reproduire les appréciations si sévères cependant à l'endroit de la race de sang-mêlé. Mais

M. Schœlcher, dévoué par sensibilité et conviction à l'œuvre de l'émancipation des noirs, a rattaché à cette pensée, par on ne sait quelle logique de parti, sans le vouloir et sans le savoir peut-être, l'idée de la substitution des hommes de sang-mêlé comme classe dirigeante, à la race européenne. Placer partout des hommes de couleur, en tant que race et sans tenir compte de leur mérite ou des droits acquis, les recommander en toutes circonstances, les présenter à la France comme les usufruitiers légitimes et exclusifs de la prépondérance créée par la civilisation européenne, c'est à quoi, depuis vingt ans, par système, par esprit d'antagonisme, s'est occupé le vieil abolitioniste si hostile à la race de sang-mêlé en 1842. En vieillissant, M. Schœlcher semble s'être enfermé dans ces idées qui le dispensent de toute justice envers des adversaires auxquels il ne doit même pas de respecter la vérité (1). Pour lui, socialiste et athée, le blanc, qui n'est plus le maître d'autrefois, représente aux Antilles l'esprit religieux et conservateur contre lequel il lutte dans la métropole. La cause de la lutte a changé, mais en poursuivant les blancs d'une invincible rancune, ce sont des adversaires politiques qu'il combat, et cela lui suffit. Et dans cette lutte si contraire à ses premières vues, M. Schœlcher n'a pas observé

---

(1) Quand arriva à Paris la nouvelle des événements du 18 juillet 1881, M. Schœlcher écrivit dans un journal qu'il y avait eu une émeute occasionnée par les Frères de Ploërmel.

que par une inévitable tendance de la nature, si la prépondérance a passé en d'autres mains, les choses sont restées à peu près ce qu'elles étaient. Ce n'est certainement pas ce que désirait l'auteur du livre sur Haïti. Les blancs, malgré la fortune, l'éducation, les services, les traditions, la longue occupation du sol, ne comptent plus dans un gouvernement à l'apparence démocratique ; en réalité le noir qui est le grand nombre, ne compte pas davantage. A la place du colon conquérant, dominateur sous des institutions faites pour son époque, il a élevé la domination exclusive d'une autre race, et cette domination n'a pas pour excuse la conquête, la propriété exclusive du sol, l'esclavage et l'ancien régime.

Dans cette substitution favorisée par tant de circonstances, la race de sang-mêlé, prise en bloc, a-t-elle, au moins, fait montre aux Antilles d'aptitudes politiques différentes de celles que M. Schœlcher reprochait avec tant d'énergie à la faction jaune d'Haïti ? Après les pages où l'abolitioniste rappelait la part prise par les hommes de couleur d'Haïti au préjugé de race et à la division survivant après l'expulsion des blancs, l'écrivain étudie le moyen employé par la race de sang-mêlé pour abêtir la race noire :

« C'est dans le fait du gouvernement de couleur qu'il faut chercher l'origine de l'établissement de ces divisions. Il a dû, pour se soutenir, devenir une faction, créer à son profit des intérêts différents de ceux du peuple, et c'est là aussi l'origine et l'explication de son affreuse politique. Redoutant les masses noires, *il éloigne d'elles avec soin l'éducation, qui leur donnerait le sentiment de leur dignité*......

La nation, caressée dans les goûts d'indolence communes à tous les peuples sans lumière, aime un pouvoir qui flatte ses vices; et plus elle dégénère, plus son abrutissement sert à la rendre maniable. La pauvreté, la paresse et l'ignorance sont devenues des moyens de gouvernement dans les mains de cette administration sacrilége............

Avilir et dégrader un peuple pour le dominer, c'est la conception la plus hideuse qui se puisse imaginer. Eh bien ! c'est ce qu'on voit en Haïti. Christophe assassinait comme un barbare, Boyer infiltre lentement le poison comme un bourreau raffiné.

Avec quelle véhémence M. Schœlcher les sommait d'abandonner le pouvoir !

« Ayez donc, vous, hommes jaunes, le courage d'abandonner les rênes, puisqu'il vous est impossible de conduire le char. Songez que vous ne pourrez jamais rien faire de bien, et que toute action énergique que vous voudrez exercer, pour relever le peuple noir avili, serait considéré par lui comme un acte d'opression de l'aristocratie mulâtre, et le mènerait à la révolte. Tant que le gouvernement normal d'Haïti, un gouvernement de majorité, c'est-à-dire un gouvernement noir, ne sera pas établi, la république vivra d'une vie précaire, fausse, misérable et sourdement inquiète. Laissez venir un nègre et tout change de face. Il peut attaquer les vices de front sans rien craindre, il peut agir avec vigueur, car les masses ne sauraient avoir contre lui les défiances toujours éveillées qu'il vous faut ménager. »

Qu'avez-vous fait pour la jeune nation que vous, vous êtes chargés de conduire? Plus d'écoles; celles que Toussaint et Christophe avaient ouvertes vous les avez fermées volontairement : plus de routes, plus de commerce, plus d'industrie, plus d'agriculture, plus de relations avec l'Europe, plus d'organisation, plus de société, plus rien, il ne reste rien. St-Domingue a disparu mais Haïti n'est pas encore.

La république s'est arrêtée au milieu des décombres laissés par la guerre de l'indépendance. N'est-ce pas vous, vous seuls, ses chefs actuels, qui l'avez frustrée des progrès dont elle devait réjouir l'humanité, de la couronne de civilisation dont son front noir est encore tristement privé? »

Il s'adresse à la plus haute personnalité de la race, au président Boyer :

« Le gouvernement de Boyer est quelque chose de plus infâme qu'un gouvernement de violence et de compression. Il n'est pas arrivé au despotisme en brisant les membres du corps populaire, mais en l'affaiblissant, il ne tue pas, il énerve.

« C'est encore le grand Pétion qui fut le créateur du système sous lequel la république languit aujourd'hui. Au lieu de lutter contre Christophe par de meilleures institutions, il trouva plus facile d'attirer le peuple à lui par la perspective du *far niente*. Pendant que le roi du nord usait de moyens violents et barbares pour mettre un frein à l'indiscipline, réprimer le vol, rétablir la culture, relever les usines, fonder des manufactures, couvrir son royaume d'écoles gratuites pour lesquelles il appelait des professeurs étrangers, Pétion, opposait la fausse liberté du désordre à ce despotisme de fer qui du moins organisait.

. . . . . . . . . . . . . . . . . . . . . . . . . . . . . . . . . . . . . . . . . . .

Et cette véhémente sortie se terminait par ces paroles :

« Les intérêts et la gloire de la nation, comme votre propre salut exigent le sacrifice que nous demandons ; il sera beau, car vous êtes les plus forts aujourd'hui ; on vous louera d'abdiquer pour le bonheur de la république. Si vous ne renoncez pas de vous-mêmes, vous ne sortirez pas de la fange d'une semi-babarie et vous tomberez tôt ou tard avec l'anathème du monde civilisé ?. . . . . . . . . . . . . . . . . .

Les noirs éclairés gardent un morne silence ; ils n'expriment pas une plainte, mais ils observent et rien ne leur échappe. « On prend, disent ceux qui consentent à livrer leur pensée, on prend, il est vrai, de temps à autre, quelques-uns d'entre nous pour les placer, afin de ne nous point trop blesser ; ceux de nos vieux généraux de l'indépendance que l'on n'a pas fusillés n'ont pas perdu leurs grades. Mais pourquoi la classe jaune remplit-elle les principales fonctions, les ministères, les siéges des tribunaux, toutes les avenues du pouvoir? Pourquoi elle seule tient-elle les clefs du pays ! Pourquoi dans le sénat, composé de vingt quatre membres, compte-on seulement quatre ou cinq nègres? Nous sommes en immense majorité dans la nation, en très petite minorité dans les charges publiques ; la proposition ne se rétablit que dans les geôles et les bas rangs de l'armée. ».............................

Nous ne pousserons pas plus loin ces citations. C'est le même homme qui, aux Antilles françaises, pèse contre les blancs du poids d'une prévention farouche, et la race de sang-mêlé, oublieuse des jugements de 1842, a fait de M. Schœlcher le héros de ses rancunes ! Il sert si bien son ambition !

Ces appréciations violentes, où le sectaire domine l'observateur, sont-elles applicables aujourd'hui à la race de sang-mêlé ? Nous n'acceptons pas les idées de M. Schœlcher, et en parlant d'une race d'hommes à côté de laquelle nous vivons, sans éprouver contre elle aucune antipathie, nous nous garderons de nous associer, en les reproduisant, à ces jugements passionnés où l'homme de parti se révélait contre la race de sang-mêlé, comme il achève de se révéler contre les blancs des Antilles, trente-cinq ans après l'abolition de l'esclavage. Mais le jugement formulé contre la race de sang-mêlé en 1842, par

M. Schœlcher, qui les soutient aux Antilles dans leur domination, peut-il lui être appliqué aujourd'hui ?

Nous ne désirons blesser personne, la vérité est que la race de sang-mêlé a tout envahi : aux places, aux grades conquis à côté des blancs par le mérite, aux positions créées par le travail, ils ont voulu ajouter toutes les charges civiques, tous les emplois où l'influence des circonstances a pu favoriser leur ambition. En réalité ils gouvernent les Antilles. Nous les avons étudiés au Conseil général, dans la presse ; nous avons signalé quelques uns des actes accomplis contre le gré et surtout contre l'intérêt évident de la grande majorité du pays. Où sont leurs œuvres ? Le budget, laissé à 3 millions en 1870, s'élève aujourd'hui à quatre millions. Rien en regard de cette aggravation de charges, rien sinon le Lycée, et la substitution des laïques aux frères de Ploërmel dans l'enseignement primaire. Un million, le quart du budget, s'engloutit en l'année où nous achevons ce travail, pour ces créations du prosélytisme anti-clérical où la race sera substituée avant peu aux professeurs appelés d'Europe. A l'heure où nous écrivons ces dernières pages, l'administration congédie de toutes les communes la congrégation de St-Joseph de Cluny à laquelle elle enlève, du même coup, le vaste pensionnat confisqué sur les Dominicaines pendant la Révolution et accordé à la nouvelle communauté, il y a soixante ans, par le Gouvernement métropolitain lui-même. Laïcisation, soit ; mais qui ne voit au bout de ces expulsions imitées de la Métropole, des places réservées prochainement à la race de sang-mêlé! Quelle sera l'éducation de la jeunesse après un certain temps? Faut-il le dire? Elle grossira le nombre des mécontents, des ambitieux; le frein religieux lui manquant, elle s'en prendra à la société; la masse noire, éloignée de ses vieux précepteurs, oubliera dans des principes subversifs la foi et la résignation chrétienne; les tribunaux répressifs verront augmenter le nombre des malfaiteurs, et la colonie aura à supporter la charge d'un personnel de coupables incessamment augmenté. Les finances, déjà dévastées par une politique qui ne compte pas les millions prodigués à toutes les folles entreprises, s'appauvriront par la décroissance des revenus, et la paix sociale, si troublée par treize ans d'agitation, ne renaîtra plus au sein d'une population plus séparée qu'au temps de l'esclavage. A qui retombera la responsabilité de ces résultats?

Ce qui manque, en général, aux hommes de sang-mêlé, qui veulent devenir des hommes publics, c'est l'esprit politique. L'intelligence ne leur fait pas défaut, l'éducation a développé chez le grand nombre des dons naturels où se retrouvent les qualités distinctives du français avec ses défauts. Pour les hommes de sang-mêlé, pour les jeunes gens surtout, être au pouvoir et dominer, c'est l'ambition suprême. Or ce qui justifie et consolide la prépondérance dans la société, c'est la supériorité des doctrines. Où sont les doctrines de la race de sang-mêlé ? Elle fait cause commune avec le radicalisme dont elle implante aux Antilles, par imitation révolutionnaire, toutes les folies devant lesquelles l'Europe effrayée se détourne avec dégoût. Triste domination que celle destinée à disparaître, en laissant après elle les sévérités de la conscience publique !

En croyant à la durée de ce régime, les hommes de sang-mêlé ne font pas preuve de perspicacité et de sens politique. C'est toujours par ce côté que la race a signalé sa faiblesse. En 1842, un écrivain d'un grand talent, M. Granier de Cassagnac la jugeait en des termes qui n'ont rien perdu de leur actualité :

« Les hommes de couleur de la Martinique » écrivait-il, « offrent, en général, plus d'aisance, plus d'éducation que ceux de la Guadeloupe ; mais les idées des libéraux français ont tourné leurs pauvres têtes, et les ont empêchés de poursuivre par le travail et par le bon sens l'œuvre de moralisation et d'accroissement qu'ils avaient si bien commencé. L'orgueil les a gagnés, et avec l'orgueil l'envie et la haine ; et lorsqu'il eut été pour eux si logique et si facile d'arriver, avec le concours bienveillant des blancs et sous leur patronage, à la conquête de toutes les positions honorables que le mérite donne en tout pays, ils ont eu la stérile et fausse idée d'y arriver par la politique. Notre mauvaise presse les a égarés, comme elle en égare tant d'autres ; et l'on peut dire, en général, que jamais le journalisme ne fera dans les colonies françaises, autant de bien qu'il a fait du mal.................

Les colonies françaises sont donc, sans aucune comparaison, les pays où les nègres et les hommes de couleur sont le plus aimés et le mieux traités par les blancs ; et il a fallu la fatale intervention du mauvais libéralisme des journaux parisiens pour arrêter à moitié chemin tout ce qui peut s'opérer de fusion entre les deux races (1) »

La politique ! C'est leur passion et leur écueil. A les entendre, ils représentent la majorité, ils sont l'expression du suffrage universel. Consultez les élections : en 1881, le pays était appelé à élire les membres du Conseil général. A Fort-de-France sur 4,919 électeurs inscrits, 437 seulement prenaient part au vote, et les quatre élus comptaient de 382 à 427 voix ; à Saint-Pierre, dans deux circonscriptions, celle du Mouillage comptait 4,139 électeurs, celle du Fort 4,792 ; dans la première il y a eu 394 votants, 357 dans la seconde. Les autres circonscriptions ont offert des résultats semblables : au Lamentin pour 3,389 électeurs, 319 votants ; au St-Esprit pour 4,463 électeurs 1,184 votants ; à la Trinité avec 6,989 électeurs, 1,300 votants. Dans cette dernière localité les élus avaient de 693 à 754 voix. Ainsi dans tout le reste. En 1882 le tiers de l'Assemblée a été renouvelé, le contraste a été plus marqué. Et les maîtres actuels, souverains au nom du nombre, ne représentent pas, en moyenne, le dixième de la population.

Les hommes de sang-mêlé affirment encore que par leur nombre et leur situation, ils représentent la majorité des fortunes. Une simple statistique a fait justice de cette affirmation si contraire à la réalité. La produc-

---

(1) *Voyage aux Antilles* par A. Granier de Cassagnac, page 346, 347.

tion sucrière de la Martinique atteint aujourd'hui, en moyenne, 90,000 barriques de cinq cents kilogrammes. Dans ce chiffre les 319 sucreries appartenant aux européens, comptent pour 78,300 barriques, les 106 propriétés de la race noire ou de sang-mêlé n'amendent que pour 11,000 barriques. L'alcool, produit secondaire provenant du sucre, ne peut donner que des proportions semblables.

Les sociétés d'actionnaires pour l'exploitation des usines à sucre représentent 36,580 actions de 500 francs réparties comme suit : 34,460 aux blancs, 2,120 aux hommes de sang-mêlé et aux noirs. La Banque elle-même, sur 6,000 actions, en a 5,468 aux mains des blancs, 532 en celles de la race de sang-mêlé. La Société des bateaux à vapeur, la Compagnie d'engrais, la Fonderie mécanique, n'ont pas d'autre répartition.

A côté de ces grandes valeurs immobilières ou mobilières, il y a la propriété secondaire, les habitations où l'on cultive le café et le cacao, les vivres ; il y a aussi les maisons de plaisance. Assurément la population noire et de sang-mêlé en a un grand nombre, par la raison que ces biens sont plus accessibles aux petites fortunes. Une seule localité nous donnera la clé des proportions. Au Prêcheur où il existe 31 propriétés à cacao, 26 appartiennent à des blancs et produisent 130,500 kilog. de cacao par an, 5 seulement sont aux hommes de couleur et comptent pour 24,500 kilog. dans la production.

Les propriétés urbaines peuvent être réparties dans d'autres proportions, mais si les noirs et les hommes de sang-mêlé ont en grand nombre déjà des maisons de ville, ces immeubles sont pour la plus grande partie de valeur inférieure aux maisons plus importantes de la race européenne. Un simple rapprochement donnera d'ailleurs une idée de la répartition entre les deux races. En 1880, dans l'arrondissement de Saint-Pierre 39 immeubles ont été vendus aux enchères : 14 à des blancs pour le prix de 657,004 fr., 25 à des hommes de sang-mêlé pour 191,000 fr. En 1881 on trouve 4 immeubles vendus 1,150,000 fr., soit 795,000 francs à la race européenne, 355,000 à la race de sang-mêlé.

Après ces renseignements statistiques, il est naturel de supposer que les capitaux employés en prêts hypothécaires ou servant à l'escompte, se répartissent sur une échelle semblable. Les chefs du parti politique dont la plupart des hommes de sang-mêlé suivent les doctrines par aveuglement de l'esprit de race, ne se rebutent pas devant la signification de ces chiffres. Ils ne sont pas les plus riches, soit ; mais ils représentent au moins, à les entendre, l'impôt payé pour la plus grande partie par eux et par les noirs. Ils ont donc le droit incontestable de disposer du budget, de le distribuer à leur gré, selon les convenances de leurs opinions.

Si cela était vrai, il ne serait pas certain qu'ils eussent raison, car le budget et les fonds publics ne sont pas la propriété privée d'un groupe, d'une collectivité d'individus, blancs ou noirs, à qui peut appartenir le droit d'en faire usage au profit de ses passions. Le budget est la propriété de l'être moral appelé la colonie ; les conseillers généraux ont mission de la loi d'en répartir les ressources entre des services déterminés, d'accord avec l'administration du pays qui, à sa part d'initiative, joint le droit de direction ou de conseil. Le guide du Conseil général dans la distribution des deniers publics, doit être la conscience, et la conscience dit assez haut que les fonds payés par la colonie ne peuvent être employés que dans son intérêt, dans l'intérêt général et non pour la satisfaction de calculs privés ou de race. Combien la dérogation à ces principes devient-elle fautive, si l'examen démontre qu'en raison de leur plus grande part dans la fortune publique, c'est la race européenne, ce sont les blancs, qui paient la plus grande partie des contributions.

Mais pour répondre victorieusement à cette allégation, il n'est pas nécessaire de se livrer à un travail minutieux ; quelques rapprochements suffiront.

Le budget de 1882, a été arrêté à....................3.998.386f 00

En chiffres ronds : 4.000.000

Les dépenses comprennent :

(1) Dépenses d'administration

  *A reporter*..........3.998.386 00

---

(1) Services administratifs.......... 506.948f 00
Justice et culte................... 145.310 00
Personnel des services financiers... 506.223 00
Imprimerie....................... 58.110 00
Service sanitaire et lazaret.......... 20.900 00

  *A reporter*......... 1.237.491 00

| | |
|---|---:|
| *Report*.................. | 3.998.336 00 |
| profitant à toute la population, déduction faite des incomplets. | 2.844.947 00 |
| Il est resté net........ | 1.153.639 00 |

On les retrouve ainsi :

| | | |
|---|---:|---:|
| Instruction secondaire : Lycée. | 265.000 00 | |
| Instruction primaire........... | 423.000 00 | |
| Subvention aux établissements d'instruction.... | 146.566 00 | |
| Prisons et atelier de discipline | 170.500 00 | |
| Assistance publique........ | 152.020 00 | |
| | | 1.157.086 00 |

| | |
|---|---:|
| *Report*......... | 1.237.491 00 |
| Dépenses des aliénés............... | 86.100 00 |
| Jardin botanique................... | 19.000 00 |
| Agents divers..................... | 8.940 00 |
| Accessoires de la solde............ | 39.000 00 |
| Frais d'hospitalisation et autres.... | 40.525 00 |
| Travaux publics................... | 666.878 00 |
| Services des ports et rades et du bassin de radoub.................. | 205.954 00 |
| Subventions aux communes et aux établissements publics............ | 28.000 00 |
| Accessoires de la solde............ | 3.000 00 |
| Frais d'hospitalisation et autres..... | 10.942 00 |
| Frais de procédure, pensions et secours, subventions, etc........... | 214.109 07 |
| Remboursement aux communes du 12me de la ferme................ | 231.632 00 |
| Dépenses imprévues............... | 64.311 93 |
| | 2.855.883 00 |
| Cours de droit.................... | 10.000 00 |
| | 2.865.883 00 |
| A déduire : incomplets.............. | 20.936 00 |
| | 2.844.947 00 |

La race européenne ne prend aucune part ou ne prend qu'une part insignifiante à ces dépenses. Ainsi, après le paiement des services publics sans lesquels l'administration de la colonie serait impossible, les races noire et de sang-mêlé qui profitent déjà, en raison de leur nombre, de la plus grande partie de ces dépenses, absorbent presque à elles seules le quart du budget.

Comparons les recettes à ces dépenses :

L'octroi de mer, les droits de navigation et autres contributions de même nature figurent à ce budget de 1882 pour 1.201.700ᶠ 00
Ajoutons à cette somme le produit de la poste, du télégraphe, de l'imprimerie, les rentes de la colonie, des actions de la Banque, quelques revenus insignifiants........ 453.448 00

1.655.148 00

Ces charges, à peine aperçues par le contribuable sont supportées, les droits d'octroi, en grande partie par les importateurs et les navires, les autres droits par tout le monde indistinctement. Appliquons-les donc au paiement des dépenses d'administration générale. On a ce résultat :

Dépenses............... . 2.844.947 00
Recettes................ 1.655.148 00

Différence à trouver..fr. 1.489.799 00

Or les recettes étant de. (A rep) 3.998.586 00

|  | Report..... | 3.998.586 00 |
|---|---|---|

Si l'on en déduit celles appliquées aux dépenses générales soit........................ 1.655.148 00

On a pour reste............ 2.343.438 00

Nous les trouvons dans ces chiffres :

*Contributions directes :* Impôts fonciers.... 768.000 00
Enregistrement, timbre, etc...... 874.055 00
Impôt des spiritueux......... 650.783 00
——————
2.292.838 00

Ressources du Lycée.......... 50.000 00
——————
2.342.838 00

Nous avons déjà vu que les dépenses d'instruction secondaire et primaire, les subventions aux écoles, l'assistance publique, dont profitent exclusivement les deux races noire et de sang-mêlé, absorbent.. 1.157.086 00

Il faut donc chercher dans les ............2.342.838 00 francs de recettes, la part fournie par ces deux races : il est juste de la distribuer ainsi :
Impôt foncier, patente, impôt mobilier.......... 768.600 00

La population européenne qui comprend les 9/10e de la fortune

publique ne doit pas être comptée dans cette proportion pour le paiement de ces impôts, car la petite propiété, le petit commerce, les maisons de ville appartiennent en grande partie aux deux autres populations. On peut, sans risquer un écart sérieux, porter à trois quarts la part de la race européenne.... 576.450 00
à un quart celle des autres populations....... 192.150 00

On peut faire pour les mêmes raisons une distribution semblable des recettes de l'enregistrement 874,055, soit pour les européens......... 655.541 25

*A reporter*..1.231.991 25   192.150 00

*Reports*..... 1.231.991 25     192.150 00

| | | |
|---|---:|---:|
| pour les deux autres populations.............. | | 218.513 75 |
| L'impôt des spiritueux, au contraire, en raison de la masse ouvrière agricole, est supportée par les populations noire et de sang-mêlé dans d'autres proportions. En tenant compte des Indiens et de la consommation de la race blanche, on peut porter au 2/3 la part des populations noire et de sang-mêlé, soit............ | | 433.855 00 |
| 1/3 pour la race européenne et les Indiens.......... | 217.927 00 | |
| Lycée payé par la race de sang-mêlé.......... | | 50.000 00 |

Ces sommes additionnées, on a les résultats :

Recettes four-
nies par la race
blanche........1..449.918 25

Recettes four-
nies par les races
noires et de sang-
mêlé............ 894.518 00

Ces évaluations approchent de bien près de l'exactitude. En résumant, on voit que pour compléter 1,157,000 fr. absorbés par les deux autres races, la race européenne fournit un appoint de 260,000 fr. et qu'elle fait à elle seule l'excédant des dépenses d'administration générale utiles à tous : on a : part dans les dépenses générales....... 1.189.799 00

Complément des dépenses
du Lycée, de l'instruction primaire, de l'assistance pu-
blique. ...................... 262.568 00

1.452.367 00

La conclusion est facile. La race de sang-mêlée et la race noire absorbent pour elles-mêmes leur part des contributions et puisent encore dans la part fournie par la race européenne un complément de 260,000 francs environ. Quant à la race européenne, c'est elle qui paie l'excédant des dépenses d'administration générale. Des 1,450,000 fr. prélevés sur ses revenus, elle ne reçoit d'autre avantage que celui dont chacun profite autant qu'elle.

La statistique la plus rigoureuse ne changerait pas sensiblement ces résultats. La race de sang-mêlé ne peut donc trouver dans l'élection, dans sa fortune, dans sa contribution aux charges publiques, la raison d'une domination aussi contraire aux idées modernes qu'à la saine appréciation de la réalité.

La lutte des populations coloniales n'est donc pas le résultat exclusif des usages sociaux universels, acceptés dans tous les temps et chez tous les peuples, et mal définis aux Antilles par ce mot « préjugé de race ». La politique, la mauvaise politique y entre pour la plus grande partie. Aux souvenirs du passé, toujours ravivés dans un intérêt de race ou de parti, se mêle l'ardeur des ambitions par où une minorité ardente veut faire prévaloir les exagérations du radicalisme. Les blancs ont eu des torts dans le passé, ils commettent encore aujourd'hui des fautes, et parmi ces fautes, on peut leur reprocher de ne pas faire une part suffisante aux nombreux hommes de bien acquis à leurs doctrines ; mais, en réalité, ce qu'ils combattent sous d'autres noms, c'est le jacobinisme colonial introduit aux Antilles par quelques imitateurs du jacobinisme métropolitain, aidés de la puissance apportée aux passions locales par l'esprit de solidarité qui associe la presque unanimité des hommes de sang-mêlé.

Mais le jacobinisme aura son terme ; il faut être aveuglé par les illusions de l'esprit de race, pour croire que la France, ce grand et noble pays, demeurera la proie des plagiaires de 1793, afin de permettre à un petit groupe d'hommes dévorés de rancunes ou d'ambition, d'asseoir à la Martinique et à la

Guadeloupe une domination nouvelle fondée sur l'antagonisme des races.

Quand viendra l'heure du relèvement pour la France, l'heure du rapprochement sonnera aussi pour les populations coloniales, éclairées par de longs malheurs, par une expérience où les uns et les autres auront appris l'inanité des discussions d'origine. Les préjugés sociaux, les distinctions de rang ou d'éducation, cortége inévitable de l'humanité orgueilleuse, subsisteront aux Antilles comme ailleurs, et la race de sang-mêlé, la race noire, dans leurs échelons supérieurs, en prendront de plus en plus leur part ; mais du milieu de nos populations troublées aujourd'hui par les folies révolutionnaires, sortira une nouvelle société vivant à l'ombre du Christianisme, où les hommes de toute origine apprendront de plus en plus à se mêler, à se confondre, par l'estime, par la confiance, par la solidarité des intérêts et la conformité des principes. Les ennemis d'aujourd'hui s'aimeront dans le partage des biens naturels dispensés avec tant de largesse à notre admirable pays. La lutte coloniale aura pris fin. Nul ne peut prévoir ce que deviendra sous l'influence de ce nouvel état de choses, la situation des races coloniales. Le journal *les Colonies*, dans une série d'articles publiés en février et mars 1881, sous ce titre : « LES PARTIS DEVANT LE PAYS », a essayé de pénétrer à cet égard les secrets de l'avenir. Cette étude discutait avec gravité une question délicate. Toutefois, en concluant, le journal, toujours exclusif dans ses préoccupations de race, voyait, par une inconséquence qui prouve contre sa thèse, la disparition du préjugé de couleur dans la disparition du blanc comme espèce aux Antilles. Ecoutez une dernière fois *les Colonies* :

Dans un pays restreint, dont la population se compose d'individus réputés pour l'urbanité de leurs manières et la douceur de leur caractère, il est étrange que le préjugé de couleur conserve toute l'acuité que nous constatons chaque jour, alors surtout que la transformation sociale que nous avons présentée s'opère d'une façon si patente, si palpable, et que rien au monde ne peut enrayer le mouvement qui s'est fait et qui se poursuit rapidement.

Nous n'avons pas la prétention de convertir bon nombre, ni même quelques-uns de ceux des anciens privilégiés sous les yeux desquels passeront les considérations que nous a suggérées l'esquisse légère et sans suite de la situation des groupes sociaux de notre île. Des idées invétérées et qui ont pour base un amour-propre mal placé ne font pas facilement place à des idées de raison. Ceux-là même qui trouveront fort sensées, parfaitement judicieuses les réflexions que nous avons présentées dans cette série d'articles, les auront bien vite oubliées. Nous ne nous faisons pas illusion sur ce point. Mais du moins ils ne pourront prétexter qu'à aucun moment on n'ait appelé leur attention sur une question vitale pour eux, et signalé le péril dont ils étaient menacés.

Le préjugé de couleur est une plaie, il doit disparaître non point par l'abdication raisonnée de ce sot sentiment chez ceux qui en sont possédés, mais par un fait indépendant de leur volonté.

Quand l'évolution que nous avons esquissée sera complète, quand ce qui est fatal se sera enfin produit, quand les hommes de couleur auront atteint le point culminant des progrès auxquels ils sont destinés, alors, mais alors seulement le préjugé de couleur aura cessé de vivre. C'est alors qu'on verra ce phénomène qui peut sembler à beaucoup fort exagéré mais qui cependant n'aura rien que de très naturel: les descendants de ceux qui aujourd'hui encore sont les plus fervents apôtres de l'exclusion de la race noire s'ingénier à trouver dans leurs papiers de famille, pour s'en faire un titre, quelque trace du sang qu'aujourd'hui l'on conspue.

Nous croyons à une autre solution, plus conforme à la raison, à la nature des choses. Les trois races se développeront parallèlement, selon les conditions propres à la reproduction de l'espèce humaine. L'Europe n'est pas près de finir, et cinq cents millions d'Européens ne perdront pas tous leur originalité ethnographique pour justifier une chimère irréalisable. Mais à côté du blanc pur vivront en paix avec lui le sang-mêlé et le noir, et leurs relations n'auront d'autres limites que la liberté humaine elle-même.

Dans une société de plus en plus cultivée, où l'affaiblissement des souvenirs correspondra à la distance qui la séparera du passé, des hommes nouveaux, étrangers aux idées d'un autre âge, pourront se mêler de plus en plus dans le commerce où les uns et les autres n'auront rien à regretter ou à imposer. C'est dans le respect réciproque de toutes les races égales devant Dieu, dans la pratique de la liberté qu'est la solution des rivalités actuelles : pour notre part dans l'impatience où nous sommes d'écrire enfin la date qui marquerait le point de départ de ce mouvement rénovateur, nous voudrions que ce pût être aujourd'hui ; espérons que ce sera demain !

# ERRATA.

| Pages | Lignes | Au lieu de : | Lisez : |
|---|---|---|---|
| 1 | au titre | Etudes historiques | Etude historique. |
| 5 | 4 | les Européens, | l'Européen. |
| 8 | 1 | quatre siècles, | quarante siècles. |
| 13 | 7 | auquel semblent, | auquel semble. |
| 18 | 2 | libres de race de noire, | libres de race noire. |
| 18 | 31 | revêtue, | revêtu. |
| 28 | 18 | peu-à-peu, | peu après. |
| 30 | 21 | offraient, | offrait. |
| 56 | 24 | plus que tout autre, | plus que de tout autre. |
| 65 | 3 | soutenus, | soutenu. |
| 98 | 29 & 30 | législation spéciale aux colonies, | législation spéciale |
| 99 | 6 | l'état social des colonies, | l'état social de ces pays. |
| 119 | 28 | de ses plus intimes sentiments, | de ses sentiments. |
| 127 | 36 | affirmés, | affermés. |
| 138 | 16 | d'un maître | d'un chef. |
|  | 18 | en auraient dix, | auraient dix maîtres. |
| 247 | 33 | recusé, | recensé. |
| 259 | 2 | ethnologiques, | ethnographiques. |
| 260 | 20 | d'enfuir, | d'enfouir. |
| 265 | 12 | la grande partie, | la plus grande partie. |
| 303 | 30 | plus 7,000, | plus de 7,000. |
| 304 | 24 | virilité digne, | virilité. |
| 329 | 8 | Aucun esprit sérieux, | Aucun homme sérieux. |
| 335 | 8 | expédiés, | expédiées. |
| 337 | 26 | assujettisse- | assujettissèment. |
| 354 | 3 | sans qu'il soit pas besoin. | sans qu'il soit besoin. |
| 357 | 14 | accueillies, | accueillis. |
| 402 | 21 | publicité, | publication. |
| 408 | 14 & 18 | philantrope, | philanthrope. |
| 420 | 27 | cet article si peu provoqué mais où, | Cet article si peu provoqué où. |
|  | 31 | mais loin, | loin. |
| 431 | 2 | mais avant, | avant. |
|  | 5 | sans le nommer, | sans la nommer. |

| Pages | Lignes | Au lieu de : | Lisez : |
|---|---|---|---|
| 423 | 16 | mais évidemment, | évidemment aussi. |
| 37 | 13 | Mais M Hurard, | M. Hurard. |
| 70 | 18 | Coridon, | Collignon. |
| 471 | 33 | les deux demeures, | les deux résidences |
| 479 | 9 | mais il était à craindre, | Il était à craindre, cependant. |
| | 21 | il bravait la mort mais il se sentit. | Il bravait la mort, il se sentit. |
| 487 | 18 | vous arriverez, | Vous arrivez. |
| 435 | 15 | Mais une circonstance, | Une circonstance. |

www.ingramcontent.com/pod-product-compliance
Lightning Source LLC
Chambersburg PA
CBHW061956300426
44117CB00010B/1363

# PHARSAMON,

*OU*

## LES NOUVELLES FOLIES

### ROMANESQUES.

*Par Monsieur* DE MARIVAUX.

PREMIERE ET SECONDE PARTIES.

A PARIS,
Chez PRAULT pere, Quay de Gêvres,
au Paradis.

———————————

M. DCC. XXXVII.
*Avec Approbation & Privilege du Roy.*